प्राचीन भारत

संस्कृति के पाँच अन्तर्विरोध

प्राचीन भारत

संस्कृति के पाँच अन्तर्विरोध

उपिंदर सिंह

अनुवाद : अभिषेक श्रीवास्तव

वाणी प्रकाशन

प्रकाशन के उत्कृष्टतम 63 वर्ष

vaniprakashan.com

सजिल्द पहला संस्करण : 2026

वाणी प्रकाशन

4695, 21-ए, दरियागंज, नयी दिल्ली-110 002

फ़ोन : + 91 11 23273167, 23275710

शाखाएँ

अशोक राजपथ, पटना-800 004, बिहार

कॉफ़ी हाउस कैम्पस, महात्मा गांधी मार्ग, प्रयागराज-211 001, उत्तर प्रदेश

महात्मा गांधी अन्तरराष्ट्रीय हिन्दी विश्वविद्यालय, वर्धा-442 001, महाराष्ट्र

sales@vaniprakashan.in
vaniprakashan@gmail.com

Pracheen Bharat : Sanskriti Ke Paanch Antarvirodh
by Upinder Singh
Translated by Abhishek Srivastava

ISBN : 978-93-7348-231-6
History

First published in English by Aleph Book Company in 2021
as *Ancient India : Culture of Contradictions*

'अशोका सेंटर फॉर ट्रांसलेशन' के सहयोग से प्रकाशित
translation.ashoka.edu.in

मूल्य : ₹ 795

आर. टेक ऑफ़सेट, दिल्ली-110 032 में मुद्रित

वाणी प्रकाशन का लोगो मक़बूल फ़िदा हुसैन की कूची से

समर्पण

राघव, माधव और रिनी के लिए

अनुक्रम

परिचय	9
1. असमानता और मुक्ति	19
2. काम और वैराग्य	66
3. देवियाँ और स्त्री-द्वेष	116
4. हिंसा और अहिंसा	171
5. संवाद और टकराव	228
उपसंहार	286
आभार	297
चित्र/छायाचित्र के स्रोत और आभार	298

परिचय

'मैं कौन हूँ?' अस्तित्व से जुड़ा यह सवाल उतना ही बुनियादी है जितना यह सामाजिक प्रश्न, कि 'हम कौन हैं?' पहला सवाल आत्मनिरीक्षण और दार्शनिक आत्ममन्थन की माँग करता है। दूसरा सवाल हमें आनुवंशिकी और इतिहास की ओर ले जाता है। वैज्ञानिक साक्ष्य दिखाते हैं कि दुनिया की समूची आबादी अफ़्रीकी पूर्वजों से निकली है। वे हज़ारों साल पहले एशिया में आये और धीरे-धीरे पूरी धरती पर फैल गये।[1] हाल के वर्षों में निजी जीनोम का कारोबार बहुत फला-फूला है। अब अपनी पिछली पीढ़ियों को जानने की सुविधा है। इसके बदले पैसे लगते हैं। प्रयोगशाला के परीक्षणों से कई पीढ़ियों तक जैविक वंशावली भी पता लग सकती है, हालाँकि सांस्कृतिक वंशावली बहुत जटिल चीज़ है। इसका पता लगाने के डीएनए परीक्षण अभी नहीं आये हैं।

इस किताब की परिकल्पना कोविड से पहले बनी थी। उस वक़्त मैं अशोक यूनिवर्सिटी के लिए 'भारतीय सभ्यताओं' पर एक पाठ्यक्रम तैयार कर रही थी। मेरे सामने बहुत बड़ी चुनौती थी। सवाल था कि ऐसे भव्य विषय को बिना सतही और चयनात्मक हुए, सरलीकरण के बग़ैर, कैसे बरता जा

1. प्राचीन मनुष्यों की कहानी को समझने में पुराना डीएनए कैसे मददगार हो सकता है, इसकी शानदार व्याख्या के लिए देखें डेविड रीश की किताब *हू वी आर ऐंड हाउ वी गॉट हियर,* ऑक्सफ़र्ड : ऑक्सफ़र्ड यूनिवर्सिटी प्रेस (2018)। भारतीय उपमहाद्वीप में प्रारम्भिक संस्कृतियों को समझने में आनुवंशिकी और पुरातत्त्व की भूमिका पर विस्तृत चर्चा के लिए देखें टोनी जोसेफ की किताब *अर्ली इंडियंस : द स्टोरी ऑफ़ आवर ऐनसेस्टर्स ऐंड वेयर वी केम फ्रॉम,* नयी दिल्ली : जगरनॉट बुक्स (2018)।

सकता है। इतनी भारी-भरकम चीज़ पर महज़ तेरह हफ़्तों में कुछ भी सार्थक सम्प्रेषित कर पाना क्या मुमकिन था? यह पाठ्यक्रम अपनी शुरुआत में ही नाकाम होने को तो कहीं अभिशप्त नहीं था? इन सवालों से हताश होने के बजाय मैंने तय किया कि दिक़्क़तों का सामना किया जाये। मैंने पाठ्यक्रम की संरचना को आरम्भिक भारतीय इतिहास (जो मेरी विशेषज्ञता का क्षेत्र है) की प्रवृत्तियों और विचारों के प्रमुख अन्तर्विरोधों के इर्द-गिर्द बुनने का फ़ैसला किया, चूँकि आज भी ऐसे कई अन्तर्विरोध साफ़ दिखाई देते हैं। यह पुस्तक उसी आरम्भिक आवेग का परिणाम है। इसे मैंने कोविड-19 की महामारी के दौरान लिखा। हमें अपनी नश्वरता का अहसास कराने के लिए एक वैश्विक महामारी से बेहतर और क्या हो सकता है। यह अधूरे कामों को पूरा करने का एक बहाना बन जाती है, हमारी साझा मनुष्यताओं को रेखांकित करती है। दुर्भाग्य से, टकरावों और विभाजनों की मारी इस दुनिया के सामने एक महामारी भी कम पड़ गयी, जो देशों और समुदायों के बीच की खाई को पाटकर हमें उसे साझेपन का अहसास करवा पाती जो केवल सूक्ष्म जीवाणुओं के सामने लाचारगी में नहीं, बल्कि कई और प्रगाढ़ मामलों में प्रकट होती है।

आजकल लोगों में प्राचीन भारत को लेकर काफ़ी दिलचस्पी देखी जा रही है। यह विषय राजनीतिक रूप से जितना समृद्ध है उतना ही ज़्यादा चिन्ताजनक भी है। इसलिए पहले से कहीं ज़्यादा ज़रूरी हो गया है कि हम अपनी चर्चाओं को विश्वविद्यालयों और अकादमिक परचों से बाहर निकालकर खुले समाज में ले जायें। इतिहास किसी की निजी राय नहीं होता। यह एक विशिष्ट अनुशीलन है जिसमें प्राथमिक स्रोतों का सतर्कता के साथ सन्धान किया जाता है, उनका तार्किक और निर्मम विश्लेषण किया जाता है तथा इस प्रक्रिया में दृष्टि की वस्तुपरकता के प्रति सचेत रहना होता है। अधिकतर भारतीय इतिहासकार लम्बे समय से आम लोगों से संवाद करने के बजाय अन्य इतिहासकारों को उपदेशात्मक ढंग से सम्बोधित करते रहे। लोगों के बीच इतिहास के बारे में जो भ्रम और कुसूचनाएँ फैली हैं, वह व्यापक श्रोतावर्ग से संवाद करने में इतिहासकारों के अस्वीकार (या असमर्थता) का परिणाम है। अब चूँकि यह अहसास हुआ है कि इस समस्या को सम्बोधित किया

जाना चाहिए, तो 'आम लोगों' के लिए इतिहासकारों की लिखी किताबों की अचानक बाढ़ आ गयी है।

फिर भी, पुरानी आदतें इतनी जल्दी नहीं जाती हैं। भारत के इतिहासकारों ने किसी नियम की तरह सारी बहसों को 'वाम' बनाम 'दक्षिण' के मुहावरे में लपेट कर पेश किया है। दोनों तरफ़ के इतिहासकार अपने पहले से चुने हुए पक्ष के हिसाब से चयनित साक्ष्यों को पेश करते रहे। कई दशक तक वामपन्थी इतिहासकारों का भारत के अकादमिक जगत पर राज रहा। उनका कहा ही ब्रह्मवाक्य माना जाता रहा। उस पर सवाल उठाना या उसे चुनौती देना ख़तरे से ख़ाली नहीं होता था। आज कहानी एकदम से पलट चुकी है। अब दक्षिणपन्थी इतिहासकार अपनी साम्प्रदायिक हांडी में धुर-राष्ट्रवादी इतिहास की खिचड़ी पका रहे हैं। इसके चलते इतिहास का तीखा राजनीतिकरण पहले से ही जड़ धारणाओं को और मज़बूत करने के काम में आ रहा है। इसने खुले दिमाग़ से सोचने की क्षमता पैदा करने में मामूली योगदान भी नहीं दिया, बल्कि एक अनुशीलन के रूप में ख़ुद इतिहास की ही विश्वसनीयता और एजेंडे को लोक-सन्देह के घेरे में ला दिया है। इतिहास चूँकि आपसदारी और अलगाव दोनों क़िस्म की भावनाएँ पैदा करने में सक्षम होता है, इसीलिए वह छेड़छाड़ के प्रति बहुत संवेदी होता है। यह संवेदनशीलता ही उन लोगों को ऐतिहासिक विधियाँ समझाना और ज़्यादा अनिवार्य बना देती है जो इतिहासकार नहीं हैं।

प्राचीन भारत के बारे में बहुत से भ्रम उन प्राथमिक स्त्रोतों की समझदारी न होने के चलते पैदा हुए हैं, जिनका इस्तेमाल इतिहासकार इतिहास लिखने में करते हैं। ये तमाम स्त्रोत वे खिड़कियाँ हैं जिनसे अतीत हमारे सामने खुलता है। इनमें लिखे हुए शब्द, पुरातात्त्विक अवशेष, अभिलेख, सिक्के, आदि हो सकते हैं। इन सबका बहुत ध्यान से सन्दर्भयुक्त विश्लेषण करना पड़ता है। प्राचीन भारतीय लिखावट संस्कृत, पाली, प्राकृत, अपभ्रंश, तमिल, कन्नड़ और तेलुगु भाषाओं में मिलती है। कई ग्रन्थ लम्बी अवधि के दौरान एकाधिक लेखकों ने मिलकर लिखे हैं। मसलन, 'ऋग्वेद', 'रामायण', 'महाभारत', 'तिपिटक', 'जैन वांग्मय', और 'अर्थशास्त्र' जैसे कई ग्रन्थों के लिखे जाने की तारीख़ पर दशकों बहस चली है। अब यह साफ़ हो चुका है कि इन्हें

कई सदियों के दौरान लिखा गया था। जैसे, महाभारत को क़रीब 400 सा.सं. पू. (सामान्य संवत् पूर्व) से क़रीब 400 सा.सं. (सामान्य संवत्) के बीच लिखा गया था।[2] यह सोचना ही अपने आप में कितना दुरूह है कि कोई ग्रन्थ आठ सदी तक लगातार लिखा जाता रहा, विकसित होता रहा और लगातार बदलता रहा। विद्वानों ने ऐसे ग्रन्थों की पांडुलिपियों की परस्पर तुलना कर के इनकी मूल सामग्री को पुनर्निर्मित करने की कोशिशें की हैं और इनके समालोचनात्मक संस्करण तैयार किये हैं। माना जाता है कि ये संस्करण मूल ग्रन्थ का प्रतिनिधित्व करते हैं।

चूँकि कई ग्रन्थ लम्बी अवधि के दौरान लिखे गये, तो पाठ के स्वर और वैचारिक दृष्टि के हिसाब से उनमें कई सतहें भी हैं। अकसर इनके लेखक अज्ञात हैं, लेकिन उनके लिखे हुए से उनकी सामाजिक पृष्ठभूमि और परिप्रेक्ष्य का पता लगाया जा सकता है। यानी, बयानों और वाक्यांशों को चयनित और सरलीकृत ढंग से उठा लेने के बजाय उन्हें ध्यान से पढ़ना होता है। पढ़ते वक़्त लिखे जाने की अवधि और उस समय के इतिहास, ऐतिहासिक सन्दर्भ, रचना-शैली, लेखकीय परिप्रेक्ष्य और उसके लक्षित पाठक-वर्ग को दिमाग़ में रखना होता है। कई ग्रन्थ नियामक या उपदेशात्मक हो सकते हैं, जिनमें लेखक वह बता रहा होता है जो उसकी दृष्टि में आदर्श है। कई ग्रन्थों में विसंगतियाँ और विरोधाभास मिलते हैं। कोई भी ग्रन्थ अपने काल के यथार्थ की सहज अभिव्यक्ति नहीं होता। वह उस दौर की सच्चाइयों का एक जटिल बयान होता है।

दुनिया के सभी हिस्सों में, सभी संस्कृतियों में, समूचे इतिहास के दौरान एक बात समान रूप से पायी गयी है। वो यह, कि हाशिये के अधीनस्थ सामाजिक समूहों को ज्ञान के उत्पादन और प्रसार में हिस्सा लेने के अवसरों से जान-बूझ कर वंचित किया गया है। यानी, प्राचीन ग्रन्थ मोटे तौर से राजनीतिक, सामाजिक और धार्मिक स्तर पर कुलीन वर्ग के विचारों और दृष्टि को दर्शाते हैं। कह सकते हैं कि तक़रीबन सभी ग्रन्थ उच्च वर्ग के पुरुषों द्वारा

---

2. Common Era (CE) को सामान्य संवत् (सा.सं.) और Before Common Era (BCE) को सामान्य संवत् पूर्व (सा.सं.पू.) लिखा गया है।

और उच्च वर्ग के पुरुषों के लिए ही लिखे गये थे। कुछ ऐसे ग्रन्थ हैं जिनमें ऐतिहासिक चेतना झलकती है, यानी उनमें अतीतबोध है और अतीत के कुछ बहुमूल्य माने जाने वाले आयामों को संरक्षित करने के प्रयास हैं। जैसे, पुराण, महाभारत, रामायण और बुद्ध, महावीर तथा धार्मिक सन्तों की जीवनियाँ या सन्तचरित। ये परम्परागत इतिहास ज़ाहिर तौर पर आधुनिक ऐतिहासिक शोध से अलग हैं। इसलिए बहुत सम्भव है कि इनके पाठ में से छुपे हुए अर्थ निकालकर मूल के ख़िलाफ़ इनकी व्याख्या कर दी जाये और उसके समर्थन में दूसरे स्रोतों को खड़ा कर दिया जाये।

लोग अकसर पुरातत्त्व को ठोस और वस्तुपरक साक्ष्य मानते हैं, हालाँकि अतीत की भौतिक चीज़ों का बहुत छोटा-सा अंश ही आज बच रहा है। वैज्ञानिक तकनीकों के प्रयोग के बावजूद उनकी व्याख्या अलग-अलग तरीक़ों से की जा सकती है। मसलन, राजस्थान की झीलों से परागकण के विश्लेषण के आधार पर एक प्रस्थापना का समर्थन किया जाता है कि हड़प्पा की सभ्यता बारिश कम होने के कारण मिट गयी। इसी तरह एक और बात कही जाती है कि उस काल में जलवायु परिवर्तन उतना अहम नहीं था। पुरातत्त्व भले ही भौतिक संस्कृति, तकनीक और व्यापार आदि पर विस्तृत आँकड़े दे पाने में पर्याप्त सक्षम है, लेकिन सामाजिक और राजनीतिक जीवन, प्रथाओं और प्रवृत्तियों के मामले में वह उतना कारगर नहीं है। पुरातत्त्व धीरे-धीरे क्रम से घटने वाली प्रक्रियाओं पर केन्द्रित होता है, विशिष्ट घटनाओं को संज्ञान में नहीं लेता। इसलिए कई ऐसे सवाल हैं जिनका जवाब पुरातत्त्व के पास नहीं है।

हक़ीक़त यह है कि लिखित शब्द और भौतिक सामग्री मिलकर अकेले मानवीय अनुभव के समूचे दायरे को नहीं समेट पाते। इनसे हमें अतीत की एक झलक भर मिल पाती है, जो और पीछे जाने पर धुँधली होती चली जाती है। रोज़मर्रा के जीवन के तमाम अहम आयाम, जैसे मौखिक, निजी, भावनात्मक, सब छूट जाते हैं या बहुत दूर से ही उनका अन्दाज़ा लग पाता है। हालिया इतिहास पर जिस क़िस्म का डेटा जितनी मात्रा में उपलब्ध है, सदियों और सहस्राब्दियों पीछे के सफ़र में वह नदारद है। व्यक्ति-विशेष और घटनाओं की कहानियों के सुरागों की पहचान मुश्किल है। उसकी जगह महज़ ऐतिहासिक प्रक्रियाओं की एक मोटामोटी झाँकी हमें मिल पाती है। इसलिए, उपलब्ध

स्रोतों के सहारे ही हमें सबसे बेहतर ढंग से काम लेना पड़ता है। यानी, अपने सुदूर पुरखों की ज़िन्दगियों और अनुभवों के कई आयामों पर पकड़ हमसे हमेशा छूटी ही रहेगी।

प्राचीन इतिहास के लिए आधुनिक राष्ट्र-राज्यों की सरहदें अप्रासंगिक होती हैं। इसलिए इस किताब के शीर्षक में 'भारत' से भारतीय उपमहाद्वीप या दक्षिण एशिया का अर्थ लगाया जाना चाहिए, जिसमें आज भारत, पाकिस्तान, बांग्लादेश, नेपाल, भूटान और श्रीलंका के इलाक़े आते हैं। यह इलाक़ा बहुत विशाल है। स्वाभाविक रूप से, इसके प्रत्येक क्षेत्र में हुए ऐतिहासिक विकास की गति और शक्ल में भी बहुत फ़र्क़ रहा है। मसलन, जब उत्तर और उत्तर-पश्चिम में हड़प्पाकालीन शहरी सभ्यता फल-फूल रही थी, उपमहाद्वीप के दूसरे हिस्सों में ग्रामीण, चरवाहे और शिकारी रहा करते थे। कुछ इलाक़े तो पाषाणकाल में जी रहे थे। उत्तर और मध्य भारत में शहरीकरण की दूसरी लहर और प्रान्त-निर्माण क़रीब छठी सदी सा.सं.पू. की घटना है, लेकिन सुदूर दक्षिण में कई सदी बाद ऐसा हुआ। केवल चलन और काल का ही अन्तर नहीं है, प्रत्येक क्षेत्र से मिलने वाली सूचनाएँ भी बेमेल हैं। इसकी बड़ी वजह इतिहासकारों की उपेक्षा या उदासीनता रही है।

प्राचीन भारत का इतिहासकार होने के नाते अकसर मुझसे एक सवाल पूछा जाता है : प्राचीन भारत कितना प्राचीन है? इस सवाल का आशय यदि उपमहाद्वीप में होमिनाइन प्रजाति (आधुनिक मानव, विलुप्त मानव प्रजातियाँ और हमारे सभी तात्कालिक पूर्वज) की मौजूदगी के आरम्भिक साक्ष्यों से है, तो जवाब होगा : क़रीब 20 लाख वर्ष प्राचीन।[3] माना जाता है कि विकासक्रम में होमो सेपियन दो लाख वर्ष पहले आये, तो संस्कृति के प्राचीनतम अवशेष होमिनाइन प्रजाति में मिलते हैं। शिवालिक की पहाड़ियों में मिले पत्थर के औज़ार क़रीब 20 लाख वर्ष पुराने हैं। तमिलनाडु के अत्तिरमपक्कम में हुए हालिया उत्खनन में प्राप्त साक्ष्य क़रीब एक लाख सात हज़ार वर्ष पूर्व से

3. होमिनाइन एक व्यापक श्रेणी है जिसमें आधुनिक मनुष्य (होमो सेपियन), लुप्त हो चुकी मानव प्रजातियाँ, और हमारे सभी तात्कालिक पूर्वज (होमो, ऑस्ट्रेलोपिथेकस, पैरेन्थ्रोपस और आर्डिपिथेकस प्रजातियों के सदस्यों सहित) शामिल हैं।

क़रीब 17 लाख वर्ष पुराने पत्थर के औज़ारों का पता देते हैं।[4] पुरातत्त्व और आनुवंशिकी में हो रही नयी खोजें बेशक और ज़्यादा सूचनाएँ लेकर आयेंगी जो प्राचीन मनुष्य, उनकी आवाजाही और उपलब्धियों पर हमारी समझदारी को और समृद्ध करेंगी।

उपमहाद्वीप में प्रागैतिहासिक संस्कृतियों के आरम्भ की तारीख़ों की बात करें, तो प्राचीन इतिहास पर एक विश्वविद्यालयी पाठ्यक्रम क़रीब बीस लाख वर्ष पूर्व से लेकर 800 सा.सं., 1000 सा.सं. या 1200 सा.सं. तक जा सकता है ताकि अन्त तक आते-आते प्रारम्भिक मध्यकाल के साथ उसकी निरन्तरता क़ायम हो सके।[5] फिर इसी बिन्दु से मध्यकाल पर केन्द्रित एक पाठ्यक्रम अठारहवीं सदी यानी प्रारम्भिक आधुनिक काल तक खिंचा चला आ सकता है। आधुनिक भारत के इतिहास को आमतौर से अठारहवीं से बीसवीं सदी तक पढ़ाया जाता है यानी केवल तीन सदियाँ, जबकि मध्यकालीन इतिहास आठ से दस सदी और प्राचीन इतिहास कोई बीस लाख वर्ष तक फैला हुआ है। इस किताब का मुख्य ज़ोर 600 सा.सं.पू. से 1000 सा.सं. के कालखण्ड पर है, लेकिन कभी-कभार पाठ इसके पार भी चला गया है।

इस सन्दर्भ में यह ध्यान देना ज़रूरी है कि प्राचीन इतिहास में 'एक सदी के पैमाने' पर जो बदलाव घटे वे वास्तव में बहुत सुस्त थे, इसलिए उस कालखण्ड में जी रहे लोगों को या तो दिखे नहीं अथवा महसूस नहीं हुए।

इतिहास को पढ़ने का एक पर्याप्त कारण यह है कि वह दिलचस्प होता है (या उसे ऐसा होना चाहिए), लेकिन एक बात और है। वह यह नहीं कि इतिहास ख़ुद को दुहराता है (जैसा कि बहुत से लोग सोचते हैं) या वह हमें अतीत की ग़लतियों से सबक लेना सिखाता है। इतिहास के सबक कोई बहुत भारी-भरकम नहीं होते, न ही उनसे रोज़मर्रा की ज़िन्दगी जीने का कोई प्रारूप

---

4. देखें, शान्ति पप्पू, यानी गुनेल, कुमार अखिलेश, रेगिस ब्रॉशर, मॉरिस ताएब, फ्रांसुआ डिमोरी, और निकोलस थोवीनी लिखित 'अर्ली प्लीस्टोसीन प्रेजेंस ऑफ़ एक्यूलियन होमिनाइन्स इन साउथ इंडिया', *साइंस,* खण्ड 331, अंक 6024, 25 मार्च, 2011, पृ. 596-99।

5. 'प्रारम्भिक मध्यकाल' का प्रयोग इतिहासकार छठी से बारहवीं/तेरहवीं सदी के भारत के इतिहास के लिए करते हैं।

मिलता है। इतिहास की किताबें पढ़े बग़ैर भी कोई पर्याप्त सुखी और सफल जीवन बिता सकता है। अतीत और वर्तमान के बीच सम्बन्ध बहुत महीन होते हैं। इन्हें पकड़ना दुरूह होता है। बदलाव या विध्वंस के माध्यम से ही उनमें घुसा जा सकता है। एक मायने में देखें, तो अतीत वह है जो मर चुका है, जा चुका है, और जिसे वापस लाना मुमकिन नहीं है। इसके बावजूद, वर्तमान में ज़िन्दा चीज़ों पर ख़ुद को केन्द्रित रखते हुए हम इस बात का अन्दाज़ा लगाने की कोशिश करते हैं कि अपनी बसावटों के सापेक्ष हम कौन हैं और हम किन ऐतिहासिक प्रक्रियाओं का हिस्सा हैं। यह अन्दाज़ा वर्तमान को जीने में मददगार होता है।

यह किताब प्राचीन भारत, या कहें, दक्षिण एशिया का कोई कालानुक्रमिक इतिहास प्रस्तुत नहीं करती है। इसके लिए आप मेरी लिखी किताब *ए हिस्ट्री ऑफ़ एन्शियेंट ऐंड अर्ली मिडीवल इंडिया*[6] पढ़ सकते हैं। इस किताब में मैंने कुछ ख़ास विषयों को चुना है जो प्राचीन भारतीय इतिहास, संस्कृति और विचार को समझने के लिहाज़ से केन्द्रीय हैं। इन विषयों पर चर्चा के दौरान मैंने ख़ासतौर से कुछ उग्र तनावों और विरोधों पर ख़ुद को केन्द्रित किया है–जैसे, सामाजिक असमानता और मुक्ति, काम और वैराग्य, देवियाँ और स्त्री-द्वेष, हिंसा और अहिंसा, तथा संवाद और टकराव।

इस पुस्तक में विवरण उतने ही दिये गये हैं जिनके सहारे पाठक साक्ष्यों की जटिलताओं को समझ सकें और सराह सकें। प्राचीन ग्रन्थों से लिए गये उद्धरण कुछ दिलचस्प मूल स्रोतों का आस्वाद देने के लिए हैं। मैंने पाद-टिप्पणियों की संख्या कम से कम रखने की कोशिश की है, लेकिन प्राचीन ग्रन्थों के उम्दा अंग्रेज़ी अनुवादों तथा सम्बन्धित सामग्री के सन्दर्भ उन पाठकों के लिए दिये गये हैं जिनकी इस विषय में दिलचस्पी है और जो ख़ास विषयों पर और ज़्यादा जानने के इच्छुक हैं।[7] इस पुस्तक में दी गयी तस्वीरें कई कारणों से बेहद अहम हैं। दृश्य-स्रोत अकसर शब्दों से ज़्यादा बोलते हैं

---

6. उपिंदर सिंह, *ए हिस्ट्री ऑफ़ एन्शियेंट ऐंड अर्ली मिडीवल इंडिया : फ्रॉम द स्टोन एज टू द ट्वेल्थ सेंचुरी*, नयी दिल्ली : पियरसन (द्वितीय संस्करण, 2024)।

7. इस पुस्तक में उद्धृत किये गये कई लेख https://jstor.org और/या https://www.academia.edu पर उपलब्ध हैं।

और अतीत में झाँकने की एक खिड़की होते हैं। वास्तव में, प्राचीन भारतीय इतिहास और संस्कृति को प्राचीन भारतीय कला के बग़ैर समझना असम्भव है। इस पुस्तक में प्राचीन शिल्पकलाओं की तो कई तस्वीरें हैं ही, मध्यकालीन चित्रकला तथा लोक और शास्त्रीय कलाओं की बहुत हालिया तस्वीरें भी हैं। ये सब मिलकर इस बात को पुष्ट करते हैं कि प्राचीन भारत में उत्कृष्ट कला का न सिर्फ़ प्रचुर और विविध उत्पादन हुआ था, बल्कि आज की तारीख़ में भी रचनात्मक अभिव्यक्तियों के लिए अतीत एक समृद्ध प्रेरणास्रोत का काम करता आ रहा है।

पुस्तक में कई ऐसे शब्द हैं जो व्याकरणिक रूप से एकवचन हैं और अपने अर्थ में स्थिर जान पड़ते हैं। उन्हें बहुवचन में पढ़ा जाना चाहिए और अर्थ में गतिशील समझा जाना चाहिए। जैसे, 'प्राचीन भारत' अपने आप में किसी एकल, एकरूप, अपरिवर्तनीय संस्कृति का द्योतक नहीं है। यह उपमहाद्वीप में इन्सानी मौजूदगी की लम्बी और अद्भुत जटिल कहानी है, जिसमें ख़ूब सारी विविधता और परिवर्तन निहित है। इसी तरह, 'भारतीय संस्कृति' (या 'भारतीय सभ्यता') को हम एक कैलाइडोस्कोप में लगातार घूमती, रंग और आकार बदलती तस्वीरों से तुलना कर के समझ सकते हैं। इसमें केवल भारत का प्राचीन अतीत शामिल नहीं है, बल्कि मध्यकालीन इस्लामिकेट[8] विरासत से लेकर औपनिवेशिक राज, आज़ादी के बाद के दशक और वर्तमान तक सब कुछ शामिल है। यह किताब इस लम्बी और उत्तेजक कथा के केवल शुरुआती हिस्से का अन्वेषण करती है।

अतीत ख़ूबसूरत हो सकता है, प्रेरक और उद्धारक भी। वह विद्रूप, बेचैन और हताश करने वाला भी हो सकता है। यह किताब पाठकों को अतीत के बारे में सरलीकृत और रूढ़ धारणाओं को त्यागकर उसकी कुछ जटिलताओं को समझने का प्रयास करने के लिए आमन्त्रित करती है, ताकि वे बने-बनाये फ़ैसले लेकर बैठे न रहें। इस किताब में जिन प्रबल अन्तर्विरोधों पर चर्चा की गयी है वे किसी मृत अतीत का हिस्सा नहीं हैं। आज भी वे अतीत की विकृत स्मृतियों और वर्तमान की अनुभूत सच्चाइयों में ज़िन्दा हैं।

---

8. 'इस्लामिकेट' का आशय इस्लाम से प्रभावित क्षेत्रों के विभिन्न लक्षणों से है। यह 'इस्लामिक' के मुक़ाबले ज़्यादा व्यापक शब्द है। इस्लामिक केवल मज़हब से ताल्लुक रखता है।

1
असमानता और मुक्ति

हैदराबाद यूनिवर्सिटी में 17 जनवरी, 2016 को एक दलित छात्र रोहित वेमुला ने अपनी जान ले ली थी। पीछे छोड़े सुसाइड नोट में अपनी पैदाइश को एक दुर्भाग्यपूर्ण हादसा बताते हुए उन्होंने जातिगत भेदभाव की बहुत तीखी आलोचना लिखी थी। इस ख़ुदकुशी ने विश्वविद्यालयों के परिसरों के भीतर और बाहर ज़बरदस्त आक्रोश, दुख और क्षोभ का माहौल पैदा कर दिया था। देश में भावनाओं का ऐसा सैलाब उमड़ा था कि एकदम ठण्डे, उदासीन और पत्थरदिल लोगों के लिए भी जाति-भेद की क्रूर हक़ीक़त से आँख चुराना मुश्किल हो गया। वैसे तो भारत का संविधान अस्पृश्यता के उन्मूलन का संकल्प लेता है, उसे अपराध करार देता है और किसी भी रूप में उसे बरतने वाले के लिए दण्ड का क़ानूनी प्रावधान भी करता है। सभी नागरिकों को समानता का वादा करने वाले इस संविधान के राज तले एक आज़ाद देश में जीते हुए हमें सात दशक से ज़्यादा होने को आये, इसके बावजूद सामाजिक असमानता यहाँ निरन्तर क़ायम है।

यह सामाजिक असमानता कोई विशिष्ट भारतीय परिघटना नहीं है। सभी समाजों के ताने-बाने में यह कमोबेश पायी ही जाती है। आर्थिक वर्ग, आय और सामाजिक स्थिति के हिसाब से असमानताएँ हर संस्कृति में देखी जा सकती हैं, परन्तु भारत के मामले में ख़ास बात यह है कि असमानता का एक सांस्कृतिक प्रतिबिम्ब हमें जाति में देखने को मिलता है जबकि पश्चिमी समाजों में बिल्कुल यही बात नस्ल के मामले में सच है। इसी समझदारी को लेकर कुछ दलित समूहों ने 2001 में डरबन में नस्लवाद के ख़िलाफ़ आयोजित संयुक्त राष्ट्र के एक सम्मेलन में दलील दी थी कि जातिगत भेदभाव को नस्ली

भेदभाव की तरह ही समझा जाना चाहिए। दोनों के बीच सबसे स्पष्ट अन्तर बस यह है कि नस्लभेद सामने से दिखने वाले शारीरिक लक्षणों पर टिका होता है, जैसे चमड़ी का रंग, जबकि जाति के साथ ऐसा नहीं है। इस प्रत्यक्ष अन्तर के बावजूद जाति और नस्ल की अवधारणाएँ सैद्धान्तिक रूप से बराबर इस बात को मानती हैं कि कुछ लोगों के समूह दूसरे लोगों के मुक़ाबले श्रेष्ठ होते हैं और यह श्रेष्ठता उन्हें विरासत में मिलती है। इसीलिए दोनों बहुत गहरे स्तर पर सामाजिक असमानता की बुनियाद को रचते हैं और उसे क़ायम भी रखते हैं। यानी, जाति और नस्ल भले समरूप न हों, लेकिन परस्पर तुलनीय अवश्य हैं।

पश्चिम के राजनीतिक चिन्तन में प्राकृतिक समानता, अधिकार और स्वतन्त्रता के विचारों पर सत्रहवीं सदी के बाद लगातार जीवन्त बहसें चली हैं। विडम्बना देखिए कि यही वह दौर था जब यूरोप के उपनिवेशवादी अपने कारोबारी मुनाफ़े के लिए अफ्रीका और एशिया के लोगों को ग़ुलाम बनाने में जुटे हुए थे। इसके बावजूद, समानता और स्वतन्त्रता पर लिखने वाले पश्चिम के राजनीतिक सिद्धान्तकारों के संज्ञान में ग़ुलाम बनाये गये लोग (या औरतें) सामान्यत: कहीं नहीं थे। उन चिन्तकों के सोच के दायरे में उपनिवेशित लोगों की बराबरी और आज़ादी का सवाल ही नहीं था। यही नहीं, नस्ल के सिद्धान्तकार उसी दौरान छद्म-वैज्ञानिक दलीलों के सहारे गोरे लोगों को दूसरों से प्राकृतिक रूप से श्रेष्ठ ठहराने में लगे हुए थे। यानी, प्राकृतिक असमानता का विचार न तो भारत तक सीमित है, न एशिया तक और न ही यह कोई मशरीक़ी (पूरब के समाजों का) रुझान है।[1] यह एक वैश्विक परिघटना है जिसकी जड़ें बहुत गहरी हैं, हालाँकि समय-समय पर उसे चुनौती भी दी गयी है।

---

1. समाजशास्त्री लुई डूमोंट की दलील थी कि पश्चिम के समाज समानता और पूरब के समाज पदानुक्रम के सिद्धान्त के इर्द-गिर्द निर्मित हैं। डूमोंट के विचार की आलोचना के लिए देखें आन्द्रे बेतेले का निबन्ध 'द आइडिया ऑफ़ नैचुरल इनिक्वलिटी', आन्द्रे बेतेले लिखित *द आइडिया ऑफ़ नैचुरल इनिक्वलिटी ऐंड अदर एसेज़* में, ऑक्सफ़ोर्ड यूनिवर्सिटी प्रेस, नयी दिल्ली द्वारा प्रकाशित (1983), 2003, पृ. 7-34।

इक्कीसवीं सदी में समानता क़ायम करने का दावा करने वाली कई राजनीतिक संरचनाएँ आयीं–सर्वसत्तावाद से लेकर लोकतान्त्रिक प्रणाली तक (हालाँकि दोनों के बीच की विभाजक रेखा अब धुँधली पड़ती जा रही है)। समानता का सवाल सभी ढाँचों में बराबर मौजूद रहा। मसलन, लोकतन्त्र आर्थिक बराबरी नहीं लाता, तो साम्यवाद इसका वादा करने के बावजूद ऐसा नहीं कर पाता और उसके लिए आज़ादी की क़ीमत माँगता है। तब के मुक़ाबले आज यह उम्मीद की जा सकती है कि सामाजिक असमानता में खुला विश्वास जताने वाले लोग दुनिया भर में कम ही होंगे, उनमें भी सबके स्वर एक जैसे नहीं होंगे। पर सवाल यह है कि जब हम यह कहते हैं कि सारे पुरुष और स्त्रियाँ समान हैं, तो हमारा मन्तव्य क्या होता है? क्या यह कोई दावा है या महज़ एक चाहत, कि हम हर क़िस्म की समानता–आर्थिक अवसर, जीवनस्तर, सामाजिक स्थिति, राजनीतिक प्रक्रियाओं में भागीदारी, क़ानूनी अधिकार–की आकांक्षा कर रहे हैं?

असमानता को यदि हम उसकी ऐतिहासिकता में देखें तो ऐसे कई और सवाल खड़े हो सकते हैं, जैसे–असमानता कितने प्रकार की है और किन स्तरों पर मौजूद रही है? वे संस्थाएँ कौन-सी हैं जिन्होंने असमानता को पैदा किया? उसे विभिन्न सामाजिक समूहों के भीतर उतारा कैसे गया और सही कैसे ठहराया गया? उसका प्रसार कैसे किया गया? असमानता के संरक्षक कौन लोग थे, उसके लाभार्थी कौन थे और उसका शिकार कौन लोग हुए? समय के साथ असमानता ने अपना रूप कैसे बदला? असमानता को चुनौतियाँ कहाँ और कब पैदा हुईं तथा किस हद तक वे कामयाब रहीं? इन प्रश्नों के जवाब ढूँढ़ने के लिए हमें विभिन्न समाजों और संस्कृतियों की जड़ों में झाँकना होगा, ताकि यह पता लग सके कि वे समाज मनुष्य के मोल और उसके उद्‌देश्य को लेकर क्या सोच रहे थे।

उत्पादक संसाधनों तक असमान पहुँच पर आधारित वर्गीय असमानता तो छठी सदी सा.सं.पू. से ही भारतीय इतिहास का अंग रही है। इसलिए प्रस्तुत अध्याय का पहला हिस्सा असमानता के बाक़ी चार आधारों पर केन्द्रित है– दासता, वर्ण, जाति और अस्पृश्यता (लैंगिक असमानता पर हम तीसरे अध्याय

में बात करेंगे)। इन संस्थाओं व प्रथाओं के इतिहास तथा अधीनस्थ जीवन जीने वाले हाशिये के समूहों के अनुभवों को हमें नये सिरे से उन एकपक्षीय व पूर्वग्रहग्रस्त स्रोतों के सहारे ही गढ़ना होगा, जो उच्च वर्गों और धार्मिक कुलीनों के हितों व विचारों का प्रतिनिधित्व करते हैं तथा ऊपर-ऊपर से ही समाज की झलक दिखलाते हैं। दलितों का लेखन तो बहुत हाल में जाकर सामने आया है, ख़ासकर कुछ आत्मकथाएँ, जिन्होंने हाशिये से भी बाहर धकेल दिये गये लोगों के अनुभवजन्य जाति-भेद और शोषण को सजीव ढंग से उभारा है।[2] प्राचीन ग्रन्थों में दर्ज विचार बेचैन और हताश करने वाले हो सकते हैं, लेकिन हमारा लक्ष्य उन्हें केवल समझना है, भले वे हमें अस्वीकार्य जान पड़ते हों। इस अध्याय का दूसरा हिस्सा असमानता के ख़िलाफ़ उन सवालों की पड़ताल करता है जो मुख्यत: धर्म और मुक्ति के स्तर पर उठाये गये हैं।[3]

दास और दासियाँ

चौथी सदी सा.सं.पू. के उत्तरार्द्ध की बात है, जब पूर्वी भारत में फैले मगध साम्राज्य की राजधानी पाटलीपुत्र में मेगस्थनीज़ नाम का एक ग्रीक पहुँचा। हेलिनिस्टिक शासक सेल्युकस निकाटोर या अराकोसिया के मकदूनियाई क्षत्रप सिबिर्टियस ने उसे मौर्य शासक चन्द्रगुप्त के दरबार में अपना दूत बनाकर भेजा था। मेगस्थनीज़ ने अपना ज़्यादातर समय सम्भवत: पाटलीपुत्र में ही काटा। देश के दूसरे हिस्सों में चल रहे घटनाक्रम का उसे बहुत ज्ञान नहीं था।

---

2. बी.आर. अम्बेडकर के उद्वेलक आत्मकथात्मक लेखन के लिए देखें 'वेटिंग फॉर ए वीजा', वसन्त मून द्वारा संकलित पुस्तक *डॉ. बाबासाहेब अम्बेडकर : राइटिंग्स ऐंड स्पीचेज़,* खण्ड 12 में, डॉ. अम्बेडकर फ़ाउंडेशन, नयी दिल्ली द्वारा प्रकाशित, 2004, पृ. 661-69 (ऑनलाइन भी उपलब्ध)। सोचने-विचारने वाले सभी भारतीयों को कुछ और महत्त्वपूर्ण किताबें पढ़नी चाहिए, जैसे कांचा इलैया शेफ़र्ड की *वाइ आइ ऐम नॉट ए हिन्दू : ए शूद्रा क्रिटीक ऑफ़ हिन्दुत्व फिलॉसफ़ी, कल्चर ऐंड पॉलिटिकल इकनॉमी,* सेज, नयी दिल्ली द्वारा प्रकाशित (1996), 2019; सूरज येंगड़े की *कास्ट मैटर्स,* पेंग्विन वाइकिंग, गुड़गाँव द्वारा प्रकाशित, 2019; आनन्द तेलतुम्बड़े की *दलित्स : पास्ट, प्रेजेंट ऐंड फ्यूचर,* रूटलेज, ऑक्सफ़ोर्ड और नयी दिल्ली द्वारा प्रकाशित (2017), 2020
3. 'मुक्ति के स्तर' का आशय मुक्ति सम्बन्धी धार्मिक सिद्धान्तों से है।

हो सकता है कि स्थानीय भाषा न जानने के चलते उसे ऐसा करना पड़ा हो। उसने भारत और यहाँ के लोगों के बारे में एक किताब लिखी। उसका नाम था 'इंडिका'। वह किताब लुप्त हो चुकी है, उसमें लिखा बहुत कुछ बच नहीं सका, लेकिन बाद के कुछ ग्रीक और रोमन लेखकों ने उसके कुछ अंश अपने यहाँ उद्धृत किये। मेगस्थनीज़ अपने ग्रीक पाठकों को भारत के बारे में केवल तथ्य देकर ऊबाना नहीं चाहता रहा होगा, उसकी मंशा उनका मनोरंजन करने की भी रही होगी। लिहाज़ा, उसका लिखा कुछ-कुछ सही था तो कुछ ग़लत भी था। उदाहरण के लिए, उसकी यह समझ ग़लत थी कि भारतीय समाज सात वर्गों में बँटा हुआ है। भारत में दास प्रथा नहीं है, उसका यह सोचना भी ग़लत था। ग्रीस के घरबार हों चाहें निर्माण स्थल, खदानें या पत्थर की तुड़ाई का काम, ग़ुलाम वहाँ हर जगह आसानी से दिख जाते थे (राजनीतिक और सैन्य प्रतिष्ठानों के सिवा)।[4] भारत में हो सकता है कि वे इतनी सुलभता से दिखते न हों, लेकिन चौथी सदी सा.सं.पू. के भारत में दास निश्चित रूप से थे। वास्तव में, प्राचीन भारत और प्राचीन ग्रीस में आज़ादी का विचार ही दासता के ख़िलाफ़ उपजी प्रतिक्रिया की पैदाइश रहा है। दोनों जगह का सबक एक ही था, कि आज़ाद होने का मतलब है ग़ुलाम नहीं होना।

प्राचीन दुनिया में दास और जगहों पर भी थे, जैसे मिस्र, सुमेरिया, चीन, रोम, इत्यादि। दास प्रथा के रूप में असमानता की यह अति बहुत हाल-फ़िलहाल तक देखने को मिली है। वह अफ्रीकी और कैरीबियाई लोगों की दासता ही थी जिसने औपनिवेशिक साम्राज्यों को टिकाये रखा। दास प्रथा का औपचारिक उन्मूलन अलग-अलग जगह पर भिन्न समय में हुआ। ब्रिटिश साम्राज्य के कुछ हिस्सों में इसे 1833 में ख़त्म किया गया। भारत में यह प्रथा 1861 में समाप्त हुई। संयुक्त राज्य अमेरिका में दासता उन्मूलन 1865 में

---

4. एम.आइ. फिनले ग़ुलामी को 'ग्रीक सभ्यता का मूलभूत तत्त्व' बताते हैं जिसे बौद्धिक वर्ग ने कभी भी चुनौती नहीं दी। ग़ुलामों की आपूर्ति का मुख्य स्रोत युद्ध में बन्दी बनाना होता था और अधिकतर ग़ुलाम विदेशी होते थे। फिनले का अनुमान है कि प्राचीन ग्रीस में ग़ुलामों और आज़ाद लोगों का अनुपात 1:4 था; ग़ुलामों और नागरिकों का अनुपात 1:1 से भी कम था, देखें एम.आइ. फिनले लिखित *इकनॉमी ऐंड सोसायटी इन एन्शिएंट ग्रीस,* ब्रेन्ट शॉ और रिचर्ड सालर द्वारा सम्पादित, वाइकिंग, न्यूयॉर्क से प्रकाशित, 1982, पृ. 103-04, 111, 123।

हुआ जबकि उत्तर-पश्चिमी अफ्रीका के मॉरिटानिया में 1981 में जाकर ऐसा हो सका। दासता दुनिया भर में समाप्त की जा चुकी है, इसके बावजूद लोग आज भी ग़ुलामों वाली जीवन-स्थितियों में जीने को मजबूर हैं। बँधुआ मज़दूरी और मानव तस्करी के शिकार लोग इसका प्रत्यक्ष उदाहरण हैं।

सामान्य तौर से दास का मतलब होता था किसी की सामाजिक और क़ानूनी सम्पत्ति होना, जैसे ज़मीन-जायदाद होती है। दास यदि औरत है, तो उसके श्रम के साथ उसका यौन-शोषण किया जाना आम था। कभी-कभार पुरुषों के मामले में भी यह सच होता था। दास कई प्रकार के होते थे। कभी-कभार दासता दूसरे तरह की सामाजिक अधीनताओं के रूप में सामने आती थी। निश्चित रूप से कोई मालिक बहुत क्रूर रहा होगा तो कोई उदार भी, लेकिन एक संस्था के रूप में दासता का बुनियादी ढाँचा अत्यन्त असमानता और शोषण वाला था।

हड़प्पाकालीन सभ्यता (2600-1900 सा.सं.पू.) के समाज की बनावट की कल्पना कर पाना बहुत मुश्किल है क्योंकि उसकी लिपि अब तक पढ़ी नहीं जा सकी है। फिर भी एक बात साफ़ है कि उस समाज में भी समानता नहीं थी। हड़प्पाकालीन लोगों ने वैसे तो ऐसा कुछ भी नहीं बनाया जो प्राचीन मेसोपोटामिया के मन्दिरों अथवा मिस्र के फरौन के राजकीय मक़बरों के आसपास भी ठहरता हो, लेकिन जिस प्रभावशाली ढंग से मुअनजोदड़ो, हड़प्पा, धोलाविरा और राखीगढ़ी जैसे नगरों का नियोजन किया गया था वह दिखाता है कि आज की तरह ही उस समय भी असंख्य मज़दूर ही शहरी जीवन की रीढ़ थे जो निर्माण करते थे, नालियाँ और सीवर साफ़ करते थे, तथा अपनी सेवाओं और श्रम से शहरों को चलायमान रखते थे। हाँ, यह स्पष्ट नहीं है कि उस समय दासता थी या नहीं।

दासों का स्पष्ट और आरम्भिक सन्दर्भ हमें 'ऋग्वेद संहिता' में मिलता है, जिसे 1500-1000 सा.सं.पू. के दौरान रचा गया था। जिस क्षेत्र में इसकी रचना की गयी, वह सिन्धु नदी, उसकी धाराओं तथा घग्गर-हकरा की घाटी थी। आज यह इलाक़ा पाकिस्तान के उत्तर-पश्चिमी सीमान्त प्रान्त और पंजाब से लेकर भारत के पंजाब और हरियाणा तक विस्तारित क्षेत्र के रूप में पहचाना

जा सकता है। इस संहिता के रचयिताओं के बारे में दो मत हैं। पहला, कि वे भारत के मूल निवासी थे। दूसरा, वे उत्तर-पश्चिम के प्रवासी थे। दूसरे मत के समर्थन में उपलब्ध साक्ष्य आश्वस्तकारी हैं।

ऋग्वेद संहिता दस मण्डलों या कहें पुस्तकों से मिलकर बनी है। इसे ऋषियों ने ऋषिगण के लिए ही रचा है। दूसरे मण्डल से लेकर सातवें मण्डल तक को प्राचीनतम माना गया है। इन्हें 'वंशमण्डल' (या 'गोत्रमण्डल') कहा जाता है। माना जाता है कि इन मण्डलों की रचना प्रत्येक किसी एक ऋषि या मुनि व उसके वंश ने की है। वैदिक वांगमय में ऋग्वेद संहिता के बाद सामवेद, यजुर्वेद, अथर्ववेद आते हैं। इसके बाद ब्राह्मण (यज्ञ व यज्ञभाग अनुष्ठानों पर केन्द्रित), आरण्यक (अनुष्ठानों का प्रतीकात्मक या आध्यात्मिक भाष्य) और उपनिषद (आत्म और ब्रह्म जैसी कई अवधारणाओं की दार्शनिक व्याख्या) आते हैं। ये सभी ग्रन्थ 1000 से 500 सा.सं.पू. के दौरान आज के पंजाब, हरियाणा और पश्चिमी उत्तर प्रदेश के इलाक़े में रचे गये थे।

जिन लोगों ने इन्हें रचा, विद्वानों ने उनके लिए 'इंडो-आर्यन' का प्रयोग किया है। यह एक भाषाई और सांस्कृतिक पहचान है। वेदों के रचयिता ख़ुद को आर्य कहते हैं। यह संस्कृत का शब्द है जिसका अर्थ है सभ्य और सुसंस्कृत लोग। ऋग्वेदकालीन समाज एक क़बीलाई समाज था। यहाँ पद, धन और लिंग के हिसाब से भेद थे। इस समाज में पुरुष और स्त्री दोनों ही दास होते थे। ऋग्वेद में कई स्थानों पर दास का सन्दर्भ आया है। उन्हें कुछ विशेष क़बीलों के लोग बताया गया है जो आर्यों के दुश्मन हुआ करते थे। इस बारे में एक मत यह है कि दास और दस्यु भारत के मूल निवासी थे। एक और मत है, जो आर्यों से पहले यहाँ आये इंडो-आर्यन प्रवासियों को दास मानता है, जिनके साथ वैदिक आर्यों का सांस्कृतिक मतभेद और शत्रुता थी।[5]

5. दासों और दस्युओं के बारे में बताया गया है कि वे देवताओं के आदेश नहीं मानते थे और यज्ञ नहीं करते थे। उनकी वाणी अस्पष्ट या कुसंस्कृत बतायी गयी है। ऋग्वेद में तीन स्थानों पर दस्युओं को काली चमड़ी वाला कहा गया है। एक जगह दासों को चपटी नाम वाला या मुखरहित (सम्भवत: इसका अर्थ यह है कि उनकी वाणी अस्पष्ट थी) कहा गया है। शारीरिक लक्षणों में अन्तर की स्पष्टता तो है ही, लेकिन दासों और दस्युओं के वैदिक जन से अलग होने का ज़्यादातर सन्दर्भ उनके धार्मिक आचरण, बोलने के तरीक़े, भाषा और बोली के मामले में आता है।

ऋग्वेद में कई स्थानों पर दास के साथ दासी का प्रयोग हुआ है, जो स्पष्ट रूप से ग़ुलाम का सन्दर्भ देता है। चूँकि दास का प्रयोग शत्रु और ग़ुलाम दोनों के लिए हुआ है, तो यह तथ्य इस बात की ओर संकेत करता है कि ग़ुलाम बनाने का मुख्य स्रोत युद्ध हुआ करते थे। पुरुष और स्त्री ग़ुलामों से घरेलू काम ही करवाये जाते थे। ऐसा लगता नहीं है कि आर्थिक उत्पादन से जुड़ी गतिविधियों में उनकी कोई ख़ास संलग्नता रही होगी।[6]

वैदिक पाठों में गाय, घोड़े, ज़मीन, दास और दासियों को उपहार में देने का ज़िक्र आता है। मसलन, 'ऐतरेय ब्राह्मण' में एक राजा द्वारा अपने राज्याभिषेक के अवसर पर अपने राजपुरोहित को 10000 दासियाँ और 10000 हाथी उपहार में देने का ज़िक्र आता है। दासियों से जन्मे बच्चे दुनिया में तरक़्क़ी कर सकते थे। उदाहरण के लिए, ऋग्वेद में ऋषि कक्षीवान का ज़िक्र आता है। वे ऋषि दीर्घतमस के दासीपुत्र थे। ऐसे ही एक महर्षि ऐलुष कवष थे जिन्होंने एक वैदिक ऋचा लिखी थी। वे भी एक दासी के पुत्र बताये जाते हैं। दासीपुत्रों की सफलता की ऐसी कथाएँ हालाँकि अपवाद ही रही होंगी।

बाद की सदियों में भी दास प्रथा क़ायम रही। महाभारत में प्राय: दास और दासियों का सन्दर्भ आता है। इस महाकाव्य में दास बनाये जाने से सम्बन्धित सबसे प्रसिद्ध प्रसंग सभा पर्व में आता है जब वृद्धों और सज्जनों से भरी हुई सभा के बीच षड्यन्त्रकारी शकुनि के साथ द्यूतक्रीड़ा (जुआ) में युधिष्ठिर मूर्खतावश अपना सब कुछ दाँव पर लगा देता है। अपना राज्य और सम्पत्ति गँवाने के बाद विरोधियों के उकसावे पर वह अपने भाइयों को, ख़ुद को और अन्त में अपनी पत्नी द्रौपदी को भी दाँव पर लगाकर कौरवों के हाथ दास बना देता है। इसके बाद कौरव भाइयों में एक दु:शासन भागकर द्रौपदी के अन्त:पुर

---

6. प्राचीन संस्कृत ग्रन्थों में दासता की रूपरेखा के लिए देखें पी. वी. काणे द्वारा लिखित *हिस्ट्री ऑफ़ धर्मशास्त्र (एन्शियेंट ऐंड मिडीवल रेलिजियस ऐंड सिविल लॉ,* खण्ड 2, भाग 1, तीसरा संस्करण, भंडारकर ओरिएंटल रिसर्च इंस्टिट्यूट, पुणे (1941), 1997, अध्याय 5; और देव राज चनन लिखित *स्लेवरी इन एन्शियेंट इंडिया,* पीपुल्स पब्लिशिंग हाउस, नयी दिल्ली (1960), 1990; लम्बी अवधि के ऐतिहासिक अवलोकन के लिए देखें इन्द्राणी चटर्जी और रिचर्ड एम. ईटन द्वारा सम्पादित *स्लेवरी ऐंड साउथ एशियन हिस्ट्री,* इंडियाना यूनिवर्सिटी प्रेस, ब्लूमिंग्टन, 2006।

में जाता है और बालों से पकड़ कर घसीटते हुए उसे भरी सभा में ले आता है। वह द्रौपदी से कहता है कि अब रोने-धोने का कोई अर्थ नहीं क्योंकि उसे जुए में जीता जा चुका है और वह दासी बन चुकी है। इसलिए दासी के साथ उसका मालिक चाहे जैसा भी व्यवहार कर सकता है।

दुर्योधन द्रौपदी को 'दासी' कह कर अट्टहास करता है जबकि कर्ण सहित अन्य कौरव हँसी-मज़ाक़ कर रहे होते हैं। इतने अपमान और शर्मिन्दगी के बावजूद द्रौपदी अपने साहस और सहजबुद्धि का प्रदर्शन करती है। वह सभा में बैठे लोगों से पूछती है कि जो घट रहा है क्या वे उसे धर्मानुकूल मानते हैं। वह एक तकनीकी प्रश्न भी पूछती है : युधिष्ठिर ने ख़ुद को दाँव पर लगाने से पहले द्रौपदी को दाँव पर लगाया था या बाद में? क्योंकि यदि उसने अपने बाद द्रौपदी को दाँव पर लगाया, तो एक दास होने के नाते उसे ऐसा करने का कोई अधिकार नहीं था।

राजनैतिक जीवन तब भी उतना ही दोहरेपन और चापलूसी से भरा था जितना आज है। द्रौपदी जब अपने सवालों के जवाब माँग रही होती है, तब पूरी सभा में सन्नाटा पसर जाता है। यहाँ तक कि बुज़ुर्ग धृतराष्ट्र और भीष्म भी कुछ नहीं कहते। केवल विदुर (पांडवों और कौरवों के विवेकवान चाचा) और विकर्ण (कौरव भाइयों में इकलौता न्यायपारायण) बोलने का साहस कर पाते हैं। वे अपनी आपत्ति जताते हैं। अल्पमत की आपत्ति कोई अर्थ नहीं रखती। द्रौपदी को उलाहना देते हुए कर्ण उसे कौरवों की सेवा करने का आदेश देता है :

> *शिष्य, दास और निर्भर स्त्री, ये तीनों सम्पत्तिविहीन होते हैं। दास की पत्नी होने के नाते तुम अब उसकी (दुर्योधन की) हो, हे मालिकविहीन दासी, अब तुम ही दास का धन हो।*[7]

---

7. महाभारत 2.63.1, जे.ए.बी. बुटेनेन (अनूदित और सम्पादित) की द *महाभारत, बुक 2 : द बुक ऑफ़ द असेम्बली हॉल* और *बुक 3 : द बुक ऑफ़ द फॉरेस्ट*, शिकागो : यूनिवर्सिटी ऑफ़ शिकागो प्रेस, 1975, पृ. 150 पर आधारित। शिकागो यूनिवर्सिटी प्रेस के अनुवाद महाभारत के आलोचनात्मक संस्करण का प्रामाणिक अनुवाद हैं। पाठ के उत्कृष्ट संक्षिप्त अनुवाद के लिए देखें जॉन डी. स्मिथ की द *महाभारत : ऐन एब्रिज्ड ट्रांसलेशन*, नयी दिल्ली: पेंग्विन बुक्स, 2009।

दु:शासन सभा में सबके सामने द्रौपदी का चीरहरण करने के लिए उसकी ओर बढ़ता है, तभी भगवान श्रीकृष्ण आ जाते हैं और द्रौपदी की देह से खींची जा रही साड़ी अनन्त लम्बी होती चली जाती है। तभी गीदड़ के रोने की आवाज़ आती है। उसे अपशकुन समझकर धृतराष्ट्र की मति लौट आती है। वे सभा के विसर्जन की घोषणा करते हुए द्रौपदी से वर माँगने को कहते हैं। द्रौपदी वर माँगती है कि उसके पति युधिष्ठिर को दासता से मुक्त कर दिया जाये क्योंकि यदि उसके बेटे प्रतिविंध्य को पता चला कि वह दासपुत्र है तो वह ताने नहीं सह पायेगा और शर्मिन्दगी से मर जायेगा। इससे यह समझ में आता है कि द्रौपदी और महाभारत के रचयिताओं दोनों की दृष्टि में किसी आदमी या औरत को जिस सबसे निचले दर्जे तक गिराया जा सकता था, वह दासता ही थी। इससे अधिक अपमान और लज्जा की स्थिति और कोई नहीं हो सकती थी। दासता मौत के बराबर थी, सम्भवत: उससे भी गर्हित।

तीसरी सदी सा.सं.पू. से ब्राह्मण विद्वानों ने धर्म की सैद्धान्तिक संहिता लिखनी शुरू की। उसे धर्मशास्त्र के नाम से जाना जाता है। उसमें उन्होंने एक आदर्श समाज की अपनी परिकल्पना का वर्णन किया है। इस वांग्मय का सबसे प्रसिद्ध पाठ मानव धर्मशास्त्र या संक्षेप में 'मनुस्मृति' के नाम से प्रचलित है। उसे दूसरी और तीसरी सदी सा.सं. में रचा गया।[8] बीसवीं सदी में यह पाठ ब्राह्मणवादी उत्पीड़न और जाति व अस्पृश्यता की बुराइयों का प्रतीक बनकर उभरा। बी. आर. अम्बेडकर ने 25 दिसम्बर, 1927 को एक साहसिक कृत्य में मनुस्मृति की प्रति सार्वजनिक रूप से जलाई। अपने निबन्ध द *एनिहिलेशन ऑफ़ कास्ट* (1936) में वे इसका कारण बताते हैं, 'सामाजिक अधिकारों के सम्बन्ध में मनु के विधानों से अधिक कुख्यात क़ानूनी संहिता और कोई नहीं है। सामाजिक अन्याय का कहीं से भी लिया गया कोई भी दृष्टान्त उसके सामने फीका पड़ जाता है।'[9]

---

8. पाठ और अनुवाद के लिए देखें पैट्रिक ओलिवेल की *मनु'ज़ कोड ऑफ़ लॉ : ए क्रिटिकल एडिशन ऐंड ट्रांसलेशन ऑफ़ द मानव-धर्मशास्त्र,* नयी दिल्ली: ऑक्सफ़ोर्ड यूनिवर्सिटी प्रेस, (2005) 2006।

9. देखें बी. आर. अम्बेडकर लिखित 'द एनिहिलेशन ऑफ़ कास्ट', वलेरियन रोड्रिग्स सम्पादित द *एसेन्शियल राइटिंग्स ऑफ़ बी. आर. अम्बेडकर* में, ऑक्सफ़ोर्ड यूनिवर्सिटी प्रेस, नयी दिल्ली (2002), 2004, पृ. 283।

मनुस्मृति न केवल छुआछूत को वैध ठहराती है, बल्कि दासता को भी सही मानती है। इसमें सात प्रकार के दासों का ज़िक्र है–युद्धबन्दी (खाद्य संकट के दौरान); भोजन के लिए बना दास; जन्मना (किसी दासी के घर में पैदा हुआ); ख़रीदा गया; विरासत में प्राप्त (जैसे किसी रिश्तेदार से); न्यायादेश से या किसी दण्ड को चुकाने के बदले बना दास। बाद में चौथी या पाँचवीं सदी में लिखी गयी नारद स्मृति पन्द्रह प्रकार के दासों की बात करती है। उसमें एक दासमुक्ति अनुष्ठान का भी वर्णन है जिसके माध्यम से एक दास को मुक्ति मिल सकती थी। इस अनुष्ठान में एक मालिक अपने दास के कन्धे से पानी से भरा मटका लेकर ज़मीन पर गिराकर उसे फोड़ देता था। उसके बाद वह पानी के छींटे, अक्षत् और फूल उसके सिर पर छिड़क कर तीन बार कहता, 'आज से तुम मेरे दास नहीं हो', फिर उसे पूरब की दिशा में भेज देता था।

कौटिल्य का 'अर्थशास्त्र' राज्य शासन कला पर एक विलक्षण प्रबन्ध है जिसमें यह चर्चा की गयी है कि एक राजा कैसे अपनी सत्ता को अर्जित कर सकता है, उसे क़ायम रख सकता है और विस्तार दे सकता है। एक समय में यह माना जाता था कि अर्थशास्त्र मौर्यकाल की कृति है, लेकिन हाल के शोधों के अनुसार इसे बाद की अवधि में 50वीं सदी से 300 सा.सं. के बीच रचा गया था।[10] कौटिल्य ने दासों का जो वर्गीकरण किया है, वह मनुस्मृति के विवरण के समान ही है। दासों और श्रमिकों पर लिखे खण्ड में अधिकांश चर्चा क़र्ज़ के बदले गिरवी रखे जाने या दासता से सम्बन्धित है। कई जगहों पर कौटिल्य आर्य और दास को परस्पर विलोम की तरह बरतते हैं, लेकिन उनके लिखे का एक आशय यह भी निकलता है कि जो आर्य ग़ुलाम बना लिया गया हो उसका आर्य का दरजा पूरी तरह से ख़त्म नहीं हो जाता। विशेष प्रतिबन्धों के सन्दर्भ में अवयस्क आर्यों की दासता को वे अलग से गिनवाते हैं। अर्थशास्त्र में दासों (ख़ासकर अवयस्क दासों) को कुछ अधिकार दिये गये हैं। मसलन, अपने पैतृक रिश्तेदारों को विरासत में मिली जायदाद वे ले सकते हैं। अगर रिश्तेदार मौजूद न हों तो उस सम्पत्ति के मालिक से वे उसे ले

10. देखें पैट्रिक ओलिवेल लिखित *किंगशिप, गवर्नेंस, ऐंड लॉ इन एन्शियेंट इंडिया: कौटिल्याज़ अर्थशास्त्र,* ऑक्सफ़ोर्ड यूनिवर्सिटी प्रेस, नयी दिल्ली, 2013, पृ. 25-31।

सकते हैं। दासों और उन्हें गिरवी रखने वालों के ऊपर व्यवहार सम्बन्धी कुछ मानक लागू हैं। कौटिल्य ऐसे किसी भी व्यक्ति के लिए दण्ड की सिफ़ारिश करते हैं जिसने किसी गर्भवती दासी को बिना कोई सहयोग उपलब्ध करवाये बेच दिया हो या गिरवी रख दिया हो। किसी दासी से पैदा हुआ बच्चा, जिसके पिता की भूमिका मालिक ने निभाई हो, वह अदास होगा और उसकी माँ भी दासी नहीं रह जायेगी।

संस्कृत के नाटकों में सम्पन्न नायक-नायिकाओं के यहाँ भी प्राय: सेवक और दास मिलते हैं। उदाहरण के लिए, शूद्रक के रचे नाटक 'मृच्छकटिकम्' में (सम्भवत: चौथी/पाँचवीं सदी में रचित) वसन्तसेना की एक दासी है मदनिका, जो अन्तत: किसी तरीक़े से मुक्त हो जाती है। प्राचीन संस्कृत नाटकों में भी अपमानित करने के तरीक़े वही हैं जो आधुनिक काव्यों में हैं। ज़्यादातर में माता-पिता के नाम से कलंकित करने का चलन है। लिहाज़ा, कुछ शब्द भी इससे जुड़े हुए आते हैं, जैसे कनेलीमाता, कुलटापुत्र, वेश्यापुत्र, दासीपुत्र और गर्भदासी-पुत्र। इनका प्रयोग कलंकित करने में किया जाता है।

दूसरे अध्याय में हम देखेंगे कि दासता कैसे-कैसे प्रेम-प्रसंगों में नकारात्मक और गर्हित अर्थछवियों से मुक्त हो जाती है। प्रेम के सन्दर्भ में दासता अपने प्रेय के प्रति सम्पूर्ण समर्पण और वचनबद्धता का प्रतिमान बन जाती है, ख़ासकर तब कहीं ज़्यादा जब प्रेय ख़ुद ईश्वर हो।

चार वर्णों का सिद्धान्त

एक लोकप्रिय मत यह है कि सदियों तक प्राचीन भारतीय समाज चार वर्णों या विरासत में मिलने वाले सामाजिक वर्गों में विभाजित रहा–ब्राह्मण (पुरोहित), क्षत्रिय (योद्धा या राजा), वैश्य (पशुपालक, किसान और वणिक) और शूद्र (दूसरों की सेवा करने वाले श्रमिक)। यह माना जाता है कि लोग आश्रम प्रणाली के तहत जीवन जीते थे और क्रमश: ब्रह्मचर्य (छात्र जीवन) से गृहस्थ (शादीशुदा जीवन), वानप्रस्थ (आंशिक निवृत्ति) और संन्यास (पूर्ण निवृत्ति) की अवस्था तक जाते थे। प्राचीन भारतीयों की ज़िन्दगी के बारे में यह विचार ग़लत है।

चार वर्णों या सामाजिक वर्गों में बँटे समाज का पूर्ण विकसित विचार ऋग्वेद के बाद के अंशों या उत्तरोत्तर वैदिक पाठों में मिलता है।[11] ऋग्वेद का 'पुरुष-सूक्त' इस जगत की उत्पत्ति के कई विचारों में से एक विचार को अभिव्यक्त करता है। इस सूक्त में बहुत पहले हुए एक महान यज्ञ की बात कही गयी है जिसमें देवता, ऋषि और यक्ष उपस्थित थे। इस यज्ञ में विराट पुरुष की बलि दी गयी थी। विराट पुरुष यानी सौ सिर, सौ आँख व सौ पैर वाला एक आदिम महाकाय मनुष्य। विराट पुरुष की बलि से कई चीज़ें पैदा हुईं। जैसे, उसके मन से चन्द्रमा पैदा हुआ, मुख से इन्द्र और अग्नि देव, प्राण से वायु, नाभि से अन्तरिक्ष, सिर से आकाश, पैरों से धरती, कान से चारों दिशाएँ पैदा हुईं। इतना ही नहीं, 'उसके मुख से ब्राह्मण, बाहु से राजन्य मतलब क्षत्रिय, उरू यानी जाँघ से वैश्य, और पाँव से शूद्र जन्मे।'[12]

शरीर को प्रतीक मानकर सृष्टि की उत्पत्ति की व्याख्या यह बताती है कि चारों वर्णों को एक समग्र इकाई के परस्पर जुड़े अंशों के रूप में देखा गया था, जिनके बीच एक पदानुक्रम था। यहाँ ब्राह्मण को शीर्ष पर और शूद्र को सबसे नीचे रखा गया। यह कोई संयोग नहीं था कि ब्राह्मण मुँह से पैदा हुआ और शूद्र पैरों से, न कि इसका उलट।[13] यह तथ्य, कि वर्णों का जन्म धरती, आकाश, सूर्य, चन्द्र आदि की उत्पत्ति के साथ ही हुआ, यह दिखाता है कि वर्णों को इस प्राकृतिक और अपरिवर्तनीय जागतिक व्यवस्था का हिस्सा माना गया था।

वर्ण चार स्तरों में बँटे हुए इस समाज का महज़ विवरण नहीं थे। यह एक विचारधारा थी जो सामाजिक विभेदों को वैध ठहराती थी और सामाजिक दरजे, सीमाओं और कार्मिक शुद्धता को परिभाषित करती थी, लेकिन किसके नज़रिये से? ज़ाहिर है, जिन ब्राह्मणों ने इसे बनाया उन्हीं के नज़रिये से। वर्ण

---

11. ऋग्वेद के हालिया अनुवाद के लिए देखें स्टेफानी डब्ल्यू. जैमिसन और जोएल पी. ब्रेरेटन (अनूदित) *द ऋग्वेद : द अर्लिएस्ट रेलिजियस पोएट्री ऑफ़ इंडिया,* 3 खण्ड, न्यू यॉर्क : ऑक्सफ़ोर्ड यूनिवर्सिटी प्रेस, 2014 (साउथ एशिया रिसर्च सिरीज़), https://www.academia.edu. पर उपलब्ध।

12. देखें *ऋग्वेद* 10.90।

13. मनुस्मृति जैसे बाद के ग्रन्थ चार वर्णों को भगवान ब्रह्मा के शरीर के अंगों से पैदा हुआ लिखते हैं।

जन्म पर आधारित था। माना गया था कि चारों वर्णों के सदस्यों के कुछ अन्तर्निहित लक्षण होते हैं जो उन्हें कुछ ख़ास पेशों के लिए प्राकृतिक रूप से उपयुक्त बनाते हैं और उसी हिसाब से समाज में उनका एक ख़ास दरजा भी तय करते हैं। कई सदी तक वर्ण ब्राह्मणवादी सामाजिक विमर्श का एक अहम हिस्सा बना रहा। इसी अध्याय में आगे हम बतायेंगे कि कैसे थोड़े संशोधित रूप में उसे जैनियों और बौद्धों ने भी स्वीकार किया था।

कालान्तर में वर्ण का विचार धीरे-धीरे धर्म के विचार के साथ जा जुड़ा। धर्म एक ऐसा शब्द है जो वैदिक वांग्मय में बहुत संकीर्ण अर्थों में आया है और उसे वहाँ बहुत महत्त्व नहीं दिया गया है।[14] बौद्ध और जैन ग्रन्थों तथा धर्मशास्त्र में इस शब्द ने ज़्यादा महत्त्व ग्रहण किया। बहुत सम्भव है कि बौद्धों ने धर्म में नैतिक आचार का प्रवेश कराकर उसे एक नया अर्थ दे दिया, जिसके बाद वह अच्छे या आदर्श जीवन का पर्याय बन गया। धर्मशास्त्र में धर्म का आशय एक समाज का अंश होने के नाते एक मनुष्य के कर्तव्यों से होता है, जहाँ समाज की परिकल्पना वर्ण व आश्रम की दो धुरियों के इर्द-गिर्द संगठित इकाई के रूप में की गयी है।

धर्मशास्त्रीय ग्रन्थ चारों वर्णों के कर्तव्यों, उपयुक्त कार्यों और पेशों को दर्ज करते हैं। एक ब्राह्मण का आदर्श काम या कर्तव्य वेदों का पठन-पाठन है, अपने और दूसरों के लिए यज्ञ करना है तथा दान-दक्षिणा लेना-देना है। एक क्षत्रिय का काम ज्ञान अर्जन, अपने लिए यज्ञ करना, दक्षिणा देना और विशेष तौर से एक योद्धा की तरह राज करते हुए लोगों की रक्षा करना है। एक वैश्य उपर्युक्त दोनों की शुरुआती तीन गतिविधियों के अलावा कुछ ख़ास पेशों से जुड़ा होता है जैसे खेती, पशुपालन, व्यापार और साहूकारी। शूद्र से अपेक्षा की जाती है कि वह उपर्युक्त तीनों वर्णों की सेवा कर के अपनी आजीविका अर्जित करे। पहले तीन वर्णों को द्विज कहते हैं, यानी उन्हें उपनयन संस्कार का अधिकार होता है। इस संस्कार को दूसरे जन्म का पर्याय माना जाता है। इसमें एक पवित्र धागे (जनेऊ) का वरण किया जाता है।

---

14. देखें पैट्रिक ओलिवेल सम्पादित *धर्म : स्टडीज़ इन इट्स सिमैन्टिक, कल्चरल ऐंड रेलिजियस हिस्ट्री,* मोतीलाल बनारसीदास, नयी दिल्ली, 2009।

प्रारम्भिक धर्मशास्त्र में चार आश्रमों–ब्रह्मचर्य, गृहस्थ, वानप्रस्थ और संन्यास–को जीवन जीने का वैकल्पिक तरीक़ा माना गया है जिसे उच्च तीन वर्णों के पुरुष वेदों का अध्ययन पूरा होने के बाद चुन सकते हैं। स्मृतियों ने इस वैकल्पिक व्यवस्था में अहम बदलाव किये। आश्रमों को जीवन जीने का वैकल्पिक तरीक़ा मानने के बजाय स्मृतियाँ इन्हें चार सिलसिलेवार चरणों की तरह प्रस्तुत करती हैं।[15] इनमें गृहस्थ चरण को सबसे अहम माना जाता है (सम्भवत: बौद्ध और जैन धारा में आजीवन परिव्राजकता की प्रचारित अवधारणा की प्रतिक्रिया में) जबकि संन्यास को अनिवार्य नहीं माना गया है। इसका अर्थ यह नहीं कि सारे ब्राह्मण, क्षत्रिय और वैश्य पुरुषों ने आश्रम व्यवस्था के अनुसार ही अपना जीवन चार चरणों में बाँट दिया था। निश्चित रूप से उनकी जीवन प्रत्याशा से लेकर जीवनशैली तक अलग-अलग रही होगी। यानी वर्ण के साथ मिलाकर देखें, तो आश्रम की योजना वास्तव में एक आदर्श समाज के सैद्धान्तिक ब्राह्मणवादी मॉडल का हिस्सा थी।

वर्ण-व्यवस्था में भी कुछ लचीलापन था और कुछ प्रतिवाद थे। धर्म के विद्वानों ने श्रुति (जिसे सुना गया हो, जैसे वेद) और स्मृति (जिसे परम्परागत रूप से स्मरण रखा गया हो, जैसे वेदांग, धर्मशास्त्र, महाभारत, रामायण, पुराण और नीतिशास्त्र) के अलावा सदाचार या शिष्टाचार को भी धर्म का एक स्रोत माना है। आपातकाल में भी एक ख़ास क़िस्म के धर्म की अवधारणा उन्होंने रखी है, जिसे आपद्धर्म कहते हैं। इसके अनुसार अत्यधिक संकटकालीन या आपात स्थिति में किसी व्यक्ति के लिए अपने वर्ण के लिए प्रस्तावित पेशों से इतर पेशे को चुनना जायज़ है। उसमें एक शर्त यह है कि किसी भी परिस्थिति में कोई भी वर्ण अपने से उच्चतर वर्ण का पेशा नहीं अपना सकता।

अपने ही वर्ण के भीतर विवाह करना (सगोत्र विवाह) अनिवार्य नहीं था, लेकिन आदर्श माना जाता था। ज़रूरी नहीं था कि लोग अपने ही वर्ण के भीतर शादी करें। कुछ ख़ास क़िस्म के अन्तर-वर्ण विवाह स्वीकार्य थे, जैसे उच्च वर्ण के किसी पुरुष का अपने से निम्न वर्ण की स्त्री से विवाह। उसे अनुलोम

---

15. देखें पैट्रिक ओलिवेल की द *आश्रम सिस्टम : द हिस्ट्री ऐंड हर्मेन्यूटिक्स ऑफ़ ए रेलिजियस इंस्टिट्यूशन,* ऑक्सफ़ोर्ड यूनिवर्सिटी प्रेस, नयी दिल्ली, 1993।

विवाह कहते थे। उसके उलट, यदि उच्च वर्ण की कोई स्त्री निम्न वर्ण के पुरुष से विवाह कर ले तो उसे प्रतिलोम विवाह कहते थे और यह स्वीकार्य नहीं था। ब्राह्मण धर्म के विद्वानों के अनुसार प्रतिलोम विवाह से होने वाला वर्णों का सम्मिश्रण सामाजिक अस्थिरता और तबाही को जन्म देता है।

महाभारत में धर्म की सूक्ष्मता पर कई बहसें हैं लेकिन एक बात पर उसमें ज़ोर दिया गया है कि व्यक्ति को अपने जन्मना वर्ण-धर्म का ही पालन करना चाहिए, चाहे वह उसके लिए कितना ही कठिन या दुखद हो। इसके अलावा महाभारत में प्राय: मोक्ष-धर्म की बात भी की गयी है। यह धर्म ऐसा है जो संसार (यानी जन्म के चक्र) से मुक्ति की ओर ले जाता है। इसके लिए सच्चे ज्ञान, इन्द्रियों पर नियन्त्रण और सम्पूर्ण अनासक्ति की ज़रूरत होती है। 'भगवद्गीता', महाभारत के छठवें खण्ड भीष्म पर्व का अंश है। उसे 200 सा.सं.पू. से 200 सा.सं. के बीच रचा गया था। गीता में कर्म और भक्ति के साथ सांख्य, योग और वेदान्त दर्शन का संयोग है जो धर्म और मोक्ष को एक साथ लाता है। वह आत्म की सनातन प्रकृति और अपने वर्ण-धर्म के पालन की अहमियत पर ज़ोर देती है। गीता के अनुसार असली त्याग कर्म का नहीं, बल्कि कर्म के फल का करना होता है। इसका आशय यह है कि एक गृहस्थ भी संन्यासी हो सकता है।

वर्ण को कुछ दूसरे प्राचीन ग्रन्थों में भी बहुत महत्त्व का बताया गया है, जैसे 'अर्थशास्त्र'। कौटिल्य के लिए जीवन, सम्पत्ति और किसी व्यक्ति का मूल्य उस वर्ण पर निर्भर करता है जिसमें उसने जन्म लिया है। विभिन्न अपराधों के लिए कौटिल्य ने वर्णों के हिसाब से अलग-अलग दण्ड प्रस्तावित किये हैं। ब्राह्मणों के लिए, ख़ासकर जो वेदों के ज्ञाता हों, ख़ास क़ानूनी रियायतें दी गयी हैं। उदाहरण के लिए, कौटिल्य कहते हैं कि यदि एक शूद्र किसी ब्राह्मण को चोट पहुँचाये तो उसके हाथ काट दिये जाने चाहिए लेकिन यदि भूमिकाएँ पलट जायें तो ऐसा जघन्य दण्ड प्रस्तावित नहीं है। इसी तरह, यदि एक क्षत्रिय किसी अकेली ब्राह्मण स्त्री के साथ यौन सम्बन्ध बनाता है तो कौटिल्य उसके ऊपर ऊँचा जुर्माना लगाते हैं लेकिन वैश्य के मामले में उसकी समूची सम्पत्ति ही राजसात कर लेने का प्रावधान है और शूद्र यदि ऐसा करता है तो उसे फूस की आग में जला देने को कहा गया है। ज़ाहिर है कि अर्थशास्त्र

भी राजपाट की कला का एक सैद्धान्तिक प्रबन्ध ही है, इसलिए उसके सुझावों को कितना अमल में लाया गया होगा उस पर अटकलें ही लगाई जा सकती हैं।

चार वर्णों के धर्म और मोक्ष-धर्म के अलावा कुछ और धर्म हैं। इनमें कुल-धर्म (कुल पर आधारित धर्म) और देश-धर्म (अलग-अलग देशों या प्रान्तों पर आधारित धर्म) हैं। स्त्रियों के लिए एक स्त्री-धर्म है। इसके अलावा, सभी पर लागू होने वाला एक सामान्य या साधारण धर्म भी है। इस धर्म के अन्तर्गत ग़ुस्से पर नियन्त्रण रखना, सच बोलना, बाँट कर खाना, संयम बरतना, अपनी पत्नी से सन्तान की उत्पत्ति करना, साफ़-सफ़ाई बरतना, विद्वेष से मुक्ति, निष्कपट, अपने आश्रितों को मदद देना, अतिथियों का सम्मान करना और पितरों के लिए श्राद्ध-कर्म करना शामिल हैं। इसमें आत्मज्ञान, अहिंसा और आनृशंस्य (क्रूरता न करना) भी शामिल हो सकते हैं। ब्राह्मणवादी परम्परा में सामान्य धर्म, वर्ण और आश्रम के धर्म जितना महत्त्वपूर्ण नहीं था।

वर्ण एक बहुत ताक़तवर सामाजिक विचारधारा थी जिसकी जड़ें 1000 सा.सं.पू. तक जाती हैं, लेकिन प्राचीन भारत में लोग इस व्यवस्था के हिसाब से जीवन नहीं जीते थे। उदाहरण के लिए, ब्राह्मणों को ही लें। सदियों तक ब्राह्मणों को विभिन्न पेशों में संलग्न पाया गया है। कुछ ब्राह्मण वेदों के विद्वान थे और उन्होंने ख़ुद को यज्ञादि के लिए समर्पित कर दिया था। महाभारत व रामायण के किरदारों में योद्धा ब्राह्मणों द्रोणाचार्य और परशुराम को गिना जा सकता है। जातक कथाओं में ब्राह्मण कारवाँ के प्रहरी, किसान, पशुपालक, हाँक लगाकर बेचने वाले, बढ़ई, सपेरे, गाड़ीवान और चक्का बनाने वालों के रूप में भी आते हैं। ब्राह्मण शासकों के भी वंश हुए, जैसे शुंग, मित्र, कण्व, सातवाहन, कदम्ब, वाकाटक और पल्लव। प्रशासनिक अधिकारी, सैन्य अधिकारी, चारण, भविष्यवक़्ता, दार्शनिक, कवि, नाटककार, ज़मींदार भी ब्राह्मण रहे। कुल मिलाकर 'ब्राह्मण' अपने जन्म के आधार पर एक महत्त्वपूर्ण सामाजिक वर्ग बना रहा जिसका सम्बन्ध उच्च सामाजिक स्थिति से था (अनिवार्यत: पैसे या राजनीतिक प्रभाव से नहीं) और जिसके सदस्य विभिन्न पेशों में संलग्न रहे। 'क्षत्रिय' के दरजे की शुरुआत भी जन्म के आधार पर ही हुई थी, लेकिन जल्द ही राजनीतिक रूप से ताक़तवर हो चुके कुलों ने इस पर दावा ठोंक दिया। वैश्य और शूद्र अपेक्षाकृत कहीं ज़्यादा धुँधली

श्रेणियाँ थीं क्योंकि वह इस पर निर्भर करता था कि लोग समाज में अपनी पहचान किस रूप में देखना चाहते थे। जहाँ तक सामाजिक पहचान और सामाजिक मेलजोल का सवाल है, ब्राह्मण की पहचान को छोड़ दें (जो कि सदियों तक अहम बनी रही), तो कम से कम छठी सदी सा.सं.पू. से स्थिति यह है कि वास्तव में केवल कुल, परिवार, वर्ग और जाति ही मायने रखते आ रहे हैं।

उस वक़्त सुदूर दक्षिण में तमिलकम कही जाने वाली धरती पर क्या चल रहा था? संगम साहित्य की प्रारम्भिक तमिल कविताएँ दूसरी/पहली सदी सा.सं.पू. से लेकर दूसरी/तीसरी सदी सा.सं. के बीच रची गयी थीं। यह वह दौर है जब कई सामन्तों के बीच चोल, चेर और पंड्या राजा अपना-अपना साम्राज्य चला रहे थे। व्यापारिक गतिविधियों से बजबजाते वहाँ के शहर पर्याप्त गतिशील व आभिजात्य साहित्यिक संस्कृति को पोषित करते थे। संगम साहित्य की कविताओं में ब्राह्मणों का तो ज़िक्र है लेकिन चातुर्वर्ण्य व्यवस्था का वहाँ कोई गहरा असर देखने को नहीं मिलता। तमिल कविताओं की सामाजिक पृष्ठभूमि उत्तर भारत के संस्कृत पाठों में उभरने वाले सामाजिक परिवेश से बहुत अलग है। वे कविताएँ कुलों और वंशों से निकलने वाले 'कुटी' नामक समूहों पर आधारित थीं।

जाति का प्रारम्भिक इतिहास

अंग्रेज़ी का शब्द 'caste' पुर्तगाली भाषा के 'castas' से आता है। इसका आशय जीव-जन्तुओं की प्रजातियों या नस्लों से है, साथ ही क़बीलों, कुलों, नस्लों और वंशों से भी है। सबसे पहले castas का प्रयोग सोलहवीं और सत्रहवीं शताब्दी में भारत के पश्चिमी तट पर आये पुर्तगाली व्यापारियों ने यहाँ के समाज के लिए किया था। इस शब्द का भारत में सबसे क़रीबी हिन्दी शब्द जाति है। जाति की अर्थछवियाँ भी castas की तरह बहुत व्यापक हैं। इसमें जन्म और प्रकार के अर्थ भी शामिल हैं। भारत की जाति व्यवस्था के लक्षणों में पदानुक्रम यानी दरजेदारी, अपने ही समूह के भीतर शादी, सहभोजिता (मिल-बैठ कर साथ खाने और खानपान लेने-देने के नियम) और आनुवंशिक पेशा शामिल हैं।

लोग अकसर वर्ण और जाति में घालमेल कर बैठते हैं। इसमें कोई आचशर्य की बात नहीं है क्योंकि दोनों ही दरजेदार और आनुवंशिक सामाजिक वर्गीकरण हैं। इसके अलावा, कई प्राचीन ग्रन्थ इन्हें आपस में अदला-बदली कर के लिखते हैं और आपस में जुड़ा हुआ दिखाते हैं। इनके बीच हालाँकि कई अन्तर हैं। वर्ण केवल चार होते हैं लेकिन जातियाँ अनगिनत हैं (जातियों और उपजातियों को मिलाकर)। चार वर्णों के बीच प्रत्येक का दरजा पहले से तय है जबकि जातियों के मामले में कुछेक ख़ास दायरों के भीतर दरजे में लचीलापन और अस्पष्टता है। क्षेत्रों के हिसाब से जातियों का सापेक्षिक दरजा अलग-अलग होता है और यह कई कारकों पर निर्भर करता है। इन कारकों में ज़मीन पर नियन्त्रण, धन-दौलत, और राजनीतिक ताक़त शामिल हैं। जातियों ने प्राय: ख़ुद को पदानुक्रम में 'उन्नत' करने की कोशिशें की हैं (इस प्रक्रिया को समाजशास्त्री *संस्कृटाइज़ेशन* कहते हैं) और कभी-कभार वे 'अवनत' भी हो जाती रही हैं। उन्नति का मतलब आमतौर से ऊँची जातियों के आचार-व्यवहार को अपनाने से जोड़कर देखा जाता है, जैसे शाकाहार, औरतों पर प्रतिबन्ध और पेशे में बदलाव। जातियों के सन्दर्भ में सहभोजिता के नियम कहीं ज़्यादा स्पष्ट रूप से परिभाषित और स्थापित हैं, हालाँकि वर्णों में सामाजिक मेल-मिलाप और निचले वर्ण से उच्च वर्ण में कुछ ख़ास क़िस्म के भोजन लेने को ही हतोत्साहित किया गया है। वर्ण अनिवार्यत: सगोत्र-विवाही नहीं होते क्योंकि कुछ ख़ास क़िस्म के अन्तर-वर्ण विवाह जैसे अनुलोम विवाह को स्वीकृति प्राप्त है। इसके उलट, जातियाँ आमतौर से अन्तर-जाति विवाह की विरोधी मानी जाती हैं। वर्ण का सम्बन्ध कई क़िस्म के कार्यों से है जबकि जातियाँ (कम से कम शुरुआत में) केवल पेशा विशेष से ताल्लुक रखती थीं। जाति व्यवस्था ने ख़ुद को वैधता दिलवाने के लिए वर्ण-़व्यवस्था के साथ नत्थी कर लिया। आमतौर से किसी जाति के सदस्य ख़ुद के एक ख़ास वर्ण से होने का दावा करते हैं, लेकिन वर्ण और जाति समरूप नहीं हैं।

जाति महज़ श्रम का सरल विभाजन नहीं है। यह एक जटिल प्रणाली है जिसमें भौतिक संसाधनों, मूल्य प्रणाली और ज्ञान के उत्पादन पर नियन्त्रण के मसले भी शामिल होते हैं। यहाँ पवित्रता और दूषण के विचार ऊँच-नीच, अलगाव और उच्च जातियों की स्थिति को वैधता दिलवाने में मदद करते हैं।

चूँकि अपनी ही जाति के भीतर विवाह बहुत अहम तत्त्व है, इसलिए जाति प्रथा ख़ुद को बनाये और चलाये रखने के लिए स्त्रियों की यौनिकता और प्रजनन के ऊपर नियन्त्रण क़ायम करने पर निर्भर होती है। समाजशास्त्रियों और इतिहासकारों ने जाति की व्याख्या विभिन्न तरीक़ों से की है–पवित्रता और अपवित्रता से जुड़े धार्मिक व सांस्कृतिक विचारों के उत्पाद के तौर पर; आर्थिक असमानताओं के पीछे एक ताक़तवर वैचारिक तर्क के रूप में; कृषि के विस्तार की प्रक्रिया से जुड़े रूप में; तथा एक ऐसी व्यवस्था के रूप में, जिसने पवित्रता और अपवित्रता के मुहावरे से भौतिक असमानता को ढँक कर उसे वैध ठहराया। जाति और राजनीतिक जगत के बीच भी एक सम्बन्ध है, विशेष तौर से राजशाही के उभार और राज्यों के प्रसार के सम्बन्ध में।[16] कुछ इतिहासकारों ने दलील दी है कि जाति अंग्रेज़ औपनिवेशिक शासकों की 'निर्मिति' थी। इसका आशय यह है कि औपनिवेशिक दौर में जाति व्यवस्था की प्रकृति पर्याप्त बदली है। मसलन, अंग्रेज़ों द्वारा 1871 से शुरू की गयी जनगणना में लोगों से उनकी जाति पूछी जाती थी। इसने जाति को और स्थिरता देने का काम किया। लेकिन असल सवाल यह है कि जाति जैसी चीज़ की उत्पत्ति कब हुई? और प्राचीन काल में यह कैसी दिखती थी?

इसके जवाब आनुवंशिक पेशों, सगोत्र-विवाह और सहभोजिता के इर्द-गिर्द क़ायम हुई सामाजिक इकाइयों के साक्ष्यों की रोशनी में तलाशे जाने चाहिए। सामान्यत: इनकी जड़ें छठी/पाँचवीं सदी सा.सं.पू. के उत्तर भारत तक जाती हैं, हालाँकि उस समय तक सगोत्र-विवाह और सहभोजिता किस हद तक स्थापित हो चुकी थी यह निश्चित नहीं है। प्रारम्भिक बौद्ध साहित्य पाली 'तिपिटक' में (माना जाता है कि इसे श्रीलंका में पहली सदी सा.सं.पू. में लिखा गया था) वर्ण-व्यवस्था को एक महत्त्वपूर्ण प्रस्थान-बिन्दु माना गया है।

---

16. जाति के विभिन्न सिद्धान्तों और आयामों के लिए देखें दीपंकर गुप्ता सम्पादित *इंटेरोगेटिंग कास्ट : अंडरस्टैंडिंग हाइरार्की ऐंड डिफरेंस इन इंडियन सोसायटी,* पेंग्विन बुक्स, नयी दिल्ली, 2000; डेकलान क्विगली की *इंटरप्रिटेशन ऑफ़ कास्ट,* ऑक्सफ़ोर्ड यूनिवर्सिटी प्रेस, नयी दिल्ली (1993), 1999; और इशिता बनर्जी-दुबे सम्पादित *कास्ट इन हिस्ट्री* (थीम्स इन इंडियन हिस्ट्री सिरीज़), ऑक्सफ़ोर्ड यूनिवर्सिटी प्रेस, नयी दिल्ली, 2010

तिपिटक में वैसे तो बहुत से लोगों को ब्राह्मण और क्षत्रिय के रूप में पहचाना गया है, लेकिन वैश्य और शूद्र के रूप में लोगों की पहचानें कम हैं। जो लोग सैद्धान्तिक रूप से वैश्य और शूद्र रहे भी होंगे उनकी पहचान उनके पेशों से की गयी है। ये पेशे ही बाद में कुल (परिवार/वंश) और जाति से जाकर जुड़ते हैं। इससे अन्दाज़ा लगता है कि इस समय तक चातुर्वर्ण्य व्यवस्था मोटे तौर से एक सैद्धान्तिक निर्मिति ही थी जो सीधे-सीधे उच्च वर्गों से सम्बन्ध रखती थी। बाक़ी आम लोगों की सामाजिक पहचान उनके पेशे, जाति और परिवार से होती थी।

तीसरी सदी सा.सं.पू. के बाद से रचे गये प्रारम्भिक धर्मशास्त्रीय पाठ 'धर्मसूत्र' में जाति की उत्पत्ति वर्णों के सम्मिश्रण (वर्ण-संकर) से बतायी गयी है। यह सिद्धान्त चतुराई भरा है, पर काल्पनिक है। इसके अनुसार जातियाँ विभिन्न क़िस्म के अन्तरवर्णी विवाहों का परिणाम हैं। यह सिद्धान्त धर्मशास्त्र को दो सुविधाएँ देता है। पहला, वर्ण-व्यवस्था के साथ उसे नत्थी कर के वैधता दिलवाता है और दूसरा, जातियों के अस्तित्व को स्वीकार कर उनकी व्याख्या करता है। वास्तव में सच्चाई यह है कि जातियों का उभार एक साथ कई कारकों का परिणाम हो सकता है–जैसे, पेशों और कौशलों की आनुवंशिक प्रकृति, जनजातीय समूहों का ब्राह्मणवादी दायरे में समावेश, और एक ऐसी सामाजिक व्यवस्था जो जन्म को केन्द्रीय महत्त्व देते हुए सामाजिक ऊँच-नीच, अलगाव और मेल-मिलाप पर कड़ी पाबन्दियाँ लगाती हो।

सामाजिक असमानता केवल नियामक ग्रन्थों में ही दिखाई नहीं देती, साहित्य में भी इसका विविध तरीक़ों से चित्रण किया गया है। संस्कृत के नाटकों के मुख्य पात्र उच्चवर्णी पुरुष और स्त्रियाँ हैं। उनके साथ सहायक किरदारों का एक समूह भी होता है जिसमें नौकर-चाकर, दास, निम्न वर्ग और निम्न वर्ण के लोग हैं। उच्च और निम्न के बीच का अन्तर केवल अन्तर्वस्तु से नहीं बल्कि भाषा से भी झलकता है। इस मायने में संस्कृत के नाटक द्विभाषी होते हैं–पुरुष और उच्चवर्गीय किरदार प्राय: संस्कृत बोलते हैं जबकि स्त्रियाँ (यहाँ तक कि रानियाँ भी) और निम्नवर्गीय किरदार प्राय: प्राकृत में बात करते हैं।

वर्ण और जाति संगमकालीन समाज के लक्षण नहीं हैं, यानी वह काल जब संगम साहित्य की कविताएँ रची जा रही थीं। कुछ इतिहासकारों ने दक्षिण भारत में जाति का स्रोत वंशों से निकलने वाले कुटी नामक समूहों को बताया है। सम्भव है कि जब ब्राह्मण भूस्वामी बने होंगे, तब खेतिहर समाज के संघटन की पुरानी सगोत्र आधारित प्रणाली टूट गयी हो और एक नये क़िस्म की सामाजिक व्यवस्था उपजी हो जो अन्य चीज़ों के अलावा जाति पर भी आधारित रही हो। चाहे जो हो, दक्षिण भारत में जाति का प्रारम्भिक इतिहास अब तक पूरी तरह समझा नहीं जा सका है।

इसके बजाय प्रारम्भिक मध्यकाल में (600-1300 सा.सं.) जाति का इतिहास समझना कहीं ज़्यादा आसान है। इस अवधि में कई नये इलाक़ों तक साम्राज्यों और ब्राह्मणवादी प्रभाव के प्रसार के साथ जाति भी फैल चुकी थी। इनमें वे इलाक़े भी थे जहाँ जनजातीय समुदाय बसते थे। एक दिलचस्प तथ्य यह है कि अभिलेखों में 'ब्राह्मण' शब्द प्राय: बहुत कम आता है, लेकिन अन्य वर्णों और जातियों का सन्दर्भ क्षेत्र दर क्षेत्र बदलता रहता है। मसलन, कर्नाटक के अभिलेखों में कई ऐसे शब्द हैं जो खेतिहर, दस्तकार या वणिक जातियों के नाम हो सकते हैं। दूसरी ओर ओडिशा के अभिलेखों में बमुश्किल ही किसी विशेष पेशागत समूह का ज़िक्र है जिसे जाति समूह के तौर पर पहचाना जा सके। यही हाल आन्ध्र प्रदेश के अभिलेखों का है। वास्तव में, आन्ध्र के अभिलेख वर्ण को उसके सिर के बल खड़ा करते दिखते हैं—काकतीय राजवंश के कई अभिलेख गर्व से शूद्र होने का दावा करते हैं। इससे यह समझ में आता है कि वर्ण और जाति से जुड़े विचारों और आचारों का प्रसार उपमहाद्वीप के अलग-अलग क्षेत्रों में भिन्न और असमान था।

उपनिवेश काल में भारत में बड़े पैमाने पर जंगलों की कटाई हुई थी। रेलवे के विस्तार, आबादी में वृद्धि और खेतीबाड़ी के व्यावसायीकरण के चलते जंगल के क्षेत्र में भारी कमी आयी। उस समय तक जंगलों में एक बड़ी आबादी ऐसी रहती थी जिसके जीने के तरीक़े ख़ास और अलग थे, उनकी सामाजिक संरचना और सांस्कृतिक परम्पराएँ भी भिन्न थीं। इन समुदायों के बारे में हम भीतर से कुछ भी नहीं जानते, केवल कुछ बाहरी झाँकियाँ हमारे सामने हैं और वह भी बेहद पूर्वग्रहग्रस्त स्रोतों से आती हैं। इन जंगली

जनजातियों और बाहरी लोगों के लिए कालान्तर में एक अपमानजनक शब्द 'म्लेच्छ' का जो इस्तेमाल किया जाने लगा, वह उत्तर-वैदिक साहित्य से आता है। इसका प्रयोग सांस्कृतिक रूप से तुच्छ और बर्बर माने जाने वाले लोगों के लिए होता था। महाभारत के शान्ति पर्व में राजत्व की उत्पत्ति के सन्दर्भ में एक निषाद (जंगल में रहने वाली एक जनजाति) का ज़िक्र आता है जिसे शासन के लिए अनुपयुक्त माना गया है। इसके बावजूद, उसका महज़ ज़िक्र किया जाना ही इस बात की स्वीकार्यता है कि प्राचीन काल में जंगल में रहने वाली जनजातियों का राजनीतिक महत्त्व कैसा था। सदियों तक जाति व्यवस्था का धीरे-धीरे जो प्रसार हुआ, उसने जंगल की जनजातियों को अपने दायरे में समेट लिया। ऐसा करने के लिए उन्हें जाति व्यवस्था में निचले पायदान पर जगह दे दी गयी। उस प्रक्रिया के विवरण दर्ज नहीं हैं और उन्हें पुनर्निर्मित करना भी बहुत मुश्किल काम है, लेकिन इतना तय है कि उसमें काफ़ी टकराव और हिंसा हुई रही होगी।

अस्पृश्यता का विचार और व्यवहार

यहाँ चेतावनी-स्वरूप सबसे पहले एक स्पष्टीकरण देना बनता है : इस पुस्तक में 'अस्पृश्य' का प्रयोग केवल यह सम्प्रेषित करने के लिए किया गया है कि प्राचीन ग्रन्थ क्या कहते हैं। इसका मतलब उन ग्रन्थों के पूर्वग्रहग्रस्त विचारों का कोई स्वीकार या पुष्टि नहीं है। वास्तव में, संवेदनशील पाठकों के लिए ये विचार चौंकाने और परेशान करने वाले हो सकते हैं।

'अस्पृश्य' शब्द का प्राचीनतम सन्दर्भ विष्णु स्मृति में मिलता है, लेकिन सामाजिक अधीनता, हाशियाकरण, अलगाव और उत्पीड़न के एक आत्यन्तिक स्वरूप के रूप में छुआछूत की प्रथा और पहले से मौजूद रही है।[17] ग्रन्थों में कई समूहों को दूसरों द्वारा 'अस्पृश्य' बताया गया है, लेकिन प्राय: जिस समूह का ज़िक्र किया गया है उसका नाम चंडाल है।

---

17. अस्पृश्यता के प्रारम्भिक इतिहास के लिए देखें विवेकानन्द झा लिखित 'चंडाल ऐंड द ओरिजिन ऑफ़ अनटचेबिलिटी', *इंडियन हिस्टॉरिकल रिव्यू*, 13, 1986-87; पुनर्मुद्रित, आलोका पाराशर-सेन सम्पादित *सबॉर्डिनेट ऐंड मार्जिनल ग्रुप्स इन अर्ली इंडिया* (थीम्स इन इंडियन हिस्ट्री सिरीज़), ऑक्सफ़ोर्ड यूनिवर्सिटी प्रेस, नयी दिल्ली, 2004, पृ. 157-209।

वैदिक पाठों में चंडाल जैसे समूहों को कुलीनों द्वारा स्पष्ट रूप से घृणा के साथ देखा जाता था, लेकिन अस्पृश्यता की प्रथा का वहाँ कोई स्पष्ट साक्ष्य नहीं है। यह साक्ष्य धर्मसूत्र में मिलता है, जहाँ चंडाल के साथ किसी भी तरह का भौतिक सम्पर्क, यहाँ तक दुर्घटनावश भी, अपवित्र करने वाला माना गया है। इसमें चंडाल-दोष के निवारण के लिए प्रायश्चित्त बताये गये हैं। 'आपस्तम्ब धर्मसूत्र' के अनुसार अगर कोई चंडाल का स्पर्श कर ले तो उसे तत्काल स्नान कर लेना चाहिए। अगर कोई चंडाल से बात कर ले तो उसे तत्काल किसी ब्राह्मण से बात कर लेनी चाहिए। कोई यदि चंडाल को देख ले, तो उसे तत्काल आकाश में प्रज्ज्वलित नक्षत्रों को देख लेना चाहिए (सूर्य, चन्द्र, तारे)। मनुस्मृति में चंडालों को शिकारी, कसाई, जल्लाद और मुर्दा ढोने वाला बताया गया है। एक जगह पर उसमें चंडालों को शूद्र पुरुष और ब्राह्मण स्त्री की सन्तान बताया गया है। अन्यत्र, चंडाल के रूप में जन्म को पिछले जन्म में किये पापों का परिणाम बताया गया है। चंडाल का सम्बन्ध गन्दगी से बताया गया है और उनके साथ कोई भी सम्पर्क शुद्धीकरण की माँग करता है। किसी भी ब्राह्मण को चंडाल का दिया नहीं खाना चाहिए जब तक वह भूख से मर न रहा हो, न ही उसे किसी चंडाल स्त्री के साथ यौन सम्बन्ध बनाना चाहिए।

> चंडालों और श्वपचों का निवास गाँव के बाहर होना चाहिए। ये पात्ररहित हों तथा कुत्ते और गधे इनका माल हों, और ये मुर्दे का कफ़न पहनें, फूटे बर्तनों में खायें, लोहे के आभूषण पहनें और सदा घूमते रहें, यह इनका कार्य है। धर्मात्मा मनुष्य उनके साथ बातचीत न करे, उनका लेनदेन और विवाह सजातीयों के साथ ही होता है। इनका अन्न दूसरों के अधीन होता है और वह टूटे-फूटे पात्र में दिया जाता है, और ये गाँव में या नगर में रात्रि के समय न विचरें। राजा की आज्ञा से (चपरास) चिह्न धारण कर कार्य साधन के लिए ये दिन में इधर-उधर घूमें और अनाथ मुर्दे को श्मशान पर ले जायें, यह शास्त्र की मर्यादा है।[18]

बाद की सदी के धर्मशास्त्रों में (जैसे विष्णु, याज्ञवल्क्य और नारद स्मृतियाँ) 'अस्पृश्यों' के प्रति और कड़े होते रवैये के संकेत मिलते हैं।

---

18. *मानव धर्मशास्त्र* 10.51-56, पैट्रिक ओलिवेल (अनूदित), *मनु'ज कोड ऑफ़ लॉ*, पृ. 210 पर आधारित।

कौटिल्य चंडालों के लिए अलग कुएँ का ज़िक्र करते हैं और बताते हैं कि वे रिहाइशों से दूर उधर रहते थे जहाँ मुर्दे जलाये जाते थे। अर्थशास्त्र में चंडालों को उन जनसमूहों में एक बताया गया है जो अपने समूह के सदस्यों के अलावा किसी और के लिए गवाही नहीं दे सकते थे (इन समूहों में औरतें, शारीरिक विकलांग और विजातीय शामिल हैं)। चंडालों की भूमिका सार्वजनिक दण्ड देने में रखी गयी थी। ऐसा कुछ ख़ास क़िस्म के अपराधों की निन्दनीय प्रकृति को रेखांकित करने के लिए ही किया गया होगा। जैसे, अगर कोई स्त्री किसी पुरुष से किसी सन्दिग्ध जगह पर बात कर रही हो तो कौटिल्य उसे गाँव के सामने पीठ पर चंडाल से पाँच कोड़े मरवाने का दण्ड सुझाते हैं। कौटिल्य ने एक अस्पृश्य द्वारा एक ऊँचे व्यक्ति को छुए जाने को आपराधिक कृत्य करार दिया है। एक आर्य स्त्री को अगर कोई चंडाल छू दे, तो कौटिल्य उसके ऊपर 100 पण्य (चाँदी के सिक्के) का भारी आर्थिक दण्ड लगाने को सुझाते हैं। वे यह भी सुझाते हैं कि चंडालों का राज्य अच्छा उपयोग कर सकता है। उनके अनुसार चंडालों को वनवासियों, जनजातियों, पहाड़ में रहने वालों और बहेलियों के साथ सरहदों पर चौकीदारी के लिए तैनात किया जा सकता है।

रामायण में अयोध्या के राजा त्रिशंकु का प्रसंग आया है जिसे महर्षि वशिष्ठ के पुत्रों ने चंडाल बनने का श्राप दे दिया था। उसका वर्णन चीथड़े और श्मशान की माला पहने एक कुरूप व्यक्ति के रूप में किया गया है जिसे शहर के लोगों ने त्याग दिया है। उसने एक यज्ञ में ब्राह्मणों को बुलवाया था लेकिन ब्राह्मण उससे डरे हुए थे। एक और कथा महर्षि विश्वामित्र की है जिन्होंने महर्षि वशिष्ठ के पुत्रों को 700 जन्म तक मुष्टिका के रूप में 'अस्पृश्य' पैदा होने का श्राप दे डाला था।[19]

---

19. रामायण के संक्षिप्त अनुवाद के लिए देखें अर्शिया सत्तार की द *रामायण : वाल्मीकि*, नयी दिल्ली : पेंग्विन बुक्स, 1996; आलोचनात्मक संस्करण के सम्पूर्ण अनुवाद के लिए देखें रॉबर्ट पी. गोल्डमैन (सम्पादित), द *रामायण ऑफ़ वाल्मीकि : ऐन एपिक ऑफ़ एन्शिएंट इंडिया,* 6 खण्ड, दिल्ली : मोतीलाल बनारसीदास, (1984), 2007; और रॉबर्ट पी. गोल्डमैन एवं सैली जे. गोल्डमैन (अनूदित), द *रामायण ऑफ़ वाल्मीकि : ऐन एपिक ऑफ़ एन्शिएंट इंडिया,* सातवाँ खण्ड : उत्तरकाण्ड, प्रिंसटन : प्रिंसटन यूनिवर्सिटी प्रेस, 2017।

अत्यन्त पूर्वग्रह भरे ऐसे प्रसंगों के बीच महर्षि विश्वामित्र और चंडाल की महाभारत में वर्णित एक कथा आश्चर्य की तरह हमारे सामने आती है। कहानी एक भीषण अकाल की है जब लोग दाने-दाने को तरस गये थे। ऐसे में विश्वामित्र भूखे-प्यासे एक चंडाल के झोपड़े में पहुँचते हैं। वहाँ पड़ा कुत्ते का मांस देखकर वे उसे चुराने की कोशिश करते हैं। यहीं से एक बहस शुरू होती है। चंडाल इस बात से भयाकुल है कि विश्वामित्र जैसा ऊँचे क़द का एक ऋषि इतनी अशुद्ध चीज़ उसके यहाँ से खाना चाह रहा है। वह उनसे ऐसा न करने की विनती करता है। विश्वामित्र उसे आश्वस्त करते हैं कि भीषण संकट में किये गये कृत्य से कोई पाप नहीं लगता। वे ऐसा इसलिए कर रहे हैं क्योंकि वे भुखमरी की अवस्था में हैं। इस प्रसंग को आपद्धर्म के उदाहरण के तौर पर प्रस्तुत किया जाता है।[20]

जैसा कि हमने पहले बताया, प्रागैतिहासिक काल में सुदूर दक्षिण में संगम काव्य के अनुसार जाति प्रथा के होने का कोई संकेत नहीं है।[21] अशुद्धता, ऊँचे और नीचे सामाजिक दरजे, आदि के विचार अवश्य थे, लेकिन व्यवहार में वे छुआछूत तक नहीं जाते थे। दूसरे समूह में विवाह और सहभोज को भी वहाँ वर्जित नहीं बताया गया है। वास्तव में जिन समूहों को कालान्तर में 'अस्पृश्य' माना भी गया (जैसे परैयन, पानन, तूतियन और वेलन), उन्हें संगम काव्य में अपेक्षाकृत सम्मानित स्थान हासिल है। दक्षिण भारत में जाति और अस्पृश्यता ने तीसरी से छठी सदी के बीच कभी जड़ें पकड़ी थीं। इसके शुरुआती साक्ष्य एक उत्तर-संगम काव्यकृति में मिलते हैं जिसका नाम 'अचरक्कोवइ' है।

---

20. यह कथा महाभारत, 12.139.25-90 से उद्धृत है। अंग्रेज़ी अनुवाद के लिए देखें, जेम्स एल. फिट्जज़ेराल्ड द्वारा अनूदित और सन्दर्भित *महाभारत,* खण्ड 7 : 11 : द *बुक ऑफ़ विमेन* और 12 : द *बुक ऑफ़ पीस, खण्ड 2,* शिकागो : यूनिवर्सिटी ऑफ़ शिकागो प्रेस, 2004, पृ. 536-41।

21. देखें के. आर. हनुमन्तन लिखित 'इवॉल्यूशन ऑफ़ अनटचेबिलिटी इन तमिलनाडु अप टू एडी 1600', आलोका पाराशर-सेन सम्पादित *सबॉर्डिनेट ऐंड मार्जिनल ग्रुप्स इन अर्ली इंडिया* (थीम्स इन इंडियन हिस्ट्री सिरीज़) में, ऑक्सफ़ोर्ड यूनिवर्सिटी प्रेस, नयी दिल्ली, 2004, पृ. 125-56।

इसमें कहा गया है कि पुलैया (विजातीय) को देखना अपवित्र कर देता है और उसका छुआ पानी अशुद्ध होता है जो दूसरों के पीने के लायक नहीं रह जाता। छठी से नौवीं सदी के बीच पल्लव काल में जाति और अस्पृश्यता के विचार दक्षिण भारत में कहीं ज़्यादा दृश्य हो उठते हैं। भक्तिमार्गी सन्तों के पद बताते हैं कि 'अस्पृश्यों' का मन्दिर में प्रवेश वर्जित था। पल्लववंशी राजा ख़ुद को भारद्वाज गोत्र का ब्राह्मण बताते थे। उन्होंने ब्राह्मणों को ख़ूब ज़मीनें दान में दी थीं और अपने अभिलेखों में उन्होंने ख़ुद को वर्ण और आश्रम व्यवस्था का वाहक घोषित कर दिया था। ऐसा लगता है कि दक्षिण भारत में जाति और अस्पृश्यता का प्रसार ब्राह्मणों को मिले राजकीय संरक्षण के साथ सीधे-सीधे जुड़ा हुआ था। उसने न सिर्फ़ राजदरबारों में ब्राह्मणों के प्रभाव को बढ़ाने का काम किया, बल्कि ग्राम स्तर पर भी सामाजिक-धार्मिक मूल्यों व आचार के आधिकारिक मध्यस्थ के रूप में ब्राह्मणों को स्थापित किया।

जैनियों और बौद्धों की चुनौती

कभी-कभार उपनिषदों (1000 से 500 सा.सं.पू. के बीच रचित) को यज्ञ-विरोधी और ब्राह्मण-विरोधी माना गया है, हालाँकि वे यज्ञ को ख़ारिज नहीं करते बल्कि प्रतीकात्मक और रूपकात्मक स्तर पर उसकी मीमांसा और पुनर्व्याख्या करते हैं। उपनिषद वैसे तो कई विषयों पर बात करते हैं लेकिन मूल रूप से उनका सरोकार आत्म और ब्रह्म की अवधारणाओं से है। संसार से मुक्ति (या मोक्ष) सामान्य बौद्धिक उपक्रम या कर्मकाण्ड के माध्यम से प्राप्त नहीं की जा सकती। इसे केवल गहरे ज्ञान की प्राप्ति से ही हासिल किया जा सकता है। यह ज्ञान उपनिषदों में कई स्थानों पर राजाओं या क्षत्रियों से सम्बद्ध बताया गया है। ब्राह्मण बेशक इसमें केन्द्रीय पात्र हैं लेकिन कर्मकाण्डों के जानकार के बजाय विचारकों और दार्शनिकों के रूप में मौजूद हैं। सिर्फ़ इसलिए उपनिषदों को क्षत्रिय दार्शनिकों द्वारा ब्राह्मणों के ऊपर किये संगठित हमले के रूप में देखना एक अतिरंजना है। आख़िरकार, उपनिषदों को अन्ततः वैदिक वांग्मय में ही जगह दी गयी है।

हाँ, छठी/पाँचवीं सा.सं.पू. के विचारकों ने सामाजिक श्रेष्ठता और आध्यात्मिक ज्ञान पर ब्राह्मणों के दावे तथा आदर्श सामाजिक व्यवस्था पर ब्राह्मणों के विचारों को पहली बार व्यक्तिगत और सामूहिक रूप से बड़ी चुनौती दी थी। उस दौर में बहुत कुछ घट रहा था–कुछ जनजातीय रियासतें पूर्ण राज्य बनने की ओर अग्रसर थीं (मुख्यत: उत्तर भारत में) तथा नगरों का उद्भव पुराने सामाजिक रिश्तों को धीरे-धीरे ख़त्म कर रहा था।[22] गंगा घाटी के मझोले और निचले इलाक़ों में बौद्धिक आलोड़न बहुत तीव्र था क्योंकि ये क्षेत्र पश्चिमवर्ती इलाक़ों के जितना ब्राह्मणवाद के प्रभाव में नहीं आये थे।

छठी/पाँचवीं सदी सा.सं.पू. को प्राय: बुद्ध और महावीर के युग के रूप में जाना जाता है, लेकिन उस दौरान कई अन्य चिन्तक भी हुए जो मानव अस्तित्व के अर्थ पर अपनी व्याख्याएँ दे रहे थे। इन्सानी विचार के इतिहास में इसीलिए इस काल को सबसे ज़्यादा रोमांचक अवधियों में एक माना जाता है। उनमें से कई चिन्तक सांसारिक जीवन को त्यागने की बात कर रहे थे। उन्हें सामूहिक रूप से श्रमण कहा जाता है (शाब्दिक अर्थ 'श्रम करने वाला')। [चित्र 1.1] इनमें मक्खलि गोसाल, पूरण कस्सप, अजीत केशकम्बलिन, पकुध कच्चायन, और संजय बेलट्ठिपुत्त शामिल थे (अधिक जानकारी अध्याय 5 में)। इनके अनुयायी धीरे-धीरे ख़त्म होते चले गये और उनका लिखा भी नहीं बच पाया (यदि रहा होगा तो)। उनके बारे में हम केवल बौद्ध और जैन ग्रन्थों के माध्यम से जानते हैं, जिनमें उनके बारे में सपाटबयानी की गयी है। यहाँ हम केवल बौद्ध और जैन धाराओं पर ही बात करेंगे क्योंकि लम्बी दौड़ में सबसे ज़्यादा असर उनका ही रहा है। बुद्ध और महावीर जैसे व्यक्तित्वों ने अपना 'धर्म' स्थापित करने का प्रयास किया या नहीं, यह बात उतना मायने नहीं रखती। असल तथ्य यह है कि उन्होंने नये प्रकार के समुदाय निर्मित किये जिनमें सामान्य और विहारवासी दोनों क़िस्म के लोग थे।

---

22. बुद्ध के निधन की तिथि पर बहस है। कुछ इतिहासकार इसे 544/543 सा.सं.पू. मानते हैं, अन्य इसे 486 से 477 सा.सं.पू. के बीच, 400 से 350 सा.सं.पू. के बीच या 368 सा.सं.पू. के बीच मानते हैं। बुद्ध के निधन की तिथि कई अन्य ऐतिहासिक घटनाओं और ग्रन्थों के तिथि-निर्धारण के लिए बहुत निर्णायक है।

चित्र 1.1 : कृशकाय सन्त और छज्जे पर युगलों की छाप, टेराकोटा की टाइलें, हरवान, कश्मीर, पाँचवीं-छठी सदी

जैन धारा बौद्ध से पुरानी है, शायद एकाध सदी ज़्यादा पहले की, चूँकि महावीर चौबीस जैन सन्तों या तीर्थंकरों या जिनों की शृंखला में अन्तिम थे। तीर्थंकर का अर्थ होता है पाट बनाने वाला, यानी वह ऐसे पाट बनाता है जिनसे दुखों का भवसागर पार करने में लोगों को मदद मिलती है। जिन का अर्थ है जीतने वाला, यानी एक ऐसा व्यक्ति जिसने अनन्त ज्ञान प्राप्त कर लिया हो और जो दूसरों को मोक्ष प्राप्ति के रास्ते बताता हो। 'जैन' का अर्थ है जिन का अनुयायी। वर्धमान (भविष्य में जो महावीर कहलाये) एक क्षत्रिय राजपरिवार से आते थे। उनके पिता सिद्धार्थ ज्ञात्रिका वंश के प्रमुख थे। उनकी माँ त्रिशला विदेह के राजा चेतक की बहन थीं। श्वेताम्बर जैन परम्परा के अनुसार वर्धमान पहले ऋषभदत्त नामक ब्राह्मण की पत्नी देवानन्दा के गर्भ में आये, लेकिन इन्द्र देवता ने वर्धमान को देवानन्दा के गर्भ से हटाकर त्रिशला के गर्भ में स्थापित कर दिया क्योंकि कोई ब्राह्मणी या निम्न परिवार की स्त्री भविष्य के

चित्र 1.2 : जिन, बालू पत्थर, उत्तर प्रदेश, छठी सदी सा.सं.

चित्र 1.3 : ध्यानमुद्रा में तीर्थंकर, संगमरमर, गुजरात या राजस्थान, ग्यारहवीं सदी

चित्र 1.4 : अभय मुद्रा में बुद्ध, बालू पत्थर, मथुरा, दूसरी सदी सा.सं.

चित्र 1.5 : ध्यानमुद्रा में सिद्धार्थ, शिस्त पत्थर, गन्धार, तीसरी सदी सा.सं.

तीर्थंकर को जन्म देने के योग्य नहीं हो सकती थी, चूँकि अब तक के सभी तीर्थंकर क्षत्रिय वंश में ही पैदा हुए थे।

जैन साहित्य में दूसरे तरीक़ों से भी ब्राह्मणों के ऊपर क्षत्रियों की श्रेष्ठता को दर्शाया गया है। वे ब्राह्मणों की, उनके यज्ञ की, अपव्ययी जीवनशैली और हेठी की आलोचना करते हैं। इसके समानान्तर, वे एक सच्चे या आदर्श ब्राह्मण की भी बात करते हैं और इस शब्द को नया अर्थ प्रदान करते हैं। वे ब्राह्मण शब्द में निहित जन्म वाले तत्त्व की जगह सद्कर्म को स्थापित करते हैं। इस नयी परिभाषा के बाद केवल एक जैन भिक्षु ही ब्राह्मण कहलाने के योग्य रह जाता है। इसमें चंडालों को वर्ण-संकर बताया गया है जिनका सम्बन्ध श्मशान भूमि और मुर्दों के साथ होता है।

जैन साहित्य में ऊँच-नीच के प्रचलित विचारों की थोड़ी आलोचना है, हालाँकि सामाजिक असमानता के प्रति एक ख़ास स्तर तक स्वीकार्यता भी दिखती है। कहते हैं कि छह महीने तक भूखे-प्यासे भटकने के बाद महावीर का उपवास चन्दना नाम की एक दासी ने दाल खिलाकर तोड़ा था। बाद में वह दासी थेरियों की प्रमुख बनी। 'उत्तराध्यायन सूत्र' में चंडाल परिवार से आने वाले एक भिक्षु हरिकेशीय की कथा है। लम्बा और कठिन उपवास सम्पन्न करने के बाद वह भूखा-प्यासा भोजन की तलाश में एक ऐसी बन्द जगह पहुँचता है जहाँ ब्राह्मण एक यज्ञ कर रहे हैं। ब्राह्मण उसे देखकर दुत्कार देते हैं और भोजन देने से इनकार कर देते हैं। हरिकेशीय जब उनसे बहस करने की कोशिश करता है तो ब्राह्मण उसके ऊपर बुरी तरह टूट पड़ते हैं। तभी वहाँ एक यक्ष आ जाते हैं और उन्हें रोक देते हैं। ब्राह्मणों को अपनी ग़लती का अहसास होता है। वे हरिकेशीय से माफ़ी माँगते हैं। वह उन्हें माफ़ कर देता है और यज्ञ, बलि आदि की निरर्थकता पर उपदेश देता है। वह कहता है कि सच्चा यज्ञ तो जैनी अनुशासन को अमल में लाना है।

तीर्थंकर दो तरह के उपदेश दिया करते थे। एक उपदेश भिक्षुओं-भिक्षुणियों के लिए होता था और दूसरा सामान्य अनुयायियों के लिए होता था। दोनों आपस में जुड़े हुए थे, लेकिन अलग-अलग थे। [चित्र 1.2, 1.3] जैन संघ सभी के लिए खुला होता था, चाहे उसकी सामाजिक पृष्ठभूमि कुछ भी हो। इसके बावजूद महावीर के सारे मुख्य शिष्य ब्राह्मण थे। कई जैन आचार्य

(संघों के प्रमुख) भी ब्राह्मण थे। जैन धारा आम लोगों के बीच सम्पन्न शहरी व्यापारी वर्ग को आकर्षित करती थी और उन्हें संरक्षण भी देती थी।

बुद्ध को प्राय: एक सुधारक की तरह प्रस्तुत किया जाता है, यहाँ तक कि क्रान्तिकारी भी बताया जाता है जो सामाजिक भेदभावों के ख़िलाफ़ बोलते थे और सभी के लिए समानता का उपदेश देते थे। बौद्ध धारा को सामाजिक समानता से जोड़ने का चलन ख़ासकर तब बढ़ा जब अम्बेडकर ने 1956 में अनुसूचित जातियों के लोगों का सामूहिक धर्मान्तरण करवाया। अम्बेडकर ने हालाँकि बौद्ध धारा की एक बिल्कुल नयी और उच्चतर व्याख्या की थी, जिसे उचित ही नवायन कहा गया (यानी नया वाहन), लेकिन जैन धारा की ही भाँति प्राचीन बौद्ध धारा भी केवल मुक्ति का वादा करती थी, सामाजिक समानता का नहीं।

बौद्ध धारा में सभी सामाजिक सम्बन्धों को दुख का स्रोत माना गया है। इनसे ख़ुद को मुक्त कर के ही एक मनुष्य निब्बाण (निर्वाण यानी जन्म और मृत्यु के चक्र से मुक्ति) पा सकता है। महावीर की तरह ही बुद्ध भी दो तरह के उपदेश देते थे–एक भिक्षुओं-भिक्षुणियों के लिए, दूसरा साधारण गृहस्थों के लिए। [चित्र 1.4, 1.5] उनके सिद्धान्त वर्ण-जाति वाली ब्राह्मणवादी विचारधारा के मुक़ाबले निश्चित रूप से ज़्यादा समावेशी थे, लेकिन उनका लक्ष्य सामाजिक विभेदों को समाप्त करना या पलटना नहीं था। वास्तव में, मौजूदा व्यवस्था पर ज़रूरत से ज़्यादा प्रहार करने से बचते हुए उनके सिद्धान्त कुछ मायनों में यथास्थिति को ही क़ायम रखने की चेष्टा करते थे।

आरम्भिक बौद्ध पाठों में दासों और दासियों के कई सन्दर्भ आये हैं।[23] इनमें दास-कर्मकार और दास-कर्मकार-पोरिसा जैसे कामगार हैं जिनका दरजा दास, सेवक और दिहाड़ी श्रमिकों के बीच होता था। दास कई तरह के हो सकते थे–किसी दासी का पुत्र; ख़रीदा गया दास; दूसरे देश से लाकर बनाया गया दास; और जिसने ख़ुद दास बनना स्वीकार किया हो। दासियों में एक कुम्भ-दासी होती थी जिसका काम अपने मालिक के लिए पानी भर के लाना

23. देखें चनन, *स्लेवरी इन एन्शियेंट इंडिया,* पृ. 64-86।

होता था। मालिकों को दासों के प्रति दयालुता और परवाह बरतने का उपदेश दिया जाता था।

संघ में शामिल होने के लिए एक दास को अपने मालिक से मुक्त होना अनिवार्य होता था। एक बार वे संघ में आ गये तो माना जाता था कि उनके भीतर निब्बाण पाने की सम्भावना है। दासी होने का अर्थ क्या था, उसकी दुर्लभ अभिव्यक्ति 'थेरीगाथा' में पुन्ना नाम की एक दासी के शब्दों में दर्ज है, जो बाद में भिक्षुणी बनी। अपने पाप धोने के लिए ठण्डे पानी में नहा रहे एक ब्राह्मण को पुन्ना उलाहना देती है:

मैं तो पानी भर के लायी,
जबकि वह कितना ठण्डा था,
फिर भी मैं उतरी उसमें क्योंकि
मुझे मालकिन की बेंत का डर था,
डर था उनके क्रोध भरे शब्दों का।

लेकिन तुम किससे डरते हो, हे ब्राह्मण
जब उतरते हो पानी में,
काँपती हुई देह के साथ
महसूस करते हो भेदती हुई ठण्ड को?[24]

दिलचस्प है कि विद्रोही दासों के जो इक्का-दुक्का सन्दर्भ प्राचीन भारतीय ग्रन्थों में मिलते हैं वे सभी बौद्ध स्रोतों में मौजूद हैं। 'विनय पिटक' में शाक्यों के दास-कर्मकारों का सन्दर्भ आता है जो प्रतिशोध के लिए अपने मालिकों की स्त्रियों के ऊपर जंगल में हमला करते हैं। 'मज्झिम निकाय' में दासी काली और उसकी मालकिन वैदेही की एक कथा है। वैदेही अत्यधिक उदार और संयमी होने के लिए ख्यात थी। काली बहुत मेहनती और उसके प्रति समर्पित थी, लेकिन उसे लगता था कि उसके अच्छे व्यवहार के चलते ही मालकिन

24. मूर्ति क्लासिकल लाइब्रेरी ऑफ़ इंडिया में चार्ल्स हैलिसी द्वारा अंग्रेज़ी में अनूदित *थेरीगाथा : पोयम्स ऑफ़ द फर्स्ट बुद्धिस्ट विमेन* से उद्धृत, हारवर्ड यूनिवर्सिटी प्रेस, कैम्ब्रिज एम.ए., 2015, पृ. 123।

का स्वभाव इतना मधुर है। इसलिए एक दिन काली ने वैदेही के संयम को जाँचने का फ़ैसला किया। वह देर से सोकर उठने लगी और तीन दिनों तक लगातार उसके आवाज़ देने पर भी जवाब नहीं दिया। वैदेही इसे बरदाश्त नहीं कर पायी। उसका गुस्सा लगातार बढ़ता गया। फिर उसने आगबबूला होकर एक दिन काली को पीट दिया। काली की धारणा सच साबित हुई।[25]

ग्रन्थों के अलावा प्राचीन भारत में दासता के साक्ष्य अभिलेखों में भी मिलते हैं। मौर्य सम्राट अशोक (268-232 सा.सं.पू.) बुद्ध की शिक्षाओं का समर्पित अनुयायी था। पत्थरों, स्तम्भों पर शिलालेख खुदवाने तथा अन्य माध्यमों से धम्म का प्रचार करने के लिए अशोक की प्रसिद्धि है।[26] धम्म, संस्कृत के धर्म का प्राकृत रूप है। अशोक चाहता था कि लोग नेक और सदाचारी बनें, अपना जीवन ऐसे तरीक़ों से जियें जिससे कि वे पुण्य कमा सकें और इस जीवन व अगले जन्म में सुखी रहें। उसके शिलालेखों में धम्म के तत्त्वों में अहिंसा, भलाई, करुणा, आत्मनियन्त्रण, विचारों की शुद्धता, सदाशयता, आभार, दृढ़ समर्पण, सच्चाई, और पवित्रता शामिल हैं। इसमें माता-पिता के प्रति आज्ञाकारिता, वृद्धों के प्रति सम्मान, ब्राह्मणों और श्रमणों के प्रति उदारता व शिष्टाचार, दासों और सेवकों के प्रति विनम्रता, दोस्तों,

---

25. देखें चनन, *स्लेवरी इन एन्शियेंट इंडिया,* पृ. 56-57।

26. अशोक के शिलालेखों को लघु शिलालेख, प्रमुख शिलालेख, पृथक् शिलालेख, प्रमुख स्तम्भालेख, लघु स्तम्भालेख और गुफा अभिलेखों में वर्गीकृत किया गया है। ज़्यादातर अभिलेख ब्राह्मी लिपि और प्राकृत की बोली में हैं। पाकिस्तान के मनसेहरा और शहबाजगढ़ी में प्राकृत भाषा के खरोष्ठी लिपि में लिखे शिलालेखों का समूह पाया गया है। अशोक के साम्राज्य के उत्तर-पश्चिमी हिस्सों में (जिसमें आधुनिक पाकिस्तान और अफ़ग़ानिस्तान आते हैं) एक ग्रीक, चार आरामिक, एक ग्रीक-आरामिक और एक आरामिक-प्राकृतिक अभिलेख पाये गये हैं। अभिलेखों के लिए देखें, ई. हुल्श का *कॉर्पस इंस्क्रिप्शनम इंडिकारम,* खण्ड 1; *इंस्क्रिप्शन्स ऑफ़ अशोक,* भारतीय पुरातात्त्विक सर्वेक्षण, नयी दिल्ली (1924), 1991; अशोक के बारे में और जानकारी के लिए देखें उपिंदर सिंह की *पॉलिटिकल वायलेंस इन एन्शियेंट इंडिया,* हारवर्ड यूनिवर्सिटी प्रेस, कैम्ब्रिज एम.ए., 2017; यनजोत लाहिड़ी की *अशोक इन एन्शियेंट इंडिया,* रानीखेत, अशोक यूनिवर्सिटी के साथ परमानेंट ब्लैक, 2015; रोमिला थापर की *अशोक ऐंड द डिक्लाइन ऑफ़ द मौर्याज़,* तीसरा संस्करण, ऑक्सफ़ोर्ड यूनिवर्सिटी प्रेस, नयी दिल्ली, 2012।

परिजनों और परिचितों के प्रति सदाशयता, व्यय और संचय में निग्रह, तथा वाणी में सतर्कता भी शामिल हैं। अशोक मौजूदा यथास्थिति, ऊँच-नीच और अमीरी-ग़रीबी को भी समझता था। वह इन भेदों को अस्वीकार नहीं करता था, लेकिन इनके बारे में जो कहता था वह उस युग के सन्दर्भ में क्रान्तिकारी था–कि अपने सामाजिक या आर्थिक दरजे से इतर हर कोई धम्म की राह पर चलकर स्वर्ग की प्राप्ति कर सकता है। अब इसमें दास भी शामिल थे या नहीं, यह सवाल अनुत्तरित है।

जैसे-जैसे बौद्ध विहारों का विस्तार होता गया, वहाँ विभिन्न क़िस्म के श्रम और सेवाओं की ज़रूरत भी पड़ने लगी। भिक्षु ख़ुद शारीरिक श्रम नहीं करते थे, तो उन्होंने निश्चित ही सेवक और दास रखे होंगे। भारत और श्रीलंका के बौद्ध विहारों में पाये गये अभिलेखों में आरामिकाओं का सन्दर्भ आया है। हो सकता है वे दास या सेवक रहे हों।

बौद्ध धारा ने वर्ण के विचार को स्वीकार तो किया, लेकिन ब्राह्मणवादी परम्परा से उलट उसे मानव-निर्मित माना। 'अग्गन्न सुत्त' में बुद्ध कहते हैं :

> जो कुल पर विश्वास करते हैं उनके लिए इस जगत में क्षत्रिय सर्वश्रेष्ठ है; [लेकिन] ज्ञान और [सद्] आचार से युक्त व्यक्ति इस ब्रह्माण्ड में सर्वश्रेष्ठ है।[27]

जैन धारा की ही तरह बौद्ध धारा ने भी दरजेदार ब्राह्मणवादी सामाजिक व्यवस्था को उलट कर क्षत्रियों को ब्राह्मण से ऊपर रख दिया। जैनियों की ही तरह बौद्धों ने भी ब्राह्मणों की आलोचना सच्चे ज्ञान के अभाव, यज्ञ-बलि के कर्मकाण्ड, अपव्ययी जीवनशैली के लिए की लेकिन सच्चे ब्राह्मण की अवधारणा को क़ायम रखा–सच्चा ब्राह्मण यानी वह जिसके पास सच्चा ज्ञान हो, न कि वह जो ब्राह्मण के घर में पैदा हुआ हो।

पाली के ग्रन्थों में ऊँची और नीची जातियों का सन्दर्भ आता है। ऊँची जातियों में ब्राह्मण, क्षत्रिय और भूस्वामी गृहपति शामिल हैं। निचली जातियों में चंडाल, डोलची बनाने वाले, शिकारी, रथवान और मेहतर शामिल हैं।

---

27. स्टीवेन कॉलिन्स, *अग्गन्न सुत्त : द डिस्कोर्स ऑफ़ वॉट इज़ प्राइमरी (ऐन एनोटेटेड ट्रांसलेशन फ्रॉम पाली)*, साहित्य अकादेमी, दिल्ली, 2001, पृ. 49।

उच्च पेशों में खेती, पशुपालन, व्यापार, महाजनी, हिसाब-किताब और लेखन शामिल हैं। छोटे पेशों में चमड़े का काम, बाँस-बेंत का काम, कुम्हार, दर्ज़ी, रंगाई का काम, बिनकारी और नाईगिरी शामिल हैं।[28]

आरम्भिक दौर के कुछ अतिप्रतिष्ठित बौद्ध भिक्षु ब्राह्मण या क्षत्रिय थे। प्रतिष्ठित बौद्ध भिक्षु उपालि शाक्यों के नाई थे। भिक्खुओं (भिक्षुओं) को सभी से दान-दक्षिणा लेनी होती थी, उसका वर्ग या जाति चाहे कुछ भी हो। यह तथ्य दिखाता है कि पवित्रता और दूषण से जुड़े ख़यालों के प्रति अवमानना बौद्ध धारा में सचेत थी। बुद्ध ख़ुद भी ऐसी कोई बन्दिश नहीं मानते थे। वे धनी गृहपतियों और सेट्ठियों (व्यापारियों) का आतिथ्य भी वैसे ही स्वीकार करते थे जितने आनन्द से साधारण लोगों के साथ खाते थे। कहते हैं कि उन्होंने आख़िरी बार चुंड नाम के एक लुहार के घर पर भोजन किया था।

बुद्ध के पिछले जन्मों की कथाओं को जातक कथाएँ कहते हैं। इन कथाओं से समझ में आता है कि चंडालों को नीचा माना जाता था, लेकिन उन्हें ऐसा मानने के रवैये पर सवाल भी खड़े किये गये हैं। जिस तरह से बौद्ध ग्रन्थ किसी के सच्चरित्र होने के नाते उसका ब्राह्मण होना मानते हैं, वैसे ही वे कदाचार और दुर्गुण के चलते किसी को चंडाल मानने की बात करते हैं। वास्तव में, 'अंगुत्तर निकाय' में एक ब्राह्मण-चंडाल का ज़िक्र आता है यानी एक ऐसा ब्राह्मण जो अनैतिक जीवन जीता है इसलिए वह चंडाल के समान है। कई जातक कथाओं में बोधिसत्व (जो बुद्धत्व की राह पर हो) का जन्म चंडाल के रूप में हुआ है। सेतकेतु जातक में सेतकेतु नाम के एक घमंडी ब्राह्मण की कथा है जो एक बोधिसत्व का शिष्य है। एक दिन वह दूसरे शिष्यों के साथ बाहरगाँव से लौट रहा था कि उसे दूसरी तरफ़ से एक चंडाल आता हुआ दिखा। उसे डर था कि हवा कहीं चंडाल के शरीर से टकराकर उसको न छू जाये, तो उसने चंडाल को हवा की उलटी दिशा में जाने को कहा। चंडाल ने उसका कहा नहीं माना और हवा की दिशा में ही चलता रहा, फिर चंडाल

---

28. उमा चक्रवर्ती, *द सोशल डाइमेन्शन्स ऑफ़ अर्ली बुद्धिज्म,* ऑक्सफ़ोर्ड यूनिवर्सिटी प्रेस, नयी दिल्ली, 1987; नरेन्द्र के. वागले, *सोसाइटी ऐट द टाइम ऑफ़ बुद्ध,* पॉपुलर प्रकाशन, बॉम्बे (1966), 1995।

ने सेतकेतु को एक सवाल का जवाब देने की चुनौती दे डाली। सेतकेतु ने चुनौती स्वीकार कर ली। चंडाल ने पूछा, 'दिशाएँ क्या हैं?' सेतकेतु ने कहा उत्तर और अन्य। 'ग़लत जवाब', यह कहते हुए चंडाल ने सेतकेतु को धकेल कर अपने पैरों के बीच गिरा दिया। बाद में सेतकेतु के सहपाठियों ने जब अपने गुरु यानी बोधिसत्व को यह घटना सुनाई, तो उन्होंने सेतकेतु को ग़ुस्सा न करने की सलाह दी और कहा : चंडाल बहुत ज्ञानी था, उसका प्रश्न दूसरे क़िस्म की दिशा के बारे में था। कहानी के अन्त में पता चलता है कि वह चंडाल और कोई नहीं बल्कि अगले जन्म का प्रसिद्ध बौद्ध भिक्षु सारिपुत्त था।

जैन और बौद्ध मत ने साधारण लोगों को इसलिए आकर्षित किया क्योंकि उनकी समझ में आने वाली सरल और सुसंगत शिक्षाओं में मानव अस्तित्व की सनातन समस्याओं, ख़ासकर आन्तरिक पीड़ा का समाधान है; एक नये क़िस्म के नैतिक जीवन की बात है जिसके परिणाम लभ्य हैं; तथा सामाजिक रूप से ऊँचे और सम्पन्न समूहों के दरजे को लेकर एक स्वीकार्यता है। इन शिक्षाओं ने यथास्थिति को झकझोरने का काम किया और ब्राह्मणों के विशेषाधिकारों को चुनौती दी, लेकिन उसका लक्ष्य समाज को बदलना नहीं था। अन्ततः ये शिक्षाएँ भी उच्च रूप से संगठित धर्मों का आधार बन गयीं, जिनसे नये क़िस्म के विहारवासी और आम समुदाय निकले जो महात्माओं के उपदेशों से परस्पर बँधे हुए थे तथा उनके सिद्धान्तों व नैतिक आचार को साझा करते थे। ये धर्म जाति या अन्य सामाजिक विभेदों के उन्मूलन की बात नहीं करते थे, लेकिन मनुष्य का मोल उसके जन्म के आधार पर लगाने वाले विचार की आलोचना ज़रूर करते थे और जाति, वर्ग, लिंग से इतर सभी के लिए समान रूप से मुक्ति की सम्भावना को प्रस्तुत करते थे। प्रारम्भिक जैन और बौद्ध शिक्षाएँ सामाजिक समानता की वर्तमान कसौटियों पर भले ही पूरी तरह ख़रा न उतरती हों, लेकिन अपने युग के हिसाब से वे क्रान्तिकारी थीं।

भक्तों के सम्प्रदाय

ब्राह्मणवादी परम्परा ठस या स्थिर नहीं थी। उसने सामाजिक बदलावों और चुनौतियों पर प्रतिक्रिया देते हुए अपने सामाजिक ढाँचे के भीतर कुछ हद तक धीरे-धीरे कुछ ख़ास अधीनस्थ और हाशिये के समूहों को शामिल किया

और स्वीकारा। वैदिक धर्म तो यज्ञादि पर आधारित था, लेकिन पौराणिक धर्म में धार्मिकता भक्ति या समर्पण पर आधारित थी। उसमें मन्दिरों में स्थापित देवी-देवताओं की पूजा की जाती थी। पुराणों में कुछ पावन कर्म बताये गये थे जो सभी के लिए स्वीकार्य थे। औरतें और शूद्र भी वे काम करते थे। व्रत रखना, तीर्थ जाना और धर्मादा काम, जैसे दान देना, कुएँ-बावड़ी ख़ुदवाना और धर्मशाला स्थापित करना ऐसे पावन काम थे जिनसे पुण्य जुटाने की बात की गयी थी।

संस्कृत के शब्द भक्ति का मूलशब्द है 'भज', जिसका अर्थ है साझा करना या भागीदारी करना। भक्त वह है जो दैविकता में भाग लेता है, उसे साझा करता है। भक्ति (यानी किसी भगवान, सन्त या शिक्षक के प्रति समर्पण) की जड़ें 200 सा.सं.पू. तक जाती हैं। इसका विचार भगवद्गीता सहित भव्य मन्दिरों में बनायी गयी धार्मिक आकृतियों के अवशेषों में मिलता है।[29] गीता में भक्त और भगवान के बीच का रिश्ता इस तरह से बताया गया है :

> हे अर्जुन! मेरे पूजन में यह सुगमता भी है कि पत्र, पुष्प, फल, जल इत्यादि जो कोई भक्त मेरे लिए प्रेम से अर्पण करता है, उस शुद्ध-बुद्धि, निष्काम प्रेमी भक्त का प्रेमपूर्वक अर्पण किया हुआ वह पत्र-पुष्पादिक मैं सगुणरूप से प्रकट होकर प्रीतिसहित खाता हूँ...
>
> यद्यपि मैं सब भूतों में समभाव से व्यापक हूँ, न कोई मेरा अप्रिय है और न प्रिय है, परन्तु जो भक्त मुझको प्रेम से भजते हैं, वे मेरे में और मैं भी उनमें प्रत्यक्ष प्रकट हूँ...
>
> क्योंकि हे अर्जुन! स्त्री, वैश्य और शूद्रादिक तथा पाप योनि वाले भी जो कोई होवें वे भी मेरी शरण होकर तो परमगति को ही प्राप्त होते हैं।[30]

---

29. भगवद्गीता के कई उत्कृष्ट अनुवाद उपलब्ध हैं। विद्वत् प्रामाणिक अनुवाद के लिए देखें जे.ए.बी. वान बुटेनेन की *द भगवद्गीता इन द महाभारत : टेक्स्ट ऐंड ट्रांसलेशन*, शिकागो और लन्दन : यूनिवर्सिटी ऑफ़ शिकागो प्रेस, 1981; विन्थ्रॉप सार्जेन्ट (अनूदित) द *भगवद्गीता* भी देखें, नयी दिल्ली : अलेफ बुक कम्पनी, 2016।

30. भगवद्गीता 9.26,29,32, सार्जेंट द्वारा अनूदित द *भगवद्गीता* पर आधारित, पृ. 139-41।

आगामी कई सदियों तक भक्ति ने धीरे-धीरे ऐसे सम्प्रदाय निर्मित कर दिये जो भावना, आस्था और आचार से आपस में बँधे हुए थे। हिन्दू धर्म के भीतर पूजा-अर्चना के केन्द्र थे विष्णु, शिव और देवी। वैदिक ब्राह्मणों (वेदों का पालन करने वाले ब्राह्मण) और भक्त सम्प्रदायों के बीच रिश्ता उतना सीधा और सरल नहीं था। छठी सदी सा.सं. से लेकर बाद तक विष्णु (और उनके अवतारों, विशेषत: कृष्ण) और शिव की भक्ति को 12 आलवार और 63 नायनमार (या नयनार) सन्तों के गीतों ने एक बिल्कुल नयी और ताक़तवर अभिव्यक्ति प्रदान की। उनकी भक्ति तमिल धरती, भाषा और भावना में गहन रूप से निहित थी। आलवार का अर्थ है 'वह जो गहरे गोता मारे' या 'वह जो दैवी में समाहित हो जाये'। वैष्णव आलवार भक्ति में भक्त और भगवान यानी मायन या मल (कृष्ण) के बीच रिश्ते को प्राय: प्रेमी और प्रेयसी के बीच रिश्ते की तरह अभिव्यक्त किया गया है। भगवान के भक्त के लिए यज्ञ अथवा धार्मिक संकीर्णता वाले परम्परागत कर्मकाण्डों का प्रदर्शन निरर्थक माना गया है। नायनमार आदरसूचक शब्द है। शैव नायनमार सन्त ख़ुद के लिए इस शब्द का प्रयोग नहीं करते थे। वे ख़ुद को शिव का आतियार (सेवक) या तोंतार (दास) कहते थे। अपने भगवान के प्रति प्रेम को अभिव्यक्त करने के लिए ये सन्त 'अन्बु' का प्रयोग करते थे और भक्त के प्रति भगवान के प्रेम को 'अरुल' से व्यक्त किया जाता था। आलवार और नायनमार सन्तों के गीतों में अन्तरंग, तीव्र और रहस्यमय भक्ति देखने को मिलती है। इन सन्तों की पूजा चोल काल से होती रही है और उनके भक्ति-गीत आज भी दक्षिण भारत के मन्दिरों में गाये जाते हैं।

आलवार और नायनमार सन्तों में कई ब्राह्मण थे। कुछ और सन्त भिन्न पृष्ठभूमि से भी आये। ऐसे दो सन्तों–शैव नन्दनार और वैष्णव तिरुप्पन आलवार–को 'अस्पृश्य' बताया गया है। नन्दनार आजीविका के लिए पशुओं का शिकार करते थे, जिनके चमड़े से ढोल बनता था और आँतों से तार वाले वाद्ययन्त्र बनाये जाते थे। सन्तचरित में बताया गया है कि भगवान शिव ने चिदम्बरम के मन्दिर के पंडों को मन्दिर के सामने आग जलाने का आदेश दिया था। उस आग से गुज़र कर नन्दनार सुरक्षित निकल आये। उनकी अपने भगवान के दर्शन की इच्छा पूरी हुई, तो वे नृत्य करते हुए शिव के पैरों के बीच

विलीन हो गये। इसी तरह तिरुप्पन आलवार श्रीरंगम में भगवान विष्णु के दर्शन के प्यासे थे। कहते हैं कि भगवान उस मन्दिर के ब्राह्मण पंडे के सपने में आये और आदेश दिया कि वह तिरुप्पन को अपने कन्धे पर लादकर गर्भगृह में ले आये। वहाँ भगवान का दर्शन होने के बाद तिरुप्पन ने अपना आख़िरी गीत गाया और भगवान विष्णु की छवि में विलीन हो गये। नन्दनार और तिरुप्पन की जीवन कथा को दो तरीक़े से समझा जा सकता है। एक ओर ये कथाएँ दिखाती हैं कि भक्त की राह सभी के लिए समान रूप से खुली हुई थी। दूसरी ओर यह भी पता चलता है कि इन सन्तों का अपने भगवान के गर्भगृह में प्रवेश आसान काम नहीं था। उसके लिए दैवी हस्तक्षेप की ज़रूरत पड़ती थी जिसके परिणामस्वरूप जान चली जाती थी।

भक्तों के लिए सामाजिक दरजे का कोई महत्त्व नहीं था, ऐसा माना जाता था। शैव सन्त अप्पार के शब्दों में :

चाहे वे पुलैया (विजातीय) हों
जिनकी देह से कोढ़ फूट रहा हो
और देह सड़ चुकी हो
या वे जो गाय को काटते हैं
और खाते हैं उसका मांस और
नीच हैं, पापी हैं
वे जो भी हैं, जहाँ भी हैं
यदि वे गंगाधारी जटाधारी शिव के भक्त हैं
तो मेरे लिए वे भगवान हैं
उन्हें मेरा प्रणाम है।[31]

अन्य भक्त सन्तों ने भी जाति की आलोचना की और उसे अप्रासंगिक करार दिया। सन्तचरित में अव्वैयार (ऐसी तीन स्त्री सन्त हैं जिनका यही नाम है) को एक ब्राह्मण पुरुष और उसकी 'अस्पृश्य' स्त्री की पुत्री बताया गया है। उनका एक गीत ऐसे है :

---

31. *तिरुमुरै* 6.95.10, विद्या दहेजिया की *स्लेव्स ऑफ़ द लॉर्ड : द पाथ ऑफ़ द तमिल सेंट्स* से उद्धृत, मुंशीराम मनोहरलाल, नयी दिल्ली, 1988, पृ. 38।

जाति कुछ नहीं होती, लेकिन मुझसे पूछो तो दो हैं–
नेक लोगों की जाति जो विपदा में पड़े ग़रीब की मदद करते हैं
और दूसरे, जो मदद नहीं करते
वे नीच जाति के हैं।[32]

कर्नाटक में वीरशैव या लिंगायत सम्प्रदाय बारहवीं सदी के आसपास पैदा हुआ था। वह ब्राह्मण-विरोधी और जाति-विरोधी सम्प्रदाय था। उसने वेद, यज्ञ, कर्मकाण्ड और अपवित्रता की धारणाओं को ख़ारिज किया। इस सम्प्रदाय में अगाध शिवभक्ति ही सब कुछ है। इस सम्प्रदाय की लोकप्रियता का सम्बन्ध काफ़ी कुछ बसवन्ना या बसव के साथ है। वे ब्राह्मण परिवार में पैदा हुए थे लेकिन छोटी अवस्था में ही उन्होंने ब्राह्मणवादी कर्मकाण्डों से विद्रोह कर दिया और आठ बरस की अवस्था में जनेऊ धारण करने से इनकार कर दिया था। वीरशैवों का नेतृत्व भले ही मोटे तौर से ब्राह्मणों का था लेकिन उसका सामाजिक आधार शिल्पकारों, व्यापारियों और खेतिहर किसानों का था। यह भक्त सम्प्रदाय सभी के लिए खुला था, उसकी जाति या लिंग चाहे कोई भी हो।

जैसा कि कई सदी पहले जैन और बौद्ध मतों ने किया था, वैसे ही भक्ति की धारा ने भी ऐसे धार्मिक सम्प्रदाय बनाये जिन्होंने सामाजिक सरहदों और पदानुक्रमों को तोड़ डाला। असमानता का उन्मूलन तो नहीं हो सका, लेकिन धार्मिक स्तर पर इसका अतिक्रमण करना सबके लिए सम्भव हो गया। किसी मनुष्य को कौन-सी चीज़ श्रेष्ठ या निम्न बनाती है, इसको लेकर बाद की सदियों में भी लगातार बहसें चलती रहीं। ये बहसें समाज को बदलने की कोई कोशिश नहीं थीं, लेकिन सवाल उठाने का बेशक एक प्रभाव पड़ा। कबीर और नानक जैसे मध्यकाल में हुए भक्तिमार्गी सन्तों ने इन सवालों को और विस्तार दिया। वे सामाजिक विभेदों के दायरे से सवालों और बहसों को उठाकर धार्मिक विभेदों यानी हिन्दू और मुसलमान के भेद तक ले गये।

---

32. सी. राजगोपालाचारी, *अव्वैयार : ए ग्रेट तमिल पोएटेस,* भारतीय विद्या भवन, बॉम्बे, 1971, पृ. 9।

आलोचना और प्रहसन

सामाजिक असमानता की आलोचना धर्म से इतर दूसरे तरीक़ों से भी हुई। 'वज्रसूची' नामक एक ग्रन्थ जो अश्वघोष का लिखा बताया जाता है (इसके लेखक और रचनाकाल पर अनिश्चय है), वह वर्ण-व्यवस्था को सीधी चुनौती देता है तथा वेद, मनुस्मृति और महाभारत जैसे ब्राह्मणवादी ग्रन्थों के उद्धरणों के सहारे इस विचार का खण्डन करता है कि ब्राह्मण दूसरों से श्रेष्ठ होते हैं।[33] यह ग्रन्थ सवाल पूछता है : 'ब्राह्मण कौन है?' और इसका जवाब देता है कि ब्राह्मण होने की पहचान तय नहीं है, न ही यह जन्म पर आधारित है। जो कोई भी निःस्वार्थ हो, निष्काम हो, अहिंसक हो, सच्चा हो, आत्मसंयमी हो और करुणामयी हो, वह सच्चा ब्राह्मण है।

> एक व्यक्ति अपने जन्म या कुल से ब्राह्मण नहीं होता, न ही अपने किये कामों से। यदि एक चंडाल भी सुशील हो तो वह ब्राह्मण है। यहाँ तक कि एक शूद्र भी अगर सुशील और गुणवान है तो वह ब्राह्मण हो जाता है और यदि एक ब्राह्मण के कर्म अच्छे नहीं है तो वह शूद्र से नीचा है।[34]

वज्रसूची में न केवल जन्म और वर्ण के आधार पर भेद को ख़ारिज किया गया है बल्कि वह ज़ोर देकर कहता है कि वास्तव में वर्ण केवल एक होता है, चार नहीं। लोगों के बीच सच्चे भेद का केवल एक आधार हो सकता है और वह है उनका चरित्र।

चौथी सदी में लिखा गया पशुओं की जीवन्त कथाओं का संग्रह 'पंचतन्त्र' वैसे तो ख़ुद के शासन कला पर एक प्रबन्ध होने का दावा करता है, लेकिन उसे दैनन्दिन जीवन जीने के नुस्ख़ों के तौर पर पढ़ा जा सकता है। उसकी कहानियों में धर्म बहुत मायने नहीं रखता। उनमें मारे जाने से पहले मार देने की कुशाग्र बुद्धि, कुटिलता और चतुराई के प्रसंग हैं। जैसे, उसमें एक तपस्वी बिल्ली दधिकर्ण की कथा है जो धर्मशास्त्र की ज्ञाता है और बाहर से करुणा

---

33. सुजित कुमार मुखोपाध्याय, द *वज्रसूची ऑफ़ अश्वघोष*, विश्वभारती, शान्तिनिकेतन, (1950), 1960।

34. *वज्रसूची* 40, 43; मुखोपाध्याय, द *वज्रसूची ऑफ़ अश्वघोष*, पृ. 21-22।

से भरी दिखती है लेकिन वास्तव में धोखेबाज़ है। इन कहानियों में ब्राह्मणों का उनकी मूर्खता के लिए और सन्तों का उनके पाखण्ड के लिए मज़ाक़ बनाया गया है, भिक्षुओं का खूनी अन्त दिखाया गया है। इन कथाओं में राजनीतिक व्यंग्य, सामाजिक आलोचना, और हास्य क़दमताल करते हुए चलते हैं। व्यावहारिक राजनीति के कुछ आदर्शों को क़ायम रखते हुए पंचतन्त्र वास्तव में सामाजिक और राजनीतिक रूप से एक विध्वंसक ग्रन्थ है।

सर्वाधिक मनोरंजक और अवमाननापूर्ण सामाजिक आलोचना साहित्य में देखने को मिलती है। वैसे तो संस्कृत के ज़्यादातर नाटककार ख़ुद राज्याश्रित उच्चवर्गीय ब्राह्मण थे (और कुछ तो ख़ुद राजा ही थे) इसलिए वे सामान्यत: ब्राह्मणवादी सामाजिक व्यवस्था के पोषक रहे, लेकिन कभी-कभार उनके यहाँ निराशा, विडम्बना, आलोचना वाली अभिव्यक्ति भी मिलती है। इसके लिए वे ख़ासकर विदूषक (नायक का साथी व हास्य-पात्र और विट [नायक का चमचा]) का सहारा लेते हैं। यहाँ चौथी/पाँचवीं सदी में लिखे शूद्रक के नाटक 'मृच्छकटिकम्' का उदाहरण लिया जा सकता है। इस नाटक का नायक चारुदत्त नाम का एक ग़रीब, नेक और दयालु ब्राह्मण व्यापारी है जिसका विवाह धूता नाम की एक कर्तव्यपारायण स्त्री से हुआ है। नाटक की नायिका एक धनी गणिका वसन्तसेना है। नाटक के मुख्य विषयों में ग़रीबी, ब्राह्मणत्व, प्रेम और गणिका की प्रतिष्ठा है। नाटक के पात्रों में एक दुस्साहसी ब्राह्मण शर्विलक है। उसकी एक प्रेमिका है मदनिका, जो दासी है। उसे जीतने के लिए वह चोरी करता है और चोरी में अपने जनेऊ का इस्तेमाल मापने में करता है। गणिका के महल में एक पिंजड़ाबन्द तोता है जो एक ऐसे ब्राह्मण की तरह वैदिक मन्त्रोच्चार करता है जिसका पेट भात और दही से भरा हो। चारुदत्त को सार्वजनिक रूप से फाँसी पर चढ़ाने के लिए जो दो चंडाल उसे साथ लेकर जाते हैं वे कहते हैं कि वे भले ही चंडाल परिवारों में पैदा हुए लेकिन उन्हें चंडाल नहीं कहा जाना चाहिए; असली चंडाल तो वे हैं जो गुणवान लोगों की हत्या करते हैं। खलनायक शकार का दास स्थावरक अपने मालिक के आदेश की सीधे अवज्ञा कर देता है जब वह उसे वसन्तसेना की हत्या करने को कहता है। स्थावरक उससे कहता है कि वह अपनी नियति

के चलते भले दास पैदा हुआ, लेकिन एक पापपूर्ण कृत्य कर के और ज़्यादा अपनी नियति बिगाड़ने के मुक़ाबले मरना पसन्द करेगा।[35] इस गरमागरम बहस का प्रत्यक्षदर्शी रहा विट दार्शनिक स्वर में कहता है कि जन्म से ज़्यादा महत्त्वपूर्ण व्यक्ति का चरित्र होता है।

इससे कहीं ज़्यादा तीखी सामाजिक आलोचना क्षेमेन्द्र की रचनाओं में मिलती है, जो दसवीं-ग्यारहवीं सदी के दौरान कश्मीर के विद्वान लेखक थे। क्षेमेन्द्र एक सम्पन्न और रसूखदार परिवार से आते थे, लेकिन ऐसा लगता नहीं कि वे दरबारी थे। उन्होंने अभिनवगुप्त के साथ साहित्यशास्त्र का अध्ययन किया था। इसके अलावा वे वैष्णव और बौद्ध दर्शन के अध्येता भी थे। वे संस्कृत में लिखते थे। उनके विस्तृत कामों में महाभारत और रामायण के संक्षिप्त संस्करण हैं तथा बुद्ध के पूर्व जन्मों और विष्णु के दस अवतारों पर काव्य हैं। उन्होंने कई हास्य प्रहसन भी लिखे थे। ऐसे ही एक प्रहसन 'समयमात्रिका' में एक वेश्या कंकली के रोमांचकारी कारनामों का वर्णन है, जो बाद में एक और वेश्या कलावती की सारिका बन जाती है। क्षेमेन्द्र के अन्य प्रहसन 'नर्ममाला', 'कलाविलास' और 'देशोपदेश' हैं।[36]

क्षेमेन्द्र अपने प्रहसनों में जो दुनिया दिखाते हैं, वह संस्कृत काव्य में दर्शाये गये सुन्दर, आभिजात्य और सुसंस्कृत जगत से कोसों दूर है। वे समाज के ऊपर चढ़ा चमकदार मुलम्मा उतार कर तलछट की गन्दगी को दिखलाते हैं। उन्होंने जितने क़िस्म के लोगों का मज़ाक़ बनाया है उसकी सूची बहुत लम्बी है–प्रशासनिक अधिकारी, साधु, भिक्षु, भिक्षुणियाँ, डॉक्टर, भविष्वक़्ता, गुरु, विधवाएँ, सर्जन, व्यापारी, गायक और मनोरंजन करने वाले अन्य लोग, सुनार, वकील, परिजन, विजातीय, खलपात्र, कंजूस, दरबारीगण और गणिकाएँ (विशेष रूप से), सारिकाएँ, परजीवी लम्पट, विद्यार्थी, वृद्ध पुरुषों

---

35. एम. आर. काले, *द मृच्छकटिक ऑफ़ शूद्रक*, बुकसेलर्स पब्लिशिंग कम्पनी, बॉम्बे, (1924), 1962, पृ. 281-83।

36. देखें ए. एन. डी. हक्सर सम्पादित *क्षेमेन्द्र, द कोर्टेसन्स कीपर : समय मात्रिका*, पेंग्विन रैंडम हाउस, गुड़गाँव, 2014; और ए. एन. डी. हक्सर अनूदित *क्षेमेन्द्र : थ्री सटायर्स फ्रॉम एन्शियेंट कश्मीर*, पेंग्विन रैंडम हाउस, गुड़गाँव, 2011।

की पत्नियाँ, कवि, कीमियागर, जुआरी, मूर्ख, भक्त, वीणावादक, सेवानिवृत्त लोग, विद्वज्जन, लेखक, आदि। यहाँ तक कि क्षेमेन्द्र ने भगवानों को भी नहीं बख्शा है। ऐसा लगता है कि क्षेमेन्द्र सबके ख़िलाफ़ खड़े हैं–सबके ख़िलाफ़, सिवाय राजाओं के। क्षेमेन्द्र सामाजिक समानता के प्रवक़्ता नहीं थे, लेकिन ताक़तवर लोगों के झूठ, शोषण और पाखण्ड का उनके द्वारा किया निष्ठुर चित्रण एक शक्तिशाली प्रत्याख्यान रचता है।

प्राचीन काल में असमानता को तमाम रूपों में कैसे प्रसारित किया जा सका? क्या उसके प्रति लोगों का पूरी तरह से आत्मसमर्पण था या फिर विरोध में कोई प्रतिरोध अथवा विद्रोह भी था? जिन लोगों ने सामाजिक असमानता को संरक्षण दिया और उसे लागू किया, उनमें शासक, उच्च वर्ग, और उच्च जाति के लोग थे। सामाजिक और राजनीतिक विचारधाराओं ने असमानता को स्वाभाविक और अप्रश्नेय जैसा बना दिया और इस तरीक़े से यथास्थिति को क़ायम रखने में मदद की। इसमें ज़ोर-ज़बरदस्ती, हिंसा और हिंसा की धमकियों ने भी भूमिका निभाई। प्राचीन भारत में ऐसी कोई भी घटना नहीं हुई जिसकी तुलना चीन के किसान विद्रोह या रोम साम्राज्य के दास विद्रोह के साथ की जा सके। अगर हुई भी होगी, तो उसे दर्ज नहीं किया गया है, लेकिन राजनीतिक दस्तावेज़ों में सामाजिक उथल-पुथल और बगावत की आशंकाएँ अवश्य ज़ाहिर की गयी हैं।

सामाजिक असमानता पर सबसे असरदार सवाल धर्म के स्तर पर उठाये गये। इन सवालों ने कभी सामाजिक बराबरी के लिए किसी आह्वान का रूप तो नहीं लिया, लेकिन इसमें सभी के लिए समान आध्यात्मिक लक्ष्य का आग्रह बराबर रहा। इन्हीं विचारों ने नये धार्मिक सम्प्रदाय खड़े किये, जैसे बौद्धों और जैनियों के साधारण उपासक व विहारवासी समुदाय तथा भक्तिमार्गी धर्मों में देवभक्ति पर आधारित सम्प्रदाय। सामाजिक असमानता को ख़त्म तो नहीं किया जा सका, लेकिन उसे सवालों के घेरे में ज़रूर लाया गया। लोगों को यह सुविधा दी गयी कि वे समानता से मुक्ति पाने के लिए सांसारिक जीवन को त्याग सकते हैं अथवा मोक्ष या किसी और उच्चतर धार्मिक लक्ष्य पर ख़ुद को केन्द्रित कर सकते हैं।

बीती सदियों के दौरान बहुत कुछ बदल गया, लेकिन सामाजिक असमानता अब भी जीवन की सच्चाई बनी हुई है। धर्म इससे बेशक थोड़ी राहत देता है, लेकिन अन्य कई ऐसे उपकरण और संस्थाएँ हैं जो समानता के सिद्धान्त पर ज़ोर देते हुए उसे स्थापित करने के लिए उद्देश्यरत हैं। संवैधानिक प्रावधान, प्रगतिशील क़ानूनों का गठन, और सामाजिक तथा राजनीतिक सक्रियताएँ व गोलबन्दी कुछ ऐसे तरीक़े हैं जिनके माध्यम ये हालिया दौर में सामाजिक असमानता की समस्याओं और सच्चाइयों को सम्बोधित किया गया है। इसके बावजूद, जातिगत और अन्य क़िस्म की असमानताएँ व पूर्वग्रह अब भी भारत में मौजूद हैं। छुआछूत का ख़याल भी अभी ज़िन्दा है, भले ही क़ानूनी रूप से उसे प्रतिबन्धित किया जा चुका हो। जाति का लेना-देना वैसे तो अधिकांशत: हिन्दू धर्म के साथ है, लेकिन उसकी छाप उन धर्मों पर भी देखी जा सकती है जिनकी सामाजिक दृष्टि अपेक्षाकृत समतावादी है। ऐसा नहीं है कि धर्म बदलकर सिख, ईसाई, इस्लाम और बौद्ध धर्म में जाने वाले दलितों के साथ अचानक ही सहधर्मियों की ओर से बराबरी का बरताव किया जाने लगता है। आये दिन अख़बारों और समाचार चैनलों पर बर्बर जातिगत उत्पीड़न और हिंसा की ख़बरें आती हैं, जाति की दीवार को तोड़कर प्रेम का साहस करने वाले युगलों की कई बार उनके परिजनों द्वारा ही इज़्ज़त के नाम पर हत्या कर दी जाती है। अपने चारों ओर अब हम बिल्कुल साफ़-साफ़ देख पा रहे हैं कि सामाजिक असमानता और उत्पीड़न के ढाँचों के भीतर हिंसा कैसे रची-बसी है। ऐसे में क्या हम वाक़ई सोच सकते हैं कि गुज़रे दौर में ऐसा नहीं था?

2
काम और वैराग्य

भारत में किसी भी ऐतिहासिक स्मारक पर चले जाइए, आपको वहाँ प्रेमी युगलों द्वारा उकेरे गये ढेर सारे भित्ति-चित्र, प्रेम सन्देश और नक़्क़ाशियाँ देखने को मिल जायेंगी। ऐसे सन्देश आमतौर से संक्षिप्त, सपाट और दुहराव भरे होते हैं। उनमें ज़्यादा कल्पनाशीलता नज़र नहीं आती। प्राय: एक ही जैसी तस्वीर बनी होती है, जिसमें दिल जैसी एक आकृति को एक तीर भेद रहा होता है। ज़्यादातर लोग ऐसी हरकतों को अकसर असभ्य कह कर ख़ारिज कर देते हैं, लेकिन इसे दिल पर लिए बग़ैर यदि विश्लेषण किया जाये तो कुछ सवाल खड़े होते हैं। जैसे, चित्रमय प्रेम-सन्देशों में दर्ज 'प्रेम' का मतलब क्या है? क्या वह लिखने वाले के एकतरफ़ा आकर्षण या आसक्ति का नाम है? या किसी की बहुत गहरी चाहना, कोई संकल्प? या किसी के अतीत की कोई याद, किसी का चालू प्रेम प्रसंग अथवा प्रेम किये जाने की उत्कंठा? ऐसे सन्देश आख़िर इस क़िस्म की जगहों पर उकेरे ही क्यों जाते हैं? चूँकि इन जगहों पर माँ-बाप की या समाज की कोई बन्दिश नहीं होती और प्रेमी युगल यहाँ सबकी नज़रों से दूर खुल कर मिलजुल सकते हैं, शायद इसलिए। हो सकता है कि वे अपने अन्तरतम भावों का सार्वजनिक उद्घोष ऐसी ही जगहों पर करना चाहते हों।

बहरहाल, भारत में सबसे पुराना प्रेम अभिलेख जोगीमारा की गुफाओं में मिलता है। ये गुफाएँ छत्तीसगढ़ के सरगुजा ज़िले में रामगढ़ की पहाड़ियों पर घने जंगलों के बीच स्थित हैं। यह अभिलेख कोई दूसरी या तीसरी सदी सा.सं. पू. का है। यह प्राकृत भाषा और ब्राह्मी लिपि में लिखा हुआ है। अनुवाद में यह सन्देश कुछ ऐसा दिखता है :

सुतनुका नाम, एक देवदासी; एक उत्कृष्ट युवक,
देवदिन्न नाम, रूपदक्ष, उससे प्रेम करता था (कामायिथ)।[1]

कौन थी सुतनुका? कालान्तर में देवदासी शब्द से आशय मन्दिरों में रहने वाली स्त्रियों से लगाया जाने लगा, लेकिन इतने पुराने अभिलेख में यह अर्थ सम्भव नहीं दिखता। और देवदिन्न कौन था? रूपदक्ष का अर्थ एक कुशल शिल्पकार हो सकता है, या कोई लेखक, अथवा सिक्कों की ढलाई से जुड़ा कोई अधिकारी। उस गुफा की छत पर कुछ और चित्र बने हुए हैं, तो हो सकता है कि वह कोई चित्रकार या कलाकार ही रहा हो। मैं सोचती थी कि देवदिन्न उस गुफा में अकेला बैठकर अपनी प्रेमिका के लिए पत्थरों पर सन्देश लिखा करता रहा होगा। सुतनुका का अर्थ है 'जिसकी देह तनु या सुन्दर हो'। जैसा उसका नाम है, मेरी कल्पना में भी वह बिल्कुल वैसी ही आती है। फिर मेरे मन में एक ख़याल आता है कि हो सकता है यह सन्देश देवदिन्न ने उकेरा ही न हो (चूँकि यह तृतीय पुरुष में लिखा है), किसी और ने लिखा हो। शायद कोई ऐसा, जो दोनों को या किसी एक को जानता रहा हो, या उसने दोनों के प्रेम के बारे में सुन रखा हो। यह भी तो हो सकता है कि ख़ुद सुतनुका ने उसे लिखा हो, हालाँकि उस दौर में एक स्त्री का साक्षर होना असामान्य बात थी। चाहे जो हो, सुतनुका और देवदिन्न का प्यार कैसा रहा होगा? एकतरफ़ा? या दोनों वाक़ई एक-दूसरे को प्रेम करते थे? भूतकाल में लिखा वह वाक्य उदासी का सबब भी है जो सम्भवत: जुदाई की तरफ़ इशारा करता है–क्या यह दोनों के अलग होने पर लिखा गया? अलगाव की वजह क्या थी? पारिवारिक दबाव? मौत? एक छोटे से अभिलेख के इर्द-गिर्द जाने कितनी कहानियाँ रची जा सकती हैं, पर बेहतर है कि उसे यूँ ही छोड़ दिया जाय। उसे जितना कुरेदेंगे, उसका सौन्दर्य और रहस्य उतना ही अनावृत होकर नष्ट होता जायेगा। फिर भी, एक बात तो समझ आती है कि पुराने दौर के प्रेम को समझना इतना आसान नहीं है।

---

1. एच. लूडर्स, 'ए लिस्ट ऑफ़ ब्राह्मी इंस्क्रिप्शन्स फ्रॉम द अर्लिएस्ट टाइम्स टू अबाउट एडी 400', *एपिग्राफिया इंडिका*, खण्ड 10, 1909-10, परिशिष्ट, संख्या 921, पृ. 93।

आज इक्कीसवीं सदी को देखिए जब वैश्वीकरण और उपभोक्तावाद ने वैलेंटाइन डे नाम के एक पश्चिमी त्योहार को भारत के शहरी युवाओं में कितना लोकप्रिय बना दिया है, जबकि उसकी उत्पत्ति का कुछ अता-पता नहीं है। हमारे महानगरों में प्रेमी युगल चौदह फ़रवरी को सार्वजनिक रूप से अपने प्रेम का प्रदर्शन करते हैं और बदले में नैतिक पुलिस का कोपभाजन बनते हैं, जिसकी दलील है कि प्रेम की ऐसी मुक्त अभिव्यक्ति भारतीय संस्कृति के विरुद्ध है। सवाल है—और यही तो हम इस किताब में समझने की कोशिश भी कर रहे हैं—कि 'भारतीय संस्कृति' है क्या? और प्रेम क्या है? क्या इसे परिभाषित किया जा सकता है? क्या यह कोई भावना है, भावनाओं का मिश्रण है, अथवा एक अनुभव जो कई क़िस्म की भावनाओं को जन्म देता है? विभिन्न संस्कृतियों में, अलग-अलग समय पर और विभिन्न भाषाओं में जब दो प्रेमी एक-दूसरे से कहते हैं कि "मैं तुम्हें प्रेम करता/करती हूँ", तो वास्तव में उसका मतलब क्या होता है?

प्रेम को परिभाषित करना आसान नहीं है। इसके बावजूद, मनुष्यों और अन्य जीवों द्वारा अनुभूत यह सबसे गहरी और सर्वाधिक प्रगाढ़ भावनाओं में से एक है। स्नायुविज्ञान और जैव-रसायनशास्त्र भी पूरी तरह से प्रेम को समझ नहीं पाये हैं, उसके इर्द-गिर्द क़ायम रहस्य के आवरण को भेद नहीं पाये हैं। प्रेम की रूमानियत में अकसर यौनेच्छा भी दबी होती है, जो काम-सुख का ताकतवर स्रोत होती है और जीवन-चक्र को चलायमान रखती है। प्रेम और यौनिकता से जुड़े ख़याल या व्यवहार स्थिर और स्थायी नहीं हैं। ये अलग-अलग देश-काल और संस्कृतियों में बहुत भिन्न हो सकते हैं। इसीलिए सदियों पहले ज़िन्दा रहे लोगों की सर्वाधिक अन्तरंग अनुभूतियों और अनुभवों को समझ पाना आसान काम नहीं है। उसकी कुछेक आकर्षक झलकियों से भले ही हम ख़ुद को सन्तुष्ट कर लें।

काम और प्रेम का ज़िक्र प्राचीनतम भारतीय ग्रन्थों में आता है। ऋग्वेद के एक प्रकाण्ड श्लोक 'नासदीय सूक्त' में काम और तप को सर्जना की प्रक्रिया का अंग बताया गया है। प्राचीन महाकाव्यों के कथानक के आधारों में प्रेम शामिल है—वाल्मीकि रामायण में राम और सीता का अगाध प्रेम हो

या फिर महाभारत में रूमानी रिश्तों के तमाम प्रसंग। सहस्राब्दि के करवट लेने पर तमिल, प्राकृत और संस्कृत साहित्य में हमें एक नये तरह के प्रेम की अभिव्यक्ति देखने को मिलती है, जो सूक्ष्म विवरणों के माध्यम से प्रेम को अभिव्यक्त करती है। प्राचीन कवियों ने मिलन के सुख और वियोग के दुख पर बहुत ख़ूबसूरती के साथ लिखा है, लेकिन सबसे सुन्दर प्रेम कविताएँ वियोग पर हैं।

प्राचीन ग्रीस में यौनाकर्षक प्रेम को *इरोस* (eros) कहते थे। आकर्षण समलिंगी भी हो सकता था और विषमलिंगी भी। वहाँ के लेस्बोस नामक द्वीप पर सातवीं/छठी सदी सा.सं.पू. में सैफो नाम की एक कवयित्री हुई थीं। अपनी प्रेमिका को एक पराये पुरुष से अन्तरंगता के साथ बात करता देख उनके मन में जो जलन पैदा हुई, उसे वह कुछ ऐसे बयाँ करती हैं:

ढलक रहा है बदन से ठण्डा पसीना और
सिहर उठी हूँ मैं, पड़ गयी घास से भी ज़्यादा हरी
पुकारती हूँ उस संकरी दरार से जहाँ न ज़िन्दा हूँ, न मरी
सहते हुए प्रेम की असह्य पीड़ा, जिसके साथ है अब जीना।[2]

ऐसे कामुक प्रेम का कई प्राचीन भारतीय ग्रन्थों में भी खुलकर वर्णन आता है। कुछ में तो यौनिक और लैंगिक विभेद का अतिक्रमण भी है। मसलन, काम पर लिखे गये कई सैद्धान्तिक ग्रन्थों में समलिंगी प्रेम और लिंग के सन्दर्भ में 'तीसरी प्रकृति' को मान्यता दी गयी है। प्राचीन भारतीय मिथकों में उभयलिंगी या अस्पष्ट लैंगिक पहचान व लिंग परिवर्तन से जुड़े कई प्रसंग आते हैं।[3] बावजूद इसके, भारत में सदियों के दौरान लिखे गये साहित्य में जो कुछ भी शेष है, सब विषमलिंगी प्रेम की ही बात करता है।

---

2. गाइ डेवनपोर्ट (अनूदित), *आर्किलोचस, सैफो, अल्कमैन : थ्री लिरिक पोएट्स ऑफ़ द लेट ग्रीक ब्रॉन्ज़ एज*, बर्कली : यूनिवर्सिटी ऑफ़ कैलिफोर्निया प्रेस, 1980, पृ. 85।

3. देखें रॉबर्ट पी. गोल्डमैन, 'ट्रांससेक्सुअलिज्म, जेंडर ऐंड एंग्जायटी इन ट्रेडिशनल इंडिया', *जर्नल ऑफ़ द अमेरिकन ओरिएंटल सोसाइटी*, खण्ड 113, अंक 3, जुलाई-सितम्बर 1993, पृ. 374-401।

प्राचीन भारत में प्रेम की अवधारणाओं को समझने के लिए साहित्य और कला सबसे सुन्दर खुली खिड़कियाँ हैं। संयोग है कि दोनों ही प्रचुर मात्रा में हमारे लिए उपलब्ध हैं। प्रेम और मनोरथ की उन अभिव्यक्तियों का सन्धान करने के लिए उनके मुहावरों और उनमें निहित दस्तूर के प्रति संवेदनशीलता ज़रूरी है। प्राचीन प्रेम-काव्य को अनुवादों के माध्यम से पढ़ने में रस और अर्थछवियों का बहुत ह्रास होता है। पाठक फिर उसी हिसाब से अलग-अलग प्रतिक्रियाएं भी देता है। फिर भी कुछ ऐसी कविताएँ हैं जो सदियाँ बीत जाने के बाद भी हमारी आधुनिक संवेदना से जुड़ती हुई दिखती हैं। संगम काव्य में इसके कुछ उदाहरण हैं। प्रेम पर संस्कृत का सुशोभित काव्य कुछ को सुन्दर लग सकता है, तो कुछ और पाठकों को अवास्तविक जान पड़ सकता है। कई बौद्ध स्थलों पर मौजूद यक्षी के भोगविलासरत शिल्प कुछ लोगों को सुन्दर और ऐन्द्रिय लग सकते हैं, तो कुछ अन्य उसे अनुचित और अश्लील मान सकते हैं। इसलिए सबसे अच्छा तरीक़ा यह है कि प्राचीन शब्दों और छवियों के जगत में ख़ुद को डुबो दिया जाये और अपने काल के बजाय उनके काल के सन्दर्भ में ही उन्हें समझने की कोशिश की जाय।

सूक्ष्म प्रेम-काव्य, ऐन्द्रिय कला और काम पर विद्वत्तापूर्ण रचनाओं के साथ प्राचीन भारत के साहित्य-कला उत्पादन में हमें एक और मज़बूत परम्परा दिखती है। यह परम्परा काम पर नियन्त्रण और उसके उन्मूलन पर बल देती है। इसका एक सिरा पितृसत्तात्मक पारिवारिक ढाँचे के भीतर औरतों की यौनिकता और प्रजनन क्षमता को क़ाबू करने की ओर निर्देशित था। दूसरे सिरे की जड़ें दार्शनिक और धार्मिक थीं, जो काम के उन्मूलन पर ज़ोर देता था। उसने अन्ततः परिव्राजकता की सशक्त परम्परा का रूप ले लिया। इस परम्परा में शरीर, कामनाओं और भावनाओं को बन्धन व दुख का स्रोत माना गया जिससे पार पाना होता था ताकि जन्म और मौत के चक्र से मुक्ति मिल सके। प्रस्तुत अध्याय प्राचीन भारत में प्रेम और यौनिकता के प्रति मौजूद विभिन्न क़िस्म की प्रवृत्तियों पर व्यापक सामाजिक और ऐतिहासिक परिप्रेक्ष्य में चर्चा करता है।

प्रारम्भिक तमिल काव्य में प्रेम और भू-दृश्य

भारत में सबसे पुरानी प्रेम कविताएँ संगम साहित्य के अन्तर्गत आने वाले दो तमिल काव्य-संग्रहों में मिलती हैं जिन्हें 'एट्टुत्तोकाई' (अष्ट-संग्रह, आठ साहित्यिक रचनाओं का संकलन) और 'पत्तुपाट्टु' (दस दीर्घ कविताएँ) कहते हैं।[4] इन कविताओं को दो मुख्य शैलियों में बाँटा जा सकता है–'अकम' (इसे 'अहम' उच्चारित करते हैं, इसका अर्थ है आन्तरिक जीवन से सम्बन्ध रखने वाला), और 'पुरम' (बाह्य जीवन से सम्बन्धित)। यानी, अकम प्रेमविषयक और पुरम युद्धविषयक कविताएं हैं। ये कविताएँ वैसे तो मौखिक परम्परा के रूप में ही हस्तान्तरित होती रहीं, लेकिन ये लोकगीत नहीं हैं। विशिष्ट साहित्यिक रीतियों पर आधारित होने के चलते इनकी प्रतिष्ठा शास्त्रीय काव्य के रूप में है। इन संकलनों में 473 कवियों की कुल 2381 कविताएँ शामिल हैं। उनमें से 30 कवयित्रियाँ हैं। ये कवि विभिन्न सामाजिक और पेशेवर पृष्ठभूमि के थे, नागर थे और ग्रामीण भी थे। प्रेम और मनोरथ पर लिखी इनकी पंक्तियाँ ऐसी अद्वितीय सुन्दर हैं कि अपने अनुवाद में भी सदियों बाद हमें झकझोर जाती हैं।[5] इन कविताओं में कवि प्रथम पुरुष में कुछ नहीं कहता, बल्कि अपने चरित्रों के माध्यम से बोलता है। ये चरित्र मुख्यत: नायक, नायिका, उसके मित्र या उसकी विमाता (धाय माँ) होते हैं। प्रेम के लिए यहाँ 'काममम', 'इन्पम' और 'अन्पु' जैसे शब्दों का प्रयोग किया गया है।

तमिल काव्य सिद्धान्त का एक चौंकाने वाला पक्ष पाँच 'तिणै' की संकल्पना है। तिणै यानी काव्यात्मक परिदृश्य, जो बताता है कि कविता किस भू-दृश्य में रची गयी थी। प्रत्येक तिणै का नाम एक फूल पर है और हर एक

---

4. जैसा कि अध्याय 1 में उल्लेख किया गया है, इन कविताओं की रचना सुदूर दक्षिण में तमिलकम के नाम से जानी जाने वाली भूमि में दूसरी/पहली शताब्दी सा.सं.पू. और तीसरी/चौथी शताब्दी सा.सं. के बीच की गयी थी और इन्हें बहुत बाद में संकलित किया गया था।

5. अनुवाद के लिए देखें एके रामानुजन (अनूदित), *इंटीरियर लैंडस्केप : लव पोएम्स फ्रॉम ए क्लासिकल तमिल एंथोलॉजी*, ब्लूमिंगडेल और लन्दन : इंडियाना यूनिवर्सिटी प्रेस, 1975; जॉर्ज एल. हार्ट, *पोएट्स ऑफ़ तमिल एंथोलॉजी : एन्शिएंट पोएम्स ऑफ़ लव ऐंड वॉर*, प्रिंसटन : प्रिंसटन यूनिवर्सिटी प्रेस, 1979।

किसी विशिष्ट स्थिति या प्रेम-भाव से सम्बद्ध है। जैसे, 'कुरिंजी' पर्वतीय तिणै या भू-दृश्य है जो प्रेमियों के मिलन से सम्बन्धित है। 'पालै' या शुष्क भू-क्षेत्र प्रेमियों के वियोग को प्रकट करता है। 'मुल्लै' या चरागाह या जंगल का सम्बन्ध अपने प्रेमी के लिए प्रतीक्षारत स्त्री के बिम्ब से है। 'नेयतल' या तटीय क्षेत्र विरह और विकलता से सम्बन्धित है। 'मरुतम' या नदी-द्रोणी का क्षेत्र विद्वेष, रुसवाई और विश्वासघात से सम्बन्धित है। तिणै के इन भू-दृश्यों के माध्यम से तमिल कवि न सिर्फ़ अपनी कविताओं की एक उद्बोधक पृष्ठभूमि गढ़ते थे, बल्कि प्रेम को परिवेश के साथ एकाकार कर के उसकी भावभूमि भी रचते थे।

ये कविताएँ प्राय: छोटी होती हैं और गहन भावों के सम्प्रेषण के लिए व्यंजना व संकेतों का सहारा लेती हैं। कुछ कविताओं में प्रेम से उपजे सन्त्रास को स्वर दिया गया है। जैसे, एक पात्र एक नवयौवना को देखकर वैसे ही उत्तेजित होता है जैसे जंगल में एक हाथी किसी ख़ूबसूरत धारीदार साँप को देखकर बेचैन हो उठता हो।[6] एक और पात्र मिलन की उत्कंठा को बिछोह के दर्द के साथ विपर्यय में ऐसे देखता है :

मेरा प्रिय जब साथ हो, तो मैं
उमंग में होता हूँ, जैसे
आनन्दोत्सव में डूबा एक नगर,
उसके जाने का शोक, जैसे
किसी ऊसर बस्ती में सिसकता एक निर्जन घर
जिसके आँगन में गिलहरी रही हो चिखुर।[7]

कवियों ने पहाड़ के गबरू पुरुषों और नवयुवतियों के बीच के मिलन-प्रसंगों का भी वर्णन किया है। कभी-कभार उनकी बस निगाहें मिलती हैं; कभी उनके बीच यौन-सम्बन्ध भी बनते हैं; तो कभी उनके बीच हुई चेष्टाएँ समझ में ही नहीं आती हैं। ऐसी कई कविताओं में कामोन्माद की अभिव्यक्तियाँ हैं। निम्न कविता छीजते हुए प्रेम का भय दिखाती है :

---

6. शेट्टी नटनार, *कुरुंतोक्कई* 119; रामानुजन, द *इंटीरियर लैंडस्केप*, पृ. 54।
7. अनिलातु मुनरिलार, *कुरुंतोक्कई* 41; रामानुजन, द *इंटीरियर लैंडस्केप*, पृ. 38।

हे पर्वत देश से आने वाले
बिजली और चमक के साथ धारासार
आधी रात गुफाओं की कोख में झरनों को जिलाने वाले
देवता, कामना मर भी गयी तो क्या
वह डोर टूट जायेगी जो जोड़ती है मुझको तुमसे?[8]

गाथा सत्तसई

तमिल संगम काव्य में जहाँ प्रेम की सूक्ष्म छवियाँ हैं, वहीं 'गाथा सत्तसई' में मुक्त कामुकता की अभिव्यक्ति है।[9] इसमें महाराष्ट्री प्राकृत में लिखे 700 गाथा-रूपी छन्द हैं। गाथाओं का संकलन सात खण्डों में विभाजित है। प्रत्येक खण्ड में 100 दोहे हैं।[10] अधिकतर कविताएँ सा.सं. की शुरुआती चार सदियों में लिखी गयी थीं। अधिकांश का परिवेश और उनके चरित्र ग्रामीण हैं, लेकिन यह लोक-काव्य नहीं है। यह नागर कवियों द्वारा नगर के गुणीजन और दरबारी तबके के लिए लिखी गयी थीं। गाथा की पहली और अन्तिम कविता शिव को समर्पित है, लेकिन बाक़ी मोटे तौर से अधार्मिक हैं।

इन कविताओं में विंध्य पर्वत, तापी, रावी और गोदावरी नदियों के आने वाले सन्दर्भ संकेत करते हैं कि इनके कवि पश्चिमी भारत के वासी थे। माना जाता है कि सातवाहन वंश के एक राजा हाला ने इस संग्रह की कुछ कविताएँ रची थीं और संकलन तैयार किया था। एक टिप्पणी में इसके कुल 262 कवियों का ज़िक्र आता है जिनमें छह या सात स्त्रियाँ थीं। इन कविताओं का

---

8. कपिलार, *कुरुंतोक्कई* 42; हार्ट, *पोएट्स ऑफ़ तमिल एंथोलॉजी,* पृ. 56।

9. इन दिनों विद्वान आमतौर पर 'प्राकृत' के बजाय 'मिडिल इंडिक' शब्द का प्रयोग करना पसन्द करते हैं। मैंने उस शब्द को बरकरार रखा है जिससे पाठकों के अधिक परिचित होने की सम्भावना है।

10. अनुवाद के लिए देखें अरविन्द कृष्ण मेहरोत्रा, *द एब्सेंट ट्रैवलर : प्राकृत लव पोएट्री फ्रॉम द गाथासप्तशती ऑफ़ सातवाहन हाला,* दिल्ली : रवि दयाल, 1991, और आगे उद्धृत अन्य स्रोत। चुनिन्दा अनुवादों और एक उत्कृष्ट चर्चा के लिए देखें मार्था ऐन सेल्बी, *ग्रो लॉन्ग, ब्लेसेड नाइट : लव पोएम्स फ्रॉम क्लासिकल इंडिया,* न्यूयॉर्क : ऑक्सफ़ोर्ड यूनिवर्सिटी प्रेस, 2000।

प्रसार समूचे महाद्वीप में व्यापक रूप से हुआ। संस्कृत काव्य के विशेषज्ञ इनसे बख़ूबी परिचित रहे। वे इसे परिष्कृत छन्द काव्य का प्रतिमान मानते थे। सातवीं सदी के संग्रह 'अमरुशतक' में शामिल कुछ संस्कृत कविताएँ सीधे गाथा पर आधारित थीं।

गाथाओं के विषय में राजा और प्रकृति शामिल हैं, लेकिन अधिकांश कविताएँ मिलन के लिए उद्विग्न प्रेमी युगलों के बारे में हैं। यही वे कविताएँ हैं जो सबसे ज़्यादा याद भी रखी गयी हैं। संगम काव्य की तरह यहाँ भी प्राकृतिक परिवेश–जैसे नदी तट, धान के खेत, गाँव का तालाब–अहम भूमिका निभाता है। गाथाओं के चरित्रों में युवतियाँ, पत्नियाँ, प्रौढ़ स्त्रियाँ, वेश्याएँ, किसान, शिकारी, साधु और मुसाफ़िर शामिल हैं। संगम काव्य की ही तरह यहाँ भी कवि अपने चरित्रों के माध्यम से बोलता है, जैसे प्रेमी, प्रेयसी, स्त्री सन्देशवाहिका और प्रेयसी की सहेली। अधिकतर पात्र स्त्री-स्वर में बोलते हैं। कविताओं में नौजवानों के कच्चे प्रेम, प्रौढ़ों के परिपक्व प्रेम, और वृद्धों के साझा प्रेम की बातें हैं। उनमें मिलन की आस के साथ जुदाई का दर्द भी है। इन कविताओं में आने वाली स्त्रियाँ कामातुर हैं, जो उत्कट प्रेम और प्राय: व्यभिचार तक में लिप्त होने को व्यग्र हैं। यहाँ प्रेम और कामना के लिए काम, पेम्म (प्रेम) और राओ (राग) शब्दों का प्रयोग हुआ है।

ये कविताएँ देखने में जितनी सरल लगती हैं उतनी हैं नहीं। कवियों ने इनमें विभिन्न क़िस्म के अलंकारों का प्रयोग किया है–उपमा, रूपक, द्विअर्थी–लेकिन उनका पसन्दीदा काव्य-उपकरण वह है जिसे कालान्तर में संस्कृत काव्शास्त्र के विद्वानों ने 'ध्वनि' कहा। ध्वनि का सम्बन्ध व्यंजना-शक्ति से है। मार्था ऐन सेल्बी ने गाथा-काव्य में निहित विशिष्ट उभयार्थकता के लिए एक पद का प्रयोग किया है–'पोएटिक्स ऑफ़ ऐन्टिरियॉरिटी', यानी वह काव्य जिसका अर्थ उसमें प्रयुक्त शब्दों से बाहर स्थित हो।[11] यहाँ अर्थ तत्काल प्रकाशित नहीं होता, उसे निकालना पड़ता है। कभी-कभार वह दुर्ग्राह्य व धुँधला होता है, तो कभी किसी कविता की व्याख्या कई तरीक़ों से की जा

11. सेल्बी, *ग्रो लॉन्ग, ब्लेसेड नाइट*, पृ. 84।

सकती है। बाद की टीका उसमें मदद कर सकती है, लेकिन व्याख्याएँ कभी-कभार अवास्तविक भी हो सकती हैं। इस मायने में गाथा-काव्य दूसरे काव्यों से जुदा है। ये ऐसी पहेलियाँ हैं जो पाठक को अपने अर्थ खोलने के लिए आमन्त्रित करती हैं और उसकी कल्पनाओं को मुक्त करती हैं।

उदाहरण के लिए, इस कविता को देखिए। यह छोटी-सी है, सरल है, अपने व्यंजनातिरेक में कामुक है, और धीमी गति से घट रहे एक अत्यन्त भावुक मिलन का पूर्वरंग रचती है। यहाँ दो प्रेमी एक-दूसरे की आँखों में देखते हुए परस्पर स्तम्भित हैं, मन्त्रमुग्ध हैं, और सम्भवत: अपने सांयोगिक मिलन को विलम्बित कर रहे हैं :

ऊपर की ओर नयन उठाकर हाथ की उंगलियों को विरल कर पथिक जैसे-जैसे काल-विलम्ब के साथ जलपान कर रहा है, प्याऊपालिका वैसे-वैसे ही क्षीण जलधारा को क्षीणतर कर जल ढाल रही है।[12]

कई कविताएँ उत्कट प्रेमाचार के उत्साह और उत्तेजना को बयान करती हैं :

अर्धपतिता विद्याधरी की भाँति इस बाला के पुरुषोचित रमण में निरत होने से खुलते हुए केश, गिरते हुए कुण्डल एवं झूमते हुए हारलता शोभित हो रहे हैं।[13]

वियोग और प्रतीक्षा पर भी कविताएँ हैं :

जो प्रिय को स्वप्न में भी देख लेती हैं, वे ही नारी धन्य हैं; उसके विरह में मुझे निद्रा ही नहीं आती, स्वप्न कौन देखे?[14]

कुछ कविताएँ खुलकर व्यभिचार पर बातें करती हैं। मसलन, एक स्त्री अपने प्रेमी से कह रही है :

मलयपर्वत पर वसन्त उतर आया है और मेरी सास मुझे घर से निकलने

---

12. *गाथा सत्तसई* 161, मेहरोत्रा, *द एब्सेंट ट्रैवलर*, पृ. 13।

13. एंड्र्यू शेलिंग (अनुवाद और चयन), *द के न ग्रोव्य ऑफ़ नर्मदा रिवर : इरोटिक पोएम्स फ्रॉम ओल्ड इंडिया*, नयी दिल्ली : अलेफ बुक कम्पनी, (1998), 2017, पृ. 26।

14. *गाथा सत्तसई* 4.97; राधागोविन्द बसाक के अनुवाद से अनुकूलित, *द प्राकृत गाथा-सप्तशती कम्पाइल्ड बाइ सातवाहन किंग हाला*, कलकत्ता : एशियाटिक सोसाइटी, 1971, पृ. 87।

नहीं दे रही। उसे पता होना चाहिए कि आँगन का सुरभित अंकोट मुझे जिसकी ओर खींच रहा है, उसके लिए मरा भी जा सकता है।[15]

दबे हुए धधकते रागावेश की इन कविताओं से बहुत अलग वह कविता है, जो बरसों से साथ रह रहे एक विवाहित युगल के ऋतुक्षरित कुम्हलाये प्रेम का वर्णन करती है :

मित्र सारे
चले गये देखते-देखते
उजाड़ कुंजों में शेष हैं बस ठूँठ अवेद
हरे थे जो मेरी तरह कभी
किसने सोचा था खो जायेगा यौवन
हो जायेगा प्रेम का मूलोच्छेद।[16]

ये कविताएँ शायद समझने में आसान हों, लेकिन कुछ और कविताएँ कहीं ज़्यादा चुनौतीपूर्ण हैं। उदाहरण के लिए गाथा की सर्वाधिक प्रसिद्ध कविताओं में से एक को लीजिए :

देखो, पद्मपत्र के ऊपर बलाका निश्चल एवं निःस्पन्द भाव से अवस्थित हो वैसे ही शोभा पा रही है, जैसे शुभ्र हरे पन्ने के ऊपर शंख पड़ा हो।[17]

---

15. *गाथा सत्तसई* 5.97; शेलिंग, *द केन ग्रोव्स ऑफ़ नर्मदा रिवर,* पृ. 23।

16. *गाथा सत्तसई* 3.32; शेलिंग, *द केन ग्रोव्स ऑफ़ नर्मदा रिवर,* पृ. 18।

17. *गाथा सत्तसई* 1.4; सेल्बी, *ग्रो लॉन्ग, ब्लेसेड नाइट,* पृ. 94; मम्मट की टीका के अनुसार, इस कविता का सन्दर्भ एक महिला और एक प्रेमी का है जो नदी के किनारे चल रहे हैं। महिला एक सुनसान जगह को मिलन स्थल के लिए सुझाती है। या शायद वह अपने प्रेमी को झूठ बोलने और पिछली मुलाक़ात के लिए नहीं आने पर डाँट रही है। वैकल्पिक रूप से टीकाकार गंगाधरभट्ट के अनुसार, महिला उसे अपने मन को एक बगुले पर स्थिर करने के लिए कह रही है ताकि उनके प्रणय को विलम्बित किया जा सके (मार्था ऐन सेल्बी, 'डिज़ायर फॉर मीनिंग : प्रोवाइडिंग कांटेक्स्ट्स फॉर प्राकृत गाथाज़, *जर्नल ऑफ़ एशियन स्टडीज़,* खण्ड 55, अंक 1, फ़रवरी 1996, पृ. 90)।

संस्कृत काव्य में प्रेम की कल्पना

संस्कृत के पदों में लिखे गये रामायण और महाभारत भी प्रेम और काम की बात करते हैं। ऐसे प्रसंगों में विभिन्न प्रकार के विवाहों का सन्दर्भ भी शामिल है, जैसे एक से ज़्यादा पति या पत्नी वाले विवाह, एक से ज़्यादा विवाह और एक ही पुरुष या स्त्री से विवाह।[18] रामायण में राम अपने प्रेम के ऊपर भले अपने कर्तव्य और मर्यादा को चुनते हैं, लेकिन प्रेम तो वे सीता से ही करते हैं। इसका साक्ष्य यह है कि उनके पिता दशरथ की चार पत्नियाँ हैं, लेकिन राम की एक ही है। इसके अलावा, वन में सीता से बिछड़ जाने के बाद वे दोबारा विवाह नहीं करते बल्कि यज्ञ के दौरान सोने का बना सीता का पुतला बगल में रखते हैं। महाभारत में तो रूमानी और यौन प्रसंगों की बहुतायत है। कुछ तो ऐसे प्रसंग हैं जो कथानक को सीधे प्रभावित करते हैं। मसलन, धृतराष्ट्र और पांडु के दादा शान्तनु पहले तो गंगा के प्रेम में पागल हुए, फिर एक मछुआरे की बेटी सत्यवती से उन्हें प्यार हो गया। इसी के चलते भीष्म ने आजीवन ब्रह्मचर्य की प्रतिज्ञा उठाई। सत्यवती से हुआ पुत्र विचित्रवीर्य जब निःसन्तान ही गुज़र गया, तब उसकी दोनों पत्नियों अम्बा और अम्बालिका से पुत्र जनने के लिए सत्यवती (अपने पिछले प्रेम-प्रसंग से जने पुत्र) ऋषि व्यास से आग्रह करती हैं। यह आग्रह प्रचलित नियोग विधि के अनुरूप है। नियोग में एक पुरुष के उसकी स्त्री पर यौन अधिकार को किसी दूसरे ऐसे पुरुष को हस्तान्तरित किया जा सकता था जो उससे श्रेष्ठ या बराबर दरजे का हो। ऐसा केवल उत्तराधिकारी को जन्म देने के उद्‌देश्य से किया जाता था ताकि वंश चलता रहे, रुके नहीं।[19] पांडु और धृतराष्ट्र इसी नियोग की पैदाइश थे। उधर कुन्ती

---

18. बहुविवाह में एक पति या पत्नी के कई साथी होते हैं। इसके दो प्रकार होते हैं—एक पुरुष की कई पत्नियाँ और एक स्त्री के कई पति।

19. नियोग पर, देखें कणे, *हिस्ट्री ऑफ़ धर्मशास्त्र*, खण्ड 2, भाग 1, पृ. 599-607; नियोग सदियों से धर्मशास्त्र में गरमागरम बहस का विषय रहा है। *मनु स्मृति* 9.57-70 में इस विधि पर चर्चा तो करती है, लेकिन यह इसे स्वीकार नहीं करती और इसे पशु-धर्म (जानवरों के धर्म) के रूप में वर्णित करती है।

को ऋषि दुर्वासा से एक वरदान मिला हुआ है (कि वह किसी भी देवता से इच्छानुसार गर्भ धारण कर सकती है)। वह इस वरदान का इस्तेमाल कर के पुत्र कर्ण को जन्म देती है। फिर विभिन्न देवों के साथ उसके समागम से पांडु को युधिष्ठिर, अर्जुन और भीम नाम के पुत्र प्राप्त होते हैं। पांडु को श्राप मिला हुआ है कि यौनाचार करने पर उनकी मौत हो जायेगी। एक दिन वे अपनी पत्नी माद्री के साथ सम्बन्ध बनाते हैं तो वास्तव में उनकी मौत हो जाती है। द्रौपदी और उसके पाँच पांडव पतियों के बीच साझा प्रेम का रिश्ता है। अर्जुन को सुभद्रा से प्यार हो जाता है। कृष्ण की सहमति से वह सुभद्रा को अगवा कर लेता है। महाभारत में वैराग्य या देवत्व के लिए यौन-परिवर्जन कोई अनिवार्य शर्त नहीं है। ऋषियों और देवताओं की कई ऐसी कथाएँ हैं जिनमें उनके संयम को कामना ने भंग कर डाला।

प्रेम की साहित्यिक अभिव्यक्ति सा.सं. की प्रारम्भिक सदियों के बाद लिखी गयी संस्कृत की कविताओं और नाटकों में पूरी तरह फली-फूली। यहाँ काव्य का आशय साहित्य से होता था जिसमें पद्य, गद्य और नाटक तीनों समाहित थे।[20] ऐसे साहित्य के मुख्य संरक्षक राजा हुआ करते थे, लेकिन साहित्यिक रसिकों और श्रोताओं व दर्शकों का दायरा व्यापारियों से लेकर दरबारियों और नागर वर्गों तक फैला हुआ था। तमिल और प्राकृत के कवियों की भाँति संस्कृत के कवियों का भी प्रिय विषय प्रेम ही था। संस्कृत के काव्य, विशेषकर महाकाव्य और नाटक ने प्रेम में वर्णनात्मकता की सुविधा दी, उसे आख्यानपरक बनाया और भाव-वर्णन को सम्भव किया। संस्कृत के काव्य में सामान्यत: दु:खान्त नहीं मिलता।[21] सभी प्रेम कथाओं का अन्त सुखद ही होता है। शब्द-संयोजन, दीर्घ और जटिल सामासिक पदों, पर्यायवाचियों और श्लेष के प्रयोग की संस्कृत में अनन्त सम्भावनाएँ होती हैं। अनुवाद में इन सब का

---

20. काव्य के अच्छे अवलोकन के लिए देखें सिगफ्रीड लिएनहार्ड, *ए हिस्ट्री ऑफ़ क्लासिकल पोएट्री : संस्कृत-पाली-प्राकृत*, वीस्बाडेन : ओटो हैरासोविज़, 1984, इयान गोंडा (सम्पादक), *ए हिस्ट्री ऑफ़ इंडियन लिटरेचर*, खण्ड 3, फैसी 1; ए.के. वार्डर, *हिस्ट्री ऑफ़ इंडियन लिटरेचर*, 8 खण्ड, दिल्ली : मोतीलाल बनारसीदास, 1972-2011

21. भास के दो नाटक *कर्णभार* और *उरुभंग* अपवाद हैं।

सौन्दर्य, साथ ही ध्वनियाँ, छन्द, लय और अनुप्रास, सब ग़ायब हो जाते हैं। वास्तव में, संस्कृत के कवियों का सारा कलात्मक कौशल अंग्रेज़ी में अनुवाद होते ही बेढंगा और अवास्तविक लगने लगता है। मसलन, प्रेम और राग के लिए संस्कृत में कई शब्द प्रयुक्त होते हैं, जैसे काम, प्रीति, अनुराग, स्नेह। इन सभी की अर्थछवियां भिन्न हैं।[22]

संस्कृत के जितने भी काव्य बचे हैं, तक़रीबन सभी पुरुषों द्वारा रचित हैं। केवल एक काव्य ऐसा है जो एक स्त्री का लिखा हुआ है और अब तक शेष है–'कौमुदीमहोत्सव'। माना जाता है कि इसे चालुक्य वंश की एक रानी विज्जिका ने लिखा था। इसके अलावा, काव्यशास्त्र पर कालान्तर में किये गये कामों में कई कवयित्रियों और उनके लिखे का ज़िक्र आया है। जैसे, एक कवयित्री शीलभट्टारिका राग के छीजते जाने पर अफ़सोस जताते हुए लिखती है :

> *जिसने मेरा शील भंग किया आज वह मेरा पति है; चैत की वही रातें फिर लौट आयी हैं; मालती के फूलों की सुवास लिए वही पवन कदम्ब के वृक्षों से बह रहा है; और मैं भी वही हूँ जो कभी थी। फिर भी मेरा हृदय रेवा तट पर गुफा की तरुल्लताओं के नीचे छुपकर रची गयी प्रेम-क्रीड़ा को आतुर हुआ जाता है।*[23]

पद्य, गद्य और नाटक के समानान्तर काव्य और नाट्य कला पर भी ग्रन्थ लिखे जा रहे थे। उनमें सबसे प्राचीन 'नाट्यशास्त्र' है। चाहे सिद्धान्तकार हो या कवि, दोनों के लिए दो सबसे महत्त्वपूर्ण अवधारणाएँ रस और भाव की

---

22. प्रेम की संस्कृत शब्दावली की एक दिलचस्प चर्चा के लिए देखें मिनोरू हारा, 'वर्ड्स फॉर लव इन संस्कृत', *रिविस्टा डिगली स्टडी ओरिएंटली*, नुओवा सीरी, खण्ड 80, फैसी 1/4, अट्टी डेल कोनवेग्नो : 'पैशनी एड इमोजिओनी इन इंडिया ई इन तिब्बत', सपिएन्ज़ा-यूनिवर्सिटा डी रोमा, 2007, पृ. 81-106।

23. जे. बी. चौधरी, *संस्कृत पोएटेसेज़ : कंट्रिब्यूशन्स ऑफ़ विमेन टू संस्कृत लिटरेचर*, खण्ड 2, भाग ए, कलकत्ता : स्व-प्रकाशित, 1941, श्लोक 82; संस्कृत कवयित्रियों पर शालिनी शाह, *लव, इरोटिसिज्म ऐंड फीमेल सेक्सुअलिटी इन क्लासिकल संस्कृत लिटरेचर: सेवेन्थ-थर्टीन्थ सेंचुरी*, नयी दिल्ली: मनोहर, 2009, पृ. 166-75 भी देखें।

थीं। रस सिद्धान्त साहित्य, संगीत, नृत्य और कला के साझा सौन्दर्यशास्त्र का अंग था। रस का आशय 'आस्वाद' से है, वह सौन्दर्यशास्त्रीय अनुभूति जो एक श्रोता, दर्शक या पाठक को होती है।[24] नाटकों में भाव उसके चरित्रों द्वारा प्रदर्शित और प्रवर्तित भावनाएँ होती हैं। आठ रसों में एक सूक्ष्म रस शृंगार का होता है जो रतिभाव से सम्बन्धित होता है। शृंगार रस भी दो प्रकार का होता है–एक सम्भोग (मिलन) और दूसरा विप्रलम्भ (वियोग)।

कवियों ने सामान्यत: उच्चकुलीनों, विशेषकर राजाओं के प्रेम प्रसंगों को अपनी रचनाओं में प्रतिष्ठा दी है।[25] राजा को सर्वोत्कृष्ट प्रेमी माना जाता था, जो प्रेम के अनुभव और उसकी अभिव्यक्ति का सबसे उपयुक्त विषय था। जब उसकी यौनरति का अतिरेक हो जाये और उसके राजसी कर्तव्यों के वह आड़े आने लगे, तब जाकर उसे व्यसन मानते थे। राजनैतिक प्रबन्धों और अन्यत्र गिनाये गये चार राजसी व्यसनों में मद्यपान, शिकार, जुआ और व्यभिचार को माना गया है। इन सभी की संयत मात्रा को वैध माना गया है, लेकिन इनका अतिरेक विनाशक है।

संस्कृत काव्य में प्रेम पर समग्रता से विचार करना यहाँ असम्भव है, इसलिए हम केवल कालिदास पर बात करेंगे जो महानतम संस्कृत कवियों में एक हैं। कालिदास चौथी/पाँचवीं सदी में हुए थे और शायद गुप्त वंश के किसी राजा द्वारा आश्रित थे। पश्चिम भारत की साहित्यिक शैली वैदर्भ के वे अग्रणी प्रणेता रहे, जिसे स्पष्टता और मधुर प्रवाह के लिए जाना जाता है। उन्होंने तीन नाटक (अभिज्ञानशाकुन्तलम्, विक्रमोर्वशीयम् और मालविकाग्निमित्रम्) और तीन लम्बी कविताएँ (रघुवंशम्, मेघदूतम् और कुमारसम्भवम्) लिखी हैं।[26] कालिदास को प्रेम और प्रकृति के अद्वितीय वर्णन के लिए जाना जाता है, जिसमें वे दोनों को साथ लेकर चलते हैं। 'विक्रमोर्वशीयम्' और

---

24. आठ रसों में पहला प्रेम से जुड़ा संवेदनशील शृंगार रस है; फिर हास्य के साथ जुड़ा हास्य रस; दुख से जुड़ा करुण रस; क्रोध से जुड़ा रौद्र रस; ऊर्जा से जुड़ा वीर रस; भय से जुड़ा भयानाक रस; घृणा से जुड़ा वीभत्स रस; और विस्मय से जुड़ा अद्भुत रस।

25. देखें दाउद अली, *कोर्टली कल्चर ऐंड पॉलिटिकल लाइन इन अर्ली मिडीवल इंडिया,* कैम्ब्रिज : कैम्ब्रिज यूनिवर्सिटी प्रेस, 2004।

26. कुछ विद्वानों के अनुसार, *ऋतुसंहार* कालिदास द्वारा नहीं लिखा गया था।

'मालविकाग्निमित्रम्' ऐसी दो रचनाएँ हैं जिनमें राजाओं को किसी के प्रेम में मतवाला दिखाया गया है, लेकिन हम उनकी तीन अन्य रचनाओं को देखेंगे जहाँ प्रेम कहीं ज़्यादा चित्ताकर्षक और प्रगाढ़ तरीक़ों से अभिव्यक्त होता है– 'अभिज्ञानशाकुन्तलम्', 'मेघदूतम्' और 'कुमारसम्भवम्'।

'अभिज्ञानशाकुन्तलम्' (शकुन्तला की पहचान) सात अंकों का नाटक है जिसमें पुरुवंश के राजा दुष्यन्त और शकुन्तला की कहानी है। शकुन्तला, ऋषि विश्वामित्र और अप्सरा मेनका की पुत्री है, जिसे कण्व ऋषि ने गोद लेकर अपने आश्रम में पाला-पोसा है।[27] यह नाटक प्रेम और कर्तव्य के संघर्ष पर केन्द्रित है। यह राजदरबार के नियमों और ऋषि आश्रम के मूल्यों के बीच टकराव की कहानी है। कहानी दुष्यन्त के शिकार पर जाने से शुरू होती है जब वह कण्व ऋषि के आश्रम के आसपास पहुँच जाता है। वहाँ शकुन्तला है। दोनों की निगाहें मिलती हैं और पहली नज़र में प्यार हो जाता है। दोनों के 'प्रेम में होने' की अवस्था का जैसा वर्णन कालिदास ने किया है, उसमें हमें बहुत से तत्त्व पहचान में आ सकते हैं–दर्द की तीव्र अनुभूति, देह की तपन, दुर्बलता और जर्जर होता शरीर, रोना-कलपना, अपनी मौत का भय, प्रिय के बारे में बुरे ख़यालों से घिरा होना, अनिद्रा और प्रिय की एक झलक पाने की बेकरारी।

चित्र 2.1 : 'दुष्यन्त को प्रेम पत्र लिखते हुए शकुन्तला', राजा रवि वर्मा द्वारा उन्नीसवीं शताब्दी के उत्तरार्ध में बनाया गया ओलियोग्राफ

27. अभिज्ञानशाकुन्तलम् के पाठ और अनुवाद के लिए देखें सी. आर. देवधर, *वर्क्स ऑफ़ कालिदास*, खण्ड 1, दिल्ली : मोतीलाल बनारसीदास, (1966), 2005।

दुष्यन्त और शकुन्तला के प्रेम में होने की अवस्था के बीच कुछ समानताएँ हैं, लेकिन कुछ अन्तर भी हैं। दुष्यन्त एक सांसारिक व्यक्ति है, उसे प्रेम में होने का तजुर्बा है जबकि शकुन्तला कण्व ऋषि के आश्रम में पेड़ों और हिरणों के बीच पली-बढ़ी एक मासूम नवयौवना है। दुष्यन्त ज़्यादातर समय शकुन्तला के शारीरिक सौन्दर्य और लक्षणों के बारे में ही सोच रहा है लेकिन शकुन्तला अपने आन्तरिक भावों में डूबी हुई है जिन्हें वह समझ नहीं पा रही क्योंकि उसे पहली बार प्रेम हुआ है। वह एक पत्ते पर अपने नाखून से खरोंच कर लजाते हुए दुष्यन्त को एक सहज प्रेम-पत्र लिखती है [चित्र 2.1], पर दुष्यन्त अपने प्रेम को खुलकर व्यक्त करता है और उसे गन्धर्व विवाह का आमन्त्रण देता है। वह शील का उल्लंघन नहीं करना चाहती और अपने पिता की अनुमति के बग़ैर जवाब देने में हिचकिचाती है। शकुन्तला की सहेलियाँ अनसूया और प्रियम्वदा भी इस बात को लेकर चिन्तित हैं कि कहीं वह राजा के हरम का एक और खिलौना बनकर न रह जाये। दुष्यन्त क़सम खाता है कि ऐसा नहीं होगा। दोनों को जब एक-दूसरे के साथ अकेला छोड़ दिया जाता है तब दुष्यन्त शकुन्तला को चूमने के लिए उसका मुख उठाता है, लेकिन पार्श्व से आया एक स्वर उन्हें बाधित कर देता है। दुष्यन्त विषण्ण हो उठता है :

> *सुन्दर नेत्र वाली अपनी प्यारी की अँगुलियों से ढके–'नहीं, नहीं, बस, बस, रहने दो, जाने दो' इत्यादि मधुर अक्षरों से और घबराहट से युक्त पीछे की ओर घुमाये मुख को किसी तरह उठाकर मैं चुम्बन क्यों नहीं कर सका।*[28]

संस्कृत के नाटकों में भी साठ और सत्तर के दशक की हिन्दी फ़िल्मों की भाँति चुम्बन-दृश्यों का प्रदर्शन नहीं किया जाता था, और प्रकट क्रियाओं का तो सवाल ही नहीं उठता।

---

28. *अभिज्ञानशाकुन्तलम्* 3.24; बार्बरा स्टोलर मिलर (अनूदित), *थिएटर ऑफ़ मेमोरी : प्लेज़ ऑफ़ कालिदास,* दिल्ली : मोतीलाल बनारसीदास (1984), 1999, पृ. 119; कालिदास की रचनाओं के कई अच्छे समानान्तर पाठ संस्करण हैं जो मूल संस्कृत पाठ और अंग्रेज़ी अनुवाद देते हैं। इनमें एमआर काले और सीआर देवधर के साथ-साथ क्ले और मूर्ति पुस्तकालय शृंखला में हाल के प्रकाशन शामिल हैं।

दुष्यन्त और शकुन्तला का गन्धर्व विवाह हो जाता है। दुष्यन्त अपने प्रेम की निशानी एक अँगूठी शकुन्तला को देकर नगर की ओर प्रस्थान कर जाता है। शकुन्तला को आश्रम में आये एक क्रोधी ऋषि का श्राप लगता है कि जिसके बारे में वह सोच रही है वह उसे भुला देगा। शकुन्तला अपने पति से मिलने नगर की ओर निकल पड़ती है, जब दुष्यन्त की दी हुई अँगूठी नदी में हाथ धोते वक़्त शकुन्तला के हाथ से निकल कर बह जाती है। शकुन्तला राजा के दरबार में पहुँचती है। वह गर्भवती है। राजा उसे नहीं पहचानता और अस्वीकार कर देता है। तब वह अप्सराओं के पास जाती है और वहाँ एक पुत्र को जन्म देती है, जो कालान्तर में महान राजा भरत के नाम से प्रसिद्ध होता है (यही वह राजा भरत है जिसके नाम पर भारतवर्ष की धरती का नाम पड़ा है)। शकुन्तला की गुम हुई शाही अँगूठी एक मछली ने निगल ली थी। एक दिन वह मछली किसी मछुआरे के जाल में फँस जाती है और अँगूठी किसी तरह राजदरबार में जा पहुँचती है। उसे देखते ही राजा को सब कुछ याद हो आता है। अन्ततः राजा का उसकी पत्नी और पुत्र के साथ मिलन हो जाता है।

'मेघदूत' कोई 100 से ज़्यादा पदों की एक लम्बी कविता है। इसमें एक यक्ष को कुबेर देवता कर्तव्यहीनता के लिए साल भर के लिए निष्कासित कर देते हैं। यक्ष पहली बार अपनी पत्नी से अलग हो जाता है। निष्कासित यक्ष को रामगिरि भेज दिया जाता है (जो दक्षिण में कहीं है) जबकि उसकी पत्नी अलका (उत्तर में कहीं) में ही रह जाती है। जब वर्षा ऋतु आती है तो उसे अपनी पत्नी की याद सताने लगती है। वह वियोग का दर्द सह नहीं पाता और आकाश में घिरे बादलों से मदद माँगता है। वह बादल से अपना प्रेम सन्देश प्रेयसी तक पहुँचाने को कहता है। वह उसे बताने को कहता है कि उसकी अवस्था कैसी है (कामार्त, दुर्बल, दीनहीन और सन्तप्त), अपने प्रेम के लिए वह कितना उद्विग्न है। वह बादल से कहता है कि यक्षी का जवाब और उसके प्रेम की कोई निशानी लेकर ही लौटे। बादल को गन्तव्य तक पहुँचने के लिए जो रास्ता लेना है, कालिदास ने उसका बहुत सुन्दर और विस्तृत वर्णन किया है। कविता में अकेलेपन का जीवन गुज़ार रहे यक्ष की अवस्था और अपनी विरहदग्ध पत्नी के बारे में उसकी कल्पना का वर्णन बहुत उद्दीपक है। यक्ष बादल से कहता है कि जब वह उसके घर की खिड़की पर पहुँचे तो :

हे मेघ! यदि उस समय वह निद्रा का आनन्द ले रही हो तो गर्जन से रहित (होकर तुम) इसके पीछे बैठकर केवल पहर भर प्रतीक्षा कर लेना। उसने अपने प्रेमी (मुझ) को अवश्य स्वप्न में पा लिया होगा और उसे ऐसा अवसर बड़ी मुश्किल से मिल रहा होगा। स्वप्न में पाकर उसने कस कर मेरा आलिंगन कर लिया होगा। मेरे गले में उसने लताओं के समान अपनी दोनों बाँहों को डालकर गाँठ की तरह कस लिया होगा। यदि ऐसे में तुम उसे जगा दोगे तो उसकी दोनों भुजायें मेरे गले से छूट जायेंगी।[29]

मेघदूत ने प्रेम कविताओं में दूत काव्य नाम की एक शैली को जन्म दिया और यह चलन में आ गयी। कई अन्य कवियों ने इसमें हाथ आज़माया, लेकिन कालिदास की साहित्यिक उत्कृष्टता को पाना सबके लिए मुश्किल रहा।

'कुमारसम्भवम्' (कुमार का जन्म) सम्भवत: कालिदास की आख़िरी रचना थी। यह लम्बी कविता आठ सर्गों में विभक्त है और इसमें ऋतुओं, प्रकृति और देवों का सूक्ष्म वर्णन है। इन सब से ऊपर, शिव और पार्वती के प्रेम का उत्कृष्ट वर्णन है। दानव तारकासुर से प्रताड़ित देवता ब्रह्मा के पास मदद के लिए जाते हैं। ब्रह्मा उन्हें सलाह देते हैं कि शिव और पार्वती से पैदा पुत्र ही तारकासुर को हरा सकता है। देवर्षि नारद ने भविष्यवाणी की है कि हिमालय पुत्री पार्वती का विवाह शिव से ही होगा। पार्वती अपनी दो सहेलियों के साथ शिव की सेवा करने के लिए कैलाश पर्वत जाती है। शिव अपनी पत्नी सती के निधन का दुख मना रहे हैं। वे सब कुछ त्याग कर वैरागी हो चुके हैं। पार्वती से उन्हें कोई आसक्ति नहीं होती। फिर सवाल है कि दोनों से पुत्र कैसे पैदा हो? इसकी काट के लिए देवतागण कामदेव की मदद लेते हैं। कामदेव जैसे ही शरसन्धान के लिए अपने धनुष पर मोहनास्त्र चढ़ाते दिखे, शिव ने अपनी तीसरी आँख खोल दी और कामदेव भस्म हो गये। इसके बाद शिव अन्तर्धान हो गये और योजना विफल हो गयी। [चित्र 2.2] अपना मनोरथ विफल होता देख शिव को प्रसन्न करने के लिए पार्वती कठिन वैराग्य में चली गयीं।

---

29. ए.के. वार्डर (अनूदित), *इंडियन काव्य लिटरेचर,* खण्ड 3, दिल्ली : मोतीलाल बनारसीदास (1977), 1990, पृ. 147।

पार्वती कालिदास की सबसे सशक्त नायिका है। वह लज्जालु है, अनुभवहीन है, लेकिन दृढ़ और संकल्पित है। उसने मन ही मन तय कर लिया है कि शिव ही उसके पति हैं, वह किसी और से विवाह नहीं करेगी। एक दिन शिव उसकी परीक्षा लेने के लिए ब्राह्मण वैरागी का वेश धरकर उसके पास पहुँचते हैं। उसकी उग्र तपस्या देखकर शिव प्रसन्न होते हैं और विवाह का प्रस्ताव रख देते हैं। पार्वती उनसे अपने पिता हिमालय और माता मैना से पूछने को कहती है। माता-पिता को प्रस्ताव स्वीकार हो जाता है। अपनी दूसरी नायिकाओं की भाँति कालिदास ने पार्वती के देह-सौन्दर्य का भी बहुत विस्तार से वर्णन किया है, एक-एक लक्षण गिनवाये हैं : उनके सुन्दर पाँव, जाँघें, नितम्ब, नाभि, कटि, स्तन, बाँहें, हाथ, गरदन, मुख, मुस्कान, स्वर, पलकें, और निगाह। वे देवताओं के भावों का वर्णन कर के उनका मानवीकरण भी करते हैं। जैसे, विवाह से पहले के तीन दिन शिव बहुत बेचैनी में काटते हैं और पार्वती के साथ एकाकार होने को आतुर हैं। कालिदास ने शिव की बारात का वर्णन किया है, लज्जालु वधु के साथ उसकी सखियों की हँसी-ठिठोली के बारे में भी लिखा है। वे विस्तार से बताते हैं कि कैसे प्रणय की रात पार्वती का मन सहज करने के लिए शिव उनसे थोड़ी बातचीत करते हैं। पार्वती की सखियों ने उन्हें कुछ नुस्खे बताये थे, लेकिन घबराहट के मारे वह सब कुछ भूल चुकी हैं।

> *चुम्बन में वह अपना अधर ही नहीं देती थीं। शिव के आलिंगन में अपने हाथ वे निश्चेष्ट रखती थीं। सहयोग-विहीन और कष्टसाध्य नववधु का ऐसा सम्भोग भी शिव को बहुत प्रिय लगा।*[30]

एक माह बाद शिव और पार्वती कैलाश पर्वत लौट जाते हैं। इस बीच परस्पर कामरति में सौ या उससे ज़्यादा ऋतुएँ बीत जाती हैं।

शिव और पार्वती के प्रणय का कालिदास का किया वर्णन लम्बे समय तक विवाद और बहस का विषय रहा है। कश्मीर के काव्यशास्त्री मम्मट

---

30. *कुमारसम्भवम्* 8.8; डेविड स्मिथ (अनूदित), द बर्थ ऑफ़ कुमार बाइ कालिदास, (क्ले संस्कृत लाइब्रेरी, 2005), पृ. 301।

भट्ट ने देवताओं के ऐसे चित्रोपमय सम्भोग-वर्णन को अनुचित माना है। वहीं उद्‌भट सौन्दर्यशास्त्री आनन्दवर्द्धन (कश्मीर के ही) का तर्क था कि कालिदास की काव्य-प्रतिभा अपने आप में किसी भी अनौचित्य की काट है।

चित्र 2.2 : पार्वती द्वारा अपने ध्यान में व्यवधान से क्रोधित शिव, गुलेर, हिमाचल प्रदेश, आरम्भिक उन्नीसवीं शताब्दी

काम-कला

यौन-प्रेम और काम-सुख पर साहित्य के अतिरिक्त गम्भीर विद्धत्तापूर्ण कार्य भी हुए हैं। चिकित्सा के प्रबन्ध-ग्रन्थों में यौनांगों और शारीरिक द्रवों के ऊपर

चर्चा की गयी है। प्राचीन आयुर्वेद में गर्भधारण को पुरुष के वीर्य और स्त्री के योनि-स्राव के अवशेष के संगम का परिणाम माना जाता था। इस चिकित्सा सिद्धान्त के अनुसार यौनेच्छाओं सहित प्राकृतिक इच्छाओं को दबाना नहीं चाहिए क्योंकि उससे रोग पैदा होते हैं।

संस्कृत के ग्रन्थों में तीन पुरुषार्थ यानी मानव जीवन के लक्ष्य बताये गये हैं–धर्म (सामाजिक कर्तव्य), अर्थ (भौतिक लाभ) और काम (रागात्मक सुख)। कालान्तर में इसमें मोक्ष को चौथे पुरुषार्थ के रूप में जोड़ा गया। जिस तरह धर्म और अर्थ पर ग्रन्थ लिखने वाले विद्वान थे, उसी तरह काम-सुख पर अध्ययन की भी लम्बी परम्परा रही है। वात्स्यायन का 'कामसूत्रम्' इस विषय पर भारत का सबसे पुराना ग्रन्थ है जो सूत्रात्मक शैली में लिखा गया है।[31] यौनकर्म पर मुक्त और तथ्यात्मक चर्चा के कारण इसे अन्तरराष्ट्रीय प्रतिष्ठा प्राप्त है। यह ग्रन्थ वैसे तो विभिन्न यौन-आसनों के वर्णन के लिए प्रसिद्ध है (जिनमें से कई के लिए असामान्य शारीरिक मुद्राओं की आवश्यकता पड़ती है), लेकिन उसका महत्त्व इनसे कहीं ज़्यादा है।

वात्स्यायन सम्भवत: तीसरी या चौथी सदी सा.सं. में उत्तर भारत में हुए रहे होंगे। उनके द्वारा रचित कामसूत्र का कुछ लोग इस बात का प्रमाण मानते हैं कि प्राचीन भारतीय शुद्धतावादी नहीं थे, बल्कि गर्मजोश लोग थे जो रोमांचकारी कौशलों के साथ अवर्जित यौनकर्म में लिप्त रहते थे। वास्तव में, कामसूत्र प्राचीन भारतीयों के यौन-जीवन का कोई वर्णन नहीं है। न ही वह सामान्य जन अथवा बौद्धिकों के विचारों का एकमुश्त प्रतिनिधित्व करता है। इसमें एक विशिष्ट क़िस्म के बौद्धिक के विचार शामिल हैं, जिसे हम कामकला का विशेषज्ञ कह सकते हैं।

कामसूत्र का सम्बन्ध काम-सुख से है। इसमें सम्प्रयोग (यौनकर्म) केन्द्रीय स्थान रखता है। वात्स्यायन चौंसठ कलाओं की बात करते हैं जिनका अध्ययन

---

31. अंग्रेज़ी अनुवाद के लिए देखें सुधीर कक्कड़ और वेंडी डोनिगर, *कामसूत्र : ए न्यू कम्पलीट ट्रांसलेशन ऑफ़ द संस्कृत टेक्स्ट विद एक्सपर्ट्स फ्रॉम संस्कृत जयमंगला कमेंट्री ऑफ़ यशोधरा इन्द्रपद, द हिन्दी जय कमेंट्री ऑफ़ देवदत्त शास्त्री ऐंड एक्सप्लेनेटरी नोट्स*, ऑक्सफ़ोर्ड : ऑक्सफ़ोर्ड यूनिवर्सिटी प्रेस, 2002।

कामसूत्र के साथ किया जाना चाहिए। इन कलाओं में गाना, वाद्ययन्त्र बजाना, नृत्य, चित्रकला, पुष्प-संयोजन, मदिरा तैयार करना, लतीफ़े सुनाना, पहेलियाँ बुझाना, काव्यात्मक आशुरचना, पासा खेलना, शिष्टाचार, धावक कौशल, पाककला, बुनाई, सिलाई, सस्वर पाठ, नाटक का मंचन और संवाद अदायगी शामिल हैं।

कामसूत्र ख़ुद को उक्त विषय पर लेखन की पुरानी परम्परा का अंग बताता है। इसमें विद्वत् बहसों के दौरान उठने वाले कई बिन्दुओं का सन्दर्भ है। मसलन, किसी पुरुष के लिए दूसरों की पत्नियों को रिझाना कब स्वीकार्य था; प्रेम करने की तकनीकें क्या हैं; क्या कुमारियों को यौन चेष्टाएँ करनी चाहिए; और, स्त्रियाँ क्या रति-निष्पत्ति की अवस्था तक पहुँच पाती हैं। वात्स्यायन इन विषयों पर कई विशेषज्ञों के सन्दर्भ देते हैं, उनके विचार उद्धृत करते हैं और उनके साथ अपनी सहमति या असहमति ज़ाहिर करते हैं।

वात्स्यायन ने धर्म और अर्थ के महत्त्व को बहुत पावन ढंग से स्वीकार किया है। वे कहते हैं कि एक व्यक्ति को कामसूत्र का पाठ तभी करना चाहिए जब वह उसके धर्म और अर्थ में लगने वाले समय में हस्तक्षेप न करे। हो सकता है कि वे ऐसा कह के अपनी कृति के प्रति सम्मान अर्जित करना चाहते रहे हों, लेकिन वे काम के पक्ष में मज़बूत दलीलें भी रखते हैं और उन बौद्धिकों का खण्डन करते हैं जिन्होंने काम-सुख की अवधारणा को ख़ारिज किया है। वे बेशक काम-सुख के अतिरेक के ख़तरों से भी चेताते हैं, लेकिन उसे यह कहते हुए वैध ठहराते हैं कि धर्म और अर्थ की ही तरह काम शरीर को सातत्व देने का एक साधन है। वात्स्यायन का मत है कि पशु जगत में यौनकर्म के विपरीत मनुष्यों में यौनकर्म के लिए एक विधि की ज़रूरत होती है। दरअसल, विधि की यही आवश्यकता कामसूत्र का औचित्य स्थापित करती है।

वात्स्यायन के अनुसार काम-सुख के बारे में जानने के लिए किसी को भी कामसूत्र पढ़ना चाहिए और 'नागरक' से सम्पर्क करना चाहिए। 'नागरक' से उनका आशय नगर के एक कुलीन रसिक व्यक्ति से है। इस व्यक्ति का कोई पेशा या रोज़गार नहीं है। वह सिर्फ़ काम-सुख के सन्धान में जुटा रहता है। जीवनशैली से समझ आता है कि वह उच्चवर्गीय है, शिक्षित है, और सम्पन्न

भी है। नागरक का स्त्रीलिंग समकक्ष गणिका है, जिसका ज़िक्र संस्कृत काव्य में एक कुलीन दरबारी की तरह आया है, जो कई कलाओं की ज्ञानी है। वह साधारण वेश्या नहीं है, उससे अलग है।

अधिकांश कामसूत्र वैसे तो पुरुषों को ही सम्बोधित है, लेकिन वात्स्यायन ने इस बात की गुंजाइश को माना है कि इसे स्त्रियाँ भी पढ़ेंगी। पढ़ेंगी ही नहीं, उसका अध्ययन भी करेंगी। इस विषय पर स्त्रियों को सिखाने का कोई अर्थ नहीं क्योंकि उन्हें कुछ समझ में ही नहीं आयेगा, कुछ विद्वानों की ऐसी राय को वात्स्यायन ने ख़ारिज किया है। वात्स्यायन कहते हैं कि स्त्रियों को कामशास्त्र अच्छे से समझ में आता था। वे गणिकाओं और राजाओं व उसके मन्त्रियों की पुत्रियों के उदाहरण देते हैं, जिनकी समझदारी इस ग्रन्थ को पढ़ने के बाद और तीक्ष्ण हुई। वे कहते हैं कि एक स्त्री अपने यौवन के उत्कर्ष पर पहुँचने से पहले कामसूत्र पढ़ सकती है और विवाह के बाद भी अपने पति की सहमति से पढ़ना जारी रख सकती है। कामसूत्र के तीसरे भाग में पति पाने के प्रयास में लगी कुमारियों को सलाह दी गयी है। चौथे भाग में पत्नियों के लिए निर्देश दिये गये हैं। कहते हैं कि छठा भाग पाटलीपुत्र के राजदरबारियों ने अपने उपयोग के लिए लिखवाया था। यानी, स्त्रियाँ निस्सन्देह वात्स्यायन के लक्षित पाठकों में शामिल हैं।

कामसूत्र में गुणवन्ती पत्नियों के बारे में लिखे कई वाक्य सीधे मनुस्मृति से उठाये जान पड़ते हैं। उदाहरण के लिए, वात्स्यायन स्त्रियों से आग्रह करते हैं कि वे अपने पति को भगवान मानें, उसके घर आने पर उसके पैर धोएँ, हर चीज़ के लिए उनकी अनुमति लें और पूरी तरह उसके प्रति समर्पित रहें। सुबह पत्नी को पति से पहले सोकर उठ जाना चाहिए; रात में पति के सोने के बाद बिस्तर पर जाना चाहिए और पति को कभी भी नींद से नहीं जगाना चाहिए। उसे घरबार की अच्छी देखभाल करनी चाहिए, नौकरों को नियन्त्रित करना चाहिए, बहीखाते का रखरखाव करना चाहिए और अपने ससुरालियों की सेवा करनी चाहिए। पति से सहवास के पहले स्त्रियों को सजना-सँवरना चाहिए और उसके व्यभिचार पर ज़्यादा झिड़कना नहीं चाहिए। जब पति दूर गया हो, तो उसे घर पर रहकर उपवास बरतना चाहिए।

इन समानताओं के बावजूद धर्मशास्त्र और कामशास्त्र के व्यापक परिप्रेक्ष्य में बहुत ज़्यादा अन्तर है। धर्मशास्त्र में यौन-सम्बन्ध मुख्यत: विवाह के बाद सन्तति, विशेषकर पुत्रोत्पत्ति के उद्‌देश्य से बनाया जाता है। इसे वंश आगे बढ़ाने के लिए अनिवार्य माना गया है। धर्मशास्त्र के अनुसार पुरुष कई पत्नियाँ रख सकते हैं लेकिन एक स्त्री का केवल एक पति होना चाहिए और उसे पति की मृत्यु के बाद भी उसके प्रति निष्ठावान रहना चाहिए। यहाँ परपुरुषगमन अपराध माना गया है और स्त्रियों की यौन गतिविधियों के ऊपर कठोर निगरानी व नियन्त्रण की बात की गयी है। धर्मशास्त्र से उलट, जीवन, प्रेम और यौन-सम्बन्ध पर वात्स्यायन के विचार बहुत अलग हैं। उनके यहाँ विवाह नहीं, काम-सुख केन्द्र में है। वे गन्धर्व विवाह को सर्वश्रेष्ठ मानते हैं क्योंकि वह परस्पर प्रेम पर आधारित होता है। वे नागरिक को चेताते हैं कि राजा के हरम में प्रवेश करना ख़तरनाक हो सकता है, लेकिन यदि वह उसका लोभ संवरण न कर पाये तो वे उसे ऐसा करने के तरीक़े सुझाते हैं। वात्स्यायन विवाहित स्त्रियों को रिझाने की तकनीकें सुझाते हैं। कामशास्त्र के विद्वानों द्वारा कामसूत्र की जिस सामग्री को कभी सामान्य माना जाता रहा होगा, धर्म और राजनीति के विशेषज्ञों की निगाह में वह अवश्य अनुचित और नियम-विरुद्ध रहा होगा, परन्तु काम पर लिखा एक शास्त्र अनिवार्यत: काम को ही प्रमुखता देने के लिए कृतज्ञ था, ठीक वैसे ही जैसे धर्मशास्त्र और अर्थशास्त्र ने क्रमश: धर्म और अर्थ को प्रमुखता दी।

अन्य भारतीय विद्वानों की तरह ही वात्स्यायन भी वर्गीकरण करना पसन्द करते थे। कामसूत्र में कभी-कभार तो पुरुषों और स्त्रियों को सामान्य तौर से सम्बोधित किया गया है, लेकिन उन्हें उनके यौनांगों के आकार और यौनकर्म की विभिन्न शैलियों के आधार पर वर्गीकृत भी किया गया है। मसलन, पुरुष तीन प्रकार के होते हैं–खरगोश, बैल और घोड़ा। स्त्रियाँ भी तीन प्रकार की होती हैं–हिरनी, घोड़ी और हथिनी। वात्स्यायन यौनक्रिया के विभिन्न आसनों और तकनीकों की चर्चा करते हैं। उनके अनुसार सामान्यत: पुरुष को स्त्री के ऊपर होना चाहिए लेकिन भावावेग में यदि स्त्री ऐसा कर बैठे तो वे इसे अस्वीकार नहीं करते। उन्होंने यौनांगों के आकार को बढ़ाने के तरीक़ों,

कामोद्दीपक औषधियों, यौन उपकरणों और सामूहिक व्यभिचार पर भी चर्चा की है। साथ ही कामेच्छा को जगाने या लम्बा टिकाये रखने के लिए वे मंत्र और जादू-टोने की बात भी करते हैं।

आधुनिक पाठकों को कामसूत्र के कुछ पक्ष पर्याप्त प्रगतिशील लग सकते हैं। वात्स्यायन स्त्रियों को यौन कामनाओं और आवश्यकताओं से युक्त एक सक्रिय वाहक मानते हैं और कहते हैं कि परस्पर सुख का आनन्द लेने के लिए पुरुषों को यह बात समझनी होगी। वे पुरुषों को सुझाते हैं कि विवाह के बाद तीन रात तक उन्हें पत्नियों से यौन चेष्टा नहीं करनी चाहिए। इस समय का उपयोग पुरुषों को अपनी पत्नी की भावनाएँ समझने, उसका भरोसा जीतने, उसमें प्रेम जाग्रत करने तथा उसकी सहमति प्राप्त करने में करना चाहिए। वे पुरुषों से सम्बन्ध बनाने के दौरान उदार रहने का आग्रह करते हैं और एक महिला के संकेतों को सही ढंग से पढ़ने के महत्त्व के प्रति चेताते हैं। वे यह साबित करने के लिए तर्क देते हैं कि महिलाओं और पुरुषों के बीच रति-निष्पत्ति की क्षमता में कोई अन्तर नहीं होता। वे पुरुषों से आग्रह करते हैं कि ख़ुद से पहले वे अपने साथी की रति-निष्पत्ति को सुनिश्चित करें। इस मायने में वात्स्यायन ने कई सदी पहले ही आधुनिक यौनविज्ञानियों द्वारा की गयी खोजों को समझ लिया था। प्राचीन चीनी यौन निर्देशिकाएँ भी पुरुषों से स्त्रियों की चरमानन्द-प्राप्ति को सुनिश्चित करने का आग्रह करती हैं, लेकिन वहाँ इसके पीछे स्त्री की कामनाओं को प्राथमिकता देने का तर्क नहीं था। इसके पीछे एक विश्वास था कि रति-निष्पत्ति के दौरान पुरुषों और स्त्रियों के भीतर से जिस शारीरिक द्रव का स्राव होता है उसके भीतर सान्द्र-रूप में एक परिष्कृत सत्त्व मौजूद होता है। इसे वे 'चिंग' कहते थे। इसीलिए पुरुषों को सलाह दी जाती थी कि वे स्खलित न हों या कम से कम पूरी तरह न हों ताकि उनका चिंग बचा रहे जबकि अपनी स्त्री को चरम सुख की अवस्था तक पहुँचने में वे मदद करें जिससे उससे निकले चिंग को वे अवशोषित कर सकें।[32]

---

32. देखें पॉल रकिता गोल्डिन, *द कल्चर ऑफ़ सेक्स इन एन्शिएंट चाइना*, होनोलूलू : यूनिवर्सिटी ऑफ़ हवाई प्रेस, 2002, पृ. 6-7।

वात्स्यायन स्त्रियों के नज़रिये को विस्तार से समझाते हैं। वे कई मसलों पर स्त्रियों को प्रथम पुरुष में उद्धृत करते हैं (और संस्कृत नाटकों से उलट कामसूत्र में स्त्रियाँ संस्कृत में बोलती हैं)। वे इसके कारणों पर चर्चा करते हैं कि स्त्रियाँ निष्ठाहीन क्यों होती हैं। एक पुरुष व्यभिचारी को वे समझाते हैं कि जिस स्त्री को वह चाहता है वह व्यभिचार करना पसन्द क्यों नहीं करेगी (हो सकता है कि वह अपने पति के प्रति एकनिष्ठ हो!)। वे चेताते हैं कि यदि कोई पुरुष किसी स्त्री के साथ बलप्रयोग करेगा तो वह उसे छोड़ देगी और आजीवन पुरुषों व यौनकर्म से घृणा करती रहेगी। इन बातों के समानान्तर कामसूत्र के कुछ ऐसे पक्ष भी हैं जो आज की कसौटियों पर यौन हमला, हिंसा और उत्पीड़न माने जायेंगे। इन पर हम चौथे अध्याय में बात करेंगे।

कामसूत्र का मुख्य बल वैसे तो विषमलिंगी यौन-सम्बन्धों के ऊपर है, पर यह समलैंगिकता और विपरीतलैंगिकता की भी चर्चा करता है। पुरुषों और स्त्रियों के अतिरिक्त वात्स्यायन तृतीय प्रकृति का सन्दर्भ लेते हैं। वे दो प्रकार की तीसरी प्रकृति के बारे में बात करते हैं–एक स्त्री-रूपी और दूसरी पुरुष-रूपी। स्त्री-रूपी तीसरी प्रकृति स्त्रियों के कपड़ों, हावभाव, चाल-ढाल, बोलने-चालने और महीनी की नकल करती है। पुरुष-रूपी तीसरी प्रकृति का व्यक्ति मालिशकार का पेशा अपनाता है और पुरुष की चाहना होने पर अपने भावों को छुपा लेता है।

यानी ये दोनों ही पुरुष हैं जो पुरुषों की चाहत रखते हैं। इसीलिए वात्स्यायन इनके लिए सर्वनाम में स्त्रीलिंग का प्रयोग करते हैं। जो पुरुष एक-दूसरे को चाहते परस्पर सुख देते हैं, उनके सन्दर्भ में वात्स्यायन मुख-मैथुन का लम्बा वर्णन करते हैं, परन्तु स्त्रियों में वे समलैंगिकता को अस्वीकार करते हैं। स्त्रियों के बीच मुख-मैथुन को वे मुख्यतः सुदूर देशों का चलन मानते हैं।

कामसूत्र में वैसे तो काम पर बहुत परामर्श दिया गया है लेकिन वात्स्यायन ख़ुद अपनी शिक्षा की सीमाओं से अवगत हैं।

> शास्त्रों का दायरा वहीं तक है जब तक मनुष्यों का रस (काम) मन्द रहता है। रतिचक्र अर्थात सम्भोग में प्रवृत्त हो जाने पर न तो शास्त्र की अपेक्षा है न किसी क्रम की।[33]

---

33. *कामसूत्र* 2.2.31; डोनिगर और कक्कड़, *कामसूत्र*, पृ. 42।

कामसूत्र के अन्त में वात्स्यायन लिखते हैं कि उन्होंने इस ग्रन्थ को संयम और उच्च तप से सांसारिक जीवन के लिए रचा है, न कि कामोन्माद के लिए। भारतीय परम्परा में इन्द्रियों के ऊपर नियन्त्रण को सभी क़िस्म के लक्ष्य प्राप्त करने का एक महत्त्वपूर्ण साधन माना गया है। इसलिए आश्चर्य नहीं होना चाहिए जब वात्स्यायन हमें बताते हैं कि काम-सुख प्राप्त करने की एक विधि होती है और उसका आनन्द लेने का अर्थ सुखवादी आवेगों को खुली छूट दे देना नहीं है। सुख के ऊपर कामसूत्र सर्वाधिक प्रसिद्ध संस्कृत ग्रन्थ है, लेकिन यह इकलौता नहीं है। ऐसे और ग्रन्थ भी थे, जैसे 'नागरसर्वस्व' (दसवीं और चौदहवीं सदी के बीच कभी रचित), 'रतिरहस्य' (तेरहवीं सदी से पहले दिनांकित), 'पंचसायकः' (चौदहवीं सदी), और 'अनंगरंग' (सोलहवीं सदी)। बाद में रचे गये ये सारे ग्रन्थ यौनक्रिया-निर्देशिका जैसे हैं।

काम-सुख पर विद्वानों के बीच जिन मसलों पर बहसें चलीं, उनमें से कुछ विषय व्यापक क्षेत्र में विमर्श का हिस्सा बने। जैसे, महाभारत के अनुशासन पर्व में भीष्म से युधिष्ठिर प्रश्न करते हैं कि कौन ज़्यादा यौन सुख प्राप्त करता है–पुरुष या स्त्री? इसके जवाब में भीष्म राजा भंगाश्वन की कथा सुनाते हैं जो इन्द्र के कोप से स्त्री बन गया था। बाद में इन्द्र ने जब उसे वापस पुरुष बनाने का प्रस्ताव दिया तो उसने इनकार कर दिया। कारण? उसने इन्द्र से कहा कि एक स्त्री के रूप में उसे कहीं ज़्यादा यौन सुख प्राप्त हुआ है, उतना जितना पुरुष रहते भी नहीं मिला था। यह कथा एक ग्रीक चरित्र टायरिसियस की याद दिलाती है जो हेरा देवी के श्राप से स्त्री बन गया था। ज़ेउस और हेरा के बीच बहस चली कि पुरुष और स्त्री के बीच कौन ज़्यादा यौन सुख प्राप्त करता है। इस सवाल का जवाब देने के लिए टायरिसियस को गवाही के लिए बुलवाया गया। उसका भी जवाब था स्त्री। हेरा इससे इतना ज़्यादा ग़ुस्सा हो गयी कि उसने टायरिसियस को अन्धा कर डाला। दूसरी ओर ज़ेउस ने उसे भविष्यवाणी की ताक़त और लम्बे जीवन का वरदान दिया। इससे समझ में आता है कि अलग-अलग देश-काल और संस्कृतियों में पुरुष व स्त्री के यौन सुख की तुलना ज़ाहिर तौर से पर्याप्त रुचिकर विषय रहा है।

काम पर विजय

छठी/पाँचवीं सदी सा.सं.पू. में आयी परिव्राजकता की परम्परा के महत्त्व पर हमने पहले ही बात की है। बुद्ध और महावीर के जीवनचरित में बताया गया है कि आरम्भ में वे परिवार के साथ सुखमय और सुविधाजनक जीवन बिता रहे थे। फिर वे विवाह कर के गृहस्थ जीवन में प्रवेश करते हैं। किसी एक बिन्दु पर उनका सामना अस्तित्वगत संकट के साथ होता है। फिर वे सब कुछ त्याग कर सत्य की तलाश में घरबार छोड़ देते हैं। उनके सन्धान के केन्द्र में काम पर विजय का प्रश्न था और वे इसी का उपाय दे रहे थे।[34]

चित्र 2.3 : मार का सिद्धार्थ पर हमला और गवाही के लिए सिद्धार्थ की पृथ्वी को पुकार, शिस्त, गन्धार

34. प्रारम्भिक बौद्ध धर्म के अच्छे परिचय के लिए देखें रूपर्ट गेथिन, *द फ़ाउंडेशंस ऑफ़ बुद्धिज्म,* ऑक्सफ़ोर्ड और न्यूयॉर्क : ऑक्सफ़ोर्ड यूनिवर्सिटी प्रेस, 1998; पीटर हार्वे, *ऐन इंट्रोडक्शन टू बुद्धिज्म : टीचिंग्स, हिस्ट्री ऐंड प्रैक्टिस,* कैम्ब्रिज : कैम्ब्रिज यूनिवर्सिटी प्रेस, (1990), 2012; जैन धर्म पर देखें पद्मनाभ एस. जैनी, *द जैन पाथ ऑफ़ प्यूरीफिकेशन,* दिल्ली : मोतीलाल बनारसीदास, 1979; पॉल डंडास, *द जैनाज़,* लन्दन और न्यूयॉर्क : रूटलेज, 1992।

बुद्ध की जीवनियों में मार नाम के एक दानव का ज़िक्र आता है जो बोधि वृक्ष के नीचे ध्यानमग्न सिद्धार्थ को पथभ्रष्ट करने के सारे जतन करता है। मार के साथ भीषण राक्षसों और पिशाचों की कुटिल फ़ौज है। कभी-कभार उसे एक रंग-बिरंगे धनुष और फूलों के तीर से सुसज्जित भी दिखाया गया है। उसकी बेटियों के नाम सुख, प्रेम और कामना हैं। यह तथ्य इस बात की ओर संकेत करता है कि बुद्ध कथा में आने वाला मार और कोई नहीं बल्कि प्रेम का देवता कामदेव है। इस प्रसंग को प्राय: प्रारम्भिक बौद्ध स्थलों पर नक़्क़ाशीदार शिल्प के माध्यम से दर्शाया गया है। यह शिल्प बोधि (ज्ञानोदय) और कामना के बीच टकराव को प्रभावशाली रूप में प्रदर्शित करता है। [चित्र 2.3]

बुद्ध के सिद्धान्तों का मूल चार आर्य सत्यों में व्यक्त है : दुनिया में सबको दुख होता है (दुख), दुख का कारण (समुदय), दुख से छुटकारा पाया जा सकता है (निरोध) और छुटकारा पाने का अष्टांगिक मार्ग है (मग्ग)। अष्टांगिक मार्ग में सही दृष्टि, मूल्य, वाणी, कार्य, आजीविका, प्रयास, और ध्यान शामिल हैं। दुख के कारणों में कामना, मोह, लोभ, गर्व, घृणा और अज्ञानता शामिल हैं। बुद्ध देहान्तरण या पुनर्जन्म की अवधारणा को स्वीकार करते हैं लेकिन आत्मा के विचार को अस्वीकार

चित्र 2.4 : तीर्थंकर पार्श्वनाथ, बलुआ पत्थर, उत्तर प्रदेश, छठी शताब्दी सा.सं.

करते हैं। जैन सन्तों की शिक्षाओं का भी परम लक्ष्य निर्वाण या मुक्ति की प्राप्ति है। निर्वाण का अर्थ शारीरिक मृत्यु नहीं है। यह कामना, लोभ, द्वेष, अज्ञान और मैं-मय से मुक्ति तथा जन्म और मृत्यु के चक्र से निजात पाना है। [चित्र 2.4]

जैन दर्शन में अनन्त जीवों (यानी बोधक्षम सत्वों, जीवन की इकाइयों या आत्मा) की अवधारणा है। जीव की प्रारम्भिक अवस्था आदर्श और सर्वज्ञ की होती है। जैन दर्शन में कर्म को भौतिक माना गया है। कर्म के कण जीव की ओर भावनाओं, कामनाओं, और द्वेष के कारण आकर्षित होते हैं। इसीलिए जीव की बन्धक स्थिति की वजह कामना बन जाती है। मुक्ति के लिए ज़रूरी है कि कर्म के ताज़ा कणों को जीव की ओर आने से रोक दिया जाये तथा पहले से जीव पर संग्रहित कर्म-कणों को छाँट कर उससे अलग कर दिया जाये। ऐसा चेतना और आचार के रूपान्तरण से सम्भव हो सकता है, जब तक कि जीव अपनी मूल स्थिति में लौट न आये।

यानी हर क़िस्म की कामना–यौन-कामना सहित–का दमन, उन्मूलन और अतिक्रमण बौद्ध और जैन दर्शन के मूल में था। केवल यौनाचार नहीं, यौन-कामनाओं और विचारों को भी ख़त्म करना था। ये चिन्ताएँ संघ के सदस्यों के लिए ब्रह्मचर्य के नियम और आम लोगों के लिए संयम के नियम में झलकती थीं।

जैन धारा में भिक्षुओं के लिए महाव्रत और आम लोगों के लिए अणुव्रत की संकल्पना है। [चित्र 2.5] आम लोगों के लिए शुरू के तीन व्रत अहिंसा, सत्य और अस्तेय (चोरी नहीं करना) संघ के सदस्यों पर भी लागू होते हैं लेकिन भिक्षुओं के लिए अन्तिम दो व्रत ब्रह्मचर्य और अपरिग्रह के समकक्ष आम लोगों को संयम और अपनी ज़रूरतें सीमित रखने की सलाह दी गयी है। प्रारम्भिक बौद्ध धारा में यौन समागम, जीवित प्राणियों की हत्या, चोरी तथा अतिमानवी शक्तियों का झूठा दावा भिक्षुओं और भिक्षुणियों के लिए सर्वाधिक गम्भीर अपराध माने जाते थे। पाली विनय पिटक के अनुसार इन्हें पराजिक अपराध कहा जाता था यानी बेहद गम्भीर, जिसके फलस्वरूप संघ से उन्हें निष्कासित कर दिया जाता था।

चित्र 2.5 : नदी किनारे चलते जैन भिक्षु, काग़ज़ पर स्याही और रंग, बसवान, 1600 सा.सं.

बौद्ध ग्रन्थों में यौनेच्छाओं को नियन्त्रित करने के अहम पहलुओं पर बहुत विस्तार से चर्चा की गयी है।[35] नौसिखियों के लिए लिखे गये ग्रन्थ हस्तमैथुन

35. जे. डंकन एम. डेरेट, 'मोनास्टिक मास्टरबेशन इन पाली बुद्धिस्ट टेक्स्ट्स', *जर्नल ऑफ़ द हिस्ट्री ऑफ़ सेक्सुअलिटी*, खण्ड 15, अंक 1, जनवरी 2006, पृ. 1-13।

और रात्रि वीर्यपात पर चर्चा करते हैं। रात्रि वीर्यपात दण्ड का भागी नहीं था लेकिन इस बात पर ज़ोर दिया जाता था कि एक बौद्ध भिक्षु को मानसिक रूप से जाग्रत अवस्था में सोना चाहिए ताकि सोये में उसे स्वप्नदोष न होने पाये। माना जाता था कि भिक्षुणियों की भी यौनेच्छाएँ होती हैं। उन भिक्षुणियों के लिए दण्ड के प्रावधान थे जो ख़ुद काम-सुख लेती थीं या दूसरी स्त्रियों को देती थीं। इसके बावजूद, यौन व्यभिचार के प्रति कुछ व्यावहारिक कारणों से विहारों में पूरी तरह असहिष्णुता वाली नीति नहीं बरती जाती थी। प्राचीन बौद्ध ग्रन्थों में एक भिक्षु नंदिक की कथा मिलती है। उसे वन में ध्यान लगाते वक़्त किसी स्त्री ने भ्रष्ट कर दिया था। उसके भीतर पश्चात्ताप था। वह तत्काल बुद्ध के पास गया और उसने सारा पाप स्वीकार कर लिया। कथा के एक संस्करण में बताया गया है कि उसे निष्कासित कर दिया गया था। दूसरे संस्करण के अनुसार बुद्ध कहते हैं कि चूँकि नंदिक को पश्चात्ताप हुआ और उसने प्रायश्चित्त किया, इसलिए यह निष्कासन योग्य अपराध नहीं है और भविष्य के ऐसे ही मामलों के लिए इस फ़ैसले को नज़ीर के रूप में लिया जाना चाहिए। यह कथा दिखाती है कि विहार के नियम-क़ानून बनाने वालों के सामने भिक्षुओं की इच्छाओं से जुड़ी समस्याएँ आती रहती थीं। वे मानते थे कि सारे भिक्षु आचार के उच्च मानकों का पालन कर पाने में सक्षम नहीं होते, इसलिए कुछ ख़ास मामलों में वे संघ से उन्हें निष्कासित करने के बजाय दूसरा मौक़ा देने पर विश्वास करते थे। नंदिक के मामले में यह दलील दी जा सकती है कि बुद्ध का फ़ैसला विवेकसम्मत था क्योंकि कहा जाता है कि अन्तत: उसने बोधि प्राप्त कर ली।

ऐसा लगता है कि ब्राह्मणवादी दायरे के भीतर चली बहसों और साथ ही जैनियों व बौद्धों से हुए विमर्श की प्रतिक्रिया में ब्राह्मणवादी परम्परा के भीतर परिव्राजकता की अवधारणा शामिल की गयी। इसे एक आदर्श ब्राह्मण की छवि के साथ जोड़ दिया गया तथा चार आश्रमों वाले जीवन-प्रारूप में इसे तीसरे और चौथे चरण का हिस्सा बना दिया गया। माना गया कि एक संन्यासी को दूसरे जीवों पर मनसा वाचा कर्मणा हिंसा नहीं करनी चाहिए और वर्षा ऋतु में मानसून के दौरान एक ही स्थान पर प्रवास करना चाहिए (ऐसे विवरण

जैनी और बौद्ध मत के प्रभाव का संकेत देते हैं)। ब्रह्मचर्य और संन्यास दोनों ही चरणों का सम्बन्ध ब्रह्मचारी रहने से था लेकिन धर्मशास्त्र के अनुसार सर्वाधिक महत्त्वपूर्ण चरण गृहस्थ आश्रम का था।[36] वानप्रस्थ का विचार तो बहुत जल्द क्षरित हो गया और संन्यास को कभी अनिवार्य माना ही नहीं गया। इसलिए ब्राह्मणवादी परम्परा ने भले ही संन्यास के विचार को अपने भीतर समाहित किया लेकिन यह कभी भी सम्पूर्ण या असन्दिग्ध नहीं रहा।

महाभारत इसे स्पष्ट करता है। इस महाकाव्य में कई स्थानों पर स्वर्ग की बात आती है लेकिन यह मोक्ष धर्म की बात भी करता है। इसमें दो वैकल्पिक रास्ते रखे गये हैं–प्रवृत्ति मार्ग और निवृत्ति मार्ग। प्रवृत्ति मार्ग में जीवन को पूरी तरह गले लगाना, उसके सुखों और ख़ुशियों को भोगना होता है। निवृत्ति सांसारिक जीवन और सुखों को त्यागने की बात है, जिसमें मोक्ष प्राप्ति के उद्देश्य से विचार और परिहार का जीवन बिताना होता है। धर्मराज युधिष्ठिर इन्हीं दो राहों के बीच फंसे हुए हैं और पटरी पर बने रहने तथा एक राजा के रूप में अपने कर्तव्यों को पूरा करने के लिए उन्हें बारम्बार समझाना पड़ता है।

ब्राह्मणवादी परम्परा का परिव्राजकता के साथ सबसे प्रबल सामना भगवद्गीता में नज़र आता है। जैसा कि पहले अध्याय में हमने बताया, निष्काम कर्म के उसके विचार में आत्म की सनातन प्रकृति और वर्ण-धर्म पालन के महत्त्व पर बल दिया गया है। इच्छा और मोह के पार जाकर समवृत्ति/एकीभाव की आदर्श अवस्था प्राप्त होती है, लेकिन इसके लिए अपना सांसारिक जीवन त्यागने की ज़रूरत नहीं है क्योंकि जैसा भगवद्गीता कहती है, कर्म को नहीं बल्कि कर्म के फल को त्यागना ज़रूरी है।

> *परन्तु हे अर्जुन! निष्काम कर्मयोग के बिना संन्यास अर्थात् मन, इन्द्रियों और शरीर द्वारा होने वाले सम्पूर्ण कर्मों में कर्तापन का त्याग प्राप्त होना कठिन है और भगवत्स्वरूप को मनन करने वाला निष्काम-कर्मयोगी परब्रह्म परमात्मा को शीघ्र ही प्राप्त हो जाता है।*

---

36. पैट्रिक ओलिवेल (सम्पादित), *गृहस्थ: द हाउसहोल्डर इन एन्शिएंट इंडियन रिलीजियस कल्चर*, नयी दिल्ली : ऑक्सफ़ोर्ड यूनिवर्सिटी प्रेस, 2019।

वश में किया हुआ है शरीर जिसके, ऐसा जितेन्द्रिय और विशुद्ध अन्त:करण वाला एवं सम्पूर्ण प्राणियों के आत्मरूप परमात्मा में एकीभाव हुआ निष्काम-कर्मयोगी, कर्म करता हुआ भी लिपायमान नहीं होता।[37]

यह संन्यास की तात्त्विक पुनर्व्याख्या है। यदि कोई पूर्ण आत्मसंयम और वैराग्य की अवस्था को प्राप्त कर ले, तो वह संसार में रहते हुए और अपने सामाजिक कर्तव्यों का निर्वाह करते हुए भी परिव्राजक हो सकता है।

सदियों तक गृहस्थ और परिव्राजक के जीवन के बीच, काम और वैराग्य के बीच, टकरावों पर भीषण बहसें चलती रहीं।

धर्म और कला में ऐन्द्रिय और भोगी

धार्मिक ग्रन्थों के रूखे जगत से उलट प्राचीन भारत के धार्मिक स्मारक सामान्यत: मानव जीवन के उत्सव और उल्लास से भरे हुए दिखते हैं। प्रतिष्ठित कला इतिहासकार विद्या दहेजिया के अनुसार 'प्राक्-आधुनिक भारत में लौकिक और अलौकिक दोनों ही देहरूपों की ऐन्द्रियता को लेकर स्वीकार्यता—वास्तव में उत्सवधर्मिता—की प्रवृत्ति अद्वितीय है।'[38] ऐन्द्रियता

चित्र 2.6 : मिथुन युगल, टेराकोटा, उत्तर प्रदेश, पहली-दूसरी शताब्दी सा.सं.

37. भगवद्गीता 5.6–7; सार्जेंट, द *भगवद्गीता*, पृ. 82-83।

38. विद्या दहेजिया, द *बॉडी अडॉर्न्ड : डिजॉल्विंग बाउंड्रीज़ बिटवीन सेक्रेड ऐंड प्रोफेन इन इंडियाज़ आर्ट*, अहमदाबाद : मैपिन, 2009, पृ. 24; इस मुद्दे की एक अद्भुत खोज और व्याख्या के लिए इस पुस्तक को पढ़ें। प्राचीन रति कला की विस्तृत चर्चा के लिए देखें देवांगना देसाई, *इरोटिक स्कल्पचर ऑफ़ इंडिया : ए सोशियो-कल्चरल स्टडी*, नयी दिल्ली : टाटा मैकग्रा हिल, 1975।

का आशय इन्द्रियों को सौन्दर्यानुभूति का सुख देने वाले भाव से है। यह भाव यदि यौनिक है तो भोगी हो जाता है। यही भाव जब काम-सुख से जुड़ जाये तो उसे कामुकता कहेंगे।

साँची, अमरावती और नागार्जुनकोंडा के प्रारम्भिक बौद्ध स्थलों पर प्रणयरत युगलों के कई नक़्क़ाशीदार शिल्प हैं। कला इतिहासकार इन्हें मिथुन आकृतियाँ कहते हैं। [चित्र 2.6] ये आकृतियाँ सीधे बौद्ध धारा से सम्बन्धित नहीं हैं, लेकिन शुभ और सुन्दर से सम्बद्ध भारतीय विचारों के एक व्यापक अंग का हिस्सा हैं। किसी अलौकिक स्थल पर इनकी उपस्थिति को उसके नियोजकों, कलाकारों, दाताओं और साधुओं द्वारा पूरी तरह उचित माना जाता था। प्रणयरत युगलों के अलावा इन स्थलों पर ऐन्द्रिय स्त्री-आकृतियाँ भी हैं। इन्हें यक्षी या शालभंजिका के रूप में पहचाना गया है। इन आकृतियों के हाथ-पैर आमतौर से पेड़ों के घुमावदार तने के इर्द-गिर्द लिपटे होते हैं या वे उनकी शाखाएँ पकड़े होती हैं। [चित्र 2.7] ऐसी आकृतियाँ दौहृद (दोहद/दोहाड़ा यानी गर्भवती स्त्रियों की इच्छाएँ) से ताल्लुक रखती हैं, लेकिन इस सन्दर्भ में इसका आशय यह है कि एक वृक्ष किसी सुन्दर स्त्री के स्पर्श का तलबगार है क्योंकि इससे वह फले-फूलेगा। स्त्री और वृक्ष का यह मोटिफ (रूपांकन) वास्तव में स्त्रैण प्रकृति और प्राकृतिक सौन्दर्य व उर्वरता का आपस में विलय करता है।

गन्धार और मथुरा की कला में पुरुषों और स्त्रियों के ऐसे नक़्क़ाशीदार शिल्प मिलते हैं जिनमें उन्हें रसपान और आमोद-प्रमोद करते देखा जा सकता है। प्रेमियों की कई प्राचीन आकृतियाँ हैं। [चित्र 2.8] सभी धार्मिक स्थलों के प्रवेशद्वार पर मिथुन आकृतियाँ देखी जा सकती हैं। सवाल है कि चन्द्रकेतुगढ़, तामलुक और कौशाम्बी जैसे स्थलों पर पायी जाने वाली टेराकोटा की उन पट्टिकाओं से क्या समझा जाये जिन पर युगलों को मैथुनरत, यहाँ तक कि सामूहिक यौनाचार में रत दर्शाया गया है? क्या इन पट्टिकाओं का कोई आनुष्ठानिक महत्त्व है? क्या पुराने ज़माने में ऐसा घासलेटी चित्रण कामोद्दीपन और उत्तेजन के लिए किया जाता था? या फिर यह महज़ एक सामान्य व सार्वभौमिक मानवीय गतिविधि का तथ्यात्मक सम्प्रेषण है?

जो कोई भी प्राचीन भारतीय कला को नहीं समझता, उसे ऐसा लग सकता है कि ज़्यादातर मानव आकृतियाँ–ख़ासतौर से कामिनी स्त्रियाँ–नग्न हैं। वास्तव में, पारदर्शी परिधान प्राय: नग्नता का भ्रम पैदा करते हैं (इस मामले में जैन तीर्थंकर अपवाद हैं क्योंकि सम्पूर्ण परिव्राजकता के वास्ते उनसे नग्न रहने की ही अपेक्षा की जाती है)। जैसा कि दहेजिया लिखती हैं, प्राचीन भारतीय शिल्प में आदर्श मानव शरीर उसे माना गया है जो सुन्दर वस्त्रों और आभूषणों से सुसज्जित हो। यहाँ यह भी याद किया जाना चाहिए कि मन्दिरों के गर्भगृह में स्थापित देवियों की प्रतिमाओं को एक कर्मकाण्ड के तौर पर और ज़्यादा कपड़े व आभूषण पहनाकर उनकी पूजा की जाती है। हाँ, इसमें कोई दो राय नहीं कि प्राचीन कला में चित्रित शरीर सामान्यत: सुन्दर होते हैं और प्राय: कामोद्दीपक भी, चाहे वह आम पुरुषों और स्त्रियों के हों, देवी-देवताओं के, यक्ष-यक्षियों के या ऋषियों के। [चित्र 2.9, 2.10, 2.11] (इस मामले में उग्र तान्त्रिक देवियाँ अपवाद हैं)। प्राचीन कला और ग्रन्थों में दैहिक सौन्दर्य को (राजाओं की) राजनीतिक शक्ति और (देवताओं, बौद्धों, बोधिसत्वों, और तीर्थंकरों की) आध्यात्मिक शक्ति का सहगामी माना जाता है।[39] हालाँकि प्राचीन भारतीय कला में प्रदर्शित आदर्श

चित्र 2.7 : चंदा यक्षी, बलुआ पत्थर, भरहुत

39. देखें दहेजिया, *द बॉडी अडॉर्न्ड*, अध्याय 2।

देहरूपों को उस दौर के सामान्य लोगों की छवि बिल्कुल नहीं समझा जाना चाहिए।

चित्र 2.8 : प्रेमी युगल, चूना पत्थर धोअन के साथ बलुआ पत्थर, राजस्थान, दसवीं शताब्दी

तप से दो आशय हो सकते हैं। एक काम की ऊर्जा, दूसरा वैराग्य की ऊर्जा। एक योगी का वैराग्य प्राय: उसके ब्रह्मचर्य और वीर्य के संरक्षण के साथ जोड़ा जाता है, लेकिन हम अच्छे से जानते हैं कि प्राचीन ऋषियों से ब्रह्मचारी होने की अपेक्षा नहीं की जाती थी। वनों के रमणीय आश्रमों में अकसर विवाहित ऋषि-दम्पति ही रहते आये थे, जैसे अगस्त्य और लोपामुद्रा, अरुंधति और वशिष्ठ, रेणुका और जमदग्नि, अहल्या और गौतम ऋषि। ये बस थोड़े से नाम हैं। वास्तव में, ऋषियों और यौनकर्म के बीच का रिश्ता जटिल था। एक ओर तो उनका ध्यान भंग करने वाली अप्सराओं पर वे भयंकर कुपित हो जाते थे (मेनका और विश्वामित्र का प्रसंग), तो दूसरी ओर माना जाता था कि सन्तानोत्पत्ति के लिए ऋषियों का वीर्य सबसे उत्कृष्ट

है। जैसा कि पहले बताया, महाभारत में व्यास ऋषि को अम्बिका और अम्बालिका बहनों से प्रजनन के लिए बुलवा भेजा गया था, जिसके परिणाम धृतराष्ट्र और पांडु हुए। कहने का अर्थ यह है कि ऋषि अनिवार्यतः यौन-परिवर्जन का पालन नहीं करते थे।

चित्र 2.9 : दिव्य नर्तकी, बलुआ पत्थर, मध्य प्रदेश, ग्यारहवीं शताब्दी

चित्र 2.10 : देवी गंगा, कैलाशनाथ मन्दिर, एलोरा, आठवीं शताब्दी

देवता भी ऐसे ही थे। हिन्दू देवता अपने व्यक्तित्व और सम्बन्धों के मामले में कई मायनों में सामान्य मनुष्यों के जैसे ही हैं, हालाँकि इससे उनका देवत्व घट नहीं जाता। देवताओं और यक्षों की भी पत्नियाँ होती थीं। इन्द्र की तो नज़र ही बुरी थी। अहल्या को भ्रष्ट करने का उन्हें श्राप भी लगा। शिव के वैराग्य और प्रेम दोनों ने ही इतना ताप पैदा कर दिया कि देवताओं को हस्तक्षेप करना पड़ा था। हमने देखा है कि कालिदास ने 'कुमारसम्भवम्' में शिव और पार्वती के प्रेम का कैसा वर्णन किया है। एलोरा और एलिफैंटा में पत्थर की बनी कुछ बेहद उत्कृष्ट मूर्तियाँ शिव-पार्वती की हैं। [चित्र 2.12] इनसे प्रेम, कोमलता और ऐन्द्रियता का भाव झलकता है। इसी तरह कृष्ण और उनकी गोपियों के

प्रेम की अभिव्यक्ति ग्रन्थों, चित्रों व गीतों में मिलती है। बारहवीं सदी में हुए जयदेव ने अपनी कविता 'गीत गोविन्द' में कृष्ण और राधा के प्रेम का संस्कृत के पदों में ख़ूबसूरत वर्णन किया है। [चित्र 2.13]

प्रेम करने वाले सारे देव एक तरफ़, प्रेम के एक देवता भी हैं कामदेव जिनका पहला ज़िक्र अथर्ववेद में आता है और पुराणों तक पहुँचकर वे बहुत महत्त्वपूर्ण हो उठते हैं, जहाँ उनके नाम के लिए कई पर्याय मिलते हैं–मदन (मदमत्त करने वाला), मन्मथ (मन को झकझोर देने वाला) और अनंग (अंगरहित)। उनकी सवारी एक तोता है और उनका निशान एक मकर (मगरमच्छ) है। [चित्र 2.14] रति और प्रीति उनकी दो पत्नियाँ हैं और वसन्त उनकी सखी है। कामदेव का सम्बन्ध स्त्रियों और वसन्त ऋतु के साथ है। वसन्त ऋतु को आमोद-प्रमोद और स्वच्छन्दता का मौसम माना जाता है। इसके बावजूद कामदेव कभी एक महत्त्वपूर्ण पूज्य देवता नहीं बन पाये। एक बार तो शिव ने उन्हें श्राप देकर भस्म कर दिया था क्योंकि उन्होंने शिव का वैराग्य भंग कर दिया था।

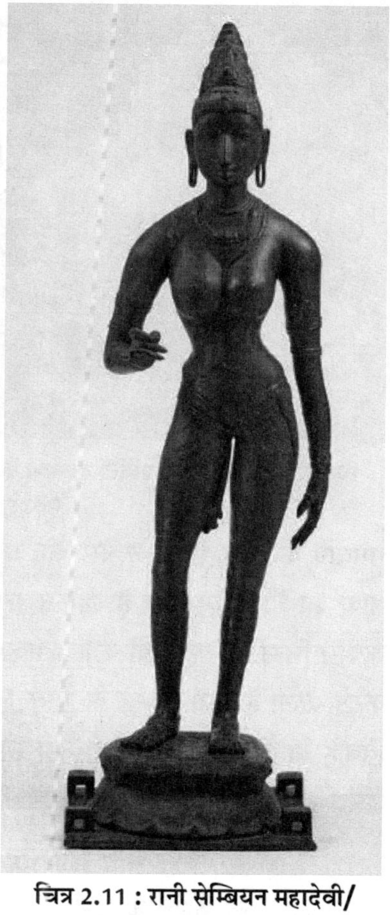

चित्र 2.11 : रानी सेम्बियन महादेवी/ पार्वती, कांस्य, तमिलनाडु, दसवीं शताब्दी

धर्म और प्रेम के बीच के रिश्ते को भक्ति परम्परा में सबसे सुन्दर ढंग से एक भक्त और उसके भगवान के बीच सम्बन्ध से दर्शाया गया है। बेशक,

चित्र 2.12 : शिव और पार्वती के साथ कैलाश पर्वत को उठाये रावण, कैलाशनाथ मन्दिर, एलोरा

भगवान के लिए भक्त के प्रेम को अभिव्यक्त करने में कभी-कभार कामुक भाषा का भी प्रयोग हुआ है लेकिन इन्सानी रिश्तों वाले प्रेम से वह गुणात्मक रूप से भिन्न है। वह कहीं ज़्यादा भव्य, तीव्र और आध्यात्मिक रूप से उन्नत करने वाला है। स्त्री सन्तों के मामले में तो ईश्वर-प्रेम किसी मर्त्य पुरुष से विवाह या प्रेम की गुंजाइश ही नहीं छोड़ता। मसलन, आलवार सन्त आंडाल [चित्र 2.15] का यह पद लें :

वह कपूर जैसा सुवासित है
या कमलिनी जैसा?
देव का मुख क्या प्रवाल जैसा लाल है
और मीठा भी?
स्वाद और सुवास की अपनी उत्कण्ठा में
पूछती हूँ मैं

चित्र 2.13 : वर्षा में टहलते कृष्ण और राधा, काग़ज़ पर अपारदर्शी वाटर कलर, सोना और स्याही, जयपुर, 1775 सा.सं.

बताओ तो, हे जलोत्पन्न श्वेत-शंख
गजदन्तोच्छेदक माधव के मुख का
सुवास और स्वाद![40]

---

40. पेरियाळवर से; पी.एस. सुन्दरम (अनूदित), द *अळ्वार्स : फॉर द लव ऑफ़ गॉड*, नयी दिल्ली : पेंग्विन बुक्स, 1996, पृ. 46।

चित्र 2.14 : कामदेव, पत्थर, कश्मीर, आठवीं शताब्दी

चित्र 2.15 : आंडाल, ताँबा मिश्र धातु, तमिलनाडु, चौदहवीं शताब्दी

तन्त्र में रति और अनुष्ठान

कुछ प्राचीन भारतीय मन्दिरों में मिथुन आकृतियों (प्रणयरत युगलों) के अलावा मैथुन (यौन समागम) का भी प्रदर्शन मिलता है। यह ख़ासकर प्रारम्भिक मध्यकाल के मन्दिरों का लक्षण है, जैसे खजुराहो, कोणार्क और भुवनेश्वर।[41] चन्देल राजाओं के संरक्षण में निर्मित खजुराहो के मन्दिरों में शिव और विष्णु को समर्पित कई मन्दिर हैं। यहाँ मैथुनरत आकृतियों की नक़्क़ाशी न तो सूक्ष्म है और न ही छुपी हुई है। वे प्रत्यक्ष और भव्य हैं। इनमें युगल, त्रिगुट और समूह-रति समेत हस्तमैथुन, मुखमैथुन और पशुगमन सब कुछ प्रदर्शित है। कल्पना के लिए कुछ भी शेष नहीं है। कुछ आकृतियों में तो उच्चकुलीनों और वैरागियों को भी देखा जा सकता है। ऐसे दृश्य खजुराहो के पार्श्वनाथ जैसे जैन मन्दिरों

41. विस्तृत चर्चा के लिए देखें देवांगना देसाई, *इरोटिक स्कल्पचर ऑफ़ इंडिया*, विशेष रूप से अध्याय 4।

में भी मिलते हैं। पवित्र स्थलों पर इनकी उपस्थिति आधुनिक संवेदनाओं को धार्मिक सन्दर्भ में आहत कर सकती है, पर ऐसी बात इन मन्दिरों को बनाने-सँवारने वालों और यहाँ पूजा करने वाले श्रद्धालुओं के मन में नहीं आयी।

मन्दिरों में मौजूद यौनाकृतियों की व्याख्या विभिन्न तरीक़ों से की गयी है। इन्हें शुभ का प्रतीक कहा गया है। इन्हें उर्वरता का प्रतीक भी माना गया है जिनमें जादुई-धार्मिक शक्ति होती है। बुरी नज़र को दूर रखने का टोटका भी माना गया है। इसके अलावा भी इनकी कई व्याख्याएँ हैं। राजाओं के सौन्दर्यशास्त्रीय आस्वाद के पतन के साक्ष्य के तौर पर भी इनका वर्णन है। देखने वाले को यह एक आमन्त्रण है कि अपनी कामनाओं से पार जाकर वह उच्चतर आध्यात्मिक स्तर को प्राप्त करे। इन आकृतियों को तान्त्रिक यौन अनुष्ठानों या उनके प्रभाव का प्रतिनिधित्व करने वाला भी माना गया है। सही व्याख्या तो कई कारकों को मिलाकर ही सम्भव है, लेकिन उनमें से एक कारक तन्त्र परम्परा सबसे ज़्यादा महत्त्वपूर्ण है।

तन्त्र को परिभाषित करना अत्यन्त जटिल और कठिन है। यह कोई एक धर्म विशेष नहीं है, बल्कि विभिन्न धार्मिक प्रथाओं का अंग रहे पन्थों के तमाम प्रतिनिधि आचार-विचारों का एक समुच्चय है। केवल भारत नहीं, समूचे एशिया पर इसका बहुत सशक्त प्रभाव रहा है।[42] तन्त्र विशेष रूप से शैव परम्पराओं में प्रमुखता से आता है। अपने औपचारिक दीक्षा अनुष्ठानों सहित शैव पन्थ दो अतिव्यापित मार्गों में से किसी एक के साथ सम्बन्ध रखते हैं–अतिमार्ग और मन्त्रमार्ग।[43] अतिमार्ग (बाहरी पथ) ब्राह्मणों तक सीमित था। इसमें दीक्षा लेने

42. हिन्दू तन्त्र के एक उत्कृष्ट, स्पष्ट अवलोकन के लिए देखें आंद्रे पाद्यू, द *हिन्दू तान्त्रिक वर्ल्ड : ऐन ओवरव्यू*, शिकागो और लन्दन : शिकागो यूनिवर्सिटी प्रेस, 2017; बौद्ध तन्त्र पर देखें रोनाल्ड एम. डेविडसन, *इंडियन एसोटेरिक बुद्धिज्म : ए सोशल हिस्ट्री ऑफ़ द तान्त्रिक मूवमेंट*, न्यूयॉर्क : कोलम्बिया यूनिवर्सिटी प्रेस, 2002।

43. अलेक्सिस सैंडरसन, 'शैविज्म ऐंड ब्राह्मनिज्म इन द अर्ली मिडीवल पीरियड', गोंडा व्याख्यान 2006, पृ. 1-3, https://www.academia.edu पर उपलब्ध; सैंडरसन, 'हाउ पब्लिक वाज़ शैविज्म', तान्त्रिक कम्युनिटीज़ इन कनटेक्स्ट : सेक्रेड सीक्रेट्स ऐंड पब्लिक रिचुअल्स पर संगोष्ठी में मुख्य व्याख्यान, वियना, फ़रवरी 2015, पृ. 3-5; https://www.academia.edu पर उपलब्ध; पाद्यू, द *हिन्दू तान्त्रिक वर्ल्ड*, पृ. 30-31।

वाले ब्राह्मण ब्रह्मचारी वैरागी बनते थे जिनका लक्ष्य शुद्धीकरण और मुक्ति था। मन्त्रमार्ग (मन्त्र का पथ) या शैव तन्त्र सभी सामाजिक समूहों के लिए खुला हुआ था। इस धारा के सदस्य स्वेच्छानुसार वैरागी भी हो सकते थे और गृहस्थ भी। इसके लक्ष्यों में सिद्धियों की प्राप्ति, आत्मा का रूपान्तरण, और मुक्ति शामिल थी। मन्त्रमार्ग के भीतर बाह्य और गूढ़ दो क़िस्म की परम्पराएँ हैं। बाह्य मन्त्रमार्ग में शिव की आराधना के स्वरूप और उन्हें किया जाने वाला अर्पण ब्राह्मणवादी अनुष्ठानों के जैसा ही होता है। गूढ़ मन्त्रमार्ग के इष्ट देवताओं में भैरव या उग्र देवियाँ आती हैं। उन्हें अर्पित की जाने वाली वस्तुओं में मदिरा और रक्त हैं। साथ में कुछ यौन अनुष्ठान भी होते हैं। तन्त्र के विद्वान आन्द्रे पादू के अनुसार गूढ़ मन्त्रमार्ग के भीतर भी वर्गीकरण सम्भव है। एक विशुद्ध गूढ़ तन्त्र है (जिसका सम्बन्ध गुप्त तत्त्वों, यौन अनुष्ठानों सहित कुछ अतिक्रमणकारी आचार-विचारों से होता है) और दूसरा सामान्य तन्त्र, जो समय के साथ लोकप्रिय धार्मिक जीवन का इस तरह से हिस्सा बनता गया कि उसे अब तन्त्र के रूप में अलग से पहचाना ही नहीं जाता है।

तन्त्र में परम देवत्व को पुरुष और स्त्री सिद्धान्त के मिलन के रूप में समझा गया है। शक्ति (ऊर्जा) को स्त्रीलिंगी समझा गया है। ब्रह्माण्ड और मुक्ति की तान्त्रिक संकल्पना के केन्द्र में शक्ति है। इसके अलावा, तन्त्र के भीतर आनुष्ठानिक और यौगिक तत्त्वों का भी एक सशक्त पक्ष है। जैसे, हठयोग का लक्ष्य कुंडलिनी के जागरण से है। माना जाता है कि कुंडलिनी में स्थित ऊर्जा देह के भीतर एक सर्प की तरह गुंजलित बैठी रहती है और वही परम सत्य से एकाकार करती है। तन्त्र में कई देवी-देवता होते हैं और सभी बहुत उग्र हैं। जब वे युग्म में उपस्थित हों, तो उनकी छवि प्राय: बहुत स्पष्ट यौनिक अभिव्यक्ति के रूप में सामने आती है। [चित्र 2.16] (तान्त्रिक देवियों के ऊपर तीसरे अध्याय में चर्चा की गयी है)। तन्त्र पूजा में देवियों को प्रसन्न करना होता है। मध्यकालीन टीकाओं के अनुसार ऐसा करने से अर्चक ख़ुद देवी में रूपान्तरित हो जाता है। तन्त्र पूजा में अनुष्ठान का सम्बन्ध पंचतत्त्वों से होता है–मद्य, मांस, मत्स्य, मुद्रा (पका हुआ अन्न) और मैथुन (यौन समागम)।

चित्र 2.16 : काली और भैरव का मिलन, काग़ज़ पर वाटर कलर, नेपाल, अठारहवीं शताब्दी

तन्त्र अनुष्ठान में यौनकर्म भी शामिल होता है। इसमें सामूहिक यौन अनुष्ठान भी होते हैं। यह अनुष्ठान तन्त्र का विशिष्ट लक्षण है। इसे केवल योग्य दीक्षित ही कर सकते हैं और इसकी कुछ तय विधियाँ होती हैं।[44] अभिनवगुप्त के 'तन्त्रालोक' (दसवीं सदी) जैसे ग्रन्थों में काम को सुख के रूप में नहीं बल्कि एक ऐसे भाव के रूप में व्याख्यायित किया गया है जो स्व

44. डेविड गॉर्डन व्हाइट, *किस ऑफ़ द योगिनी : 'तान्त्रिक सेक्स' इन इट्स साउथ एशियन कॉन्टेक्स्ट्स*, शिकागो और लन्दन : यूनिवर्सिटी ऑफ़ शिकागो प्रेस, 2003, पृ. xii, 7।

के अतिक्रमण और परम सत्य से एकीकरण का द्वार है। एक दीक्षित पुरुष के लिए यौन अनुष्ठान का अर्थ अपने स्त्री पक्ष की ऊर्जा को ग्रहण करना है। अन्य वैचारिक धाराओं में जहाँ वीर्यपात को पौरुष के ह्रास के रूप में देखा जाता है, उनसे उलट योगिनी प्रभृति देवियों से सम्बद्ध तन्त्र पूजा में यौन अनुष्ठान से स्खलित द्रव देवियों को अर्पित किया जाता है और बाद में अर्चक द्वारा उसका पान किया जाता है।[45]

तन्त्र का प्रभाव सभी धर्मों पर बहुत सशक्त रहा है। इसमें बौद्ध और जैन धाराएँ भी शामिल हैं। तान्त्रिकों और तन्त्राभ्यासियों के समूह वैसे तो हमेशा से छोटे ही रहे हैं लेकिन उनके अनुयायियों की संख्या बड़ी रही है। यहाँ तक कि राजदरबारों में भी उन्हें मानने वाले रहे। इसने तन्त्र को धार्मिक, सामाजिक और राजनीतिक जीवन में एक अहम स्थान प्रदान किया। तन्त्र का व्यापक प्रसार ही मध्यकालीन भारतीय धार्मिक कलाओं में सशक्त यौनिक चित्रण का सबसे महत्त्वपूर्ण कारण रहा होगा।

काम की काव्यात्मक निन्दा

कविताओं में काम की अतिसूक्ष्म और सुन्दर प्रशंसा दिखती है तो सबसे मुखर निन्दा भी वहीं मिलती है। इसकी एक वजह परिव्राजकता की उन परम्पराओं में निहित है जिन पर हम इस अध्याय में पहले बात कर चुके हैं।

काम और वैराग्य के बीच का जो तनाव है, उसे सबसे विस्तार के साथ भर्तृहरि की 'शतक-त्रयी' में अभिव्यक्त किया गया है। यह पुस्तक सौ-सौ पदों के तीन खण्डों नीति-शतक, श्रृंगार-शतक और वैराग्य-शतक में विभाजित है। ये खण्ड क्रमश: नैतिक जीवन, प्रेम और परिव्राजकता से ताल्लुक रखते हैं। अन्य प्राचीन कवियों और नाटककारों की भाँति पाँचवीं सदी के इस कवि को उसके जीवनचरित के बजाय कहीं ज़्यादा लोकगाथाओं में याद किया जाता है। एक कथा में उसे राजा बताया गया है जो पहले बहुत भोगविलासी रहा, फिर स्त्रियों की अनिष्ठा और चंचलता के चलते इस सब से विरत हो गया।

---

45. पादू, द *हिन्दू तान्त्रिक वर्ल्ड*, पृ. 87, 92-93।

भर्तृहरि की प्रेम कविताएँ संस्कृत के शृंगार काव्य का प्रत्याख्यान हैं। अन्य कवियों द्वारा दिया गया स्त्री-देह का भव्य विवरण भर्तृहरि के यहाँ विकार में बदल जाता है। यहाँ काम सुन्दर नहीं, घृणास्पद हो उठता है।

जर्जर, अन्धा, पंगु, झड़ चुके बालों वाला
क्षत-विक्षत, दुर्गन्धित, कीटयुक्त,
भूखा शिथिल हो, गले में भिक्षापात्र बाँधे हुए
भी तरुण होती जाती है उसकी तृष्णा
तिरसना न मरे, मर मर गये शरीर।[46]

प्रेम को जीवन के नाटक में एक क्षणिक और निरर्थक प्रसंग माना गया है :

यह मनुष्य क्षण में बालरूप और क्षण में युवा हो रसिक
कामरूप, क्षण में दरिद्र, क्षण में धनाढ्य, नट बहुरूपिये के समान
क्षण जीर्ण हो यमराज के नगररूपी ओट में
छिप जाता है।[47]

भर्तृहरि का वैराग्य-शतक कहता है कि इसका समाधान है सब कुछ त्याग देना।

आयुष्य जलतरंग के समान चंचल है
यौवन अवस्था की शोभा अल्पकालिक है, धन मन के संकल्प से भी
क्षणिक भोग के समूह वर्षाकाल के मेघ की बिजली सदृश चंचल हैं
और प्रियतमा को गले लगाना बहुत दिन स्थिर नहीं रहता
इसलिए ब्रह्म में चित्त को लीन करो
ब्रह्मज्ञान ही एक मात्र नौका है।[48]

---

46. भर्तृहरि, *शतक-त्रयी*, प्रस्तावना 2; बार्बरा स्टोलर मिलर (अनूदित), *द हर्मिट ऐंड द लव-थीफ : भर्तृहरि ऐंड बिल्हण*, नयी दिल्ली : पेंग्विन बुक्स, (1978), 1990, पृ. 29।
47. जे. ब्रफ (अनूदित), *पोएम्स फ्रॉम द संस्कृत*, हारमंड्सवर्थ : पेंग्विन क्लासिक्स, एल 198, 1968, संख्या 14।
48. *वैराग्य-शतक*, 35, ग्रेग बेली (अनूदित), *लव लिरिक्स बाइ अमारू ऐंड भर्तृहरि*, न्यूयॉर्क : न्यूयॉर्क यूनिवर्सिटी प्रेस, 2005, पृ. 161।

हम नहीं जानते कि प्राचीन भारत में आम आदमी या स्त्री की प्रेम और यौनरति के बारे में क्या सोच रही होगी, लेकिन तब के ग्रन्थ और कलाओं में इन विषयों की प्रतिष्ठा, निन्दा, उदात्तीकरण और अतिक्रमण की झलक मिलती है। तमिल, प्राकृत और संस्कृत का प्राचीन साहित्य प्रेम के भावों और कामोन्माद से भरा हुआ है। तकनीकी ग्रन्थों में कामशास्त्र के विशेषज्ञों के काम पर विश्लेषण शामिल हैं। प्राचीन कला (जो ज़्यादातर धार्मिक स्थलों पर पायी जाती हैं) मनुष्य के शरीर और पुरुष-स्त्री के प्रेम को प्रतिष्ठित करती है। उसकी छवियों में सूक्ष्म ऐन्द्रियता से लेकर प्रकट कामुकता तक की झलक बिखरी हुई है। काम को मानव अस्तित्व का एक वैध लक्ष्य माना गया था। उसका सन्धान धर्म, अर्थ और यहाँ तक कि मोक्ष जैसे लक्ष्यों के साथ सन्तुलन और सौहार्द के भाव में किया जाना चाहिए था। प्रेमातुरता तभी वैध थी जब वह उच्चतर प्रेम यानी परमात्मा के प्रति प्रेम का आधार हो। देवता और भक्त के बीच प्रेम को दुतरफ़ा, तीव्र, और उदात्त समझा गया जो उच्चतर आध्यात्मिक लक्ष्य का मार्ग प्रशस्त करता था। इसमें अति की कोई गुंजाइश ही नहीं थी। तन्त्र ने यौनरति को काम और सन्तुष्टि से अलग कर दिया।

प्रेम, रति और/या कामना को विभिन्न प्रकार के सकारात्मक मूल्यों से जोड़ने वाले ये एकाधिक परिप्रेक्ष्य ऐसी ताक़तवर परम्परा के साथ सह-अस्तित्व में बने रहे जो इन सभी को, वास्तव में मानव शरीर को भी, दुख और बन्धन का स्रोत मानती थी। वैराग्य की कई धाराओं में यौन आवेगों और कर्मों पर नियन्त्रण को केन्द्रीय माना गया (सभी में नहीं)। जैन और बौद्ध संघ जीवन का तो यह आधार रहा। सामान्य लोगों के लिए दी हुई शिक्षाओं का पालन करने से कोई अच्छा बौद्ध या जैनी बन सकता था, लेकिन सब कुछ त्यागकर संघ से जुड़े बग़ैर उसे जन्म और मृत्यु के सांसारिक चक्र से मुक्ति नहीं मिल सकती थी। मुक्ति के लिए हर प्रकार के मोह और काम का अतिक्रमण करना अनिवार्य था। परित्याग की छाप (या रोशनी) भारत में सदियों तक क़ायम रही और आज भी उसे सम्मान की नज़र से देखा जाता है। साधु, संन्यासी, योगी और भिक्षु उसके प्रतिनिधि माने जाते हैं। इनमें से कुछ पुरुषों–और स्त्रियों–ने उच्चतर सत्य के लिए अपना जीवन समर्पित कर दिया है, तो कुछ अन्य

बड़े-बड़े कारोबारी साम्राज्यों के मालिक बन बैठे हैं। कुछ का तो आपराधिक अतीत भी है।

प्रेम और यौनिकता के प्रति आज के 'भारतीयों के रवैये' को लेकर कोई सरल-सामान्य टिप्पणी करना थोड़ी लापरवाही होगी। यह रवैया समय के साथ कैसे बदला है इसे समझने की कोशिश तो और भी मुश्किल है। ऐसा नहीं कि प्रेम अब फ़ैशन में नहीं है। बस उसके प्रदर्शन के तरीक़े बहुत तेज़ी से बदल रहे हैं। आज भी समकालीन साहित्य, कला, लोककथाओं, संगीत, नृत्य, फ़िल्म और रंगमंच में प्रेम और मनोरथ सबसे पसन्दीदा विषय बने हुए हैं। नयी पीढ़ी की प्रेम की तलाश को शायद सबसे बेहतर डेटिंग ऐप्स के प्रति उनके रुझान से समझा जा सकता है। उन्हें लगता है कि प्रेम बस एक क्लिक या स्वाइप से प्राप्त हो सकता है। इसके समानान्तर सार्वजनिक दायरे, ख़ासकर मध्यवर्ग का पाखण्ड भी उजागर होता है जब सामाजिक व्यवहार (विशेष तौर से स्त्रियों के) की बात आती है। वह शरीर (विशेष रूप से स्त्री के) को एक भटकाव मानता है जिसे पुरुषों की नज़र से ढँका जाना ज़रूरी है। वहाँ यौन-विषयक चर्चाएँ फुसफुसा कर की जाती हैं या उन पर बात ही नहीं होती। माना जाता है कि इन चीज़ों की उपयुक्त जगह केवल विवाह की चारदीवारी के बीच है। प्रेम और काम को सामान्यत: विवाह से नहीं जोड़ा जाता, और अगर जोड़ा जाता है तो यह माना जाता है कि इनका स्थान विवाह के बाद आना चाहिए, पहले नहीं। प्राचीन साहित्य व कला हमें जो कुछ भी बताती है, ऐसे विचार और प्रवृत्तियाँ उससे काफ़ी हद तक भिन्न हैं। ऐसे में दूसरी सदी सा.सं.पू. के भरहुत स्तूप पर उकेरी चंदा यक्षी[49] अगर किसी जादू से इक्कीसवीं सदी की दिल्ली में सजीव हो उठती, तो अविश्वास से वह मुस्करा कर रह जाती। और कोई न कोई उसे अपना शरीर ढँकने का आदेश ज़रूर दे देता।

49. चंदा को देखने के लिए चित्र 2.7 पर वापस जायें।

3
देवियाँ और स्त्री-द्वेष

'पूरब और पश्चिम' नाम से 1970 में आयी एक फ़िल्म हिट हुई थी। इसे मनोज कुमार ने निर्मित और निर्देशित किया था। वे ख़ुद इसमें नायक भी थे। फ़िल्म की नायिका प्रीति, जिसका किरदार सायरा बानो ने निभाया था, लन्दन में पली-बढ़ी है। उसके बाल लम्बे, ढीलेढाले और सुनहरे हैं। वह शराब पीती है, धूम्रपान करती है और छोटी स्कर्ट पहनती है। फ़िल्म के अन्त में उसे अपने पापों के लिए प्रायश्चित्त करता दिखाया गया है, जिसके लिए वह पीना छोड़ देती है, खुले बालों को जूड़े में बाँधती है, साड़ी पहनती है और मन्दिर जाने लगती है। उसे अहसास हो गया है कि नायक (भारत) के मूल्यों और गुणों में निहित भारतीय संस्कृति पश्चिमी संस्कृति के मुक़ाबले श्रेष्ठतर है। सत्तर के दशक से लेकर अब तक बहुत कुछ बदल गया, लेकिन आदर्श भारतीय स्त्री की वह रूढ़ छवि आज भी मज़बूती से क़ायम है। यह छवि 'भारतीय संस्कृति' के विचार में अहम तत्त्वों में से एक है।

औरतों के लिए पुरुष-केन्द्रित और अधीनस्थ जीवन की वकालत व पोषण करने वाली इस सामाजिक व्यवस्था में शक्तिशाली देवियों की पूजा का चलन भारत के कई विरोधाभासों में से एक है। उन्नीसवीं सदी के उत्तरार्द्ध और बीसवीं सदी के पूर्वार्द्ध में हुए समाज सुधारक प्राचीन भारत में कथित 'औरतों के स्तर' में काफ़ी रुचि रखते थे। इतिहासकारों की भी इसमें दिलचस्पी थी। ए. एस. अल्टेकर ने वैदिक युग को स्त्रियों का स्वर्णिम काल बताया था। इसके पीछे उनका आधार ऋग्वेद में देवियों का आया सन्दर्भ, उपनिषदों में आने वाली ऋषिकाएँ और पतियों के साथ यज्ञ में हिस्सा लेने वाली औरतें

थीं।[1] अल्टेकर के अनुसार आर्य परिवारों में अनार्य औरतों के प्रवेश (और बाद में मुस्लिम आक्रमण) ने औरतों की जगह का ह्रास किया। पुराने दौर में स्त्रियों की सशक्त स्थिति का तर्क हो सकता है अपमानजनक औपनिवेशिक राज में सभ्यतागत श्रेष्ठता को जतलाने के उद्देश्य से दिया गया हो, हालाँकि यही दलील उन्नीसवीं सदी के उत्तरार्द्ध और बीसवीं सदी के पूर्वार्द्ध में भारतीय औरतों की स्थिति सुधारने के काम भी आयी। उस समय बाल विवाह, सती प्रथा जैसी कुरीतियाँ और निम्न स्त्री-साक्षरता दर समाज सुधार की तीव्र आवश्यकता की ओर इशारा कर रही थी।

पिछले कुछ दशकों के दौरान नारीवादी इतिहासकारों ने स्त्रियों पर पृथक् चर्चा करने के बजाय लैंगिक विश्लेषण की दिशा पकड़ी है, जिसमें पुरुषों और स्त्रियों की सांस्कृतिक रूप से परिभाषित भूमिकाओं पर बात की जाती है।[2] अब तो हम यह भी समझते हैं कि लैंगिकता को द्विभाजक मानने के बजाय उसके पार जाकर उसमें विपरीतलिंगी (ट्रांसजेंडर) लोगों को भी शामिल करना चाहिए। इसके साथ ही यह समझना भी ज़रूरी है कि स्त्री कोई एकरूप वर्ग नहीं है। स्त्रियों के ऐतिहासिक अनुभव उनकी हैसियत, वर्ग, जाति, पेशे और उम्र पर निर्भर हैं और इसीलिए भिन्न हैं। इसलिए, किसी ख़ास कालखण्ड में 'औरतों के स्तर' पर सामान्यीकरण के हिसाब से बात करने के बजाय कहीं ज़्यादा उपयोगी है कि कुछ विशिष्ट सवाल पूछे जायें : जैसे, रिश्तेदारी और वंश-परम्परा को लेकर व्यवस्थाएँ क्या थीं? लैंगिक भूमिकाएँ कैसे परिभाषित थीं? परिवार के भीतर रिश्ते कैसे थे? सम्पत्ति और वसीयत को लेकर क्या प्रथाएँ प्रचलित थीं? स्त्रियों की यौनिकता और प्रजनन क्षमता को कैसे नियन्त्रित किया जाता था? लैंगिकता का जाति और वर्ग के साथ कैसा

---

1. ए. एस. अल्टेकर, *द पोजीशन ऑफ़ विमेन इन हिन्दू सिविलाइजेशन : फ्रॉम प्रीहिस्टॉरिक टाइम्स टू द प्रेजेंट डे*, दिल्ली : मोतीलाल बनारसीदास (1938), 1991।

2. देखें उमा चक्रवर्ती, *एवरीडे लाइव्स, एवरीडे हिस्ट्रीज़ : बियॉन्ड द किंग्स ऐंड ब्राह्मन्स ऑफ़ 'एन्शिएंट' इंडिया*, नयी दिल्ली : तूलिका (2006), 2020; कुमकुम रॉय, *द पावर ऑफ़ जेंडर ऐंड द जेंडर ऑफ़ पावर : एक्सप्लोरेशंस इन अर्ली इंडियन हिस्ट्री*, नयी दिल्ली : ऑक्सफ़ोर्ड यूनिवर्सिटी प्रेस, 2010।

रिश्ता था? औरतें किस प्रकार की आर्थिक गतिविधियों में संलग्न थीं? धार्मिक और आनुष्ठानिक वृत्त में वे कैसे भागीदारी करती थीं? क्या ज्ञान के उत्पादन और प्रसारण तक उनकी पहुँच थी? क्या राजनीतिक दायरे में वे अपनी ताक़त या अधिकार का इस्तेमाल करती थीं? जब ऐसे सवाल पूछे जाते हैं, तब 'औरतों के स्तर' को लेकर सरलीकृत धारणाएँ धुँधली पड़ने लगती हैं और एक जटिल तस्वीर हमारे सामने उभरती है जिसमें हम पाते हैं कि इतिहास में स्त्रियों ने विभिन्न तरीक़ों से हिस्सेदारी की है और उन्हें विभिन्न तरीक़ों से देखा भी गया है।

तमाम अधीनस्थ सामाजिक समूहों का जो हाल है, स्त्रियों के अनुभवों की पहचान करने में भी सबसे बड़ी समस्या वही है, कि तक़रीबन सारा लिखित स्रोत उच्चकुलीन पुरुषों द्वारा और उन्हीं के लिए उत्पादित है। इस मामले में 'थेरीगाथा', संगम साहित्य की कुछ कविताएँ, 'गाथा सत्तसई', तथा भक्ति परम्परा की कुछ सन्त स्त्रियों की रचनाएँ अपवाद हैं। स्त्री-स्वर का इतना कम सुनाई देना ही अपने आप में उनकी अधीनस्थता का साक्ष्य है। यह अध्याय प्राचीन भारत में देवी पूजा की सशक्त परम्परा की पड़ताल करते हुए धार्मिक, सामाजिक और राजनीतिक दायरों में लैंगिक सम्बन्धों की हक़ीक़त पर आगे चर्चा करेगा।

प्राचीन देवियाँ

दुनिया के ऊपर देवताओं का राज होने से बहुत पहले एक वक़्त था जब देवियाँ यहाँ राज करती थीं। पुरापाषाणकालीन (पालियोलिथिक) यूरोप में 'वीनस मूर्तियाँ' पायी गयी हैं। इनके यौन लक्षण अतिरंजित हैं। माना जाता है कि ये मूर्तियाँ व्यापक रूप से प्रचलित प्रजनन सम्बन्धी आस्थाओं और अनुष्ठानों का प्रतीक हैं। भारत में मध्य प्रदेश स्थित बघोर में पुरापाषाणकाल के अन्तिम चरण (अपर पालियोलिथिक) के पूजा-स्थल के शानदार साक्ष्य मिले हैं, जिसकी अवस्था 9000-8000 सा.सं.पू. है। यह बलुआ पत्थर के मलबे का बना मोटामोटी एक वृत्ताकार मंच है जिसके केन्द्र में प्राकृतिक पत्थर का एक टुकड़ा था जिस पर चमकदार रेखाएँ हैं। ऐसे ही नौ और पत्थरों

के टुकड़े इसी मंच के इर्द-गिर्द पाये गये थे। जब इन टुकड़ों को आपस में जोड़ा गया तो एक त्रिकोणीय पत्थर सामने आया। शुरुआत में शायद यही पत्थर मंच पर स्थापित रहा होगा। यहाँ कैमूर की पहाड़ियों में रहने वाले कोल और बैगा आदिवासी ऐसे ही तिकोने पत्थरों की पूजा करते हैं। वे इन्हें देवी का पवित्र प्रतीक मानते हैं।

पाषाणकाल में शिकार और संग्रह के पेशों से जब खेती और पशुपालन में संक्रमण हुआ, तब प्रजनन को लेकर चिन्ताएँ बहुत आम थीं। इसकी झलक नवपाषाणकालीन स्थलों पर पायी जाने वाली टेराकोटा की कई स्त्री प्रतिमाओं में मिलती हैं। इन्हें आमतौर से 'मातृ देवी' के नाम से वर्गीकृत किया गया हैं। प्रजनन से जुड़ी देवियों की अर्चना भी हड़प्पाकालीन धर्म का एक प्रमुख लक्षण थी। हड़प्पा के स्थलों पर बड़ी संख्या में स्त्री मूर्तियाँ पायी गयी हैं। एक मुहर पर एक नग्न स्त्री का चित्रण है जिसके पाँव विस्तारित हैं और जिसकी योनि से एक पौधा निकल रहा है। यह धरती माँ के विचार का प्रतीक है।

फिर भी, सभी स्त्री प्रतिमाओं को किसी एक 'महान मातृ देवी' की प्रतिनिधि आकृति बताने का चलन अतिसरलीकरण होगा। सारी प्राचीन स्त्री आकृतियाँ देवियों का प्रतिनिधित्व नहीं करती हैं। न ही सभी देवियों का सम्बन्ध मातृत्व से था। इसलिए तमाम ऐसी देवियाँ हैं जो किसी एक महादेवी के सम्प्रदाय का अंग नहीं हैं।[3] मसलन, हड़प्पा की कुछ स्त्री प्रतिमाएँ बेशक देवियों का प्रदर्श हैं, लेकिन अन्य मूर्तियाँ सामान्य सांसारिक औरतों का प्रतिनिधित्व करती हैं। इनमें जिस भी स्त्री मूर्ति का कोई धार्मिक महत्त्व है, उसकी पहचान उसके शरीर के इकहरा होने, भारी आभूषणों से सुसज्जित होने, कमर से नीचे छोटा परिधान पहनने और सिर पर एक ख़ास पंखानुमा आवरण पहनने से होती है। हो सकता है इन आकृतियों की घरों में पूजा की जाती रही हो और मन्नत के लिए उन्हें चढ़ावा चढ़ाया जाता रहा हो या फिर वह घरेलू अनुष्ठानों में इस्तेमाल की जाने वाली सामग्रियों का अंश हों।

---

3. 'सम्प्रदाय' से मेरा मतलब है एक विशेष देवता की पूजा से जुड़े विश्वास और अभ्यास द्वारा परिभाषित एक धार्मिक समूह। मैंने इसका प्रयोग अपमानजनक अर्थ में नहीं किया है।

देवी को दर्शाने वाली स्त्री प्रतिमाएँ प्रारम्भिक इतिहास काल में चौथी सदी सा.सं.पू. से ही प्रमुख रही हैं। अपने हड़प्पाकालीन समकक्षों की तुलना में वे कहीं ज़्यादा संख्या में हैं और शैलीगत विभिन्नताओं व परिष्कारों के मामले में भी भिन्न हैं। आमतौर से उनके वक्षस्थल उभरे हुए होते हैं, नितम्ब चौड़े होते हैं और वे आभूषणधारी होती हैं। आभूषणों में ऊपर से पहनाये गये हार, चूड़ी, कुंडल और करधनी होती है। कुछ आकृतियों के बालों में ढेर सारे फूल गुँथे होते हैं। कुछ अन्य के सिर पर सज्जित आवरण बाकायदे अंकुरों और घास-फूँस से बना तिकोनाकार होता है। कुछ और देवियों के बालों में शस्त्र होते हैं। [चित्र 3.1, 3.2] ये आकृतियाँ सामान्य औरतों की नहीं हैं। ये देवियाँ हैं। इनके नाम हम नहीं जानते।

चित्र 3.1 : देवी, टेराकोटा, तीसरी/दूसरी शताब्दी सा.सं.पू.

चित्र 3.2 : अपने बालों में हथियारों के साथ देवी, चन्द्रकेतुगढ़ टेराकोटा, पहली शताब्दी सा.सं.पू.-पहली शताब्दी सा.सं.

सदियों तक देवी पूजा इस उपमहाद्वीप में धार्मिक आचार का एक अहम अंग रही है, पर प्रारम्भिक मध्यकाल में (छठी से बारहवीं/तेरहवीं सदी) इसने प्रमुखता हासिल की। क़बीलाई सरदारों के राजाओं में रूपान्तरित होने तथा क़बीलाई समुदायों के राज्य व जाति वाले समाज में समाहित होने की प्रक्रिया

इसी काल के राजनैतिक इतिहास का अंग है। ओडिशा में खिंजली मण्डल और शुल्की के प्रारम्भिक भंज वंश के अभिलेख देवी स्तम्भेश्वरी का ज़िक्र करते हैं, जो सम्भवत: क़बीलाई देवी जान पड़ती है। शुल्की राजाओं के अभिलेखों में स्तम्भेश्वरी को उनके वंश की कुलदेवी कहा गया है। कर्नाटक में गंगा, सन्तारा और होयसला साम्राज्य के राजनीतिक कुलीनों के अभिलेख जैन देवी पद्मावती का आवाहन करते हैं। मध्य भारत के चन्देल और कलचुरी शासकों का सम्बन्ध योगिनी के मन्दिरों के निर्माण के साथ हो सकता है।

देवालयों और धार्मिक संगठनों में पुरुषों के वर्चस्व के बावजूद प्राचीन भारत की धार्मिक आस्थाओं और आचार में देवी पूजा एक महत्त्वपूर्ण आधार रही है। 'देवी' की श्रेणी को लेकर बेहतर है थोड़ा लचीलापन बरता जाये और उसके अन्तर्गत पूजी जाने वाली उन तमाम प्रकार की स्त्री आकृतियों को शामिल किया जाय जिनके पास अलौकिक ताक़त और लक्षण थे। इस श्रेणी के भीतर एक महादेवी का विचार कई छोटी-छोटी देवियों के साथ सह-अस्तित्व में है। देवियाँ हिन्दू धर्म में तो प्रमुख हैं ही, वे बौद्ध और जैन धर्म में भी अहम स्थान रखती हैं। कुछ देवियाँ तो ऐसी हैं जो धर्मों की सरहदों को पार कर चुकी हैं।[4] सदियों से भारत में देवी पूजा की अतिलोकप्रियता के आलोक में यहाँ केवल कुछ पर ही चर्चा करना सम्भव हो पायेगा। सुविधा के लिए हमने भले ही 'हिन्दू', 'बौद्ध', और 'जैन' का प्रयोग किया है, लेकिन जैसा कि हम आगे देखेंगे, धर्माचार के वृत्त में ऐसी पहचानें कभी-कभी अर्थहीन हो जाती हैं।

यक्षी और नागी

मनुष्यों और देवों के बीच आने वाली अर्धदेव या गन्धर्व की श्रेणी में यक्ष, यक्षी, नाग और नागी को गिना जाता है। वास्तव में, भक्ति परम्परा जो आगे चलकर भारतीय धर्मों में इतना व्याप्त हुई, उसकी उत्पत्ति की जड़ें इन अर्धदैवी प्राणियों की आराधना में तलाशी जा सकती हैं। अर्धदेवों के सम्प्रदाय बहुत प्राचीन हैं। इनकी जड़ों का पता करना बहुत मुश्किल है।

---

4. मैंने देवताओं को आर्य या ग़ैर-आर्य के रूप में सन्दर्भित करने से परहेज किया है क्योंकि ऐसी संज्ञाएँ जटिल धार्मिक प्रक्रियाओं को सरल बना देती हैं।

चित्र 3.3 : चुलाकोक यक्षी, भरहुत

चित्र 3.4 : साँची की नागी

यक्षों का सम्बन्ध पानी, उर्वरता, पेड़ों, जंगलों और वीरानों से था। उनकी स्त्री समकक्ष यानी यक्षियाँ (जिनसे अध्याय 2 में हमारा परिचय हो चुका है) आरम्भ में हितकारी देवियाँ हुआ करती थीं जिनका लेना-देना सम्पन्नता और उर्वरता से था।[5] मथुरा और अन्यत्र मिली 300 से 200 सा.सं. के बीच की पत्थर की बनी भव्य यक्ष-यक्षी प्रतिमाएँ इस बात का पता देती हैं कि शहरों के मन्दिरों में उन्हें पूजा जाता था तथा सार्वजनिक धार्मिक परिदृश्य का वे अहम अंग हुआ करती थीं। छोटे-छोटे पत्थरों और टेराकोटा की बनी उनकी तमाम आकृतियाँ भी मिली हैं जो संकेत देती हैं कि लोग उन्हें अपने घरों में या निजी रूप से पूजते थे। समूचे उपमहाद्वीप के धार्मिक प्रतिष्ठानों में पायी गयी कई शालभंजिकाएँ (पेड़ का तना या डाली पकड़े स्त्रियों के ऐन्द्रीय शिल्प के लिए एक सामान्य शब्द) वास्तव में यक्षी थीं। वे साँची और भरहुत जैसे प्रारम्भिक

5. देखें आनन्द के. कुमारस्वामी, *यक्ष*, नयी दिल्ली : मुंशीराम मनोहरलाल, (1928), 1980; आर. एन. मिश्रा, *यक्ष कल्ट ऐंड आइकनोग्राफी*, नयी दिल्ली : मुंशीराम मनोहरलाल, (1979), 1981।

बौद्ध स्थलों पर प्रमुखता से पायी गयी हैं। भरहुत के अभिलेखों में इनके कुछ नामों का भी उल्लेख है। [चित्र 3.3]

भारत में बहुत पहले से नाग पूजा भी धार्मिक आचार का एक अहम पक्ष रही है। नागों और नागियों (नाग देवता और देवी) को भी पानी और उर्वरता से जोड़कर देखा जाता था। [चित्र 3.4] यक्ष और यक्षियों की ही भाँति उनकी पूजा भी स्वतन्त्र रूप से की जाती थी। मथुरा में एक प्राचीन नाग मन्दिर के अवशेष और नागों की विशाल आकृतियाँ पायी गयी हैं।

सामान्य संवत् की शुरुआती सदियों के दौरान यक्षों, यक्षियों, नागों और नागियों को सार्वजनिक और शहरी दायरों में धीरे-धीरे पूज्यपद से गिरा दिया गया, हालाँकि घरेलू स्तर पर लोग उन्हें तब भी पूजते रहे, जैसा कि छोटे-छोटे पत्थरों और टेराकोटा की मूर्तियों से ज़ाहिर है। नये धार्मिक आचारों और विचारों ने उन्हें बाद में विस्थापित कर डाला। उन नयी धाराओं में सबसे प्रभावशाली धाराएँ भगवान शिव और विष्णु तथा देवी दुर्गा की पूजा से सम्बन्धित थीं।

हिन्दू देवियाँ

ऋग्वेद के श्लोकों में देवताओं का प्राधान्य है, लेकिन कुछ देवियों का भी उल्लेख है। उनमें एक, भोर की देवी उषा का आवाहन बीस श्लोकों में किया गया है। उषा अन्धकार पर प्रकाश की विजय का प्रतीक है और समृद्धि लाने वाली दयालु देवी है। देवी अदिति का माँ के रूप में आवाहन है। वह रोगों, नुक़सान और बुराइयों से मुक्त करती है। अन्य ऋग्वैदिक देवियों में राका (एक उदार और कृपालु देवी), सिनीवली (जन्म की अधिष्ठात्री देवी), पृथ्वी (भू देवी), वाच् (वाणी की देवी) और सरस्वती (जिनके नाम पर नदी का नाम पड़ा) शामिल हैं। देवियों के व्यक्तित्व और उनके कृतित्व का सम्पूर्ण वर्णन पुराणों में किया गया है।[6]

---

6. हिन्दू देवियों पर देखें डेविड किंसले, *हिन्दू गॉडेसेज : विज ऑफ़ द डिवाइन फेमिनिन इन द हिन्दू रिलीजियस ट्रैडिशन,* दिल्ली : मोतीलाल बनारसीदास (1986), 1987; जॉन स्ट्रैटन हॉली और डोना मैरी वुल्फ (सं.), *देवी : गॉडेसेज ऑफ़ इंडिया,* दिल्ली : मोतीलाल बनारसीदास (1996), 1998; जॉन स्ट्रैटन हॉली और डोना मैरी वुल्फ (सं.), द *डिवाइन कंसोर्ट : राधा ऐंड द गॉडेसेज ऑफ़ इंडिया,* दिल्ली : मोतीलाल बनारसीदास (1982), 1984।

लक्ष्मी

ऐसा लगता है कि श्री और लक्ष्मी प्रारम्भ में दो भिन्न देवियाँ थीं जो किसी बिन्दु पर आकर श्रीलक्ष्मी नामक एक देवी में विलीन हो गयीं। ऋग्वेद में एक खिलसूक्त की तरह आने वाला श्री सूक्त श्री का आवाहन लक्ष्मी के रूप में करता है और उन्हें चन्द्रमा की तरह शुभ्र कान्ति से युक्त पद्मों की माला धारण करने वाली पीतवर्णा स्वर्णमयी लिखता है। चूँकि 'श्री' का अर्थ है कल्याण या समृद्धि, तो सम्भव है कि इस नाम की देवी आरम्भ में उर्वरता की देवी रही होगी। 'लक्ष्मी' का अर्थ है संकेत, निशान या मुहर, तो इस नाम की देवी का सम्बन्ध समृद्धि, सौभाग्य और धन के संकेतों से था।

मथुरा के सोंख में वास्तुशिल्प के एक टुकड़े पर लक्ष्मी का नक़्क़ाशीदार अभिलेख पाया गया है। यह दूसरी/पहली सदी का सन्दर्भ देता है। मथुरा में इसी अवधि की पत्थर की बनी कई मूर्तियों पर भी लक्ष्मी का अंकन है। लक्ष्मी का एक अन्य प्रारम्भिक अंकन अतरंजीखेड़ा (एटा ज़िला, उत्तर प्रदेश) के एक अर्धगोलाकार मन्दिर में पायी गयी टेराकोटा की पट्टी पर है। इसकी उम्र 200-50 सा.सं.पू. लगायी गयी है।

आरम्भ में विभिन्न देवी-देवताओं के जो स्वतन्त्र सम्प्रदाय हुआ करते थे, कालान्तर में वे धीरे-धीरे साथ आकर वैष्णव पन्थ का हिस्सा बन गये।[7] सा.सं. की तीसरी/चौथी सदी तक आते-आते विष्णु की पत्नी के रूप में श्री लक्ष्मी भी वैष्णववाद में समाहित हो चुकी थीं। महाभारत और रामायण के काल तक लक्ष्मी इसी भूमिका में जानी जाती थीं और बाद में पुराणों ने विष्णु के साथ उनके सम्बन्ध को और विस्तार में दर्ज किया। शिल्पकला में श्री लक्ष्मी के प्राय: सबसे ज़्यादा चौंकाने वाले प्रदर्शों में एक उनका गजलक्ष्मी वाला रूप है। अपने इस रूप में देवी एक कमल के फूल पर खड़ी या बैठी हैं और उनके दोनों ओर खड़े दो हाथी अपनी उठी हुई सूँड़ में दबे जलकुम्भ से उन पर पानी डाल रहे हैं। दूसरी सदी सा.सं.पू. से दूसरी सदी सा.सं. के बीच गजलक्ष्मी की यह आकृति अलग-अलग राजवंशों के सिक्कों का अंग बन गयी–शुंग वंश के

---

7. देखें सुवीरा जायसवाल, द *ओरिजिन ऐंड डेवलपमेंट ऑफ़ वैष्णविज्म,* नयी दिल्ली : मुंशीराम मनोहरलाल (1967), 1981।

चित्र 3.5 : लक्ष्मी, कैलाशनाथ मन्दिर, एलोरा

चित्र 3.6 : गजलक्ष्मी, साँची

चित्र 3.7 : राजा रवि वर्मा, 'लक्ष्मी',
लिथोग्राफ प्रिंट, 1894

राजा ज्येष्ठमित्र, सीथियन राजा एजिस द्वितीय और ऐजिलाइसिस, तथा क्षत्रप राजा राजुवुल, षोडाश और तोरणदास। बाद में यही आकृति गुप्त साम्राज्य के

सिक्कों में भी इस्तेमाल की गयी। विष्णु की पत्नी होने के अलावा लक्ष्मी अपने आप में एक विशिष्ट देवी थीं जिनका सम्बन्ध–ख़ासकर नगरों और राजाओं के–सौभाग्य से था।

कमल के फूल पर बैठी एक स्त्री-आकृति जिसके दोनों तरफ़ हाथी हैं, प्रायः साँची, भरहुत और बोध गया के बौद्ध स्थलों के वास्तुशिल्पों में अंकित मिलती है। [चित्र 3.6] कुछ कला इतिहासकारों ने उसे बुद्ध की माँ माया के रूप में पहचाना है, लेकिन उसका अतिस्पष्ट चित्रांकन साफ़ तौर से गजलक्ष्मी का ही सन्दर्भ देता है। संगम साहित्य के अन्तर्गत 'पत्तुपाट्टु' के पाठ में दरवाज़ों पर उकेरे गये लक्ष्मी के रूप का सन्दर्भ आया है। इससे संकेत मिलता है कि दक्षिण भारत में भी इस देवी को शुभ माना जाता था। लक्ष्मी कई ऐसी प्राचीन देवियों में थीं जिन्होंने धर्म और देश की सीमाओं का अतिक्रमण कर लिया था। [चित्र 3.7]

दुर्गा और शाक्त परम्परा

महाकाव्यों और पुराणों में देवी दुर्गा के व्यक्तित्व और कृत्यों का विवरण मिलता है। (महाभारत के खिलभाग) हरिवंश में दुर्गा के कई नाम हैं और उनका सम्बन्ध (ख़ासकर विंध्य की) पहाड़ियों, नदियों, गुफाओं, उद्यानों और पशुओं से बताया गया है। उसमें दुर्गा के शबरों, बर्बरों और पुलिन्दों द्वारा पूजे जाने का सन्दर्भ है।[8] उन्हें मृत्यु का प्रतीक माना गया है और उन्हें मांस, मदिरा व बलि प्रिय हैं। वे नवयुवतियों के कौमार्य तथा विवाहित स्त्रियों के सौभाग्य का मूर्त रूप हैं। वे जगतजननी हैं तथा हर क़िस्म के ख़तरे से रक्षा करती हैं। पुराणों में दुर्गा को महादेवियों का एक अहम अंग माना गया है।

पुराणों में कई देवियाँ एक साथ आती हैं और वे एक ही महादेवी का विभिन्न रूप मानी गयी हैं, जो देवी या शक्ति है, यानी स्त्री का सैद्धान्तिक प्रतीक। जिन देवियों को एक छतरी के नीचे लाया गया, वे सभी प्रारम्भ में

---

8. प्राचीन ग्रन्थों में शबर और पुलिन्द विंध्य के साथ जुड़े हुए हैं और बरबर का सम्बन्ध उत्तर-पश्चिम के साथ है। उल्लेखनीय है कि इन जनजातियों को नियमित रूप से म्लेच्छ की अपमानजनक श्रेणी में शामिल किया जाता है।

स्वतन्त्र रूप से पूजी जाती थीं, जैसा कि वैष्णववाद में था।[9] मार्कण्डेय पुराण में सातवीं सदी के आसपास जोड़े गये देवी-माहात्म्य में महादेवी का स्तुतिगान है और उनकी विजय-गाथाओं का वर्णन है। इनमें एक कथा महिष नाम के भैंसरूपी दानव से जुड़ी है जो देवताओं को प्रताड़ित करता था। सभी देवताओं की सम्मिलित सघन ऊर्जा से देवी पैदा होती हैं और एक भीषण युद्ध में दानव का संहार करती हैं। इसीलिए उन्हें दुर्गा महिषासुरमर्दिनी (यानी महिष असुर का मर्दन करने वाली) कहा गया। [चित्र 3.8, 3.9] देवी माहात्म्य में देवी की स्तुति में कई श्लोक शामिल हैं। उन्हें सम्पूर्ण ब्रह्माण्ड को आवृत्त करने वाला कहा गया है। उनके विभिन्न रूपों में लक्ष्मी, सरस्वती, नारायणी, कात्यायनी, दुर्गा, भद्रकाली, अम्बिका और मातृकाएँ (माताएँ) शामिल हैं। देवी माहात्म्य के अन्तिम अध्याय में देवी कहती हैं कि वे समय-समय पर दुनिया में राक्षसों और पापियों का नाश करने के लिए प्रकट होंगी।

देवी पूजा के विविध रूपों को अभिव्यक्त करने वाला कालिका पुराण एक महत्त्वपूर्ण शाक्त ग्रन्थ है जो असम या बंगाल के क्षेत्र में रचा गया था। इसमें देवी का सौम्य और उग्र दोनों रूपों में वर्णन है। देवी पूजा की दो विधियाँ बतायी गयी हैं–दक्षिण-भाव और वाम-भाव। दक्षिण-भाव में नियमित अनुष्ठान शामिल हैं। वाम-भाव की पूजन विधि में मांस, मदिरा और यौन अनुष्ठान का प्रयोग किया जाता है। कालिका पुराण में दुर्गा पूजा का त्योहार मनाने का विवरण भी दिया हुआ है, जो बंगाल का एक प्रमुख पर्व है।

वास्तुशिल्प के साक्ष्य बताते हैं कि दुर्गा महिषासुरमर्दिनी की पूजा बहुत पहले से लोकप्रिय रही है। उदाहरण के लिए, पत्थर की बनी दुर्गा की कई मूर्तियाँ, जिनमें महिषासुरमर्दिनी का रूप भी शामिल है और जो 200-300 सा.सं.पू. की हैं, मथुरा के क्षेत्र में पायी गयी हैं। मथुरा में सोंख के एक मन्दिर में पत्थर की बनी मातृका की एक पट्टिका पायी गयी है जो वहाँ की केन्द्रीय आकृति जान पड़ती है। वहीं और उसके आसपास बड़ी संख्सा में टेराकोटा की पट्टिकाएँ पायी गयी हैं जिन पर दुर्गा महिषासुरमर्दिनी चित्रांकित हैं।

---

9. बंगाल में यह प्रक्रिया कैसे सामने आयी, इसकी चर्चा के लिए देखें कुणाल चक्रवर्ती, *रिलीजियस प्रोसेस : द पुराण ऐंड द मेकिंग ऑफ़ ए रीजनल ट्रैडिशन,* नयी दिल्ली : ऑक्सफ़ोर्ड यूनिवर्सिटी प्रेस, 2001।

चित्र 3.8 : दुर्गा महिषासुरमर्दिनी, महाबलीपुरम

चित्र 3.9 : दुर्गा महिषासुरमर्दिनी, पत्थर, बदरा,
मध्य पूर्वोत्तर शैली, नौवीं शताब्दी

दुर्गा महिषासुरमर्दिनी के कुछ बेहद प्रभावशाली वास्तुशिल्प प्रारम्भिक मध्यकाल के शिल्पकारों द्वारा बनाये गये थे। उनमें से कई में सिंह को अपनी सवारी के रूप में धारण करने वाली बहु-भुजाओं वाली एक देवी दर्शायी गयी है जो महिष असुर को अपने भाले से मार रही है। दक्षिण भारत से पल्लव काल (छठी से नौवीं सदी) के शिल्पों में भी बहु-अस्त्र धारण किये भैंसे पर खड़ी एक देवी को दर्शाया गया है जिसके सामने कई भक्त घुटनों पर बैठ अपने शीश काट रहे हैं और रक्त फेंक रहे हैं। इस शिल्प को दुर्गा महिषासुरमर्दिनी के साथ-साथ दक्षिण भारतीय देवी 'कोरवई' से भी जोड़कर देखा जा सकता है। चोल काल के कई मन्दिरों में दुर्गा की नक़्क़ाशीदार आकृतियाँ निशुम्भमर्दिनी (निशुम्भ नाम के राक्षस का वध करने वाली) के रूप में मौजूद हैं, जहाँ देवी को एक हिरण के साथ दर्शाया गया है।

भारत के विभिन्न हिस्सों में मिले पुरातात्त्विक और वास्तुशिल्पीय अवशेष मातृकाओं (सात या आठ की संख्या) और योगिनियों की व्यापक स्तर पर की जाने वाली पूजा को दर्शाते हैं। इन्हें पहले स्वतन्त्र रूप से पूजा जाता था, लेकिन बाद में इनका सम्बन्ध दुर्गा से जुड़ गया।[10] [चित्र 3.10, 3.11, 3.12] पुराणों में सात मातृकाओं का वर्णन आता है–ब्रह्माणी, माहेश्वरी, कौमारी, वैष्णवी, वाराही, इन्द्राणी और यमी (चामुण्डा)। ये मातृकाएँ उन देवताओं की ऊर्जा-रूप हैं जिन्होंने असुरों से युद्ध में देवी की मदद की थी। योगिनियाँ संख्या में कुल चौंसठ हैं, जिन्हें शुम्भ और निशुम्भ असुरों से हुए युद्ध में देवी दुर्गा की परिचारिकाओं या स्वरूपों के रूप में वर्णित किया गया है। मातृकाओं और योगिनियों की पूजा मध्य और पूर्वी भारत में लोकप्रिय थी। रानीपुर झरियाल और हीरापुर के छतविहीन मन्दिरों में योगिनी की प्रतिमाएँ पायी गयी हैं।

शैव और शाक्त सम्प्रदायों के बीच निकट सम्बन्ध है। महाकाव्यों और पुराणों में मौजूद कई कथाएँ इसका पता देती हैं। एक कथा शिव की पत्नी सती के उमा के रूप में पुनर्जन्म की है जिसने अपने पति को दोबारा प्राप्त करने के लिए कठोर तप किया। देवियों से जुड़े पवित्र स्थलों को पीठ कहते

---

10. देखें अनामिका रॉय, *सिक्सटी फोर योगिनीज़ : कल्ट, आइकन ऐंड गॉडेसेज़*, नयी दिल्ली : प्राइमस, 2015।

चित्र 3.10 : योगिनी, पत्थर, ग्विमे संग्रहालय, पैरिस

चित्र 3.11 : योगिनी हयग्रीव, पत्थर, ग्यारहवीं शताब्दी

चित्र 3.12 : योगिनी चामुण्डा, संगमरमर, राजस्थान, नौवीं शताब्दी

हैं। इन शक्तिपीठों की उत्पत्ति की कई व्याख्याएँ हैं। एक कथा सती के पिता दक्ष की है जिसने एक महान यज्ञ आयोजित किया लेकिन उसमें अपनी बेटी और दामाद को न्योता नहीं दिया। फिर भी सती वहाँ चली गयी और उसे पिता के हाथों अपमानित होना पड़ा। इस दुख को सहन न कर पाने के कारण सती भस्म हो गयीं। क्रोधित शिव ने यज्ञ को नष्ट कर दिया, दक्ष का सिर काट डाला और सती की लाश को कन्धे पर लेकर घूमने लगे। इस क्रोध का इतना गहरा असर हुआ कि बाक़ी देवता हस्तक्षेप करने को विवश हो गये। ब्रह्मा, विष्णु और शनि ने सती की पार्थिव देह में प्रवेश कर के उन्हें एक-एक कर के विच्छिन्न करना शुरू किया। धरती पर जहाँ-जहाँ सती के अंग गिरे, वहाँ-वहाँ शक्तिपीठ बनते गये। माना जाता है कि देवी किसी न किसी स्वरूप में इन शक्तिपीठों में अपने पति भैरव के साथ वास करती हैं। समय के साथ शक्तिपीठों की संख्या बढ़ती गयी, जिससे समझ में आता है कि देवियों से जुड़े पवित्र स्थलों का भूगोल लगातार विस्तृत हुआ है। गोहाटी का कामाख्या मन्दिर सबसे प्रसिद्ध शक्तिपीठों में एक है। यहाँ एक फाटयुक्त पत्थर है जिसे कामाख्या की महामुद्रा माना जाता है। इस पत्थर की पूजा की जाती है और यहाँ पशुओं की बलि दी जाती है। साल में एक बार यहाँ पर्व मनाया जाता है जब माना जाता है कि देवी रजस्वला हैं।

सबसे उग्र हिन्दू देवी काली हैं। उनकी अपनी स्वतन्त्र पहचान है लेकिन उनका सम्बन्ध दुर्गा और शिव से भी है। उन्हें प्राय: एक रक्तपिपासु देवी के रूप में दर्शाया गया है जिसका शारीरिक स्वरूप बहुत भयावह है—कृशकाय, काली और निर्वस्त्र, गले में नरमुंड की माला; बाल, नाख़ून और दाँत लम्बे; और मुँह से ज़बान बाहर निकली हुई है। माना जाता है कि वे युद्धभूमि और श्मशानों में निवास करती हैं। उनका सम्बन्ध जंगलों में रहने वाले जंगली कबीलों से है। देवी माहात्म्य के अनुसार शुम्भ और निशुम्भ असुरों से दुर्गा के युद्ध में काली ने हिस्सा लिया था। दुर्गा की ललाट से प्रकट होकर उन्होंने चंड और मुंड नाम के दो राक्षसों का अपने हाथों से वध किया। रक्तबीज नाम के राक्षस से युद्ध के दौरान दुर्गा ने बहुत बाद में काली का आह्वान किया था। उस राक्षस में यह ताक़त थी कि धरती पर गिरी रक्त की अपनी ही हर बूँद

से वह ख़ुद का एक नया रूप तत्काल पैदा कर लेता था। दुर्गा और उनकी परिचारिकाओं यानी मातृकाओं को उसे मारना इसीलिए मुश्किल हो गया था क्योंकि वे उसे जितनी चोट पहुँचाती थीं उसके ख़ून से उतने ही रक्तबीज पैदा होते जाते थे। ऐसे में काली उनकी रक्षा के लिए प्रकट होती हैं। वे रक्तबीज के शरीर से ख़ून सोख लेती हैं और उसके अनगिनत रूपों का भक्षण कर लेती हैं।

चित्र 3.13 : काली, कालीघाट, काग़ज़ पर वाटरकलर, ग्रेफाइट और स्याही, उन्नीसवीं शताब्दी

दूसरे मिथकों के अनुसार काली का सम्बन्ध पार्वती, सती या सीता के साथ है। कभी-कभार काली और शिव को संयुक्त ताण्डव करते हुए दर्शाया गया है जिसमें वे एक-दूसरे से प्रतिस्पर्धा कर रहे हैं। एक बहुत प्रचलित चित्रांकन है जिसमें काली को शिव के लेटे हुए शरीर पर नृत्य करता दिखाया

गया है। [चित्र 3.13] इसके पीछे की कथा यह है कि एक मौक़े पर जब काली युद्धक्षेत्र में बहुत उग्र और रक्तपिपासु हो गयी थीं तब शिव उनको शान्त कराने के लिए उनके समक्ष शव की तरह लेट गये थे। पार्वती तो शिव की सौम्य अर्धांगिनी हैं, लेकिन उनसे उलट काली दैवी स्त्रीत्व के उग्र और भीषण आयाम का प्रतिनिधित्व करती हैं। तन्त्र और बंगाल के शाक्त मत में इसीलिए काली का स्थान अहम है।

जैसा कि दूसरे अध्याय में बताया गया, इस जगत और इससे मुक्ति के तान्त्रिक परिप्रेक्ष्य में पौरुष और स्त्रीत्व का मिलन एक केन्द्रीय तत्त्व है। स्त्री शक्ति का स्रोत है, इसलिए देवियों की भूमिका बहुत महत्त्वपूर्ण है। शैव तन्त्र में वैसे तो बहुत शक्तिशाली देवियाँ हैं, लेकिन अधिभौतिक दृष्टि से शिव को उन सब से ऊपर रखा जाता है। इसके उलट तन्त्र की त्रिक धारा में शिव से ऊपर तीन देवियों को रखा गया है–परा, परापरा और अपरा। तन्त्र में देवियाँ प्राय: युगल रूप में आती हैं, जैसे शिव और शक्ति, दुर्गा और भैरव, त्रिपुरसुन्दरी और भैरव, कुब्जिका और नवात्मन।[11] यमला शाक्त तन्त्र में देवियों के विभिन्न स्वरूप उनके पुरुष युग्म से श्रेष्ठ माने गये हैं और उनके कन्धे पर बैठे दिखाये गये हैं। अपने पुरुष समकक्ष की भाँति तान्त्रिक देवियाँ प्राय: उग्र होती हैं। उनका आवाहन भले ही अकसर माँ के रूप में किया जाता हो, लेकिन उनका व्यक्तित्व उस रूप में मातृत्वयुक्त नहीं है। यहाँ तक कि मातृकाएँ भी अपने स्वभाव में ममतामयी नहीं, बल्कि उग्र होती हैं जबकि कभी-कभार उनकी गोद में बच्चे दिखाये गये हैं। तन्त्र में औरतें भी दीक्षित हो सकती हैं, उन्हें भी मायावी शक्तियाँ प्राप्त हो सकती हैं लेकिन अनुष्ठानों में वे मुख्य पुजारी की भूमिका नहीं निभा सकती हैं। यह दिखाता है कि तन्त्र में स्त्रीत्व के सिद्धान्त को जो अहमियत दी गयी थी वह व्यवहार में स्त्रियों के उच्च नेतृत्व के रूप में रूपान्तरित नहीं हो सकी।

राधा

राधा वह देवी हैं जिनका मुख्य सम्बन्ध कृष्ण से है। गोपिकाओं के बीच से आने वाली राधा का कृष्ण के लिए प्रगाढ़ प्रेम था, लेकिन आमतौर से उन्हें

11. पादू, *द हिन्दू तान्त्रिक वर्ल्ड*, पृ. 49-59।

कृष्ण की पत्नी नहीं माना जाता। राधा का छिटपुट सन्दर्भ कुछ प्रारम्भिक ग्रन्थों जैसे मत्स्य पुराण, वाराह पुराण और लिंग पुराण में आता है। हरिवंश में, या विष्णु पुराण और भागवत पुराण में भी उनका कोई सीधा ज़िक्र नहीं आता।

चित्र 3.14 : कृष्ण के लिए राधा का विलाप, काग़ज़ पर अपारदर्शी वाटरकलर और स्वर्ण, गीत गोविन्द की जिल्द, 1775-80 सा.सं., पंजाब हिल्स में कांगड़ा या गुलेर की शैली

'भागवत पुराण' एक महत्त्वपूर्ण वैष्णव ग्रन्थ है। उसे दक्षिण भारत में नौवीं या दसवीं सदी में रचा गया था। उसका दसवा खण्ड 'कृष्णचरित' कृष्ण के जीवन का विस्तृत विवरण देता है। उसमें उनके जन्म, उनके बचपन, उनके धाय माता-पिता यशोदा और नन्द, वृन्दावन में उनके गोप जीवन, पूतना वध और कालिया वध जैसे उनके चमत्कारिक कृत्य तथा गोपियों से सम्बन्ध का वर्णन है। इस ग्रन्थ में एक विशिष्ट गोपी के साथ कृष्ण के विशिष्ट सम्बन्ध की बात की गयी है, लेकिन उसका नाम नहीं बताया गया है। कृष्णभक्ति में कृष्ण के लिए गोपियों के प्रेम और मनोरथ तथा उनसे विरह-सन्ताप का प्रयोग एक मुहावरे के तौर पर भगवान और भक्त के बीच सम्बन्ध के लिए किया जाता है।

बारहवीं सदी में रचे जयदेव के प्रसिद्ध गीतिकाव्य 'गीत गोविन्द' ने राधा को प्रकाश में लाने का काम किया। यह रचना उत्कृष्ट साहित्यिक गुणों और सशक्त रासभाव के लिए जानी जाती है। इसमें कृष्ण के लिए राधा की तीव्र

उदासी, मनोरथ और उनसे मिलने की उत्कट इच्छा दर्शायी गयी है। राधा के प्रेम को विरह वेदना के उत्कर्ष (उपालम्भ) की तरह प्रस्तुत किया गया है। [चित्र 3.14] राधा और कृष्ण के प्रेम का विस्तार 'ब्रह्मवैवर्त पुराण' में मिलता है, जहाँ राधा को कृष्ण की शक्ति मानकर उन्हें देवी के पद पर प्रतिष्ठापित किया गया है।

तमिल महाकाव्य 'शिलप्पदिकारम्' में मदुरै में रासलीला करती और कृष्ण तथा 'पिन्नयी' के बारे में गीत गाती गोपिकाओं का सन्दर्भ आता है। पिन्नयी ही राधा का रूप हो सकती है।

बौद्ध देवियाँ

हिन्दू धर्म में देवी पूजा का माहात्म्य स्थापित और प्रचलित है लेकिन बौद्ध व जैन धारा में यह महत्त्व उस तरह से मान्य नहीं है। भारतीय बौद्ध धारा के इतिहास में 200 सा.सं.पू. से 300 सा.सं. के बीच का कालखण्ड कुछ नये विचारों और आचारों के उदय से जुड़ा हुआ है जिसे सुविधा के लिए महायान कह दिया जाता है।[12] प्रारम्भिक बौद्ध मत में सर्वोच्च लक्ष्य अर्हत होना होता था (वह जिसने निब्बान या निर्वाण प्राप्त कर लिया हो)। महायान में सर्वोच्च लक्ष्य बुद्धत्व को प्राप्त करना हो गया। बोधिसत्व वह है जिसने ज्ञान तो प्राप्त कर लिया, लेकिन दूसरों के प्रति अपनी करुणा के चलते वह निर्वाण की आख़िरी सीढ़ी नहीं चढ़ पाया और इसके बजाय उसने दूसरों को यहाँ तक पहुँचाने में मदद करने के लिए सांसारिक रास्ता चुना। इसीलिए बोधिसत्व और बुद्धों की भक्ति को बहुत महत्त्व दिया गया है। वे तकनीकी रूप से भगवान तो नहीं थे (भगवान का दरजा उनसे नीचे था) लेकिन उनकी पूजा होती थी।

देवियों का महत्त्व प्रारम्भिक बौद्ध धारा, महायान और बौद्ध तन्त्र में है।[13] 'बुद्धचरित' में वर्णित बुद्ध की ज्ञान-प्राप्ति की घटना का वर्णन इसका एक

---

12. महायान ('बड़ा वाहन') और हीनयान ('छोटा वाहन') शब्द महायानवादियों द्वारा गढ़े गये थे। कहने की आवश्यकता नहीं है कि ग़ैर-महायानवादियों ने ख़ुद को निम्न मार्ग यानी हीन मार्ग का अनुयायी नहीं माना होगा।

13. पाठ्य और दृश्य स्रोतों के संयुक्त क़रीबी परीक्षण पर उत्कृष्ट चर्चा के लिए देखें मिरांडा शॉ, *बुद्धिस्ट गॉडेसेज़ इन इंडिया*, प्रिंसटन : प्रिंसटन यूनिवर्सिटी प्रेस, 2006।

उदाहरण है। बोधि वृक्ष के नीचे ध्यानमग्न सिद्धार्थ जब प्रबोधन की दहलीज़ पर होते हैं तभी दैत्य मार और उसकी पैशाचिक सेना उनके ऊपर हमला कर देती है और उनके तप को भंग करने का प्रयास करती है। तब सिद्धार्थ पृथ्वी यानी भू-देवी का आवाहन करते हैं कि वह आये और उनके प्रबोधन की अर्हता का गवाह बने। पृथ्वी अपनी गवाही के रूप में काँप उठती है जिसके डर से मार भाग खड़ा होता है। इसके अलावा, साँची जैसे बौद्ध विहारों में गजलक्ष्मी के नक़्क़ाशीदार वास्तुशिल्प पाये गये हैं, जैसा कि पहले बताया गया। एक और बौद्ध देवी हैं हरीति। कहते हैं कि पहले वह दूसरों के बच्चों को हर कर उनका भक्षण करने वाली एक रक्तपिपासु दानवी यक्षी थी जिसे बुद्ध ने बोधि देकर करुणामयी मातृरूप में रूपान्तरित कर डाला।

महायान बौद्ध धारा की देवियाँ बौद्ध सद्गुणों से युक्त उदार रक्षक और तारक हैं।[14] 'प्रज्ञापारमिता' के पाठ में ज्ञान को स्त्री स्वरूप में देवी प्रज्ञापारमिता के रूप में परिकल्पित किया गया है। यह देवी सभी बुद्धों की माँ मानी गयी हैं और इन्हें सभी बुद्धों के सर्वज्ञान का स्रोत बताया गया है। वे पूर्ण ज्ञान की वाहक और दायक हैं। पाल काल के शिल्पों में उनका सम्बन्ध कमल के चित्र से दिखाया गया है और उनकी हथेलियाँ प्राय: व्याख्यान मुद्रा में आपस में जुड़ी हुई हैं। महायान बौद्ध मत का जैसे-जैसे विस्तार होता गया, कई और देवियाँ उसमें समाहित होती गयीं। उनमें पर्णशवरी (वनों और उपचार से सम्बन्धित), मरीचि (उषा से सम्बन्धित एक योद्धा देवी), जंगुली (सर्पदंश से रक्षा करने वाली), सरस्वती (शिक्षा से सम्बन्धित) और वसुधरा (समृद्धिदायी) शामिल हैं।

सबसे प्रचलित बौद्ध देवी तारा हैं। वे बोधिसत्व अवलोकितेश्वर की परिचारिका थीं जो प्रारम्भिक मध्यकाल तक महायान मत के शिखर पर पहुँचीं और उन्हें बुद्ध के रूप में मान्यता दी जाने लगी। तारा पारलौकिक ज्ञान और असाधारण करुणा का स्त्री प्रतीक हैं। माना जाता है कि लोगों को कष्टों से मुक्ति दिलाने की उनकी क्षमता अपार है। माना जाता है कि वे अवलोकितेश्वर के आँसू की बूँद से पैदा हुई थीं (जब अवलोकितेश्वर सभी चेतन प्राणियों

14. विवरण के लिए देखें, मिरांडा शॉ, *बुद्धिस्ट गॉडेसेज़*, पृ. 155-354।

को मुक्ति देने के महती कार्य में निराशा के चलते आँसू बहा रहे थे), या उनके आँसुओं से उत्पन्न एक कमल से पैदा हुईं अथवा उनके हृदय से उत्पन्न हुई थीं। वे रक्षक हैं जो लोगों को आठ महान भयों से बचाती हैं–शेर, हाथी, आग, साँप, लुटेरे, डूब, क़ैद और दैत्य। उनके कई अवतार हैं जिनकी मदद से वे उद्धार करती हैं। तारा को प्रज्ञापारमिता ('सभी बुद्धों की माँ') की उपाधि विरासत में मिली। सातवीं सदी के बाद रचे गये कई तारा स्तोत्र उन्हें अवलोकितेश्वर की सहचरी के रूप में दर्शाते हैं, सभी बुद्धों की माँ बतलाते हैं और उन्हें प्रेम और करुणा से जोड़कर दिखाते हैं। बौद्ध तन्त्र में तारा को बुद्ध की शक्ति या किसी एक बुद्ध का अवतार माना गया है।

चित्र 3.15 : श्वेत तारा, भूटान

पश्चिमी हिमालय के बौद्ध विहारों, जैसे अल्ची और ताबो गोम्पा में, साथ ही भूटान में तारा को या तो सफ़ेद या हरे रंग में एक आनन्दप्रद और दयालु देवी के रूप में दर्शाया गया है। [चित्र 3.15] पालकालीन कई काँसे की प्रतिमाएँ उन्हें खादिरवनी तारा या श्यामा तारा के रूप में प्रदर्शित करती हैं। उन्हें ध्यानी बुद्ध अमोघसिद्धि का अवतार माना जाता है।[15] देवी का रौद्र रूप महाचीन तारा या उग्र तारा हैं। इन्हें अक्षेभ्य बुद्ध का अवतार माना गया है।

15. ध्यानी बुद्ध पाँच शाश्वत दैवी बुद्धों का एक समूह है।

उनकी चार भुजायें हैं, वे शव पर खड़ी होती हैं, उनके दायें हाथ में तलवार और चापड़ है तथा बायें हाथ में नरमुंड और कमल है।

बौद्ध तन्त्र में कई ऐसी देवियाँ हैं जिन्हें डाकिनी कहते हैं। वे उग्र और प्रचण्ड होती हैं। उनका सम्बन्ध नरमुंडों और हड्डियों के बने आभूषण से होता है। इनमें वज्रयोगिनी, नैरात्म्य, सिंहमुख, और उग्रतम छिन्नमुंडा हैं, जिन्हें अपना ही कटा हुआ शीश लिए दिखाया गया है जिसकी गरदन से रक्त बह रहा है। ये देवियाँ बहुत शक्तिशाली हैं। इन्हें प्राय: अलग से बुद्ध के रूप में वर्णित किया जाता है। कहते हैं कि इनका पूजा अनुष्ठान मुक्ति दिलवाने में समर्थ होता है।

जैन देवियाँ

राजस्थान के माउंट आबू स्थित दिलवाड़ा के भव्य मन्दिरों को देखने वाले किसी भी व्यक्ति का ध्यान इस बात पर जा सकता है कि मुख्य मन्दिर और छोटे मन्दिरों में तीर्थंकरों की तस्वीरें हैं लेकिन उनकी दीवारों और छतों पर सुन्दर और ऐन्द्रिय स्त्री आकृतियाँ उकेरी हुई हैं। मन्दिरों के इन दृश्यों सहित ग्रन्थ और अभिलेखों के उत्कीर्णन जैन धारा में देवियों की पूजा के महत्त्व का पता देते हैं।[16] माना जाता है कि ये देवियाँ तीन लोकों में वास करती हैं– ऊर्ध्वलोक, मध्यलोक और अधोलोक। ऊर्ध्वलोक में सरस्वती और लक्ष्मी जैसी देवियाँ हैं जो हिन्दू धर्म में भी होती हैं। मध्यलोक में तन्त्र की सोलह विद्यादेवियों का वास है, जिन्हें जादुई या रहस्यमय ताक़तों और आचरण के लिए जाना जाता है। अधोलोक में यक्षियाँ रहती हैं जो चौबीस तीर्थंकरों की परिचारिकाएँ हैं।

देवी, विद्यादेवी और यक्षी के बीच विभाजक रेखा खींच पाना मुश्किल काम है, हालाँकि इन तीनों के बीच अधोलोक की यक्षियाँ अम्बिका, पद्मावती और ज्वालामालिनी ख़ासकर छठी सदी के बाद से वास्तव में सर्वाधिक लोकप्रिय जैन देवियाँ रही हैं। ग्रन्थों में भले ही इन्हें तीर्थंकरों की परिचारिका

16. देखें जॉन कॉर्ट, 'मिडीवल जैन गॉडेस ट्रैडिशन्स', *नुमेन*, खण्ड 34, अंक 2, दिसम्बर 1987, पृ. 235-55।

बताया गया है, पर व्यवहार में धार्मिक आचरण का ये महत्त्वपूर्ण हिस्सा हुआ करती थीं। [चित्र 3.16]

देवी अम्बिका का सम्बन्ध बच्चों के जन्म से है। इन्हें अपने दो पुत्रों के साथ एक सिंह पर सवार दिखाया गया है। [चित्र 3.17] ऐसा जान पड़ता है कि पद्मावती आरम्भ में नाग की देवी रही होंगी (वह नाग शासक धरणेन्द्र की पत्नी हैं), जो बाद में तेईसवें तीर्थंकर पार्श्वनाथ की परिचारिका बन गयीं। कर्नाटक क्षेत्र का शान्तर राजवंश उन्हें अपनी कुलदेवी बताता है। ज्वालामालिनी आठवें तीर्थंकर चन्द्रप्रभु की दिगम्बर यक्षी है। वे स्पष्टत: तन्त्र की देवी हैं। कुछेक देवियाँ ऐसी हैं जो तीर्थों की अधिष्ठात्री हैं, जैसे गिरनार की देवी अम्बिका और श्रवण बेलगोला की देवी पद्मावती। देवियों की आकृतियाँ तमिलनाडु के प्रारम्भिक मध्यकालीन जैन मन्दिरों में प्रमुखता से पायी जाती हैं।

चित्र 3.16 : दिगम्बर यक्षी कुष्मांडिनी, शिस्त, कर्नाटक, 900 सा.सं.

चित्र 3.17 : अम्बिका, एलोरा

जैन धारा में यह मान्यता है कि देवियों की भक्ति ज्ञान तक नहीं पहुँचा सकती, लेकिन उससे समृद्धि, शक्ति और यहाँ तक कि दार्शनिक शास्त्रार्थ में विजय जैसे सांसारिक लक्ष्यों को प्राप्त करने में मदद मिल सकती है। यानी, देवियाँ बेशक उपासना का मुख्य केन्द्र नहीं थीं लेकिन उनकी उपस्थिति

बहुत मज़बूत थी जो जैन मन्दिरों के सादे वातावरण को सौन्दर्य और उल्लास प्रदान करती थी। तीर्थंकर एकान्तवासी हैं, स्थिर रहते हैं और इन्सानी मसलों में दख़ल नहीं देते। दूसरी ओर देवियाँ इन्सानी पहुँच के भीतर हैं तथा सांसारिक कामनाओं की पूर्ति के लिए उनका आह्वान किया जा सकता है। इसलिए भले ही उनका औपचारिक दरजा तीर्थंकरों से नीचे रहा, लेकिन सदियों तक जैनियों की भक्ति के केन्द्र में देवियाँ ही रही हैं।

चित्र 3.18 : अर्धनारीश्वर शिव, गार्नेट और पन्ना के साथ जड़ा हुआ ताँबा, पेंट के निशान के साथ, नेपाल, 1000 सा.सं.

सरस्वती को विद्या की हिन्दू देवी माना जाता है, लेकिन उनकी उपस्थिति बौद्ध और जैन सम्प्रदायों में भी है। उनकी प्राचीनतम मूर्ति मथुरा के कंकाली टीला पर पायी गयी है जिसका सन्दर्भ वास्तव में जैन सम्प्रदाय से जुड़ता है। धन की देवी श्री या लक्ष्मी बौद्ध स्थलों पर पायी गयी हैं। उनकी हिन्दू और जैन व्यापारी दोनों ही पूजा करते हैं। जैन देवियों का उद्गम स्रोत भले हिन्दू धर्म है लेकिन इन देवियों का अपना स्वतन्त्र व्यक्तित्व है। कहीं-कहीं तो उनके व्यक्तित्व में बहुत रूपान्तरकारी बदलाव देखे गये हैं। बौद्ध धारा की तरह जैन सम्प्रदाय में भी उग्र देवियों के शान्त और कृपालु देवियों में रूपान्तरण की कथाएँ मौजूद हैं। एक कथा यह है कि एक जैन भिक्षु के प्रभाव में हिंस्र, रक्तपिपासु चामुण्डा देवी एक उदार और शाकाहारी देवी में

बदल गयीं। एक और हिंस्र देवी हैं नीलकेची, जिनका 'रूपान्तरण' हुआ था। माना जाता है कि उन्होंने न सिर्फ़ हिंसक तरीक़ों को त्याग दिया, बल्कि जैन सद्गुणों के प्रचार-प्रसार तथा बौद्ध आचार-विचार के खण्डन के लिए ख़ुद को समर्पित कर डाला था।

मध्यकालीन दक्षिण भारत के मन्दिर शिल्पों में हिन्दू और जैन देवियों के चित्रण के बीच चौंकाने वाली समानताएँ दिखाई देती हैं, उदाहरण के लिए अम्बिका और पार्वती तथा पद्मावती और दुर्गा महिषासुरमर्दिनी के बीच।[17] जैन और हिन्दू देवियाँ समादृत थीं और उनके पूजन का तरीक़ा भी समान था। ग्रन्थों में दो धर्मों के बीच जैसे स्पष्ट अन्तर नज़र आते हैं, उनके मुक़ाबले और उनसे उलट धार्मिक व्यवहार के ऐसे साझा तत्त्व चौंकाते हैं।

प्राचीन भारत में देवी पूजा का महत्त्व धार्मिक और क्षेत्रगत विभाजनों से लेकर कुलीनों और आमजन के विभाजन को लाँघते हुए जिस तरह चौतरफ़ा व्याप्त है, वह दिखाता है कि अलग-अलग समाज दैवी तत्त्व या भगवान को स्त्री के रूप में संकल्पित करने और उसे पूजने में समर्थ थे। यहाँ तक कि महादेव शिव का एक रूप अर्धनारीश्वर तो उभयलिंगी है यानी आधा पुरुष और आधा स्त्री है। [चित्र 3.18] यहीं से सवाल उठता है कि देवत्व को स्त्री रूप में संकल्पित करने के समाज के सामर्थ्य तथा लैंगिक सम्बन्धों के बीच कोई सीधा सम्बन्ध है क्या? क्या देवियों की पूजा वास्तविक जगत में औरतों के लिए सामाजिक समानता या श्रेष्ठता की स्थिति लाने तक पहुँच पाती है?

औरतों की वास्तविक दुनिया

इतिहास में अब तक ज्ञात सारे समाज पितृसत्तात्मक रहे हैं। यानी परिवार के भीतर और व्यापक स्तर पर समाज के भीतर सारी ताक़त और अधिकार पुरुषों के ही पास रहे हैं। एक सच्चा मातृसत्तात्मक समाज, जिसमें औरतों के हाथ में सारी सामाजिक और राजनीतिक ताक़त निहित हो, अब तक ज्ञात नहीं है।

---

17. लेस्ली ऑर, 'आइडेंटिटी ऐंड डिविनिटी : बाउंड्री-क्रॉसिंग गॉडेसेज़ इन मिडीवल साउथ इंडिया', *जर्नल ऑफ़ द अमेरिकन एकेडमी ऑफ़ रिलीजन*, खण्ड 73, अंक 1, मार्च 2005, पृ. 9-43।

भारत में आमतौर से पिता के वंश वाले परिवारों का वर्चस्व रहा है। पिता से चलने वाला वंश, माँ से चलने वाला वंश और दोनों से चलने वाला वंश तीन अलग-अलग क़िस्म के समाज हैं। तीनों में बड़े फ़र्क़ हैं। भारत में कुछेक जगहों पर माँ से चलने वाले वंश भी पाये जाते हैं, जैसे उत्तर-पूर्व के ख़ासी, गारो और लालुंग समुदाय, केरल के नायर और लक्षद्वीप के लोग। यहाँ यह समझना ज़रूरी है कि मातृवंशीय समाज, मातृसत्तात्मक समाज नहीं होते। दोनों में फ़र्क़ होता है। मातृवंशीय समाजों में भी ज़मीन-जायदाद का प्रबन्धन पुरुषों के हाथ में ही होता है।

पितृवंशीय जाति समाजों में ज़मीन-जायदाद के हस्तान्तरण और समूह के भीतर ही विवाह वाली जाति संरचना को क़ायम रखने तथा आगे बढ़ाने के लिए औरतों की यौनिकता और प्रजनन क्षमता के ऊपर कठोर नियन्त्रण अनिवार्य होता है। ऐसा नियन्त्रण परिवारों के भीतर पितृसत्ता की पकड़ को मज़बूत करने और औरतों की शुचिता पर ज़ोर देने से सुनिश्चित होता है। पितृसत्ता हालाँकि कई स्तरों पर कई अलग-अलग तरीक़ों से काम करती है और उसी हिसाब से स्त्रियों को अलग-अलग स्तर पर स्वायत्तता भी प्रदान करती है। मसलन, हो सकता है कि आदिवासी समाजों में पितृसत्ता बाक़ी समाजों के मुक़ाबले अपनी औरतों को ज़्यादा आज़ादी देती हो। आमतौर से बेटों को बढ़ावा देने और औरतों की आज़ादी पर पाबन्दी लगाने वाली सामाजिक कसौटियों को हम लोग सांस्कृतिक रूप से 'भारतीय' मान लेते हैं, लेकिन यह वास्तव में पितृवंशीय समाजों की ख़ासियत है। मातृवंशीय समाजों की तस्वीर इससे भिन्न होती है। यदि हम भारत की तुलना श्रीलंका, इंडोनेशिया, थाईलैंड या फिलीपींस के साथ करें जहाँ कई समुदाय द्विपक्षीय (माता और पिता दोनों के) वंशावली को मानते हैं, तो तस्वीर बिल्कुल अलग उभरती है। मोटे तौर से तो ये समाज भी पितृसत्तात्मक ही होते हैं, लेकिन वंश और सम्पत्ति चूँकि पुरुष और स्त्री दोनों के माध्यम से प्रसारित होती है केवल इस वजह से औरतों के ख़िलाफ़ भेदभाव के वे आत्यन्तिक स्वरूप (जैसे दहेज हत्या, कन्या भ्रूण हत्या और बच्चियों की उपेक्षा) वहाँ देखने को नहीं मिलते

जैसे भारत में हैं।[18] इसलिए बात जब लैंगिक सम्बन्धों पर आती है, तो रिश्ते-नातेदारी की व्यवस्था धर्म से कहीं ज़्यादा अहम हो जाती है।

जैसा हम आजकल देखते हैं, वैसे ही प्राचीन समाजों में भी रिश्ते-नातेदारी, शादी और परिवार की प्रणालियाँ इस उपमहाद्वीप के अलग-अलग हिस्सों में नितान्त भिन्न थीं। अधिकांश लिखित साक्ष्य हालाँकि पितृसत्तात्मक और पितृवंशीय समाजों से ही ताल्लुक रखते हैं, इसलिए हमें सही-सही तस्वीर नहीं मिल पाती। इसके बावजूद ग्रन्थों में जैसे समाजों का चित्रण है, उनमें औरतें केवल अधीनस्थ की भूमिका में नहीं दिखती हैं (वह तो थीं ही), बल्कि उन्हें इतिहास में सक्रिय भागीदार के रूप में प्रस्तुत किया गया है।

व्यापक सामाजिक और आर्थिक दायरे में असमानता और उत्पीड़न को पहचान पाना आसान होता है। परिवारों के भीतर यह इतनी आसानी से लक्षित नहीं हो पाता। ऐसा इसलिए क्योंकि परिवार कई क़िस्म की अन्तरंग भावनाओं और अनुभवों का केन्द्र होता है—प्यार, लगाव, सहयोग, साथ ही द्वेष, टकराव और हिंसा भी। इसके बावजूद सामाजिक इतिहास की आत्मा तो घर-परिवार और गृहस्थी के भीतर रिश्तों में ही तलाशी जानी होगी।

संस्कृत के ग्रन्थों में स्त्री और विवाह

वैदिक ग्रन्थों में विवाह को पिता का वंश आगे बढ़ाने के लिए अनिवार्य माना गया है। अपनी धर्मपत्नी के साथ केवल एक विवाहित पुरुष ही यजमान की भूमिका निभा सकता है। स्त्रीत्व का सम्बन्ध पत्नी और माता होने से है। (घर के पुरुष मुखिया) गृहपति का नियन्त्रण घरबार के उत्पादक संसाधनों सहित अपनी पत्नी की प्रजनन क्षमता के ऊपर भी होता है। अनुष्ठानों में पितरों (यानी

---

18. लीला दुबे, 'किनशिप ऐंड जेंडर इन साउथ ऐंड साउथ ईस्ट एशिया : पैटर्न्स ऐंड कंट्रास्ट्स', नौवाँ जेपी नाइक मेमोरियल लेक्चर, 1994, http://www.cwds.ac.in/wpcontent/uploads/2016/09/Kinship-and-Gender.pdf देखें। परिवार पर देखें एएम शाह, द *फैमिली इन इंडिया : क्रिटिकल एस्सेज*, नयी दिल्ली : ओरिएंट लॉन्गमैन, 1998; और पैट्रीशया ओबेरॉय (सं.), *फैमिली, किनशिप ऐंड मैरेज इन इंडिया*, ऑक्सफ़ोर्ड इन इंडिया रीडिंग्स इन सोशियोलॉजी ऐंड सोशल एंथ्रोपोलॉजी, टीएन मदान (सा. सं.), नयी दिल्ली : ऑक्सफ़ोर्ड यूनिवर्सिटी प्रेस, 1993।

पिता के पूर्वजों) के साथ रिश्ते को महत्त्व दिया गया है। प्रजनन क्षमता आने के बाद विवाह कर दिया जाना एक चलन सा था। ऐसे भी सन्दर्भ आये हैं जहाँ स्त्रियों ने अपने पति का चुनाव किया या पति के निधन अथवा ग़ायब हो जाने पर पुनर्विवाह किया। अविवाहित औरतों के भी सन्दर्भ प्राय: आये हैं, जैसे ऋषिका घोषा।

वैदिक ग्रन्थों में स्त्रियों की स्तुति कई तरीक़ों से की गयी है। 'शतपथ ब्राह्मण' कहता है कि पत्नी अपने पति की अर्धांगिनी होती है और उसे परिपूर्ण करती है। 'बृहदारण्यक उपनिषद' एक विद्वत् पुत्री को प्राप्त करने के अनुष्ठान बताता है। इसका दूसरा पक्ष यह है कि स्त्रियों को वेदों के पठन-पाठन से मोटे तौर पर दूर ही रखा जाता था। ऋग्वेद में ऋषिकाओं को समर्पित श्लोकों की संख्या कम है और उसमें किसी भी स्त्री पुरोहित का ज़िक्र नहीं आया है। अपने पतियों के साथ यज्ञ में स्त्रियाँ बेशक हिस्सा लिया करती थीं, लेकिन वे स्वतन्त्र रूप से यज्ञ नहीं करती थीं। न ही वे दान और दक्षिणा लेने-देने में कहीं नज़र आती हैं। स्त्रियों में मासिक धर्म को ख़तरनाक और प्रदूषक माना जाता था। माना जाता था कि एक रजस्वला पत्नी को यज्ञ में हिस्सा नहीं लेना चाहिए। 'तैत्तिरीय संहिता' के अनुसार इन्द्र ने जब त्वष्ट्र देवता के पुत्र विश्वरूप का वध किया, तो ब्रह्महत्या के पाप से बचने के लिए उसका एक-तिहाई दाग स्त्री पर मढ़ दिया। कहते हैं कि यही 'दाग' स्त्रियों के मासिक धर्म में बदल गया।

माना जाता था कि आदर्श स्त्री वह है जो आज्ञाकारी और विनम्र हो। शतपथ ब्राह्मण के अनुसार अच्छी स्त्री वह है जो अपने पति को ख़ुश रखे, उसे पुत्र जने, और पलट कर कभी जवाब न दे। कई श्लोकों में पुत्रेच्छा की अभिव्यक्ति है। पुत्र-प्राप्ति को सुनिश्चित करने के लिए पुंसवन संस्कार किया जाता है। अथर्ववेद में कन्या भ्रूण को पुरुष में परिवर्तित करने के लिए मन्त्र शामिल हैं। यानी, पुत्रियों के ऊपर पुत्र को तरजीह देने वाले कई स्पष्ट साक्ष्य मौजूद हैं।

धर्मशास्त्र के ग्रन्थ परिवार के मज़बूत होते पितृवंशीय चरित्र, औरतों की बढ़ती हुई अधीनस्थता और उनकी शुचिता पर बढ़ते हुए ज़ोर का पता देते हैं। इसमें सिफ़ारिश की गयी है कि शादियाँ आमतौर से अपने वर्ण के भीतर ही

होनी चाहिए, लेकिन अनुलोम विवाह वहाँ स्वीकार्य माने गये हैं जहाँ स्त्री के मुक़ाबले पुरुष उच्च वर्ण का हो। यहाँ अलग-अलग पत्नियों से जन्मे एक ही पुरुष के पुत्रों के सम्पत्ति से जुड़े अधिकारों पर चर्चा के दौरान बहुपत्नीत्व के सन्दर्भ भी आये हैं।

धर्मशास्त्र आठ प्रकार के विवाह की बात करता है: ब्रह्म, दैव, आर्ष, प्राजापत्य, गन्धर्व, असुर, राक्षस और पैशाच। ब्रह्म विवाह वह है जिसमें एक पिता अपनी पुत्री को परिधान और आभूषणों से लादकर एक ऐसे पुरुष को भेंट करता है जो वेदों का ज्ञाता हो और अच्छे आचरण वाला हो। दैव विवाह केवल ब्राह्मणों पर लागू होता है। इसमें एक पिता अपनी पुत्री को परिधान और आभूषणों से लादकर उसे यज्ञ के दौरान उसे करवाने वाले पुरोहित को भेंट करता है। आर्ष विवाह में पुत्री को भेंट देने के बदले एक जोड़ा मवेशी (गाय और बैल) अथवा उसके दो जोड़े लिए जाते हैं। यह पुत्री की लेनदेन नहीं, पारम्परिक प्रथा है। प्राजापत्य विवाह में पुत्री को भेंट देते वक़्त पिता वर को उपयुक्त सम्मान देते हुए युगल से कहता है, 'आप दोनों अपने धार्मिक दायित्वों को मिलकर निभाएँ।' असुर विवाह वह है जिसमें एक पिता वर को अपनी पुत्री सौंपने से पहले उससे वधू और उसके रिश्तेदारों के लिए यथासामर्थ्य धन ले लेता है। गन्धर्व विवाह में परस्पर प्रेम और सहमति से पुरुष और स्त्री का संगम होता है। राक्षसी विवाह वह होता है जिसमें एक स्त्री को उसके घर से बलपूर्वक अगवा कर के ले जाया जाता है और उसके रिश्तेदारों की अकसर पिटाई या हत्या कर दी जाती है। पैशाच विवाह वह होता है जिसमें एक पुरुष किसी सोयी हुई, मूर्छित, मदमत्त या मानसिक रूप से अस्वस्थ स्त्री के साथ यौनाचार करता है। धर्मशास्त्रीय ग्रन्थों में ब्रह्म विवाह को श्रेष्ठ और पैशाच विवाह को सबसे अधम माना गया है। यह विभिन्न क़िस्म की शादियों को मान्यता दिये जाने का एक संकेत है।

एक लड़की की जल्द से जल्द शादी कर देने की उत्कण्ठा का सम्बन्ध उसकी शुचिता को क़ायम रखने और बच्चे जनने के महत्त्व से जुड़ा हुआ है।

प्रारम्भिक ग्रन्थ यह मानते थे कि लड़कियों की शादी प्रजनन में समर्थ हो जाने पर या उसके आसपास कर दी जानी चाहिए, लेकिन धर्मशास्त्र इस अवस्था से पहले ही ऐसा करने की पैरवी करता है। उसकी वजह यह है कि मासिक धर्म के प्रत्येक चक्र को गर्भधारण के चूक गये एक अवसर के रूप में देखा जाता था। इसीलिए पिता का दायित्व बनता था कि वह सही समय पर अपनी पुत्री के लिए एक सुयोग्य वर ढूँढ़ दे।[19]

पिता की विरासत के मामले में बेटों को प्राथमिकता दी जाती थी, हालाँकि सम्पत्ति की एक श्रेणी स्त्रीधर्म के नाम से भी बतायी गयी है जिसके सन्दर्भ में धर्मशास्त्र के विद्वान मानते हैं कि पत्नियों के भी अधिकार होते हैं। इससे आशय कुछ ख़ास क़िस्म की चल सम्पत्तियों पर अधिकार से है जो स्त्रियों को उनके जीवन में अलग-अलग मौक़ों पर दी जाती हैं। इनमें शादी के समय माता-पिता द्वारा और अन्य मौक़ों पर रिश्तेदारों (पिता, भाई, अन्य) द्वारा दिये जाने वाले उपहार (आभूषण, कपड़े, घरेलू गृहस्थी के सामान, इत्यादि) शामिल हैं। माना जाता था कि स्त्रीधन माँ से पुत्री के पास हस्तान्तरित होगा।

मनुस्मृति में स्त्रियों की स्तुति की गयी है। वह कहती है कि जहाँ स्त्रियों का सम्मान होता है वहाँ देवता रहते हैं। जहाँ उनका सम्मान नहीं होता वहाँ किसी भी कर्मकाण्ड का फल नहीं मिलता। जिस परिवार में औरतें ख़ुश नहीं रहतीं वह बहुत तेज़ी से बरबाद हो जाता है। जहाँ औरतें सन्तुष्ट होती हैं वहाँ समृद्धि आती है। मनुस्मृति कहती है कि पत्नी को न तो बेचा जा सकता है, न ही त्यागा जा सकता है। उसे चल सम्पत्ति की तरह भी नहीं बरता जा सकता क्योंकि वह ईश्वर-प्रदत्त है, बाज़ार से सोने या मवेशी की तरह ख़रीदी नहीं गयी है। पुरुष से अपेक्षा की जाती है कि वह अपनी पत्नी को हर स्थिति में सहयोग करेगा, बशर्ते वह निष्ठावान रहे।

इनके साथ ही मनुस्मृति 'स्त्री-स्वभाव' की भी बात करती है और उनकी चंचल प्रकृति के चलते उन्हें नियन्त्रण में रखने की ज़रूरत बताती है।

---

19. अधिक जानकारी के लिए देखें कणे, *हिस्ट्री ऑफ़ धर्मशास्त्र,* खण्ड 2, भाग 1, पृ. 438-47।

पुरुष रात-दिन अपनी स्त्रियों को स्वतन्त्रता से न रहने दें, क्योंकि वे आनन्दित विषयों में लगी रहती हैं इसलिए उन्हें अपने वश में रखें। बाल्यावस्था में पिता, युवावस्था में पति और वृद्धावस्था में पुत्र स्त्रियों की रक्षा करते हैं, स्त्री स्वतन्त्र नहीं रह सकती।[20]

सभी परिस्थितियों में एक स्त्री को अपने पति के प्रति पूरी तरह समर्पित और आज्ञाकारी रहना बताया गया है। पति यदि पूरी तरह सद्गुणों से हीन हो और भोगी हो, तब भी एक अच्छी औरत को हमेशा अपने पति की पूजा उसे भगवान मानकर करनी चाहिए। यदि पत्नी रोगग्रस्त हो, क्रूर हो, मद्यसार हो, कपटी हो, अवज्ञाकारी हो, बाँझ हो, मितव्ययी हो या कड़वी ज़ुबान वाली हो तो उसका पति उसे त्याग सकता है, लेकिन औरतों के लिए आजीवन एक ही पति के साथ रहने का नियम था। मनुस्मृति में विधवा पुनर्विवाह का सन्दर्भ अवश्य आया है, लेकिन वह उसे अमान्य करार देती है और विधवाओं के लिए अत्यन्त आत्मसंयम व परिवर्जन भरे जीवन की सिफ़ारिश करती है।

इस तरह हम पाते हैं कि मनुस्मृति का पाठ अत्यन्त जटिल है। वह स्त्री-समर्थक और स्त्री-द्वेषी दोनों तरह की बातें करती है। इन अन्तर्विरोधों की व्याख्या कई आधारों पर की जा सकती है–मसलन, सिद्धान्त और व्यवहार के बीच की दूरी, विभिन्न क़िस्म के विरोधी विचारों को एक साथ लाना, वह सन्दर्भ जिसमें ये बातें कही गयी हैं और इनमें से कौन-सी बात पर बल देने की कोशिश की गयी है। फिर भी, एक पितृसत्तात्मक और पितृवंशीय परिवार के परिप्रेक्ष्य में मोटे तौर से मनुस्मृति का पूरा ज़ोर स्त्रियों की अधीनस्थता और उनके ऊपर नियन्त्रण पर है।

स्त्रियों की शुचिता और पति के प्रति उनकी निरपेक्ष आज्ञाकारिता के महत्त्व पर बल अन्य मूल ब्राह्मण ग्रन्थों में भी मिलता है। उदाहरण के लिए, 'अर्थशास्त्र' उन औरतों पर दण्ड लगाने को कहता है जो बिना किसी वैध कारण के अपना घर छोड़ देती हैं। परपुरुषगमन को स्वाभाविक रूप से एक गम्भीर अपराध माना गया है, लेकिन इससे भी छोटे और मामूली कामों–जैसे सहेलियों के साथ बाहर जाना या पति के लिए दरवाज़ा न खोलना–के लिए

20. *मनुस्मृति* 9.2–3; ओलिवेल, *मनु'ज कोड ऑफ़ लॉ*, पृ. 190।

आर्थिक दण्ड का प्रावधान है। दिलचस्प बात यह है कि नर्तकों, बंजारों, भाटों, मछुआरों, बहेलियों, चरवाहों, शराब व्यापारियों और अपनी औरतों को आज़ादी देने वाले ऐसे ही अन्य समूहों की स्त्रियों के सड़क पर किसी पुरुष के साथ हमराह होने को अर्थशास्त्र अपराध नहीं मानता। इससे यह पता चलता है कि इन ग्रन्थों के ब्राह्मण रचयिताओं को स्त्रियों के सामाजिक व्यवहार के अलग-अलग रूपों की अच्छे से जानकारी थी।

संस्कृत काव्य में स्त्रियों के चित्रण पर दूसरे अध्याय में चर्चा की जा चुकी है। संस्कृत के नाटकों में राजाओं की कई प्रेयसियाँ और पत्नियाँ होती थीं। यहाँ दोबारा यह याद किया जाना चाहिए कि संस्कृत के नाटक द्विभाषी हैं। उनमें पुरुष और उच्च-वर्ग के किरदार प्राय: संस्कृत में बोलते हैं जबकि स्त्रियाँ (उनका दरजा कुछ भी हो) और निम्न-वर्ग के किरदार प्राय: प्राकृत में बोलते हैं। इस रूप में देखें, तो स्त्रियों की श्रेणी में यह बात भले ही ऊँच-नीच को दर्शाती हो लेकिन काव्य स्त्रियों को समरूप श्रेणी के रूप में भी बरतता है और उन्हें निम्न वर्गों के साथ नत्थी कर देता है। यह प्रवृत्ति इस तथ्य में भी दिखती है कि ब्राह्मणवादी ग्रन्थों में प्राय: स्त्रियों और शूद्रों की बात साथ-साथ की गयी है।

संस्कृत के ग्रन्थ स्त्रियों की यौनिकता और कर्तृत्व के ऊपर बढ़ते सामाजिक नियन्त्रण के रुझान का अवश्य संकेत देते हैं। यह रुझान किस हद तक प्रचलित सामाजिक आचरण को प्रतिबिम्बित करता है, उस पर बहस की जा सकती है। ये ग्रन्थ बुनियादी रूप से उच्च वर्ग के ब्राह्मण पुरुषों के विचारों के वाहक हैं और संहितात्मक प्रकृति के हैं। इसलिए ज़मीनी स्थिति को बेहतर ढंग से समझने के लिए ज़रूरी है कि दूसरे स्रोतों का भी सन्धान किया जाये।

प्रारम्भिक बौद्ध ग्रन्थों में उपासिकाएँ और भिक्षुणियाँ

ब्राह्मण ग्रन्थों में झलकने वाले पितृसत्तात्मक विचार–जैसे बेटियों के ऊपर बेटों को प्राथमिकता–बौद्ध ग्रन्थों में भी बराबर पाये जाते हैं। इनके मुताबिक माता-पिता इसलिए पुत्र चाहते हैं क्योंकि वह परिवार की जायदाद में बढ़ोतरी करेगा, वंश को आगे बढ़ायेगा, पिता की सम्पत्ति का वारिस बनेगा और अपने

पितरों का श्राद्ध करेगा। 'तिपिटक' में आज्ञाकारी और समर्पित स्त्री की रूढ़ छवि मौजूद है जिसका जीवन अपने पति और पुत्रों के इर्द-गिर्द घूमता रहता है। बौद्ध ग्रन्थों में भी स्त्रियों की कई नकारात्मक छवियाँ हैं। उन्हें लुभाने वाली और लालसाओं को जगाने वाली बताया गया है। एक ऐसी परम्परा जो संघ-जीवन में आत्मसंयम पर इतना ज़ोर देती थी उसमें औरतों को ख़तरा मानना आश्चर्य की तरह नहीं आना चाहिए।

इसके समानान्तर, बौद्ध मत औरतों के लिए निब्बान का सर्वोच्च लक्ष्य हासिल करने की सम्भावना को भी स्वीकार करता था। बुद्ध के जीते जी एक भिक्खुनी (भिक्षुणी) संघ बनाया गया था। ग्रन्थ बताते हैं कि शुरुआत में बुद्ध स्त्रियों के लिए अलग से संघ बनाने पर सहमत नहीं थे, लेकिन अपने शिष्य आनन्द और अपनी मौसी और धाय माँ महाप्रजापति गौतमी के दबाव में उन्होंने ऐसा किया। ऐसा करते समय बुद्ध ने एक नकारात्मक भविष्यवाणी की थी कि संघ में औरतों को शामिल किये जाने के चलते धम्म का पतन 1000 के बजाय 500 वर्ष में ही हो जायेगा। संघ में गर्भवती औरतों, दूध न छुड़ाये गये बच्चों की माताओं, नौजवानों के साथ सम्बन्ध रखने वाली विद्रोही स्त्रियों का प्रवेश वर्जित था। साथ ही उन औरतों को भी नहीं लिया जाता था जिन्हें संघ में आने की अनुमति उनके माता-पिता या पति से नहीं मिली थी। तिपिटक में कई विद्वान भिक्षुणियों का सन्दर्भ आया है। औरतें मुक्ति पा सकती थीं, लेकिन शुरुआत में यह नहीं माना गया था कि वे सीधे (यानी पुरुष के रूप में जन्म लिए बग़ैर) बुद्धत्व प्राप्त करने में भी सक्षम हैं।

उच्च आध्यात्मिक स्तर तक पहुँची बहत्तर थेरियों की तिहत्तर कविताओं का एक संग्रह है 'थेरीगाथा', जिसमें संकलित कुछ कविताएँ निब्बान के अनुभव को बताती हैं। कुछ भिक्षुणियों ने संघ में आने से पहले के अपने अनुभव कविता में बताये हैं। इनमें अप्रिय दाम्पत्य और बच्चे की मौत जैसी त्रासदियाँ शामिल हैं। ऐसी ही एक किशोरी है ब्राह्मण परिवार से आने वाली चन्दा, जिसके माता-पिता महामारी में चल बसे और वह अकेली पड़ गयी थी। तब एक भिक्षुणी प्टचारा ने उसे भोजन कराया, दीक्षा दी तथा संघ में उसका प्रवेश करवाया। प्टचारा श्रावस्ती में एक महाजन के घर की लड़की

थी, जिसकी शादी के बाद दो बच्चे हुए और दोनों गुज़र गये। इसके बाद ही वह भिक्षुणी बनी और संघ में आयी थी। 'थेरीगाथा' में शामिल उसके लिखे एक गीत की कुछ पंक्तियाँ निब्बान के लिए उसके मनोरथ को दर्शाती हैं और ऐन उस क्षण का वर्णन करती हैं जब उसे मुक्ति का अहसास हुआ था।

जब खेत जोतकर और
धरती में बीज बोकर
अपनी स्त्रियों और बच्चों को पालकर
धनोपार्जन कर लेते हैं युवा ब्राह्मण
तो क्योंकर न पायी मैंने शान्ति,
मैं, जो शील से सम्पन्न हूँ
अपने शास्ता के शासन को पूरा करने वाली हूँ
अप्रमादिनी हूँ, अचंचल हूँ, और विनीत भी।

पैर धोने के बाद एक दिन मैंने देखा
फेंका हुआ पानी बह रहा है
ऊँची जगह से नीचे की ओर
मैंने अपने चित्त को समाधि में लगाया
ठीक वैसे ही जैसे सिधाया जाता है
उच्च नस्ल के घोड़े को।

फिर जलता दीपक लेकर
विहार की कोठरी के भीतर गयी
और चारपाई पर बैठ
ध्यानमग्न हुई दीपक की लौ पर
सूई लेकर दीपक की बाती को नीचे करने के लिए
जैसे ही दबाने लगी

बुझ गया दीपक।
और मैंने पा लिया निर्वाण।[21]

संघ के भीतर भिक्षुणियों का दरजा भिक्षुओं के बराबर नहीं होता था। उन्हें 'आठ आवश्यक शर्तों' का पालन करना होता था, जिनमें निम्न थे: भिक्षुणी चाहे कितनी भी वरिष्ठ हो उसे अपने से कनिष्ठ भिक्षु का अभिवादन पूरे सम्मान के साथ करना होता था; किसी भी परिस्थिति में कोई भी भिक्षुणी किसी भिक्षु से बुरा नहीं बोल सकती थी, दुर्व्यवहार नहीं कर सकती थी; भिक्षु भले भिक्षुणियों को सलाह दे सकते थे और डाँट सकते थे, लेकिन भिक्षुणियाँ ऐसा नहीं कर सकती थीं।

बाद के महायान ग्रन्थों में स्त्रियों और स्त्रीत्व की नकारात्मक और सकारात्मक दोनों छवियाँ मौजूद हैं।[22] कुछ जगहों पर औरतों को रहस्यमयी, भ्रामक, रागात्मक, ख़तरनाक और देह-दिमाग़ से कमज़ोर बताया गया है। कुछ अन्य स्थानों पर उन्हें विवेकवान, मातृत्वयुक्त, उदार, करुणामयी और सृजनात्मक कहा गया है। औरतों की यौनिकता को दूसरों के लिए ख़तरनाक माना गया है और उनकी अपनी आध्यात्मिक आकांक्षाओं के लिए भी अवरोधक बताया गया है। कई ऐसी कथाएँ हैं जहाँ औरतों ने भिक्षुओं को लुभाकर उनके ध्यान और ब्रह्मचर्य को भ्रष्ट करने का काम किया है। स्त्रियों के बोधिसत्व की अवस्था तक पहुँचने की क्षमता के मसले पर महायान के ग्रन्थों की राय बँटी हुई है। कुछ ग्रन्थों के मुताबिक इसमें पुरुष या स्त्री होने से कोई अन्तर नहीं पड़ता, लेकिन अधिकतर ग्रन्थ औरतों के लिए बोधिसत्व प्राप्ति के दो विकल्प पेश करते हैं। एक विकल्प है पुरुष के रूप में दोबारा जन्म लेना। दूसरा है चमत्कारिक ढंग से लिंग परिवर्तन। इसी के समानान्तर

---

21. सूजन मरकौट (अनु.), *द फर्स्ट बुद्धिस्ट विमेन : ट्रांसलेशंस ऐंड कमेंट्रीज़ ऑन द थेरीगाथा*, बर्कले : पैरेलैक्स प्रेस, 1991, पृ. 33-34 पर आधारित।
22. देखें डायना वाइ. पॉल, *विमेन इन बुद्धिज़्म : इमेजेज़ ऑफ़ द फेमिनिन इन महायान ट्रैडिशन*, बर्कले : एशियन ह्युमैनिटीज़ प्रेस, 1979।

जैसा कि हम पिछले अध्याय में देख चुके हैं, महायान सम्प्रदाय के भीतर कई देवियों और स्त्री बुद्धों ने महत्त्वपूर्ण स्थान भी हासिल किये थे।

छठी और पाँचवीं सदी सा.सं.पू. के दौरान प्रचलित मानकों के हिसाब से देखा जाये, तो बुद्ध ने स्त्रियों की आध्यात्मिक आकांक्षाओं के लिए बहुत अहम जगह बनायी थी। इसके बावजूद, ध्यान देने वाली बात यह है कि इस दौरान संघों के बारे में उपलब्ध तमाम सूचनाएँ भिक्खु संघों को लेकर ही हैं। भिक्खुनी संघ से जुड़े साक्ष्य मोटे तौर से उसकी स्थापना तक सीमित हैं या ज़्यादा से ज़्यादा अभिलेखों में भिक्खुनियों के योगदान के सन्दर्भ मिल जाते हैं। ग्रन्थों और अभिलेखों से जाने गये प्राचीन भारत के सभी महान बौद्ध विहार भिक्खु संघ ही हैं। भिक्खुनी संघों के लुप्त होते जाने और उनके पतन की कथाएँ एशिया के दूसरे बौद्ध देशों में भी समान रूप से देखने को मिलती हैं। हाल के समय में अपने संघों को बहाल करने के भिक्षुणियों के प्रयासों का भिक्षुओं की ओर से कड़ा प्रतिरोध हुआ है। यह दिखाता है कि प्राचीन दौर में भिक्खुनी संघों के पतन में भिक्षुओं की भूमिका अहम रही है।

प्राचीन जैन धारा में स्त्रियाँ और मोक्ष

बौद्ध धारा की तरह जैनियों में भी स्त्रियों के लिए संघ की व्यवस्था थी। महावीर के जीवनकाल के दौरान संघों में वृद्धि के पारम्परिक जैनी आख्यान वास्तव में स्त्रियों को बहुत अहमियत देते हैं। 'कल्पसूत्र' के अनुसार जब महावीर का निधन हुआ उस समय 14000 भिक्षु और 36000 भिक्षुणियाँ थीं, 159000 उपासक थे और 318000 उपासिकाएँ थीं। कहा जाता है कि कुल 1400 औरतों और 700 पुरुषों ने महावीर के जीवनकाल में ही मोक्ष को पा लिया था। इन संख्याओं को जस का तस लेने की ज़रूरत नहीं है, लेकिन पुरुषों के मुक़ाबले भिक्षुणियों और उपासिकाओं की संख्या का ज़्यादा होना चौंकाने वाला तथ्य है।

सामान्य संवत् की प्रारम्भिक सदियों के दौरान ही जैन संघ श्वेताम्बर और दिगम्बर सम्प्रदायों में बँट चुके थे। स्त्रियाँ मुक्ति प्राप्त कर सकती हैं या नहीं,

यह विषय कोई हज़ार साल तक इनके बीच बहस में बना रहा।[23] इस बहस के केन्द्र में निर्वस्त्रता का मसला था। दिगम्बर सम्प्रदाय के लोग कपड़ों को राग, यौन कामना और लाज से जोड़कर देखते थे इसलिए उसे परिग्रह मानते थे, हालाँकि वे स्त्रियों के लिए निर्वस्त्रता की पैरवी नहीं करते थे। यानी, स्त्री की देह ही उसके मुक्त होने की राह में बाधा थी। इसके अलावा, स्त्री देह के हीन होने की भी एक अवधारणा थी, चूँकि उसका सम्बन्ध नकारात्मक लक्षणों से था :

> जिन की शिक्षाओं में है कि व्यक्ति को मोक्ष नहीं मिल सकता यदि वह वस्त्र धारण करता है...मोक्ष की राह निरावरणता से होकर जाती है। बाक़ी सारे रास्ते ग़लत हैं।
>
> स्त्रियों के जननांग, उसकी नाभि, कक्ष और स्तनों का मध्यवर्ती क्षेत्र सूक्ष्म जीव-रूपों के प्रजनन स्थल कहे गये हैं (ग्रन्थों में)। फिर स्त्रियों के लिए (पूर्ण) परिव्राजकता कैसे सम्भव है?
>
> उनके मन शुद्ध नहीं होते और स्वभाव से ही वे मन या देह से मज़बूत नहीं होती हैं। उन्हें मासिक धर्म होता है। इसलिए, स्त्रियों के लिए भयरहित कोई ध्यान नहीं है।[24]

विहारवासी स्त्रियों को वैसे तो आदर से आर्यिका या साध्वी कहा जाता था, लेकिन उन्हें किसी आम संयमी उपासिका की तरह ही बरता जाता था जिसने पर्याप्त आध्यात्मिक उन्नति कर ली हो। दिगम्बरों के अनुसार मोक्ष प्राप्त करने के लिए एक स्त्री को पुरुष के रूप में दोबारा जन्म लेना होगा।

मोक्ष-प्राप्ति की स्त्रियों की क्षमता को अस्वीकार करने वाली दिगम्बर सम्प्रदाय की दलीलों का श्वेताम्बरों ने बहुत व्यवस्थित और उग्र तरीक़े से

---

23. देखें पद्मनाभ एस. जैनी, *जेंडर ऐंड साल्वेशन : जैन डिबेट्स ऑन द स्पिरिचुअल लिबरेशन ऑफ़ विमेन*, नयी दिल्ली : मुंशीराम मनोहरलाल (1979), 2001; और 'जैन डिबेट्स ऑन द स्पिरिचुअल लिबरेशन ऑफ़ विमेन', जैनी के *कलेक्टेड पेपर्स ऑन जैन स्टडीज*, दिल्ली : मोतीलाल बनारसीदास, 2000, पृ. 163-97 में।

24. कुण्डकुण्ड की *सुत्तपहुदा* (दूसरी शताब्दी सा.सं.) से; जैनी में उद्धृत, 'जैन डिबेट्स ऑन द स्पिरिचुअल लिबरेशन ऑफ़ विमेन', पृ. 166।

खण्डन किया। उनके अनुसार, कपड़े पहनना या न पहनना विकल्प का मसला है और स्त्रियाँ इससे इतर मोक्ष को प्राप्त कर सकती हैं। (श्वेताम्बर भिक्षु और भिक्षुणियाँ दोनों ही सफ़ेद वस्त्र पहनते हैं।) इस सम्प्रद्राय के भिक्षु और भिक्षुणियाँ समान प्रतिज्ञाएं लेते थे और सिद्धान्ततः दोनों को एक-दूसरे के समान माना जाता था। विहार के भीतर लागू होने वाले नियमों में हालाँकि असमानता झलकती है, बिल्कुल उसी तरह की जैसी बौद्ध संघों में हुआ करती थी। कोई भिक्षुणी चाहे कितनी ही वरिष्ठ क्यों न हो और भिक्षु कितना ही कनिष्ठ, भिक्षुणी को सम्मान के साथ उसका अभिवादन करना होता था। वे अपने पापों का स्वीकार भिक्षुओं के समक्ष कर सकती थीं और इसके लिए उनके ऊपर बन्दिशें भी लगायी जा सकती थीं, लेकिन इसका उलटा सम्भव नहीं था।

क्या कोई स्त्री तीर्थंकर बन सकती थी? श्वेताम्बरों के अनुसार इसका जवाब है–हाँ। उन्नीसवीं तीर्थंकर मल्ली एक स्त्री थी। दिगम्बर और श्वेताम्बर दोनों के ही ग्रन्थ यह मानते हैं कि औरतें सबसे बुरी अवांछित इच्छाओं का अनुभव करने में सक्षम नहीं होती हैं, इसलिए वे सबसे निचले यानी सातवें नरक में पैदा नहीं हो सकती हैं। फिर भी, वे कुछ दुष्कर्मों और नकारात्मक प्रवृत्तियों के चलते दोबारा स्त्री-जन्म लेने के लिए ज़िम्मेदार होंगी, जैसे छल, लोभ, अस्थिरता और धूर्तता। यहाँ तक कि मल्ली के बारे में भी श्वेताम्बर सम्प्रदाय कहता है कि पिछले जन्म में छल के कारण ही उनका जन्म दोबारा स्त्री के रूप में हुआ था।[25] मल्ली की आज तक केवल एक ही आकृति पायी गयी है जो नौवीं सदी की है।

हो सकता है कि मोक्ष की सम्भावना का नकार ही दिगम्बर भिक्षुणियों की संख्या में गिरावट के लिए ज़िम्मेदार रहा हो।[26] ऐसा नहीं है कि मोक्ष की

25. वह महाबाला नाम का एक राजा था जो अपनी की हुई एक ग़लती की वजह से मल्ली नाम की राजकुमारी के रूप में पैदा हुआ। दिगम्बर इस परम्परा को पूरी तरह से अस्वीकार करते हैं। उनका उन्नीसवाँ तीर्थंकर मल्लिनाथ नाम का एक व्यक्ति है, जो एक राजसी परिवार में एक राजकुमार के रूप में पैदा हुआ था, राजकुमारी नहीं। दिगम्बर पन्थ में भिक्षु की प्रतिज्ञा लेने के बाद वह अन्ततः तीर्थंकर बन गया।

26. जैनी, *जेंडर ऐंड साल्वेशन*, पृ. 26-27।

सम्भावना अपने आप में स्त्रियों के विहारों के लम्बे समय तक टिके रहने का कोई ठोस आधार थी। श्रीलंका और दक्षिण-पूर्वी एशिया के थेरावद सम्प्रदायों में बौद्ध भिक्खुनी संघों का लोप इसे स्पष्ट करता है।

प्रारम्भिक दक्षिण भारत में स्त्रियाँ, काम और शुचिता

तमिल संगम काव्य में औरतों की एक अलग ही दुनिया सामने आती है। प्रेम और दुख की कविताओं के अलावा औरतें कामगारों के रूप में भी दिखाई देती हैं।[27] वे खेतों में काम करती हैं, बीज रोपती हैं, निराई-छँटाई करती हैं, और धान ओसाती हैं। वे मवेशी और भेड़ें चराती हैं। कपड़े बुनना, रंगना और धुलना भी औरतों के काम हैं। 'पूरनानूरु' में एक कुम्हार औरत वेन्नी का ज़िक्र आता है जो कवयित्री भी थी। औरतें डोलची बनाने और गूदा निकालने का काम करती थीं। समुद्र तट की औरतें मछली पकड़ती थीं और बेचती भी थीं। सड़ाये गये चावल से देसी शराब बनाने और बेचने के काम में भी औरतों का ज़िक्र आया है। वे माला गूँथती थीं और फूल बेचती थीं। औरतें धाय माँ की भूमिका भी निभाती थीं। उनका ज़िक्र बच्चों को दूध पिलाने वाली दाई, सारिका, नर्तकी और राजाओं द्वारा तैनात किये गये अंगरक्षकों के रूप में भी आया है।

पहले अध्याय में प्राचीन तमिल समाजों की एक पवित्र शक्ति 'अनंकु' में आस्था के बारे में बताया गया था। यह शक्ति विभिन्न वस्तुओं में वास करती थी। इसका क़रीबी सम्बन्ध स्त्रियों से था। एक संयमी स्त्री का अनंकु नियन्त्रण में माना जाता था और यह शुभ होता था। रजस्वला स्त्रियों और प्रसवसूताओं को कुछ दिनों तक अशुद्ध मानते थे। विधवाओं को अत्यन्त अशुभ और ख़तरनाक माना जाता था। माना जाता था कि उन्हें आत्मनिषेध और कठिनाई भरा जीवन जीना चाहिए।

एक कठोर पितृसत्तात्मक समाज में स्त्रियों की शुचिता और पति के प्रति उनकी निष्ठा के साथ जुड़ी घनघोर प्रथा सती की थी, जिसमें औरत को उसके

---

27. विजया रामास्वामी, 'आस्पेक्ट्स ऑफ़ विमेन ऐंड वर्क इन अर्ली साउथ इंडिया', कुमकुम रॉय (सं.) *विमेन इन अर्ली इंडियन सोसाइटीज* में, नयी दिल्ली : मनोहर (1989), 1999, पृ. 150-71।

पति की चिता पर ही जला दिया जाता था। वैदिक पाठों और मनुस्मृति में सती का कोई ज़िक्र नहीं है। प्रारम्भिक संस्कृत महाकाव्यों में इसका सन्दर्भ आया है। रामायण के उत्तरकाण्ड में (जिसे बाद में जोड़ा गया माना जाता है) एक ऋषिका वेदावती की माँ का सन्दर्भ आया है जो अपने पति के निधन के बाद सती हो गयी थी। महाभारत में पांडु की पत्नियों में एक माद्री पति की मौत के बाद सती हो जाती है, लेकिन कुन्ती ऐसा नहीं करती है। कहते हैं कि वासुदेव (कृष्ण के पिता) की पाँचों पत्नियों ने उनके निधन पर अपनी जान दे दी थी। इसी तरह कृष्ण की पाँच पत्नियों ने भी उनके निधन पर अपनी जान दे दी थी। ध्यान देने वाली बात है कि इनमें से कोई भी प्रसंग युद्ध के परिप्रेक्ष्य में घटित नहीं हुआ है। महाभारत के स्त्री पर्व में कुरुक्षेत्र की युद्धभूमि में मारे गये नायकों की विधवाएँ शोक तो मनाती हैं पर सती नहीं होती हैं। इस प्रथा का सबसे पुराना प्रत्यक्षदर्शी साक्ष्य ग्रीक स्रोत *बिब्लियोथेका हिस्टॉरिका* में मिलता है जिसे दिदोरस सिसिलस ने लिखा था (पहली शताब्दी सा.सं.पू. में)।

चित्र 3.19 : सती पत्थर, भोजपुर, मध्य प्रदेश

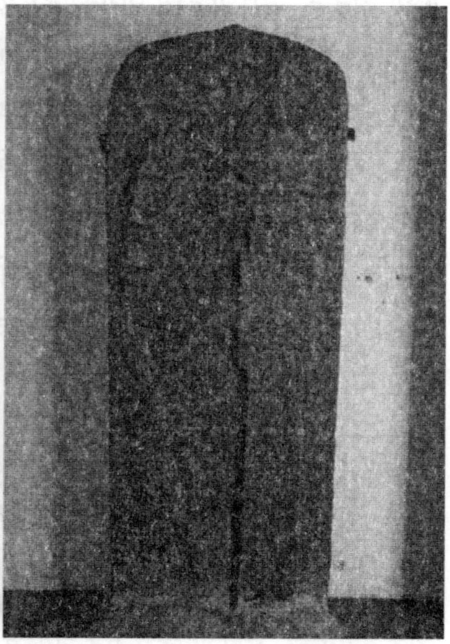

चित्र 3.20 : सती पत्थर, राजकीय संग्रहालय, चेन्नै

संगम काव्य प्रागैतिहासिक दक्षिण भारत में सती प्रथा के होने का संकेत देते हैं। एक कविता में एक निष्ठावान पत्नी का ज़िक्र आया है जो अपने पति की चिता पर जान दे देती है।

> *वह श्मशान की तरफ़ जा रही थी, पीछे की ओर बिखरे हुए उसके बालों से पानी टपक रहा था और उसकी आँखों में दुख का तूफ़ान था...! अपने पति के सुरक्षित और विशाल महल में, जहाँ के ढोल-नगाड़े कभी शान्त नहीं होते, उसे अकेला पड़े कुछ ही क्षण हुए हैं पर अपने भीतर जीवन-रस को कम्पित रखने वाले यौवन से वह विदा ले रही है!*[28]

सती प्रथा के भौतिक साक्ष्य भी हैं। क़रीब तीसरी शताब्दी सा.सं.पू. से ही ऐसे स्मारक पत्थरों के साक्ष्य मिलते हैं जो नायकीय और असमय मौत को श्रद्धांजलि देते हैं।[29] ये पत्थर आमतौर से उकेरे हुए नहीं होते, इनके ऊपर चित्र बने होते हैं। सबसे सरल चित्र एक दृश्य का होता है जिसमें किसी योद्धा को अपने शत्रु के ख़िलाफ़ लड़ते हुए दिखाया गया है। कुछ जटिल चित्रों में कई दृश्य होते हैं, जैसे युद्धरत नायक की छवि, फिर अप्सराओं द्वारा उसे स्वर्ग ले जाने का दृश्य तथा परलोक में अपने इष्टदेवता या किसी सन्त के साथ उसकी छवि। इन्हीं स्मारकों में एक ख़ास क़िस्म के पत्थर को सती चौरा कहते हैं, जो किसी सती को श्रद्धांजलि स्वरूप स्थापित किया गया हो। अपनी बनावट और जटिलता में ये अलग-अलग होते हैं, लेकिन कुछ लक्षणों से इनकी पहचान सम्भव है। जैसे, इन शिलाओं पर आशीर्वाद की मुद्रा में उभरा हुआ दायाँ हाथ (मुड़ी हुई कुहनी और हथेली सामने की ओर) होता है जिसमें चूड़ियाँ बनी होती हैं। चूड़ी इस बात को दर्शाती है कि सती को विधवा नहीं माना जाये।

---

28. जॉर्ज एल. हार्ट और हैंक हेफ़ेट्ज़, *द पुरनानूरु : फोर हंड्रेड सॉन्गस ऑफ़ वॉर ऐंड विज्डम : एन एंथोलॉजी ऑफ़ पोयम्स फ्रॉम क्लासिकल तमिल*, नयी दिल्ली : पेंग्विन बुक्स, (1999), 2002, *पुरनानूरु* 247, पृ. 152।

29. देखें एस. सेटर और गुंथर डी. सोंथाइमर (सं.), *मेमोरियल स्टोन्स : ए स्टडी ऑफ़ देयर ओरिजिन, सिग्निफिकेंस ऐंड वैराइटी*, धारवाड़ : इंस्टीट्यूट ऑफ़ इंडियन आर्ट हिस्ट्री, कर्नाटक यूनिवर्सिटी ऐंड हाइडेलबर्ग : साउथ एशिया इंस्टीट्यूट, यूनिवर्सिटी ऑफ़ हाइडेलबर्ग, अदिनांकित।

इसके अलावा, पत्थर पर सूरज और चाँद का अतिरिक्त चित्रांकन इस बात का सन्देश देता है कि उसका यश अमर है। [चित्र 3.19, 3.20]

आन्ध्र प्रदेश के नागार्जुनकोंडा में पुरातत्त्ववेत्ताओं ने सती प्रथा के और अहम साक्ष्य खोज निकाले हैं। एक नदी के किनारे ईंटों का एक क्षतिग्रस्त परिसर मिला था, जो राजपरिवार के अन्त्येष्टि स्थल से सम्बन्धित जान पड़ता है। यहीं पर उकेरा हुआ एक चूनापत्थर मिला जो किसी मृत रानी या राजकुमारी की आकृति जैसा लगता है। वहीं एक पटिया भी मिली जिस पर एक स्त्री की उकेरी हुई आकृति है जो यज्ञकुंड के बीच रखी एक सीढ़ी से कूदने को है। परिसर में स्तम्भों वाले एक सभागार के भीतर पत्थर की दो पटिया मिली हैं जिनके ऊपर स्वमेध (आत्मदाह) उत्कीर्णित है। ध्यान देने वाली बात है कि संस्कृत के काव्यों, पुराणों और बाद के धर्मशास्त्रीय ग्रन्थों में सती प्रथा के कई सन्दर्भ आये हैं।

स्त्री भक्ति सन्तों के अनुभव

जैसा कि पहले अध्याय में चर्चा की गयी है, प्रारम्भिक मध्यकाल में दक्षिण भारत के आलवार और नायनमार सन्तों ने वैष्णव और शैव भक्ति को नयी अभिव्यक्ति दी थी। इनमें ज़्यादातर सन्त पुरुष थे। नायनमार सन्तों में तीन स्त्रियाँ भी थीं : कराईक्कल अम्मैयार, मंगयारक्करसियार और ईसैननियार। आलवार सन्तों में आंडाल अकेली स्त्री थीं। पुरुष सन्त संन्यासी नहीं थे। ज़्यादातर शादीशुदा थे और सामाजिक जीवन जीते थे। स्त्री सन्तों की स्थिति हालाँकि भिन्न थी।

सन्तचरित में बताया गया है कि नायनमार सन्त कराईक्कल अम्मैयार का मूल नाम पुनितावती था और वह एक सुन्दर स्त्री हुआ करती थी। [चित्र 3.21] शिव की अनन्य भक्ति से उसके भीतर कुछ असाधारण शक्तियाँ आ गयी थीं, जिसका पता चलने पर उसका पति इतना डर गया कि उसने उसे त्याग कर दूसरी औरत से शादी कर ली। इसके बाद पुनितावती ने शिव की तपस्या की और ख़ुद को एक कुरूप दैत्य में रूपान्तरित करने का वर माँगा। शिव ने वरदान पूरा किया और उसे एक कुरूप, कृशकाय स्त्री में बदल दिया।

चित्र 3.21 : कराईक्कल अम्मैयार, ताँबा मिश्र धातु, तेरहवीं शताब्दी का उत्तरार्द्ध

इसके बाद से उनका नाम कराईक्कल अम्मैयार पड़ गया। उनका एक गीत है :

झूलते स्तन और फूली नसें,
बाहर निकली आँखें और सफ़ेद दाँत,
पैरों का पंजर और गाँठदार घुटने
लिए यह पे (पिशाच) स्त्री,
रोती, चीख़ती, चिल्लाती और
लक्ष्यहीन भटकती है वनों में–
उधर, चहुँदिशा में बिखरे बालों
और सौम्य मुद्राओं से युक्त
हृदय में लिए ज्वाला चलता है
शिव का अलौकिक ताण्डव... ।[30]

30. *तिरुवलंकाडु मुथा तिरुपदीकम*, श्लोक 1, *तिरुमुराई* 11; दहेजिया के *स्लेव्स ऑफ़ द लॉर्ड*, पृ. 118 में उद्धृत अनुवाद पर आधारित।

कहते हैं कि कराईक्कल तीर्थयात्रा पर कैलाश पर्वत गयी थीं। वह अपने पैरों से पवित्र कैलाश तक जाने वाली राह को अपवित्र नहीं करना चाहती थीं, इसलिए ईश्वर की उपस्थिति में हाथ के बल चलकर गयी थीं। कराईक्कल के गीतों को कभी संगीत नहीं दिया गया और कभी भी मन्दिरों में नहीं गाया गया, शायद इसलिए कि उन्हें हमेशा वर्जित माना जाता रहा है।

प्रारम्भिक मध्यकाल के भक्ति सन्तों में कुछ महिलाओं का होना अपने आप में महत्त्वपूर्ण है, लेकिन सन्तों का नेतृत्व हमेशा से ही पुरुषों के पास रहा। जहाँ तक व्यापक भागीदारी का सवाल है, ध्यान देने वाली बात है कि शैव मठों में औरतों के लिए जगह नहीं थी। यह तो रामानुज (ग्यारहवीं सदी सा.सं.) के काल में श्रीवैष्णवों के बीच और बाद में बारहवीं सदी से वीरशैव आन्दोलन के बढ़ते प्रभाव का परिणाम रहा कि वैष्णव और शैव भक्ति में महिला भक्तों की भागीदारी को ज़्यादा जगह दी जाने लगी।

बारहवीं सदी में एक वीरशैव सन्त हुई थीं अक्का महादेवी। सन्तचरित के मुताबिक उन्हें बचपन में ही एक भटक रहे भिक्षु ने दीक्षित कर के बता दिया था कि उनका विवाह शिव से होगा। वह बच्ची बड़ी होकर एक सुन्दर स्त्री बनी और उसका विवाह कौशिक नाम के एक सेनापति से हुआ। शादी के पहले उसने शर्त रखी थी कि उसका पति उसकी शिवभक्ति में कोई बाधा नहीं डालेगा। जब पति ने इस शर्त को तोड़ दिया, अक्का अपना दाम्पत्य तोड़कर घर से निरावरण ही निकल पड़ी। उसकी अनावृत देह केवल लम्बे बालों से आच्छादित थी। इस देह को सभी सामाजिक प्रथाओं के नकार का प्रतीक माना गया। भटकते हुए वे शैव सन्तों के एक समूह का हिस्सा बन गयीं। कन्नड़ में कहे अक्का के वचन (गीति-उपदेश) शिव के लिए उनके ज्वरग्रस्त प्रेम को अभिव्यक्त करते हैं। यह अभिव्यक्ति कहीं-कहीं कामुकता लिए हुए है तो कहीं अपेक्षाकृत अमूर्त्त भी है :

कैसे करूँ अब सेवा, जब
बन चुकी है यह देह तुम्हारा दर्पण?
हो चुका यह मन तुम्हारा ही मन
फिर किसका करूँ स्मरण?

यह जीवन मुद्रा है तुम्हारी ही
फिर कैसे करूँ पूजा?

मेरी समस्त चेतना जब तुम्हारी
तब ज्ञान को क्या शेष?
मैं हो चुकी हूँ तुम और तुम्हें ही भूल गयी, हे प्रभु![31]

स्त्री भक्ति सन्तों के सन्तचरित और गीत यह दिखाते हैं कि पुरुषों और स्त्रियों की भक्ति के अनुभव में एक मूलभूत अन्तर था।[32] पुरुष सन्तों के मामले में उनके एक साथ गृहस्थ और भक्त होने के बीच कोई विरोधाभास नहीं था। भक्तिनों के मामले में सामाजिक अपेक्षाएँ और स्त्री-देह भक्ति के आड़े आ जाती थी। यौवन और सौन्दर्य भी उनके लिए एक बोझ की तरह था। विवाहित और पारिवारिक जीवन के साथ ईश्वर की भक्ति नहीं चल सकती थी। इसीलिए समूचे इतिहास में जिन भी स्त्रियों ने अपनी आध्यात्मिक भावनाओं का पीछा किया है उन्होंने ख़ुद को विद्रोही कहे जाने का जोखिम उठाया है। साथ ही स्त्रियों के सन्तत्व और उनके द्वारा मोक्ष की प्राप्ति के दावों पर भी सवाल उठाये गये हैं।

धार्मिक संरक्षक के रूप में स्त्री

धार्मिक सम्प्रदायों और उनके नेतृत्व के हाशिये पर स्त्रियों की उपस्थिति के बावजूद भारत के विभिन्न हिस्सों में पाये गये सैकड़ों शिलालेखों में राजवंशीय और सामान्य औरतों द्वारा किये गये धर्मार्थ दान को दर्ज किया गया है। ये साक्ष्य दिखाते हैं कि धार्मिक दायरे में महिलाएँ सक्रिय भागीदार और सरपरस्त

---

31. एंड्रयू शेलिंग (सं.), *लव ऐंड द टर्निंग सीजन्स : इंडियाज पोएट्री ऑफ़ स्पिरिचुअल ऐंड इरोटिक लॉन्गिंग* में उद्धृत जेन हर्शफील्ड के अनुवाद पर आधारित; नयी दिल्ली : अलेफ बुक कम्पनी, 2014, पृ. 61।

32. देखें विजया रामास्वामी, *वॉकिंग नेकेड : विमेन, सोसाइटी, स्पिरिचुअलिटी इन साउथ इंडिया*, शिमला : इंस्टीट्यूट *ऑफ़* एडवांस्ड स्टडीज़, 1997; उमा चक्रवर्ती, 'द वर्ल्ड ऑफ़ द भक्तिन इन साउथ इंडियन ट्रैडिशंस–द बॉडी ऐंड बियॉन्ड', उमा चक्रवर्ती, *एवरीडे लाइव्स, एवरीडे हिस्ट्रीज : बियॉन्ड द किंग्स ऐंड ब्राह्मन्स ऑफ़ 'एन्शिएंट' इंडिया*, नयी दिल्ली : तूलिका (2006), 2020, पृ. 275-92।

हुआ करती थीं। उन्हें अपने परिवार के भीतर एक ख़ास सीमा तक अधिकार प्राप्त थे और परिवार के आर्थिक संसाधनों के ऊपर भी उनका थोड़ा-बहुत नियन्त्रण था।

दक्कन के पश्चिमी क्षेत्र में सामान्य संवत् की आरम्भिक शताब्दियों में विभिन्न सामाजिक पृष्ठभूमि की स्त्रियों ने बौद्ध संघों को दान दिये थे। मध्य भारत के साँची में 200 सा.सं.पू. से 200 सा. सं. के बीच 380 दान पुरुषों ने और 344 दान स्त्रियों ने दिये।[33] इसके अलावा, संघ के सदस्यों के 252 चढ़ावों में से 129 भिक्षुओं और 123 भिक्षुणियों के दिये हुए थे। कुछ ख़ास जगहों की भिक्षुणियों और उपासिकाओं ने सामूहिक चढ़ावा भी चढ़ाया था। साँची के नक़्क़ाशीदार शिल्पों में स्त्रियाँ भी अंकित हैं।

निचली कृष्णा घाटी पर तीसरी और चौथी सदी में राज करने वाले इक्ष्वाकुवंशी राजाओं के नागार्जुनकोंडा (आन्ध्र प्रदेश) में मिले अभिलेख संकेत देते हैं कि धर्मार्थ दान के मामले में राजा नहीं, बल्कि राजपरिवारों की स्त्रियाँ ज़्यादा सक्रिय हुआ करती थीं। शहर में राजसी समारोहों का अहम केन्द्र एक स्तूप हुआ करता था जिसका नाम महाचैत्य था। इसके निर्माण के लिए पैसा राजसी परिवार की औरतों ने दिया था।[34] इस स्तूप की सबसे प्रमुख सरपरस्त राजा चमतामुला की बहन चमतिसिरी थी। यहीं पर एक और अहम संरक्षक का नाम आता है बोधिसिरी, जो राजसी परिवार से नहीं आती थी लेकिन दूसरे बौद्ध विहारों को भी उन्होंने प्रश्रय दिया।

जैनी धारा में स्त्रियों की सरपरस्ती के साक्ष्य कहीं ज़्यादा मौजूद हैं। तमिलनाडु और केरल के प्रारम्भिक तमिल-ब्राह्मी अभिलेखों में उन गुफाओं की खुदाई के लिए विभिन्न सामाजिक पृष्ठभूमि से आने वाले पुरुषों और स्त्रियों के दान को दर्ज किया गया है जिनमें जैन भिक्षु और भिक्षुणियाँ रहते थे।

---

33. उपिंदर सिंह, 'साँची : द हिस्ट्री ऑफ़ द पैट्रनेज ऑफ़ ऐन एन्शिएंट बुद्धिस्ट इस्टैब्लिशमेंट', उपिंदर सिंह, *द आइडिया ऑफ़ एन्शिएंट इंडिया : एस्सेज़ ऑन रिलीजन, पॉलिटिक्स ऐंड आर्कियोलॉजी*, नयी दिल्ली : सेज, 2016, पृ. 3-42।

34. देखें उपिंदर सिंह, 'नागार्जुनकोंडा : बुद्धिज्म इन द "सिटी ऑफ़ विक्ट्री", उपिंदर सिंह, *द आइडिया ऑफ़ एन्शिएंट इंडिया : एस्सेज़ ऑन रिलीजन, पॉलिटिक्स ऐंड आर्कियोलॉजी*, नयी दिल्ली : सेज, 2016, पृ. 43-72।

मथुरा में 300 सां.सं. से 1000 सा. सं. के बीच स्त्री दानदाताओं की संख्या पुरुष दानदाताओं का क़रीब तीन गुना हो गयी थी। इनमें से कई दान-पुण्य के काम जैन भिक्षुणियों के अनुरोध पर उपासिकाओं ने किये थे।[35]

तमिलनाडु में 700 से 1700 सा.सं. के बीच हिन्दू, जैन और बौद्ध प्रतिष्ठानों को स्त्रियों के संरक्षण के महत्त्वपूर्ण साक्ष्य मिलते हैं।[36] चोल साम्राज्य में दानदाता औरतों में महारानियाँ, भिक्षुणियाँ, देवदासियाँ, सेनापतियों के परिवारों की स्त्रियाँ तथा ज़मींदारों, व्यापारियों और ब्राह्मणों की पत्नियाँ शामिल थीं। रानी सेम्बियन महादेवी दसवीं सदी में अपने पति गंडारादित्य चोल और पुत्र उत्तम प्रथम के राज में हिन्दू मन्दिर की महान संरक्षक थीं। मन्दिरों और उनकी आकृतियों के निर्माण, रोशनी, फूल और देवताओं के भोग सहित पुरोहितों के जीवनयापन के लिए भी औरतें पैसा देती थीं।

राजनीतिक रूप से सशक्त स्त्रियाँ

प्राचीन भारतीय ग्रन्थों में राजा को अनिवार्यत: पुरुष माना गया है। पुरुष उत्तराधिकारी के नहीं होने पर रिक्त स्थान की पूर्ति के लिए औरतों का सन्दर्भ आता है। महाभारत और रामायण के रचयिताओं ने औरतों को राजनीतिक रूप से प्रासंगिक माना है। रामायण में कैकेयी अपने पुत्र भरत को उत्तराधिकारी बनवाने में तक़रीबन कामयाब ही हो गयी थी। महाभारत में कुरुक्षेत्र का युद्ध भले पुरुषों का मामला रहा हो, लेकिन युद्ध करना है या नहीं इस बारे में पांडवों के बीच हुई बहस में द्रौपदी एक सक्रिय भागीदार के रूप में सामने आती है। वह युद्ध का पक्ष लेने वालों में मुखर है।

---

35. देखें कनिका किशोर सक्सेना, *बिफोर कृष्ण : रिलीजियस डाइवर्सिटी इन एन्शिएंट मथुरा,* नयी दिल्ली : ऑक्सफ़ोर्ड यूनिवर्सिटी प्रेस, 2021, पृ. 256।

36. लेस्ली ओर, 'विमेन्स वेल्थ ऐंड वर्शिप : फीमेल पैट्रनेज ऑफ़ हिन्दूइज्म, जैनिज्म ऐंड बुद्धिज्म इन मिडीवल तमिलनाडु', मन्दाक्रान्त बोस (सं.) *फेसेज़ ऑफ़ द फेमिनिन इन एन्शिएंट, मिडीवल ऐंड मॉडर्न इंडिया,* दिल्ली : ऑक्सफ़ोर्ड यूनिवर्सिटी प्रेस, 2000, पृ. 124-47 में।

'अर्थशास्त्र' भी स्त्रियों को राजनीतिक रूप से प्रासंगिक मानता है। कौटिल्य मानते हैं कि सामान्य परिस्थितियों में तो पुरुष ही राज करते हैं। वे स्त्रियों को उत्तराधिकारी नहीं, उत्तराधिकारी को पैदा करने वाला मानते हैं। फिर भी, राजनीतिक संक्रमण के दौर में वे राजगद्दी पर एक स्त्री के बैठने की सम्भावना की परिकल्पना करते हैं। मसलन तब, जब किसी राजा की मौत हो जाये या वह मरणशैया पर पड़ा हो और राजकाज को सुचारु रूप से जारी रखने के लिए उसके मन्त्री ने उसकी जगह ले ली हो। ऐसी परिस्थिति में मन्त्री के सामने विकल्प है कि वह किसी राजकुमार, राजकुमारी या फिर गर्भवती रानी को सिंहासन पर स्थापित कर दे। इतना ही नहीं, प्रभु-शक्ति (प्रभाव की ताक़त) की उत्साह-शक्ति (ऊर्जा की ताक़त) के ऊपर श्रेष्ठता पर विमर्श करते हुए कौटिल्य लिखते हैं :

> प्रभावशाली स्त्री, बालक, लँगड़े-लूले और अँधे राजाओं ने पूर्वकाल में अनेक उत्साही राजाओं को जीत कर अपने वश में कर लिया था, ऐसा सुना है।[37]

चूँकि कौटिल्य का राजा निरन्तर प्राणघातक हमले के भय में रहता था, तो कौटिल्य उसकी रक्षा के लिए उसके इर्द-गिर्द बनाये सुरक्षात्मक घेरे में महिला कर्मियों (साथ में हिजड़े, कुबड़े, बौने और शिकारी भी) को रखने की बात कहते हैं। इसके बावजूद, वह यह भी बताते हैं कि औरतें कैसे राजा के जीवन के लिए गम्भीर ख़तरे पैदा करती हैं। संस्कृत के काव्य में आये वर्णनों से उलट अर्थशास्त्र में अन्तःपुर (हरम) को ख़तरनाक बताया गया है :

> अपने समीप के बन्धु-बान्धव और शत्रु के दुरुपायों से सुरक्षित राजा ही अपने राज्य को चला सकता है। सबसे प्रथम राजा की रक्षा अपनी भार्या और पुत्रों से ही करनी है।[38]

राजसी परिवार सुखी परिवार नहीं होता। प्रेयसियाँ, रानियाँ और पुत्र महत्वाकांक्षी, निर्मोही और ख़तरनाक होते हैं। इस बिन्दु को प्रकाशित करने

---

37. *अर्थशास्त्र* 9.1.9; ओलिवेल, *किंग, गवर्नेंस ऐंड लॉ इन एन्शिएंट इंडिया*, पृ. 349।
38. *अर्थशास्त्र* 1.17.1; ओलिवेल, *किंग, गवर्नेंस ऐंड लॉ इन एन्शिएंट इंडिया*, पृ. 88।

के लिए कौटिल्य कई ऐसे राजाओं के उदाहरण देते हैं जिनकी हत्या उनकी रानियों ने कर दी थी।

यह सच है कि अर्थशास्त्र एक संहितात्मक ग्रन्थ है जो आदर्श राज्य की परिभाषा देता है। ऐसे में सवाल है कि भारत के राजनीतिक इतिहास में स्त्रियाँ किस सीमा तक एक सक्रिय राजनीतिक कर्ता की तरह सामने आती हैं? सदियों तक प्राचीन भारतीय राजनीतिक इतिहास का आख्यान पुरुषों द्वारा शासित साम्राज्यों और राज्यों की कहानी की तरह ही सामने आता रहा है। औरतें वैवाहिक दाम्पत्य में केवल मोहरों की तरह और उत्तराधिकारी की जन्मदात्री की तरह ही दिखाई देती हैं। फिर भी, कुछ साक्ष्य हैं जहाँ राजघरानों की स्त्रियों ने सत्ता और ताक़त का प्रदर्शन किया है। सातवाहन और इक्ष्वाकु वंशों के राजा अपने नाम के साथ अपनी माँ का नाम लगाते थे। अभिलेख दिखाते हैं कि इन राजवंशों की औरतें ताक़तवर व्यक्तित्व थीं। प्राचीन भारत में वैवाहिक दाम्पत्य का राजनीतिक महत्त्व गुप्त वंश के कुछ सिक्कों पर रानियों की आकृति और वंशावली में रानियों के नामों के उल्लेख से पता चलता है। कुछ ऐसे भी उदाहरण प्राचीन भारत में हैं जब शक्तिशाली रानियों ने राजनीतिक सत्ता का प्रत्यक्ष प्रयोग किया।

पाँचवीं शताब्दी सा.सं. में उत्तर में राज करने वाले गुप्त वंश और पश्चिमी दक्कन में राज करने वाले वाकाटकों के बीच वैवाहिक सम्बन्ध बने। वाकाटक शासक रुद्रसेन द्वितीय का विवाह गुप्त शासक चन्द्रगुप्त द्वितीय की पुत्री प्रभावतीगुप्त से हुआ। वाकाटक राज के अभिलेख बताते हैं कि प्रभावतीगुप्त अपने पति के राज में राजनीतिक सत्ता चलाती थी। उसके मरने के वक़्त उसके बेटे दिवाकरसेन, दामोदरसेन और प्रवरसेन बालिग नहीं हुए थे, तो प्रभावतीगुप्त अपने आप शासक बन गयी। दिवाकरसेन गद्दी पर बैठने से पहले ही चल बसा, लेकिन उसके छोटे भाई दामोदरसेन और प्रवरसेन (द्वितीय) गद्दी पर बैठे लेकिन सत्ता की लगाम उनका रानी माँ के हाथ में ही रही। प्रभावतीगुप्त ने ज़मीनें अनुदान में दीं और उनके अभिलेखों में गुप्तवंश की वंशावली वाकाटकों से पहले आती है।

शासन करने वाली कुछ और स्त्रियाँ रहीं। पूरब के चालुक्य वंश में पति चन्द्रादित्य की मौत के बाद विजयमहादेवी शासक बनी। कदम्ब राजवंश की रानी दिवाबरसी ने अपने पुत्र के वयस्क होने तक राज किया। ओडिशा के भेमा-कारा राजवंश में कई रानियाँ शासक की गद्दी पर बैठी थीं–पृथ्वीमहादेवी (त्रिभुवनमहादेवी के नाम से भी ज्ञात), दण्डीमहादेवी, धर्मामहादेवी और वल्कुलामहादेवी। ये सभी किसी पुरुष उत्तराधिकारी के अभाव में शासक बनी थीं, हालाँकि पृथ्वीमहादेवी का शासक बनना सम्भवत: उसके पिता के प्रभाव से जुड़ा हुआ है जो शक्तिशाली सोमवंशी राजवंश से आते थे।

बारहवीं सदी में कल्हण द्वारा रचित 'राजतरंगिणी' में कश्मीर की तीन महिला शासकों का ज़िक्र आता है–गोनन्द राजवंश की यशोवती, उत्पल राजवंश की सुगन्धा और यशस्कर राजवंश की दिद्दा। इनमें दिद्दा का शासनकाल सबसे लम्बा और घटनाप्रद रहा था। क़रीब पचास साल तक उसकी सत्ता निरन्तर क़ायम रही।[39] अपने पति क्षेमगुप्त के राज में वह बहुत ताक़तवर रही, फिर अपने नाबालिग बेटे अभिमन्यु के लिए वह अन्तरिम शासक रही और 980-81 सा.सं. के दौरान कश्मीर की स्वतन्त्र शासक के तौर पर विराजित हुई। कल्हण लिखते हैं कि दिद्दा को सत्ता तक पहुँचाने में एक मन्त्री नरवाहन का सहयोग रहा, जिसने समूचे साम्राज्य के ऊपर उसका शासन स्थापित कर के उसे इन्द्र के तुलनीय बना डाला।

> गौ के खुर डूबने भर जल को भी जो लाँघने में असमर्थ थी, उसी दिद्दारानी ने इस समय शत्रुओं में फूट डालकर शत्रुसागर को लाँघने वाले वायुपुत्र (हनुमान) का काम कर दिखाया।[40]

---

39. इन और अन्य रानियों की चर्चा के लिए देखें, देविका रंगाचारी, *इनविज़िबल विमेन, विज़िबल हिस्ट्रीज़ : जेंडर, सोसाइटी ऐंड पॉलिटी इन नॉर्थ इंडिया (सेवेन्थ टू ट्वेल्थ सेंचुरी एडी)*, नयी दिल्ली : मनोहर, 2009।

40. *राजतरंगिणी* 6.226; आर. एस. पंडित (अनु.), *कल्हन्स राजतरंगिणी : द सागा ऑफ़ द किंग्स ऑफ़ कश्मीर*, नयी दिल्ली : साहित्य अकादेमी (1935), 1968, पृ. 248 पर आधारित।

चित्र 3.22 : भारत माता का पोस्टर

दिद्दा ने नगर बसाये, मन्दिर और मठ बनाये। कल्हण वर्णन करते हैं कि राजसिंहासन पर बैठने से पहले उसने कैसे अपने पुत्र और तीन पौत्रों की हत्या की। विरोधियों की हत्या करना राजनीति में बेशक सामान्य बात थी,

लेकिन एक महिला के ऐसे कृत्य को कल्हण अस्वीकार करते हैं। वे दिद्दा को बेरहम, नैतिक चरित्र से हीन और दूसरों से जल्दी प्रभावित हो जाने वाला बताते हैं। वे सोचते हैं कि ऐसा आंशिक रूप से इसलिए है क्योंकि वह एक औरत थी :

> यह बड़े ही खेद की बात है कि महान कुल में उत्पन्न होने वाली नारियों की प्रवृत्ति भी पर्वत जैसे ऊँचे स्थान से पतित होने वाली नदियों के समान स्वभावत: अधोगामिनी हो जाया करती है।[41]

चाहे जो हो, कश्मीर के राजनीतिक इतिहास में दिद्दा को एक महत्त्वपूर्ण किरदार के रूप में कल्हण ने स्वीकार तो किया ही है।

स्त्रीत्व को लेकर दो विरोधी धारणाएँ सदियों तक सह-अस्तित्व में रही हैं। एक में उसे उर्वरता, शुभ्रता और समृद्धि का वाहक माना जाता रहा है। दूसरे में उसे नकारात्मक और विनाशात्मक क्षमता वाला माना जाता रहा है। महिलाओं के प्रति इस उभयवृत्ति की कई जड़ें हैं। जैसे, उनकी देह, यौनिकता और प्रजनन क्षमता के प्रति अलग-अलग रवैया; बेटे पैदा करने की पितृवंशीय सनक; जाति प्रथा को चलाये रखने के लिए महिलाओं के व्यवहार को नियन्त्रित करने की आवश्यकता; और स्त्रियों की यौनिकता को पुरुषों के ब्रह्मचर्य व पौरुष दोनों के लिए ख़तरे के रूप में देखने की धारणा।

धार्मिक वृत्त में उपासना और धार्मिक सत्ता का केन्द्र बेशक देवता रहे, लेकिन देवियों की अपनी उपस्थिति बहुत सशक्त थी। भारत में देवी पूजा का आख्यान ऐसा है जिसकी अनुगूँज और अहमियत कम होने के बजाय लगातार बढ़ती ही जा रही है। 'देवी संस्कृति' लोकप्रिय आस्था और आचरण का एक ऐसा शक्तिशाली आयाम है जो साम्प्रदायिक अस्मिताओं और विभाजनों को लाँघते हुए आज भी निरन्तर जारी है। उन्नीसवीं सदी के बाद से तो राष्ट्र को भी देवी के रूप में संकल्पित किया गया और उसे भारत माता कहा गया। [चित्र 3.22] आज भी समूचे भारत के तमाम गाँवों में रोज़मर्रा की चिन्ताओं

41. *राजतरंगिणी* 6.316; पंडित, *कल्हन्स राजतरंगिणी,* पृ. 256 पर आधारित।

और तनावों से राहत पाने के लिए शास्त्रों में वर्णित देवियों के साथ-साथ प्रसव और रोग से जुड़ी देवियों की पूजा की जाती है।

इन सब के बावजूद, देवी पूजा आम औरतों के सशक्तीकरण का कारक न कभी बन सकी और न ही बन पा रही है। पितृसत्तात्मक सामाजिक ढाँचों में औरतों ने हमेशा ही अलग-अलग स्तरों पर अधीनस्थता को झेला है, जो उनकी जाति और वर्ग तथा नाते-रिश्तेदारी के प्रचलित ढाँचों पर निर्भर करती रही है। कई ग्रन्थ इस बात की ओर संकेत करते हैं कि इतिहास में परिवार और घरबार की चारदीवारी के भीतर औरतों को सीमित और नियन्त्रित करने के प्रयास लगातार बढ़े हैं। औरतों को नियन्त्रित और अनुशासित करने के लगातार जारी प्रयास ही अपने आप में इस बात की पुष्टि करते हैं कि नियम-क़ायदों को हमेशा माना नहीं गया था, इसीलिए बार-बार सदी दर सदी हथौड़ा चलाने की ज़रूरत पड़ी। औरतों और पत्नियों के उचित व्यवहार के बारे में कई प्राचीन ग्रन्थों में दर्ज बातें निराशाजनक रूप से आज के भारत में व्याप्त प्रवृत्तियों के समान जान पड़ती हैं, लेकिन आज की ही तरह तब भी ऐसी औरतें थीं जिन्होंने उन्हें नहीं माना और ख़ुद अपनी राह बनाने का दुस्साहस किया।

पुरुष वर्चस्व वाली सामाजिक और राजनीतिक व्यवस्थाएँ भी अपने भीतर कुछ ऐसी जगहें अवश्य छोड़ती हैं जहाँ उच्चवर्गीय स्त्रियाँ कई तरीक़ों से अपने कर्तृत्व का प्रयोग कर सकती हैं, लेकिन दूसरे वर्गों की औरतों के लिए जगहें बहुत सँकरी हैं। आम औरतों की अधीनस्थता और उत्पीड़न के अनुभव कुलीन औरतों के मुक़ाबले गुणात्मक रूप से भिन्न होते हैं। प्राचीन काल के स्रोतों में ऐसे अनुभव बहुत ज़्यादा दर्ज नहीं हैं। यहाँ तक कि आज भी दक्षिण एशिया के देशों में भले ही कुछ औरतों ने बन्दिशों को तोड़कर अपने पेशे में सर्वोच्च जगह बनायी है; भले ही राष्ट्रपति, प्रधानमन्त्री और राजनेता तक औरतें बन चुकी हैं; फिर भी लैंगिक समानता का सपना बहुत दूर है। इसीलिए भारतीय स्त्रियों का स्वर्णिम काल हमारे अतीत में नहीं, भविष्य में निहित है।

4
हिंसा और अहिंसा

फ़रवरी 2020 में नयी दिल्ली के राष्ट्रीय संग्रहालय ने एक आयोजन की घोषणा की जिसका शीर्षक था, 'हिस्टॉरिकल गैस्ट्रोनॉमिका : द इंडस डाइनिंग एक्सपीरियंस'। आयोजन का उद्देश्य सिन्धु घाटी सभ्यता के व्यंजनों पर केन्द्रित पाककला को प्रस्तुत करना था और लोगों को अनुभव करवाना था कि हड़प्पाकालीन लोग क्या खाते-पीते रहे होंगे। यह अनुभव उस युग की आहार सामग्री पर किये गये व्यापक शोध के ऊपर आधारित था। आख़िरी मौक़े पर जाने क्या हुआ कि मांसाहारी व्यंजनों को आहार सूची में से हटा दिया गया। उनमें हल्दी के सालन में बनी मछली थी, मांस की चर्बी का सूप था, और सफ़ेद चने के साथ भेड़ का लिवर था। बच गये व्यंजनों में बस खट्टी दाल, गुड़ और तिल के तेल में पकाये काले चने तथा सिन्धु घाटी की ख़ास खिचड़ी थी। सूची में अचानक हुए बदलाव के पीछे के कारणों में यह तथ्य बतलाया गया कि संग्रहालय के भीतर कई देवी-देवताओं की तस्वीरें हैं, बुद्ध का एक स्मारक चिह्न है तथा कई अन्तरराष्ट्रीय प्रतिष्ठा के लोग वहाँ आते हैं। कहने का आशय यह था कि सन्देश यह जाना चाहिए कि 'भारतीय संस्कृति' हमेशा से ही शाकाहारी रही है और आज भी है।

पूरी दुनिया में पाये गये पाषाणकालीन कला-अवशेषों में शिकार की जो तस्वीरें प्रमुखता से आती हैं, वे संकेत देती हैं कि प्रोगैतिहासिक लोग मांस खाते थे। प्रारम्भिक खेतिहर किसान भी अनाज और सब्ज़ी के साथ मांसाहारी भोजन करते थे। हो सकता है कि कुछ हड़प्पावासी शाकाहार को प्राथमिकता देते रहे हों, लेकिन ढेरों साक्ष्य इस ओर इशारा करते हैं कि अधिकतर लोग वैसे नहीं थे। हड़प्पाकालीन स्थलों पर जिन जानवरों की हड्डियाँ पायी गयी

हैं, उनमें हिरण, सुअर, भालू, भेड़, बकरी, गदहा, कछुआ और मछली हैं। पालतू जानवरों के अवशेष भी प्राप्त हुए हैं, जैसे कूबड़युक्त और कूबड़रहित मवेशी, भैंस, भेड़ और बकरी। हड्डियों पर कटे के निशान और जले के अवशेष दिखाते हैं कि उन्हें खाने के लिए मारा गया था। हड़प्पाकालीन मिट्टी के बरतनों पर लिपिड (पशु वसा) के अवशेषों के सम्बन्ध में किये गये हालिया अध्ययन उसी बात की पुष्टि करते हैं जिसे हम लोग लम्बे समय से जानते आये थे–कि अनाज, सब्ज़ी, दालों और फलों के अलावा हड़प्पा के लोग मांस भी खाते थे।[1]

फिर इसमें ऐसा नया क्या था कि हड़प्पाकालीन आहार पद्धति अख़बारों की सुर्ख़ियाँ बने? ऐसा इसलिए क्योंकि आहार का एक व्यापक सांस्कृतिक अर्थ होता है, वह केवल ज़िन्दा रहने के लिए उपभोग के काम आने वाली चीज़ नहीं है। लोग जो कुछ भी खाते हैं वह जीवन और जगत की उनकी समझदारी से जुड़ा हुआ है। उसका सम्बन्ध आर्थिक हैसियत और सामाजिक आकांक्षाओं से भी होता है। भोजन, धार्मिक और सांस्कृतिक पहचान का आधार है। एक जातिगत समाज में सहभोजिता–यानी किसके साथ खाना-पीना है और खानपान की वस्तुओं की लेनदेन करनी है–एक महत्त्वपूर्ण लक्षण है। मामला केवल इतना भर नहीं है कि हम क्या खाते हैं, बल्कि यह भी है कि दूसरे क्या खाते हैं। इसी आधार पर कभी-कभार समुदायों के बीच भेद बरता जाता है। इनमें धार्मिक समुदाय भी शामिल होते हैं। उदाहरण के तौर पर, गाय के मांस पर कई हिन्दुओं और सुअर के मांस पर कई मुसलमानों के कट्टर विचारों को हम अच्छे से जानते हैं।

शाकाहार को प्राय: अहिंसा का पर्याय मान लिया जाता है। व्यापक स्तर पर कई लोग यह मानते हैं कि मुसलमान शासकों के आने से पहले 'भारतीय संस्कृति' अनिवार्यत: अहिंसक थी। अशोक, बुद्ध और महावीर अहिंसा के

---

1. अक्षयेता सूर्यनारायण, मरियम क्यूबास, ओलिवर ई. क्रेग, कार्ल पी. हेरॉन, वसन्त एस. शिन्दे, रवीन्द्र एन. सिंह, तमसिन सी. ओ'कोनेल और कैमरून ए. पेट्री, 'लिपिड रेसिड्यूज़ इ पॉटरी फ्रॉम द इंडस सिविलाइज़ेशन इन नॉर्थवेस्ट इंडिया', *जर्नल ऑफ़ आर्कियोलॉजिकल साइंस*, खण्ड 125, 2021, पृ. 1-16।

प्राचीन प्रतीक माने जाते हैं। सवाल है कि क्या प्राचीन भारतीय अहिंसक थे? यह सवाल अपने आप में बहुत जटिल है। हिंसा को आख़िर हम कैसे परिभाषित करेंगे? हिंसक कृत्यों को एक तरफ़ रख दें, तो हिंसक बोली, विचार, भावनाओं और मंशाओं का क्या? राजनीतिक, सामाजिक, धार्मिक और पर्यावरणीय दायरों में विभिन्न प्रकार की हिंसाओं और हिंसा के परिदृश्यों का क्या किया जाये? निजी दायरे में की गयी और सार्वजनिक रूप से की गयी हिंसा को कैसे देखें? दृश्य और अदृश्य हिंसाओं का क्या किया जाये? ऐसे सभी मामलों में जायज़ बलप्रयोग और नाजायज़ हिंसा के बीच की विभाजक रेखा को खींचना मुश्किल काम है। यह परिप्रेक्ष्य पर निर्भर करता है। इसीलिए हिंसा को परिभाषित करना कठिन है।

इसके बावजूद समकालीन भारतीय समाज हर क़िस्म की हिंसा से जिस तरह पटा हुआ है, वह तथ्य ही इस स्थापना को खण्डित करने के लिए काफ़ी है कि भारतीयों का आत्यन्तिक सम्बन्ध अहिंसा से है। प्राचीन भारत में हिंसा के कुछ साक्ष्य तो इतने मुखर हैं कि हमें ख़ुद पर अचरज हो सकता है कि हमने उस पर कभी ध्यान क्यों नहीं दिया। कुछ और साक्ष्यों को क़ायदे से छाँट कर निकालना पड़ेगा क्योंकि उनके स्रोतों को रचयिताओं या विद्वानों ने इस तरह से व्याख्यायित किया है कि हिंसा को छुपाकर उसे किसी अन्य तत्त्व में बदल दिया है—कोई ऐसी चीज़ जो वांछित हो, अनिवार्य हो, यहाँ तक कि सुन्दर भी हो। यह अध्याय प्राचीन भारत में हिंसा और अहिंसा से सम्बन्धित प्रसंगों और विचारों की पड़ताल करेगा। साथ ही अहिंसा की मज़बूत प्रतिसंस्कृति के विभिन्न तन्तुओं का भी सन्धान करेगा।[2]

राज्य की हिंसा

असमानता की तरह ही हिंसा भी हमेशा से इन्सानी इतिहास का अंग रही है, भले ही उसके स्वरूप, पैमाने और तीव्रता में अन्तर रहा हो। राज्य के उभार ने उसके प्रसार और नियन्त्रण से जुड़ी संरचनाओं में बड़े बदलाव किये। प्रस्थापना है कि हड़प्पाकालीन सभ्यता में संस्कृति बलप्रयोग के बजाय

2. दण्ड, युद्ध और जंगल के विशेष सन्दर्भ में राजनीतिक हिंसा की विस्तृत चर्चा के लिए देखें, सिंह, *पॉलिटिकल वायलेंस इन एन्शिएंट इंडिया*।

परम्परा के ज़ोर से शान्तिपूर्ण और अखण्ड थी, लेकिन वहाँ पाये गये गढ़ और अस्त्र-शस्त्र ही इस पर सवाल उठाने का आधार बन सकते हैं। बाद की सदियों में भी हम पाते हैं कि नगरों की किलाबन्दी की जाती थी। यह सैन्य हमले के ख़िलाफ़ प्रतिरक्षा की आवश्यकता को दिखाता है।

जैसा कि पहले अध्याय में हमने चर्चा की थी, ऋग्वैदिक श्लोकों में एक तरफ़ तो आर्य क़बीलों के बीच और दूसरी तरफ़ आर्यों तथा दासों और दस्युओं के बीच हिंसक टकरावों के कई सन्दर्भ आये हैं। कालान्तर में राजसूय यज्ञ, अश्वमेध यज्ञ और वाजपेय यज्ञ जैसे वैदिक राजसी कर्मकाण्ड राजा और उसके बन्धु-बान्धवों के बीच प्रतिद्वन्द्विता के आनुष्ठानिक प्रतीक बने। ऐसे कर्मकाण्डों की रूपरेखा निश्चित रूप से सत्ता के लिए वास्तविक रक्तरंजित प्रतिस्पर्धा के हिसाब से ही बनी होगी। आर्यावर्त को सांस्कृतिक रूप से श्रेष्ठतर आर्यों की भूमि माना गया और इसी आधार पर पूरब के असभ्य लोगों के साथ भेद बरता गया। आर्य ख़ुद को म्लेच्छों या बर्बरों से भी अलग मानते थे, उस श्रेणी में वे बाहरियों और क़बीलाई लोगों को रखते थे। ग्रन्थों में आये युद्ध के सन्दर्भों के अलावा भारत के विभिन्न हिस्सों में दूसरी और पहली सदी सा.सं. पू. के पुरातात्त्विक स्थलों से पाये गये हथियार युद्ध की स्थानिक प्रकृति का पता देते हैं, यानी युद्ध हर जगह लगातार चलते ही रहते थे और सामान्य थे।

छठी/पाँचवीं शताब्दी सा.सं.पू. का काल केवल महावीर और बुद्ध के नाम नहीं है। वह युद्धरत राज्यों का भी दौर था। उस दौर के सोलह महाजनपदों में ऐसे राज्य और गण या संघ शामिल थे जो रह-रह कर निरन्तर युद्धरत थे। यह दौर सैन्य संक्रमण का भी था जब वंशानुगत योद्धाओं को हटाकर उनकी जगह ज़्यादा से ज़्यादा वेतनशुदा सिपाहियों की क़तारें भर्ती की जा रही थीं। इसी का नतीजा था पूर्वी भारत में मगध साम्राज्य का उभार, जिसकी कहानी रक्तपात से भरी हुई है। हर्यक राजवंश का राजा था बिम्बिसार, जिसे सेनीय की उपाधि प्राप्त थी। सेनीय का अर्थ है वह जिसके पास सेना हो। कहते हैं कि उसकी हत्या उसके बेटे अजातशत्रु ने की थी। उसके बाद गद्दी पर बैठे चार उत्तराधिकारी भी अपने बेटों के हाथ मारे गये। इसके बाद कुछ समय तक शैशुंग वंश का राज रहा, जिसका अन्त हिंसक हुआ। फिर नन्द आये। नन्दवंश

के पहले राजा महापद्म ने सैन्यबल पर मगध साम्राज्य का विस्तार किया और वह कामयाब रहा। अन्तिम नन्द शासक धनानन्द लोभी, क्रूर और अलोकप्रिय था। उसे चन्द्रगुप्त मौर्य ने उखाड़ फेंका। चन्द्रगुप्त और उसके पुत्र बिन्दुसार ने मौर्य साम्राज्य के विस्तार के लिए ख़ूब युद्ध किये। तीसरा मौर्य शासक अशोक इतिहास में शान्ति स्थापित करने तथा बौद्ध धर्म को संरक्षण देने के लिए जाना जाता है, लेकिन उसके राज्याभिषेक और प्रतिष्ठापन के बीच के चार वर्ष का अन्तराल और बौद्ध ग्रन्थों में उसके द्वारा अपने निन्यानबे भाइयों की हत्या का सन्दर्भ (जो स्पष्टत: अतिरंजित है) संकेत देता है कि उत्तराधिकार की लड़ाई बहुत लम्बी और हिंसक रही होगी। इसी तरह, तीसरी शताब्दी सा.सं.पू. के दौरान दक्षिण भारत के प्रारम्भिक राजनीतिक इतिहास से जब परदा उठता है तो हमें चोल, चेर और पंड्या शासक आपस में और तमाम कम ताक़तवर सामन्तों के साथ युद्धरत दिखाई देते हैं।

प्राचीन भारत में लड़े गये सारे युद्धों को यहाँ गिनवाना अरोचक (और अनावश्यक) होगा। इतना कहा जा सकता है कि सदियों के दौरान राजवंशों, राज्यों और साम्राज्यों के उदय और पतन के इतिहास के साथ हिंसा और युद्ध अनिवार्यत: सम्बद्ध हैं। ज़ाहिर है कोई प्रत्यक्षदर्शी आख्यान हमारे पास मौजूद नहीं, लेकिन माना जा सकता है कि प्राचीन लड़ाइयों में हत्याएँ, लूट और बलात्कार हुए ही होंगे। वैसे भी तमाम देशकाल और संस्कृतियों में सेनाएँ प्राय: यही तो करती रही हैं। अहिंसक युद्ध जैसी कोई चीज़ नहीं होती। यह भी सम्भव है कि प्राचीन युद्धों में युद्धबन्दी बनाये जाते हों और उन्हें बाद में ग़ुलाम बना लिया जाता हो। राजाओं के जो अभिलेख पाये जाते हैं उनमें राजा की प्रशस्ति पर उत्कीर्णन होते हैं। इन प्रशस्तियों की एक भूमिका होती थी। प्रशस्तियाँ इस बात का आभास देती थीं कि राजनीतिक संक्रमण सुगम और घर्षणरहित था। उनमें राजवंशों के बीच के हिंसक टकरावों को छुपा लिया जाता था। राजाओं की युद्धक छवि और उपलब्धियों के ऊपर शान्ति और उदारतावादी कृत्यों का मुलम्मा चढ़ा दिया जाता था। यानी राजनीतिक हिंसा जितनी बढ़ती गयी उसे वैध ठहराने, छुपाने और सौन्दर्यशास्त्रीय बनाने की महीन क़वायदें उतनी ही परवान चढ़ती गयीं।

युद्ध के अलावा कुछ ख़ास क़िस्म की ज़ोर-ज़बरदस्ती और हिंसाएँ हैं जो तब के राज्य में भी अन्तर्निहित थीं और आज भी क़ायम हैं। समूचे इतिहास में राज्यों की बुनियाद प्रजा के आर्थिक और मानवीय संसाधनों के सुनियोजित अवशोषण पर टिकी रही है। आज भारत में कोई कृषि कर नहीं है, लेकिन बीते ज़माने में शासक लगान के रूप में किसानों से उनकी अतिरिक्त उपज का एक हिस्सा लिया करते थे। नियमित रूप से ऐसा लगान वसूलने के लिए ज़ोर-ज़बरदस्ती, धमकी और बलप्रयोग की ज़रूरत पड़ती थी। इसी तरह राजकीय परियोजनाओं के वास्ते कामगार जुटाने के लिए भी ज़बरदस्ती और उत्पीड़न किया जाता था।

बौद्ध ग्रन्थ 'दीघ निकाय' के अग्गन्न सुत्त और महाभारत के शान्ति पर्व में राजत्व की उत्पत्ति के सिद्धान्त राजा और प्रजा के बीच के रिश्ते को प्रकाशित करते हैं। उनमें बताया गया है कि राजा द्वारा कुछ ख़ास कर्तव्य निभाने के बदले लोग उसे लगान चुकाते थे। इन कर्तव्यों में विशेष रूप से सामाजिक व्यवस्था को क़ायम रखना तथा जुर्म और हिंसा को रोकना शामिल था। कई ग्रन्थों में तो उपज के छठे हिस्से को राजा का लगान माना गया है और राजा को सुझाव दिया गया है कि वह लगान वसूलने में निष्पक्ष और संयत रहे। राजा और उसकी प्रजा के बीच लगान के स्वैच्छिक सामाजिक अनुबन्ध की कहानी दरअसल उस उत्पीड़न को छुपाने का काम करती है जिससे किसानों को गुज़रना पड़ता था।

वनवासियों के साथ प्राचीन भारतीय राज्यों के सम्बन्धों में भी हिंसा अन्तर्निहित थी। खेती, नगरों और राज्यों के विस्तार के लिए जंगलों की कटाई लगातार आवश्यक होती थी। सबसे बड़े पैमाने पर जंगलों की कटाई का काम भारत में उन्नीसवीं सदी के मध्य में हुआ जब आबादी बढ़ी, खेती व्यावसायिक हुई और रेलवे का विस्तार किया गया। उससे पहले तक राज्य और जंगल की जनजातियाँ एक-दूसरे से सटकर सह-अस्तित्व में रहा करती थीं। जंगलों में मिलने वाले बहुमूल्य आर्थिक और सैन्य संसाधन, जैसे लकड़ी, हाथीदाँत और हाथियों के दोहन की प्रक्रिया ने धीरे-धीरे वहाँ की बसावटों पर अतिक्रमण करना शुरू कर दिया। इसके चलते वनवासियों के साथ राज्यों का टकराव

बढ़ता गया।[3] जंगल, राज्य की हिंसा और दोहन का महत्त्वपूर्ण केन्द्र थे, लेकिन राज्य को लगातार हिंसक चुनौती भी जंगलों से ही मिलती थी। इसीलिए म्लेच्छ शब्द के भीतर बाहरियों के साथ जंगल की जनजातियों को भी डाल दिया गया और उन्हें 'सभ्य' लोगों के लिए ख़तरे के रूप में पेश किया गया। इस बहाने विदेशियों और वनवासियों के ऊपर हिंसा के प्रयोग को भी वैधता दिलवाने का काम हुआ। राजत्व की उत्पत्ति का एक सिद्धान्त जो महाभारत में दिया गया है (इसी अध्याय में आगे विस्तृत चर्चा), वह निषाद का ज़िक्र करते हुए जंगल की जनजातियों के राजनीतिक महत्त्व की स्वीकार्यता का संकेत देता है।

प्राचीन ग्रन्थ लगान वसूलने की प्रक्रिया तथा वनवासियों के साथ रिश्तों में निहित राजकीय हिंसा को तो छुपा ले जाते हैं, लेकिन वे गर्व से उद्‍घोष करते हैं कि सामाजिक व्यवस्था को क़ायम रखने के लिए राजा द्वारा दण्ड का प्रयोग अनिवार्य है (राजदण्ड यानी शब्दश: बलप्रयोग और सज़ा)। पुराने ग्रन्थों में अराजकता के लिए एक शब्द आता है 'मत्स्य-न्याय', यानी मछलियों का न्याय जगत जहाँ बड़ी मछली छोटी मछलियों को खा जाती है यानी ताक़तवर आदमी कमज़ोर को दबाता है। हमें नहीं पता कि प्राचीन काल में दीवानी और फ़ौजदारी की लड़ाइयों के निपटारे की क्या प्रणाली हुआ करती थी, लेकिन एक न्यायिक व्यवस्था के विकास (चाहे कितना ही कच्चा क्यों न रहा हो) ने राज्य और उसके कर्ताओं को विवादों में न्याय-निर्णय करने और सज़ा सुनाने का अधिकार दे डाला। यह मौत की सज़ा भी हो सकती थी। कहा जाता है कि राजदण्ड लोगों में भय क़ायम रखने और उन्हें जुर्म करने से रोकने के लिए है, लेकिन सारे प्राचीन ग्रन्थ इस बात पर ज़ोर देते हैं कि राजा को राजदण्ड का प्रयोग न्यायसम्मत तरीक़े से ही करना चाहिए।

प्रजा को दण्डित करने के राज्य के अधिकार पर 'अर्थशास्त्र' में विस्तार से चर्चा की गयी है। इस बात के हालाँकि साक्ष्य कम ही हैं कि इस ग्रन्थ में

---

3. प्राचीन भारत में जंगल को समझने के कई अलग-अलग तरीक़ों की विस्तृत चर्चा के लिए देखें, सिंह, *पॉलिटिकल वायलेंस इन एन्शिएंट इंडिया*, अध्याय 5; यह भी देखें, थॉमस आर. ट्राउटमैन, *एलिफैंट्स ऐंड किंग्स : ऐन एनवायरमेंटल हिस्ट्री*, रानीखेत : परमानेंट ब्लैक, 2015।

वर्णित 'क़ानूनों' का वास्तव में दीवानी या फ़ौजदारी के प्रकरणों में प्रयोग किया गया, पर वे क़ानूनी सिद्धान्तों के इतिहास के लिहाज़ से महत्त्वपूर्ण हैं। अर्थशास्त्र में वर्णित दीवानी और फ़ौजदारी क़ानूनों की प्रणाली में बाक़ायदा न्यायाधीशों का ज़िक्र है जबकि राजा सिद्धान्ततः सर्वोच्च पद पर बैठा न्याय व्यवस्था की सदारत करता है। दण्ड में जुर्माना, ज़मीन-जायदाद की ज़ब्ती, निर्वासन, क्षतिपूर्ति, अंगभंग, कलंक, प्रताड़ना, बँधुआ मज़दूरी और मौत शामिल हैं। प्रताड़ना देने का मतलब दण्ड देने के साथ-साथ जाँच के दौरान सूचना निकलवाने का एक माध्यम भी है, जिसमें पिटाई, कोड़े की मार, डंडे की मार, रस्सी से लटकाया जाना और नाख़ूनों के नीचे सूई डाला जाना शामिल है। अर्थशास्त्र में मृत्युदण्ड का भी सन्दर्भ है। इसमें दो तरह के वध बताये गये हैं–शुद्ध वध (सामान्य मौत) और चित्र वध (प्रताड़ना से मौत)। चित्र वध में प्रताड़ित कर के मारे जाने का प्रावधान है जो सम्भवतः सार्वजनिक रूप से किया जाता रहा होगा। इसमें चिता पर जलाना, पानी में डुबोना, बड़े से बरतन में पकाना, सूली पर चढ़ाना, शरीर के अंगों को आग लगाना और बैलों से अंगभंग करवाना शामिल है।

कौटिल्य अबाध या अकारण राजकीय हिंसा के पैरोकार नहीं थे, जैसा कि आमतौर से उनके बारे में सोचा जाता है। इस मामले में उनके साथ निष्पक्षता बरतनी होगी। प्राचीन भारत के व्यापक राजनीतिक विमर्श की तर्ज़ पर वे तर्क देते हैं कि राजा का दण्ड विनय यानी अनुशासन में निहित होना चाहिए। जो शासक ग़लत सज़ा देता है वह ख़ुद अपनी सज़ा से बच नहीं सकता। वे कहते हैं कि राजदण्ड का प्रयोग यदि अन्धाधुन्ध और पक्षपातपूर्ण ढंग से, ग़ुस्से में अथवा दुर्भावना के साथ किया गया तो वह राजा को ही नष्ट कर देता है। चूँकि उस दौर में संस्थागत निगरानियों का अभाव था, तो राजनीतिक सिद्धान्तकारों ने राजा द्वारा कठोर बलप्रयोग की प्रवृत्ति को नियन्त्रित करने के लिए उसके विनाशक परिणामों की चेतावनी दे दी और इस बात पर बल दिया कि शासकों को विवेकवान, शिक्षित, विनयशील तथा अच्छी सलाह के प्रति सुश्रुत होना चाहिए।

फिर भी, युद्धों की व्याप्ति और कराधान व न्याय की प्रणालियों में अन्तर्निहित बलप्रयोग या उसके भय के आलोक में कहा जा सकता है कि हिंसा मानवीय इतिहास का एक अन्तर्भूत अंग रही है और इस मामले में प्राचीन भारत कोई अपवाद नहीं है।

प्राचीन भारत की राजनीतिक संस्कृति में युद्ध की केन्द्रीयता

प्राचीन भारत के राजनीतिक इतिहास में युद्धों की व्याप्ति से आगे बढ़कर मैं कहना चाहूँगी कि प्राचीन भारत की राजनीतिक संस्कृति में युद्ध केन्द्रीय थे (अन्य संस्कृतियों में भी यही था)।[4] बिना युद्ध के रामायण और महाभारत जैसे प्राचीन महाकाव्यों की कल्पना भी असम्भव है। सबसे प्राचीन तमिल साहित्य संगम काव्य भी युद्ध-भावना को दर्शाता है। इसमें और अन्य ग्रन्थों में युद्ध एक ऐसा सन्दर्भ निर्मित करता है जिसमें कई अन्य अहम मुद्दे अपने आप चर्चा में आ जाते हैं–मानवीय सम्बन्ध, सामाजिक कर्तव्य, जीवन के लक्ष्य, ख़ुशी, मृत्यु और उसके बाद स्वर्ग और नरक तथा दैव के साथ रिश्ता। ऐसे पाठों में अभिव्यक्त विचार और मूल्य निश्चित ही समाज के विभिन्न संस्तरों तक रिस कर नीचे आये होंगे।

पुरम कविताएँ और नायकों के स्मारक

संगम काव्य में संकलित पुरम कविताएँ नायकीय मौत को बहुत महत्त्व देती हैं। युद्ध में वीरता को पौरुष और कायरता को शर्मिन्दगी के साथ जोड़कर देखा जाता था। माना जाता था कि जो योद्धा युद्ध लड़ते हुए मारा गया है उसकी आत्मा स्वर्ग में वास करेगी। यह कविता देखिए। माना जाता है कि इसे किसी कवयित्री ने लिखा था :

झूल चुके मांस वाली बांहें, सूखी और जर्जर,
झाँकती नसें, और कमलदल सा ऐंठा उदर
जिस वृद्धा का है, उससे कहा लोगों ने

---

4. प्राचीन भारतीय चिन्तन में युद्ध की विस्तृत चर्चा के लिए देखें, सिंह, *पॉलिटिकल वायलेंस इन एन्शिएंट इंडिया,* अध्याय 4।

युद्धभूमि से भाग गया पुत्र तुम्हारा,
निकल गया कायर,
सुनते ही आक्रोश में किया उसने ऐलान,
'छोड़ा हो जो रण उसने तो कर दूँगी ख़ुद
भंग वह स्तन जिसने कराया था उसे पान',
लिए हाथ कृपाण वह निकल पड़ी मैदान
हत योद्धाओं से जो हो चुका था लाल,
गिरते, पड़ते, उन्हीं पर टटोलते दिखा
पुत्र का शव क्षत-विक्षत उसी मध्य, तब
उल्लास उसका उस दिन से भी अधिक था
उसको जन्म दिया था जब।[5]

जो योद्धा युद्ध में नहीं मरते थे उनके शरीर को तलवारों से काटने के बाद उनकी अन्त्येष्टि की जाती थी। यह युद्ध में मारे जाने के समान उसे दिखाने का एक अनुष्ठान था। कभी-कभार तो ऐसा भी होता था कि जो राजा युद्ध में हार जाया करते वे अपने परिजनों और बन्धुओं के साथ भुखमरी में जाकर आनुष्ठानिक आत्महत्या करते थे। एक कवि ने राजा कोप्पेरुन्चोलन का वर्णन किया है जिसने युद्ध में हारने के बाद आत्महत्या कर ली थी। वह कवि इस बात पर दुखी था कि राजा ने आत्महत्या में उसे साथ क्यों नहीं लिया।[6]

संगम काव्य में स्मारक पत्थरों का ज़िक्र आता है। इन्हें नटुकल या विरकल कहते हैं। ये शिलाएँ युद्ध में लड़ते हुए मारे गये योद्धाओं के सम्मान में लगायी जाती थीं। इनके ऊपर माला और मोरपंख की सजावट की जाती थी। कभी-कभार सम्बन्धित योद्धा के हथियार भी साथ में रख दिये जाते थे। माना जाता था कि हत योद्धा की आत्मा उस पत्थर में निवास करती है। इसलिए उस पत्थर की पूजा की जाती थी और चावल से बना गोला, शराब और पशु आनुष्ठानिक भेंट में उसे चढ़ाये जाते थे।

---

5. *पुरनानूरु* 278; काक्काइपतिनियार नच्चेलैयार का गीत; जॉर्ज एल. हार्ट III (अनु.), *पोएट्स ऑफ़ तमिल एंथोलॉजीज़,* पृ. 199; दिलचस्प है कि एक नायकीय मृत्यु का चित्रात्मक महिमामण्डन करने वाली यह कविता एक महिला द्वारा रचित थी।
6. *पुरनानूरु* 219; हार्ट, *पोएट्स ऑफ़ तमिल एंथोलॉजीज़,* पृ. 186।

चित्र 4.1 : विदिशा संग्रहालय, मध्य प्रदेश, के बाहर नायक शिला

चित्र 4.2 : एकसर नायक शिला, मुम्बई; सबसे निचली पट्टी में नौसैनिक युद्ध पर ध्यान दें।

कविता से इतर, युद्ध में मारे गये नायकों के नाम पर शिलाएँ (तीसरे अध्याय में इसका ज़िक्र है) स्थापित करने का चलन न सिर्फ़ दक्षिण भारत में, बल्कि इस उपमहाद्वीप के अन्य हिस्सों में भी सदियों तक क़ायम रहा। जिन आयोजनों के स्मरण के नाम पर ये पत्थर लगाये जाते थे वे अतीत के बड़े युद्ध नहीं थे, जिनका प्रशस्ति-गान प्राय: राजसी शिलालेखों में होता है। ये पत्थर छोटे स्तर की उन स्थानीय घटनाओं को याद रखने के लिए लगाये जाते थे जो ग्रामीणों और स्थानीय समुदायों के जीवन और स्मृति के लिए महत्त्व रखती थीं। प्राय: मवेशियों पर छापामार हमलों से इनका सम्बन्ध होता था। इन पत्थरों में एक या एक से ज़्यादा नक़्क़ाशीदार पटिया होती थीं और सामान्यत: कुछ लिखा नहीं होता था। इनकी कालावधि पर निर्णय आसान नहीं है, लेकिन ऐसा लगता है कि तीसरी शताब्दी सा.सं.पू. से ही प्रथा चलन में थी। [चित्र 4.1, 4.2] कहीं ज़्यादा विस्तृत नायक शिलाएँ तीसरी और चौथी शताब्दी सा.सं. में दिखाई देती हैं, मसलन कृष्णा घाटी में नागार्जुनकोंडा के स्मारक। यहाँ इक्ष्वाकु राजवंश की प्राचीन राजधानी विजयापुरी में बड़ी संख्या में नायक शिलाएँ पायी गयी हैं जो सेनापतियों और सिपाहियों की वीरतापूर्ण मौत का स्मरण करती हैं।

इन शिलाओं से जुड़ी आस्थाएँ और प्रथाएँ बेशक देशकाल के हिसाब से भिन्न रही होंगी, लेकिन हज़ारों की संख्या में देश के विभिन्न हिस्सों में पाये गये नायकों के ऐसे स्मारक दिखाते हैं कि हिंसक और नायकीय मौत को गौरवान्वित करने वाला पौरुष और प्रतिष्ठा का विचार कितनी गहराई तक व्याप्त था।

युद्ध और धर्म

युद्ध और सामाजिक मूल्यों के बीच निकट सम्बन्ध को महाभारत और रामायण के तमाम संस्करणों में बहुत प्रभावशाली ढंग से अभिव्यक्त किया गया है, जिनका भारत और दक्षिण-पूर्वी एशिया पर महान सांस्कृतिक प्रभाव रहा है। [चित्र 4.3] महाभारत की कथा सम्भवत: युद्धरत बन्धुओं के बीच हुए किसी वास्तविक टकराव के इर्द-गिर्द बुनी गयी है जो सत्ताधारी कुलीनों के बीच सामान्य रूप से चलने वाली रंजिशों को ज़ाहिर करती है। कहते हैं कि देवताओं और दैत्यों के बीच चले कई धर्मयुद्धों में कुरुक्षेत्र का युद्ध महज़ एक

प्रसंग है। वह धर्मयुद्ध इसलिए था क्योंकि उसे युधिष्ठिर के राज्याधिकार के लिए लड़ा गया था (चूँकि वह सबसे बड़ा पुत्र था), उसमें पांडव अर्धदैवी थे और भगवान कृष्ण उनकी ओर से लड़े थे। धर्मयुद्ध के विचार पर कई सन्देह और सवाल भी हैं, जो धर्म और युद्ध दोनों की ही समस्याग्रस्त प्रकृति को प्रकाशित करते हैं। महाभारत भी क्षत्रिय योद्धा वाले उस पुराने विचार को ही ध्वनित करता है जिसकी मर्यादा युद्धभूमि में मरकर उच्चतर लक्ष्य यानी मोक्ष प्राप्त करने से जुड़ी हुई थी। इस महाकाव्य में युद्ध एक ऐसी पृष्ठभूमि रचता है जो कई अन्य गहन विषयों, जैसे धर्म, पर चर्चा और विमर्श का बहाना बन जाती है। चूँकि मौत के बाद किसी चर्चा और विमर्श की गुंजाइश नहीं बचेगी, इसलिए युद्धभूमि में सम्भावित मृत्यु की सूरत में सभी अहम मुद्दों को हल कर लिया जाना है।

युद्ध और धर्म के बीच रिश्ते को सबसे उत्कृष्ट ढंग से 'भगवद्गीता' में वर्णित किया गया है, जो कई विविध दार्शनिक तन्तुओं को साथ लाकर एक नया संश्लेषण करती है। यहाँ युद्धभूमि की आख्यान-स्थापना नाटकीय है। अर्जुन रथ में खड़ा अपने सामने युद्ध में अपने भाइयों, शिक्षकों और मित्रों को क़तारबद्ध देख रहा है। उसका मुँह सूख रहा है, उसका शरीर कमज़ोरी के मारे काँप रहा है। घबराहट के मारे हाथ से बाण सरक जाता है। उसके मन में एक भयंकर द्वन्द्व है। उसके लिए हत्या करना कोई समस्या नहीं है क्योंकि क्षत्रियों का यही काम है। सवाल स्वजनों की हत्या का है–अपने क़रीबी नाते-रिश्तेदार, शिक्षक और मित्रों की हत्या। समस्या यहाँ है। भाइयों की हत्या से कुल (वंश) का नाश होता है, कुल की औरतें भ्रष्ट हो जाती हैं और सामाजिक अराजकता पैदा हो जाती है। निश्चित ही ऐसा युद्ध लड़ना पाप होगा, यह उसके मन में आता है। अपने इन विचारों को वह अपने सारथी कृष्ण से कहता है। फिर अपना धनुष और बाण एक किनारे रख कर रथ में ही बैठ जाता है और युद्ध लड़ने से मना कर देता है।

बाक़ी की भगवद्गीता अर्जुन को कृष्ण का उपदेश है। जैसे, व्यक्ति को स्वधर्म का पालन करना चाहिए यानी उस वर्ण के धर्म का जिससे वह आता है। एक योद्धा जो ऐसे धर्मयुद्ध में लड़ते हुए मरता है उसे स्वर्ग और शाश्वत

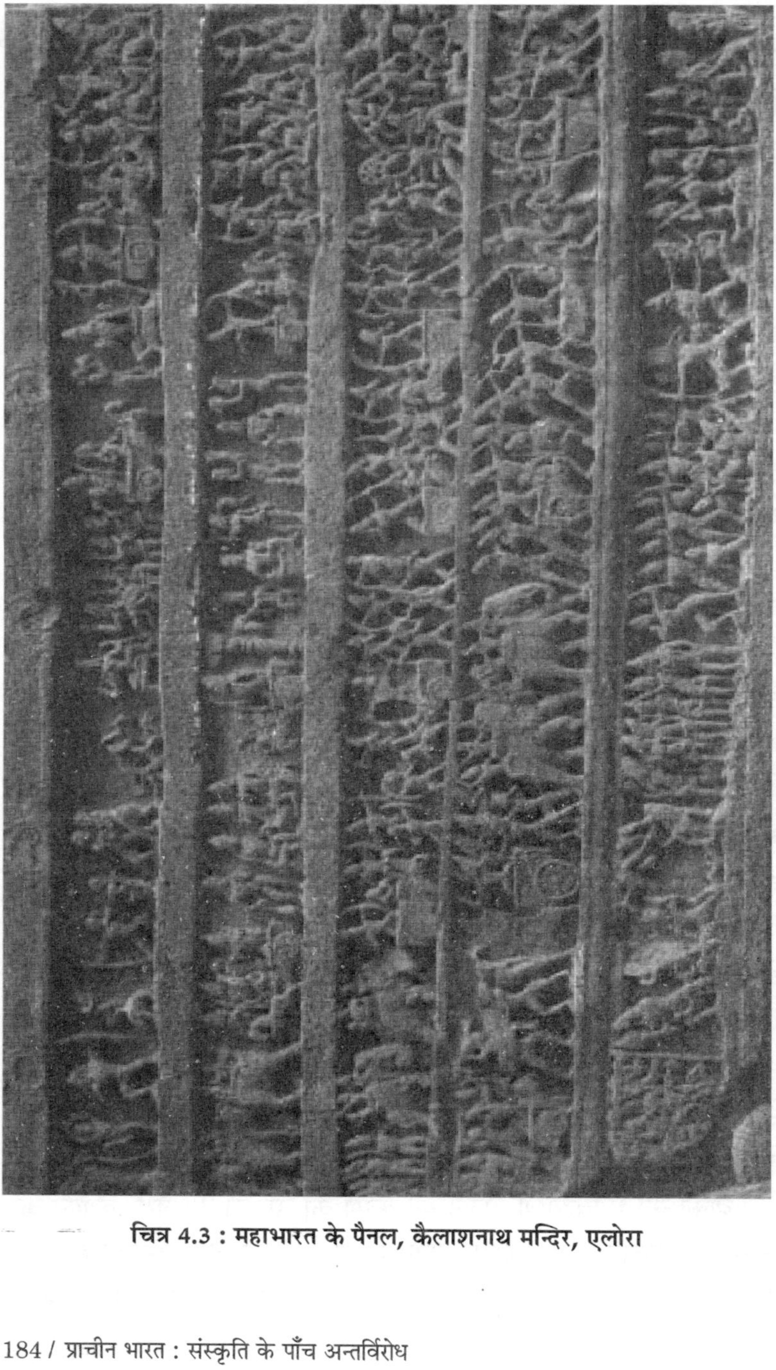

चित्र 4.3 : महाभारत के पैनल, कैलाशनाथ मन्दिर, एलोरा

यश प्राप्त होता है। ऐसे युद्ध से पलटना लाज और अपयश लायेगा जो मौत से भी ज़्यादा बुरा है। शत्रु की हत्या ऐसी चीज़ नहीं है जिस पर दुखी हुआ जाये क्योंकि मृत्यु तो अपरिहार्य है। वैसे भी, हत्या करने से शत्रु का शरीर ही मरता है, आत्मा तो अजर-अमर है।

> किसी भी शस्त्र द्वारा उसके (आत्मा के) टुकड़े नहीं किये जा सकते, न ही अग्नि उसको जला सकती है, न ही जल उसे गीला कर सकता है और न ही वायु उसे सुखा सकती है।
> आत्मा अच्छेद्य, अदाह्य, अक्लेद्य, और अशोष्य है। वह नित्य, सर्वव्यापी, अचल, स्थिर, और सनातन है।[7]

एक ज्ञानी पुरुष अपने कर्तव्यों को अपने इन्द्रियों पर पूर्ण नियन्त्रण के साथ पूरा करता है और उसके परिणामों को लेकर अचिन्तित रहता है। यही निष्काम कर्म है।

कृष्ण ने अर्जुन को समझाने के लिए भक्ति के तर्क का भी प्रयोग किया है। वे कहते हैं कि अर्जुन यदि उनमें (कृष्ण) आश्रय लेंगे और उन्हीं (कृष्ण) के हो जायेंगे तो बदले में अर्जुन सारे पापों से मुक्त हो जायेंगे। इसके बाद अर्जुन का द्वन्द्व समाप्त हो जाता है। वह धनुष बाण उठाकर युद्ध के लिए तैयार हो जाता है। अन्तत: कुरुक्षेत्र के युद्ध में पांडवों की जीत होती है, लेकिन इसकी क़ीमत भारी रक्तपात से चुकानी पड़ी इसलिए वे आजीवन सुखी नहीं रह पाते। महाभारत में भले ही युद्ध को जायज़ ठहराने का शक्तिशाली दार्शनिक तर्क मौजूद है, लेकिन उसका ग्यारहवाँ खण्ड स्त्री-पर्व युद्ध के दुष्परिणामों पर एक भीषण विलाप भी है।

महाभारत का युद्ध तो दो संयुक्त सेनाओं के बीच राज्यसत्ता के लिए हुआ था, लेकिन रामायण में भाइयों के बीच राजसिंहासन की कोई लड़ाई नहीं थी। यहाँ राम अपनी प्रिय पत्नी सीता को लंका के दैत्य शासक रावण से मुक्त कराने के लिए युद्ध करते हैं। यह युद्ध भी देवताओं और दैत्यों के बीच चले धर्मयुद्ध के एक प्रसंग के रूप में दर्शाया गया है। राम और उनके तीन भाई

---

7. *भगवद्गीता* 2.23-24; सार्जेंट, द *भगवद्गीता*, पृ. 30-31 पर आधारित।

चित्र 4.4 : महाभारत का युद्ध, पैठन स्कूल, काग़ज़ पर स्याही और रंग

विष्णु का अंश हैं। राम का एक मनुष्य के रूप में जन्म दरअसल रावण के वध की एक दैवी योजना का हिस्सा है, जिसने देवताओं, ब्राह्मणों, गन्धर्वों, यक्षों और ऋषियों की गतिविधियों में बाधा डालकर उत्पात मचाया हुआ था। यह युद्ध कुरुक्षेत्र की जंग से बिल्कुल अलग है। यहाँ राम और लक्ष्मण लंका द्वीप तक हनुमान और अंगद नाम के वानरों के कन्धे पर बैठकर जाते हैं। उनकी सेना तक़रीबन पूरी तरह वानरों से युक्त है। ये वानर देखने में ही बन्दर जैसे हैं लेकिन वास्तव में विभिन्न देवताओं के पुत्र हैं और इन्हें रावण को पराजित करने में राम की मदद के लिए लाया गया है।

दोनों ही महाकाव्यों के युद्ध में योद्धा की मर्यादा की एक संहिता का विचार शामिल है, लेकिन लक्ष्य-प्राप्ति के लिए इनमें यदा-कदा अनुचित तरीक़ों की आवश्यकता को भी स्वीकारा गया है। बाली और सुग्रीव की लड़ाई में राम जब पीठ पीछे से बाली का वध करते हैं, तो ऐसा कर के वे एक योद्धा की मर्यादा तोड़ रहे होते हैं। फिर भी, मोटे तौर पर राम को उनके शत्रुओं के प्रति भी करुणामयी दिखाया गया है। विजय के लिए छल का प्रसंग महाभारत में कहीं ज़्यादा मुखर है, जिसे दोनों पक्ष अपनाते हैं। [चित्र 4.4, 4.5] पांडव

घबराहट में अश्वत्थामा की मौत की घोषणा कर के द्रोण को मार देते हैं। अश्वत्थामा द्रोण का पुत्र था और एक हाथी का नाम भी था, जिसे भीम ने इस छल-प्रपंच रचने के लिए मार डाला था। कर्ण का रथ मिट्टी में धँस गया था और उसे वह निकालने की कोशिश कर रहा था, जब उसकी हत्या कर दी जाती है। भीम ने दुर्योधन की हत्या उसकी जाँघ पर यानी कमर के नीचे वार कर के की थी। पांडव जब दुर्योधन को मरता हुआ देख कर अपने द्वारा युद्ध की मर्यादाएँ भंग किये जाने पर लज्जित थे, उस वक़्त कृष्ण उसे सही ठहरा रहे थे। चूँकि कौरव सैन्य स्तर पर ज़्यादा मज़बूत थे और निष्पक्ष लड़ाई में उन्हें नहीं हराया जा सकता था, इसलिए कृष्ण ने ही ये रणनीतियाँ तैयार की थीं।

> तुम्हें इस राजा (दुर्योधन) की हत्या को अपने हृदय से नहीं लगाना चाहिए क्योंकि जब शत्रु बहुत शक्तिशाली और अधिसंख्य होता है, तो उसे छल और रणनीतियों से मात दी जानी चाहिए। पहले भी देवताओं ने दैत्यों को मारने के लिए यही रास्ता अपनाया था और देवताओं के चुने रास्ते पर तो हर कोई चल सकता है।[8]

धर्म बहुत जटिल चीज़ है। कुरुक्षेत्र में अठारह दिनों तक चले घटनाक्रम से बेहतर इसे कोई प्रसंग व्याख्यायित नहीं कर सकता। युद्ध एक ऐसा मंच है जहाँ मानवीय अस्तित्व से जुड़े कई प्रश्न खड़े होते हैं और हल भी हो जाते हैं, भले ही वह समाधान अन्तिम न हो।

राजनीति के स्वाभाविक अंग के रूप में युद्ध

प्राचीन भारतीय राजनीति में युद्ध की महत्ता इस तथ्य से स्थापित है कि राजनीतिक सिद्धान्तकारों ने इस पर बहुत विस्तार से चर्चा की है। अर्थशास्त्र के दसवें खण्ड का विषय युद्ध ही है। कई अन्य ग्रन्थों में भी चर्चा का प्रमुख विषय युद्ध रहा है। वास्तव में, ऐसा जान पड़ता है कि शासन कला पर विमर्श में कौटिल्य के सबसे अहम योगदानों में युद्ध का विश्लेषण ही है। राजमण्डल के सिद्धान्त में माना गया है कि कई राज्य राजनीतिक सर्वोच्चता के लिए

8. महाभारत 9.55.61–62; स्मिथ, *द महाभारत*, पृ. 560-61 पर आधारित।

चित्र 4.5 : भीम की दुर्योधन पर विजय, *रज़्मनामा* (अकबर द्वारा करवाया गया महाभारत का अनुवाद) से फोलियो; काग़ज़ पर स्याही, वाटरकलर, और स्वर्ण, सत्रहवीं शताब्दी का प्रारम्भ

आपस में लड़ते रहते हैं। कौटिल्य ने एक विजिगीषु (विजय की इच्छा रखने वाला राजा) को उसके शत्रुओं को मात देकर राजमण्डल के केन्द्र में अपनी सर्वोच्चता स्थापित करने सम्बन्धी सलाह दी है।

राजमण्डल का सिद्धान्त अन्तरराज्यीय या विदेश नीति के छह गुण और चार उपाय सुझाता है। यह छह गुण हैं सन्धि, विग्रह, आसन, यान, संश्रय और द्वैधिभाव। राजकाज और विदेश सम्बन्धों के बरतने से सम्बन्धित चार अहम उपाय हैं साम, दान, दण्ड और भेद।

सैन्य रणनीति के अतिरिक्त अर्थशास्त्र में सेना के संगठन पर भी काफ़ी बातें की गयी हैं। यह पुस्तक चार अंगों वाली सेना यानी चतुरंगबल के बारे में बात करती है, जिसमें पैदल सैनिक, घुड़सवार, रथी और हाथी शामिल होते हैं। इसमें छह प्रकार के पदातिक बलों का विवरण है–मौल, भृत, श्रेणी, मित्र, अमित्र और आटविक। मौल यानी आनुवंशिक बलों को सर्वश्रेष्ठ माना गया है जबकि आटविक यानी जंगल की पैदल सेना को सबसे ख़राब माना गया है। व्यूहरचना, क़ब्ज़े की रणनीतियों, वेतन तथा सैनिकों को ख़ुश और निष्ठावान बनाये रखने को अहम मसले मानकर सम्बोधित किया गया है। कौटिल्य युद्ध के परिणामस्वरूप लोगों के उत्पीड़न और दमन का ज़िक्र करते हैं। उनके अनुसार, लोगों का अपनी सेना के मुक़ाबले दूसरी सेना द्वारा किया गया उत्पीड़न बदतर होता है। शत्रु सेना द्वारा उत्पीड़न समूची धरती पर असर डालता है और उसे लूट, हत्या, आगजनी, विनाश और प्रत्यर्पण से तबाह कर देता है। कूच के दौरान शत्रुओं की फ़सलों को नष्ट करने का वे ज़िक्र करते हैं। उनके मुताबिक लूट युद्ध का अंग है। इस लूट को संयुक्त सेनाओं के बीच कैसे बाँटा जाये कौटिल्य उसके तरीक़े सुझाते हैं। कौटिल्य के अनुसार लागत-लाभ की सतर्कतापूर्ण गणना के बग़ैर युद्ध कभी नहीं छेड़ा जाना चाहिए। यदि युद्ध और शान्ति दोनों का सम्भावित हासिल समान है, तो राजा को शान्ति का विकल्प चुनना चाहिए क्योंकि युद्ध के कई दुष्परिणाम होते हैं।

कौटिल्य युद्ध को तीन श्रेणियों में बाँटते हैं–प्रकाश-युद्ध, कूट-युद्ध और तूष्णीम-युद्ध। प्रकाश-युद्ध यानी खुली जंग तब होती है जब पहले से लड़ाई का समय और जगह तय और घोषित हो। कूट-युद्ध में छल और चालाकी

बरती जाती है तथा शत्रु की ओर से हुई किसी ग़लती या उसके ऊपर पड़ी किसी विपदा का फ़ायदा उठाकर अचानक हमला किया जाता है। साथ ही वापस कूच करने के बाद बिल्कुल उसी जगह पर पलटकर अचानक वार किया जाता है। इन सभी रणनीतियों में हमला औचक और अनपेक्षित होता है। तूष्णीम या मौन युद्ध में शत्रु को गुप्त तरीक़े से ख़त्म करने का प्रयास किया जाता है, नक़ली मुद्रा बनाकर उसे जाल में अपने लाभ के लिए फँसाया जाता या घेर लिया जाता है। इसमें चतुराई, गोपनीय तरीक़े और उकसावा शामिल होता है। चौथे क़िस्म का एक युद्ध भी है। इसे मन्त्र-युद्ध कहते हैं। यह कूटनीतिक लड़ाई होती है जिसमें सैन्य कार्रवाई से उलट शत्रु के साथ वार्ता की जाती है, उसे मनाने की कोशिश की जाती है और समझौता किया जाता है। कौटिल्य तीन क़िस्म के विजेताओं का ज़िक्र करते हैं। एक धर्म-विजयी है जो शत्रु के आत्मसमर्पण कर देने से ही सन्तुष्ट हो जाता है। दूसरा लोभ-विजयी है जो शत्रु की ज़मीनें और माल-असबाब ज़ब्त कर के सन्तुष्ट होता है। तीसरा असुर-विजयी है जिसे शत्रु की ज़मीन, माल-असबाब, बच्चे, पत्नियाँ और जीवन लेने से सन्तुष्टि मिलती है। धर्म-विजय का यह सरसरा सन्दर्भ देते हुए अर्थशास्त्र वास्तव में प्रतिष्ठा के मुक़ाबले जीत से ज़्यादा सरोकार रखता है।

राजनीतिक लक्ष्य की प्राप्ति के लिए बलप्रयोग को लेकर कौटिल्य के मन में कोई खेद नहीं है, लेकिन वे उसके ख़तरों के प्रति चेताते हैं। इस विषय के अन्य विद्वानों से उलट मत रखते हुए वे कहते हैं कि प्रभु-शक्ति (सैन्य ताक़त) और उत्साह-शक्ति (ऊर्जा की ताक़त) पर मन्त्र-शक्ति (समझाने की ताक़त) श्रेष्ठ है। वे यह भी कहते हैं कि युद्ध से जो परिणाम मिलने हैं उन्हें दूसरे तरीक़ों से भी हासिल किया जा सकता है, जैसे शादी के बन्धन, शान्ति बहाली और हत्या। शत्रुओं से निपटने के अन्य सुझाये तरीक़ों में ज़हरखुरानी, जादू, टोना और मन्त्र का प्रयोग शामिल है। कौटिल्य मानते हैं कि एक विजिगीषु को अपना राजनीतिक लक्ष्य प्राप्त करने के लिए जो तरीक़े अपनाने चाहिए उनमें न्यायपूर्ण ढंग से बलप्रयोग मात्र एक है, लेकिन बलप्रयोग को हमेशा अन्तिम विकल्प के रूप में आना चाहिए। वे कहते हैं कि एक शासक का सबसे बड़ा हथियार उसकी मेधा है।

कई सदी बाद एक अन्य राजनीतिक सिद्धान्तकार कामन्दक ने 'नीतिसार' नाम का एक ग्रन्थ लिखा। यह पुस्तक भी युद्ध पर चर्चा करती है। इसमें युद्ध के अनिश्चित और सम्भावित विनाशक परिणामों को विस्तार से बताया गया है, ख़ासकर वह युद्ध जो बिना सोचे-समझे और सलाह-मशविरे के बग़ैर जल्दबाज़ी में छेड़ा गया हो। कामन्दक सोलह प्रकार के ऐसे युद्ध गिनवाते हैं जो नहीं लड़े जाने चाहिए। वे कहते हैं कि युद्ध एक ख़तरनाक धन्धा है और समझदार राजाओं को उसके फेर में नहीं पड़ना चाहिए, 'युद्ध में विजय चूँकि हमेशा अनिश्चित रहती है, इसलिए बिना सतर्कतापूर्ण विचार के उसे नहीं छेड़ा जाना चाहिए।'[9] कामन्दक लिखते हैं कि युद्ध में एक अन्तर्निहित दोष होता है। कौटिल्य युद्ध में सतर्कता की बात करते हैं, पर कामन्दक की आपत्तियाँ कहीं ज़्यादा कठोर हैं। इसके बावजूद युद्ध को आज भी राजनीति का एक अभिन्न अंग माना जाता है और उसका लक्ष्य सुनियोजित सैन्य विजय प्राप्त करना है।

युद्ध का सौन्दर्यशास्त्र

राजनीतिक सिद्धान्तकारों ने तो युद्धों की प्रकृति और उनके परिचालन पर बस विचार किया था। कवियों, नाटककारों, शाही जीवनीकारों, तथा शिलालेखों के रचयिताओं ने तो राजाओं की सैन्य श्रेष्ठता और विजय को प्रतिष्ठा भी दी है। अपनी क़लम के बल पर उन्होंने युद्ध को उसमें निहित हिंसा और विभीषिका से काटकर एक ऐसी चीज़ के रूप में पेश कर दिया जो अनिवार्य है, वांछित है और यहाँ तक कि सुन्दर भी है। इसके दो प्रमुख उदाहरणों में एक है इलाहाबाद में समुद्रगुप्त की लाट और दूसरा है कालिदास का महाकाव्य 'रघुवंशम्'।

इलाहाबाद में क़िले में बलुआ पत्थर की बनी एक शानदार लाट खड़ी है। उस पर चार सम्राटों के अभिलेख हैं–मौर्य सम्राट अशोक के छह अध्यादेश और दो छोटे स्तम्भालेख; गुप्त सम्राट समुद्रगुप्त की एक प्रशस्ति; और मुग़ल

9. *नीतिसार* 10.24; राजेन्द्रलाल मित्रा (सं.), द *नीतिसार, ऑर द एलिमेंट्स ऑफ़ पॉलिटी बाय कामान्दकी*, शिशिर कुमार मित्र द्वारा अंग्रेज़ी अनुवाद के साथ संशोधित, कलकत्ता : एशियाटिक सोसाइटी (1861), 1982, बिब्लियोथेका इंडिका श्रृंखला, संख्या 179; मेरे अनुवाद पर आधारित।

चित्र 4.6 : इलाहाबाद का अशोक स्तम्भ

बादशाह जहाँगीर का एक अभिलेख। [चित्र 4.6] समुद्रगुप्त (350-370 सा.सं.) वाला प्रशस्ति-लेख उसके एक उच्च सभासद और सैन्य कमांडर हरिसेन (हरिषेण) का रचा हुआ है।

इस प्रशस्ति-लेख में समुद्रगुप्त के एक योद्धा के रूप में गुणों और उपलब्धियों का बखान है। हरिसेन की यह उपलब्धि थी कि उसने समुद्रगुप्त के अप्रतिरोध्य और भव्य युद्धों व उनमें हासिल सफलताओं का ऐसा वर्णन किया जिसे पढ़कर एक बार को यह भ्रम होता है कि वह समूचे उपमहाद्वीप का सम्राट था, लेकिन ध्यान से पढ़ने पर उसके साम्राज्य की एक जटिल और सीमित तस्वीर उभर कर सामने आती है। हरिसेन ने जिस तरह से युद्ध का सौन्दर्य वर्णित किया है, वह चौंकाने वाला है। वह राजा को सैकड़ों युद्धों में रत बताता है, जिसकी देह शत्रुओं के विभिन्न अस्त्रों से मिले सैकड़ों ज़ख़्मों से सुन्दर हो गयी है। वह एक ऐसा राजा है जिसका '...यश अनेक भ्रष्ट राज्यों और राजवंशों की प्रतिष्ठापना के बाद पूरी दुनिया में घूमकर शान्त हो चुका है'।[10] उस राजा की तमाम सैन्य उपलब्धियों के सन्दर्भों के साथ नियमित रूप से उसके असैन्य गुणों और उपलब्धियों के भी सन्दर्भ आते हैं।

कालिदास का 'रघुवंशम्' (चौथी/पाँचवीं शताब्दी सा.सं.) एक अत्यन्त महत्त्वपूर्ण और प्रभावशाली महाकाव्य है जो राजत्व के आदर्श और वास्तविकता दोनों से सम्बन्धित है। इसमें इक्ष्वाकु वंश के राजा दिलीप, रघु और राम का इतिहास है। चौथा सर्ग राजा रघु की दिग्विजय (चारों दिशाओं पर विजय) का वर्णन करता है। कालिदास इसे उपमहाद्वीप की दक्षिणावर्त विस्तृत सैन्य प्रदक्षिणा के रूप में वर्णित करते हैं। वर्णन महान काव्यात्मक सौन्दर्य और सजीलेपन से परिपूर्ण है, जिसमें विभिन्न क्षेत्रों के भू-दृश्यों, पेड़ों, फूलों और उत्पादों के सन्दर्भ आये हैं। कालिदास युद्ध की हिंसा का चित्रात्मक वर्णन करने के बजाय ख़ुद को मोटे तौर पर सौन्दर्यशास्त्रीय वर्णनों तक ही सीमित रखते हैं।

---

10. बी. छाबड़ा और जी. एस. गाई, *कॉर्पस इंस्क्रिप्शनम इंडिकारम*, खण्ड 3, डीआर भण्डारकर द्वारा संशोधित, नयी दिल्ली : भारतीय पुरातत्व सर्वेक्षण, पृ. 217, पंक्ति 23।

फलरहित, जड़ से उखाड़े गये, तोड़-मरोड़ दिये गये वृक्षों से हाथी के मार्ग के समान, राज्यच्युत परास्त शत्रुओं से रघु का मार्ग निष्कण्टक हुआ।[11]

ऐसे वर्णन के बावजूद, युद्धों में विजय के महत्त्व को मानते हुए भी कालिदास यह स्पष्ट कर देते हैं कि महान राजा वे होते हैं जो भूमि या धन के वास्ते नहीं, बल्कि यश के उद्देश्य से परम राजनीतिक सत्ता की आकांक्षा करते हैं। चहुँदिशाओं की विजय के बाद रघु विश्वजीत यज्ञ करता है। इस महान यज्ञ में वह युद्धों में प्राप्त समूचे धन को ख़र्च कर देता है। अपने कर्तव्य पूरे करने के बाद वह अपने पुत्र अज को सत्ता की कमान सौंप देता है और सांसारिक जीवन से विदा ले लेता है। अन्ततः, योग और तप से उसे परम सत्य का ज्ञान होता है। रघुवंशम् का मूल विचार यह है कि साम्राज्य निर्मित करने के लिए सैन्य विजय की आवश्यकता तो पड़ती थी, लेकिन बलात् नियन्त्रण या वर्चस्व अनिवार्य नहीं था। युद्ध को यहाँ आदर्शीकृत और सौन्दर्यीकृत किया गया है, साथ ही वैराग्य के साथ जोड़कर उसे दिखाया गया है। युद्ध के लौकिक उद्देश्यों और उसमें निहित हिंसा को लुप्त कर दिया गया है।

राज्य के ख़िलाफ़ हिंसा

प्राचीन भारतीय राजनीतिक इतिहास में आये उथल-पुथल के दौर बताते हैं कि राजाओं और राजवंशों को प्रायः उनके प्रतिद्वन्द्वियों से चुनौती मिलती रहती थी। ग्रन्थों का अन्तर्पाठ करने पर जो शंकाएँ, असुरक्षाएँ और उत्तेजनाएँ लक्षित होती हैं वे इस बात के और साक्ष्य उपलब्ध करवाती हैं कि राज्य के समक्ष हिंसा के ख़तरे मौजूद थे।

महाभारत के शान्ति पर्व में राजत्व की उत्पत्ति से जुड़े प्रसंगों में एक प्रसंग ब्रह्मा और विष्णु के पास देवताओं के जाने का है जो उनसे सामाजिक

11. *रघुवंश* 4.33; मेरे अनुवाद पर आधारित। इस कृति के पाठ और अनुवाद के लिए देखें, सी. आर. देवधर (सं. और अनु.), *रघुवंश ऑफ़ कालिदास*, दिल्ली : मोतीलाल बनारसीदास, 1985।

अव्यवस्था को समाप्त करने के लिए हस्तक्षेप करने की प्रार्थना करते हैं।[12] इस आग्रह पर विष्णु अपने तेज से विराज नाम का एक पुत्र पैदा करते हैं। विराज का पुत्र कीर्तमान और पौत्र कर्दम है। इन तीनों पुरुषों ने दुनिया पर राज करने के बजाय परिव्राजकता का मार्ग चुन लिया। उसके बाद अनंग (जो नेक राजा था) और अतिबल (जिसका अपनी इन्द्रियों पर नियन्त्रण नहीं था) हुए। उनके बाद राजा वेन हुआ। वेन द्वेष और मद में चूर राजा था जो अपनी प्रजा से अधर्म करता था। ऋषिगण ने उससे मुक्ति पाने की ठानी और कुश से उसका वध कर डाला। फिर उन्होंने उसकी दाहिनी जाँघ का मन्थन किया, तो उससे निषाद नाम का एक कुरूप व्यक्ति निकला। उसे यह कहकर भगा दिया गया कि वह राज करने के योग्य नहीं है। फिर ऋषियों ने उसका दायाँ हाथ मथा। उससे पृथु नाम का एक व्यक्ति निकला। उसका मन परिष्कृत था और उसे वेद, धर्म, अर्थ, सैन्यकला, और राजनीति सबका ज्ञान था। पृथु एक आदर्श शासक साबित हुआ। इस कथा को भले ही ऐतिहासिक घटनाओं का प्रसंग नहीं माना जा सकता, पर अपने भीतर छुपाये कई विचारों के चलते यह अहम हो उठती है–जैसे राज करने में अनिच्छुक राजाओं का होना, राजत्व और परिव्राजकता के बीच का विरोध, जंगल की जनजातियों की निम्न स्थिति और पापी राजाओं के वध को वैध ठहराने का तर्क।

महाभारत में राजा के कर्तव्यों का वर्णन किया गया है और राजा द्वारा उनका पालन न किये जाने पर उसे परिणामों के प्रति चेताया भी गया है। मसलन, एक न्यायपूर्ण राजा स्वर्ग को जाता है, जबकि अन्यायी राजा नरक में जाता है। कुछ और चेतावनियाँ भी हैं :

> एक क्रूर राजा, जो अपनी प्रजा की रक्षा नहीं करता, कर लगाने के नाम पर उन्हें लूटता है, वह कलि का अवतार है और उसे प्रजा द्वारा मार दिया जाना चाहिए। वह राजा जो यह घोषणा करने के बाद कि 'मैं तुम्हारी रक्षा करूँगा' लोगों की रक्षा नहीं करता, लोगों को मिलकर उसे वैसे ही मार देना चाहिए जैसे पागल कुत्ते को मारा जाता है।[13]

12. महाभारत 12.59.1–140।
13. महाभारत 13.60.32–33।

यानी, वेन की कहानी के बहाने महाभारत अधर्मी राजाओं की हत्या को वैध ठहराता है। प्राचीन भारतीय ग्रन्थों में ऐसे कई पापी हुए जो राजा भी थे, जिनकी हत्या हुई (दुर्योधन, रावण और कंस इनका सबसे लोकप्रिय उदाहरण हैं)। यह कहने के बावजूद महाभारत का औसत स्वर तो राज्य-समर्थक और राजतन्त्र समर्थक ही है, जैसा कि तमाम पुराने ग्रन्थों के साथ है। राजा के न होने को अराजकता के समान माना गया है।

राज्य के विरुद्ध हिंसा पर सबसे समग्र और व्यावहारिक विमर्श 'अर्थशास्त्र' में है। राज्य के ख़िलाफ़ हिंसा से निपटने और उसे रोकने के लिए कौटिल्य राज्य द्वारा हिंसा के निर्मम, नपे-तुले और प्रभावी प्रयोग की पैरवी करते हैं। कौटिल्य का राजा निरन्तर अपनी हत्या के डर में जीता है। उसे ख़ासतौर से अपनी पत्नियों और पुत्रों से भय है। इसके अलावा पड़ोसी राज्यों के शासक, शत्रु शासक, असन्तुष्ट प्रजा के आक्रोश, जंगल की जनजातियों, डकैतों, म्लेच्छों और विद्रोही सैन्य टुकड़ियों से भी उसे ख़तरा है। इसके लिए कौटिल्य राजा को एक विस्तृत गुप्तचर तन्त्र स्थापित करने का सुझाव देते हैं तथा विद्रोहों और षड्यन्त्रों से कठोरता के साथ निपटने को कहते हैं। जिनकी हत्या खुले में नहीं की जा सकती, जैसे उच्च पदाधिकारी, उन्हें उपांशु-दण्ड दिया जाना चाहिए यानी गुप्त ढंग से मारा जाना चाहिए। ऐसा मौन दण्ड प्रजा के विद्रोह पर भी लागू हो सकता है।

कौटिल्य राजा के ख़िलाफ़ हिंसा को एक गम्भीर राजनीतिक समस्या मानते हैं जिसके साथ निर्ममता और प्रभावकारिता से निपटा जाना चाहिए। उसके लिए सुरक्षात्मक उपाय, दण्ड और प्रतिक्रिया की जानी चाहिए। जो कोई भी राजा को बदनाम करे या उसके बारे में बुरी ख़बरें फैलाये अथवा गोपनीय बातों को उजागर करे, उसकी जीभ काट देने का दण्ड प्रावधानित है। राजा और राज्य के ख़िलाफ़ अपराध जितना गम्भीर होगा, दण्ड भी उतना ही हिंसक होगा। राज्य के लालच में जो राजा के महल पर हमला करे, वनवासियों या शत्रुओं को उकसावे अथवा नगर की प्राचीर, नगर से बाहर के क्षेत्र या सेना में विद्रोह फैलाये, उसके हाथों और सिर में आग लगाकर सज़ा देने का प्रावधान है। कई मामलों में कौटिल्य सज़ा को अर्थदण्ड तक सीमित

करने की सम्भावना भी बताते हैं (ऐसे अपराध भी जिनमें अंगभंग की सज़ा तय है), लेकिन मृत्युदण्ड के योग्य अपराधों, ख़ासकर राजद्रोह या राज्य को क्षति जैसे अपराध में, दण्ड को तब तक नहीं बदला जा सकता जब तक कोई निर्णायक परिस्थिति न आ जाये।[14] हम नहीं जानते कि कौटिल्य के सुझावों को लागू किया गया या नहीं, लेकिन हम इतना अवश्य जानते हैं कि राजतन्त्र की प्रवृत्ति ही आलोचना के प्रति हिंसक प्रतिक्रिया देने की रही है और विद्रोहियों का तो उसने कठोरता के साथ दमन किया है।

अर्थशास्त्र में प्रजा के बीच असन्तोष और प्रकृति-कोप (जनता का आक्रोश) के कई सन्दर्भ मौजूद हैं। इन सन्दर्भों में दुखी, असन्तोष प्रजा द्वारा सामूहिक विद्रोह की सम्भावना को लेकर उत्तेजना ज़ाहिर की गयी है। इसके बावजूद प्राचीन भारतीय स्रोतों में राज्य के ख़िलाफ़ लोक-विद्रोह का एक भी प्रसंग दर्ज नहीं है। क्या इसका अर्थ यह लगाया जाये कि प्राचीन भारतीय आज्ञाकारी और सीधे थे, जो कभी भी असमानता और अपने शासकों के दमन पर सवाल नहीं उठाते थे? इसके कुछ अन्य सम्भावित कारण हो सकते हैं– स्रोतों द्वारा ऐसी घटनाओं को छुपाया जाना; राज्य के उत्पीड़क और दमनकारी तन्त्र द्वारा किसी भी प्रतिरोध को रोकने और कुचलने की प्रभावकारिता; तथा राजकीय दमन के भागियों के एक साथ आने और राज्य के ख़िलाफ़ विद्रोह में उन्हें सक्षम बनाने वाली सामूहिक इच्छाशक्ति, संसाधनों और संगठन का अभाव।

कभी-कभार इस आवरण में कुछ छिद्र दिख जाते हैं। जैसे, भू-अनुदान के अभिलेखों में नियमित रूप से यह बात आयी है कि दान की गयी गाँव की ज़मीन पर राजा की टुकड़ियाँ प्रवेश नहीं कर सकती थीं। इस बात का मतलब तभी बनता है जब नगर के बाहर ग्रामीण क्षेत्रों में सेना की तैनाती रही हो। पाँचवीं सदी में वाकाटक राजवंश के शासक प्रवरसेन द्वितीय के राज का एक चमक ताम्रपत्र चर्मांक गाँव को हज़ार ब्राह्मणों को उपहार में दिये जाने को

14. ब्राह्मणों के लिए कुछ विशेष रियायतें दी गयी हैं। कौटिल्य के अनुसार राजद्रोह करने वाले ब्राह्मणों को मारने के बजाय अन्धा कर देना चाहिए।

दर्ज करता है और कहता है कि यह अनुदान तब तक रहेगा जब तक सूरज-चाँद रहेंगे। फिर आगे अभिलेख एक आश्चर्यजक शर्त जोड़ता है कि अनुदान तब तक क़ायम रहेगा जब तक ये ब्राह्मण राज्य के ख़िलाफ़ द्रोह नहीं करेंगे, किसी अन्य ब्राह्मण की हत्या, चोरी या व्यभिचार के दोषी नहीं पाये जायेंगे, युद्ध नहीं छेड़ेंगे और दूसरे ग्रामीणों को कष्ट नहीं पहुँचाएँगे। यदि उन्होंने इसमें से एक काम भी किया, तो राजा उनसे ज़मीन छीनकर कुछ भी ग़लत नहीं कर रहा होगा। अभिलेख कहता है कि राज्याश्रित ब्राह्मणों को समाज व राज्य के लिए ख़तरा पैदा करने की आशंका के रूप में देखा जाता था।

प्रारम्भिक मध्यकाल में हिंसक विद्रोहों की कुछ घटनाएँ तो ज्ञात हैं, लेकिन उनमें से कोई भी लोक-विद्रोह नहीं था। मसलन, पूर्वी भारत में ग्यारहवीं सदी के उत्तरार्द्ध में हुआ कैवर्त विद्रोह राजनीतिक रूप से सशक्त भूस्वामियों का विद्रोह था। कश्मीर का दमारा विद्रोह भी ताक़तवर ज़मींदारों का था, आम लोगों का नहीं। दूसरी तरफ़, कुछ कृषि सम्बन्धी टकरावों का अभिलेखीय सन्दर्भ मिलता है जिसमें राज्य संलग्न था। जैसे, तेरहवीं सदी का कर्नाटक से मिला एक अभिलेख कहता है कि एक गाँव के ग्रामीणों ने जब अपने गाँव को ब्रह्मदेय (ब्राह्मण गाँव) में परिवर्तित किये जाने के ख़िलाफ़ विद्रोह किया तो उन्हें दण्डित करने के लिए राजा की सेना भेजी गयी।[15] यानी, सर्वशक्तिमान राज्य के सामने किसानों की हालत तब भी वैसी ही थी, जैसी आज है।

सामाजिक टकराव और हिंसा

सामाजिक असमानता अपने साथ उत्पीड़न, हिंसा और हिंसा के भय को लेकर आती है। जैसा कि पहले अध्याय में चर्चा की गयी, प्राचीन भारत के सन्दर्भ में असमानता की संरचनाओं में वर्ग, दासता, वर्ण, जाति, अस्पृश्यता और पितृसत्तात्मक समाज शामिल तत्त्व थे। ग्रन्थ और अभिलेख प्राय: राजा को वर्णक्रम व आश्रम प्रणाली यानी सामाजिक व्यवस्था के संरक्षक के रूप में सन्दर्भित करते हैं। इसका मतलब कि इन कसौटियों पर प्रजा के ख़िलाफ़

---

15. आर. एन. नन्दी, *स्टेट फॉर्मेशन, एग्रेरियन ग्रोथ ऐंड सोशल चेंज इन फ्यूडल साउथ इंडिया (600-1200 ई.)* नयी दिल्ली : मनोहर, 2000, पृ. 125-27।

की गयी किसी भी कार्रवाई को वैध ठहराया जा सकता है और पलट कर उसे प्रजा के ही हित में प्रस्तुत किया जा सकता है। रामायण के उत्तरकाण्ड में राम ने शम्बूक नाम के एक शूद्र का वध किया है। इस वध का नैतिक स्पष्टीकरण यह है कि शम्बूक ने तप के सहारे वर्णक्रम का अतिक्रमण किया था, जिसके चलते कुछ अस्वाभाविक घटनाएँ हुईं, जैसे एक ब्राह्मण शिशु की असमय मृत्यु हो गयी। यानी, अन्यत्र करुणामयी दिखने वाले राम ने बिना किसी संकोच के शम्बूक को इसलिए मार दिया ताकि वर्णक्रम यानी व्यापक सामाजिक हित की रक्षा की जा सके।

कभी-कभार ऐसा भी हुआ कि ज़मीनी स्तर पर सामाजिक टकरावों से पैदा हुई घटनाएँ खुले में आ गयीं। कर्नाटक के कई अभिलेख ग्रामीण समुदाय के भीतर प्राय: प्राकृतिक संसाधनों पर हुए टकरावों की ओर इशारा करते हैं।[16] हसन तालुका से 1230 सा.सं. का एक अभिलेख बताता है कि एक गाँव में ब्राह्मणों के गुर्गों द्वारा ताड़ का पेड़ काटने का विरोध करने पर दो किसानों की हत्या हो गयी थी। उसी तालुके से 1080 सा.सं. का एक अभिलेख बताता है कि कुएँ से पानी निकालने पर एक ब्राह्मण और एक किसान परिवार के बीच झगड़ा हुआ था। यानी, आज की तरह तब भी पानी एक संवेदनशील मसला हुआ करता था। तेरहवीं सदी की शुरुआत का एक अभिलेख एक सिंचाई टंकी के मसले पर किसानों और प्रधान के बीच टकराव की बात कहता है। इस झगड़े में प्रधान मारा गया था। तब होयसला वंश के राजा ने उसकी स्मृति में एक शिला गड़वाकर नयी टंकी बनवा दी थी। मुन्नारगुड़ी से 1231 सा.सं. का एक अभिलेख जो चोल शासक राजराजा तृतीय के दौर का है, किसानों के श्रम के ऊपर लगाये जाने वाले अनिवार्य लगान की बात करता है। उसमें बताया गया है कि एक गाँव के नट्टार (गाँव के प्रभावशाली लोगों का एक निकाय) ने ब्राह्मण सभा और महासभा से कई कर संग्राहकों (कुछ सशस्त्र) के दमन को लेकर शिकायत की थी जो सभी किसानों से समान लगान माँग रहे थे।

16. नन्दी, *राज्य गठन, स्टेट फॉर्मेशन, एग्रेरियन ग्रोथ ऐंड सोशल चेंज इन फ्यूडल साउथ इंडिया,* पृ. 125-27।

अभिलेख में राजधानी में मरम्मत के एक काम के लिए गाँववालों पर अनिवार्य श्रम को लादे जाने का भी ज़िक्र है, जो मुन्नारगुड़ी से 35 किलोमीटर दूर थी।[17]

इसका मतलब कि सामाजिक टकराव और हिंसा प्राचीन भारत में अनुपस्थित नहीं थी, लेकिन उसकी उपस्थिति को उन स्रोतों से खोजकर निकालना होगा जो असन्तोष या असहमति के स्वरों को दबाते हैं। ऐसे टकरावों से अकसर निपट लिया जाता था और खौलने से पहले ही उन्हें धार्मिक स्तर पर दबा दिया जाता था, हालाँकि वे कभी पूरी तरह से हल नहीं होते थे। इस क़िस्म के उदाहरण आरम्भिक काल में जैन और बौद्ध धाराओं तथा बाद की सदियों में भक्ति की धारा में देखे जा सकते हैं।

लैंगिक हिंसा

पुरुषों की हिंसा के ख़िलाफ़ बीते वर्षों में स्त्रियों द्वारा चलाये गये MeToo अभियान के बाद आज की तारीख़ में जिन चीज़ों को हम लोग मोटे तौर से अनुचित यौन व्यवहार मानते हैं, उनमें से ज़्यादातर को प्राचीन समय में सामान्य माना जाता था। इसलिए आज के मानकों को उस दौर के समाज पर लागू करने से कोई मदद नहीं मिलने वाली। कहीं ज़्यादा सार्थक यह समझना होगा कि सामाजिक कसौटियों और उनके उल्लंघन को पुराने ग्रन्थों में किस तरह से देखा-समझा गया है। इस दौरान ध्यान में रखने वाली बात यह होगी कि उस दौर में भी तमाम कसौटियाँ और मान्यताएँ वर्ग, समुदाय व क्षेत्र के हिसाब से काफ़ी हद तक अलग-अलग रही होंगी।

संस्कृत का काव्य बहुपत्नीत्व वाले राजसी घरानों और हरमों की एक ऐसी मनोहर तस्वीर पेश करता है जिसमें अलग-अलग श्रेणी की स्त्रियाँ, रानियाँ, प्रेयसियाँ, दासियाँ और परिचारिकाएँ राजाओं को सुख देने और उनका उत्तराधिकारी जनने के लिए उपलब्ध रहती हैं। इन चित्रकथाओं पर पड़ा सौन्दर्यशास्त्रीय परदा यदि खींच कर हटा दिया जाये और लिखे हुए का

---

17. सुब्बारायालु, 'स्टेट ऐंड सोसायटी ड्यूरिंग द चोल पीरियड', आर. चम्पकलक्ष्मी, केशवन वेलुथाट और टी. आर. वेणुगोपालन (सं.), *स्टेट ऐंड सोसायटी इन प्री-मॉडर्न साउथ इंडिया*, त्रिचूर : कॉस्मोबुक्स, 2002, पृ. 92-94।

पुन:पाठ किया जाये, तो सुखमय हरम की तस्वीर एक विद्रूप में ढलती दिखाई देगी। उस वैकल्पिक तस्वीर तक पहुँचाने में धर्मशास्त्र, संस्कृत के काव्य, अर्थशास्त्र और कामसूत्र हमें कुछ प्रस्थान-बिन्दु उपलब्ध करवाते हैं।

धर्मशास्त्र में आठ प्रकार के विवाहों की बात की गयी है। उनमें दो–राक्षस और पैशाच विवाह–हिंसक हैं। मनुस्मृति में राक्षस विवाह को परिभाषित करते हुए बताया गया है–'जब कोई हिंसक ढंग से हत्या, विनाश या उत्पात मचाकर किसी स्त्री को उसके घर से अगवा कर ले जाये जब वह चीख़-चिल्ला या रो रही हो'।[18] पैशाच विवाह उसे कहा जाता है जब कोई किसी सोती हुई, मदमत्त या मानसिक रूप से अस्वस्थ स्त्री के साथ छुप कर बलात्कार कर ले। इसे सबसे बड़ा पाप बताया गया है। राक्षस विवाह क्षत्रिय योद्धाओं के लिए वैध माना गया है और इसे कुछ हद तक हिंसक क्षात्र धर्म का विस्तार भी माना जा सकता है, लेकिन परस्पर प्रेम और कामना पर आधारित गन्धर्व विवाह भी क्षत्रियों से ही सम्बद्ध है। यानी, क्षत्रियों को हिंसा और प्रेम दोनों के मामले में अलग माना गया है। कभी-कभार हिंसा और प्रेम आपस में जुड़े हुए भी दिखते हैं, मसलन, जब सुभद्रा को अर्जुन बलपूर्वक अगवा कर के ले जाता है क्योंकि वह उसके प्रेम में पड़ चुका है।

संस्कृत के राजनीतिक विमर्श में एक राजा के व्यसनों की मानक सूची में स्त्री-व्यसन का सन्दर्भ आता है। इसमें एक शासक की यौन-प्रवृत्तियों को स्वीकार करते हुए उसकी संयमित खुराक को ठीक माना गया है। दिक़्क़त व्यसन की अति में है। ग्रन्थों में हमेशा ही राजा के लिए इस व्यसन के निहितार्थों पर चर्चा की गयी है, न कि उन औरतों के सन्दर्भ में जो राजा की काम्य वस्तु थीं।

महाभारत और रामायण में राजनीतिक दायरे के भीतर औरतों पर हिंसा के कई प्रसंग शामिल हैं। ऐसे कई प्रसंगों में एक औरत को बाल से पकड़ कर घसीटे जाने का सन्दर्भ आता है। यह वास्तविक और प्रतीकात्मक हिंसा से युक्त कृत्य है।[19] दु:शासन द्वारा द्रौपदी का बाल पकड़ कर घसीटते हुए

---

18. *मनुस्मृति* 3.33; ओलिवेल, *मनु'ज कोड ऑफ़ लॉ*, पृ. 109।

19. देखें मिनोरु हारा, 'द होल्डिंग ऑफ़ द हेयर (केश-ग्रहण)', *एक्टा ओरिएंटलिया*, खण्ड 47, 1986, पृ. 67-92।

उसे सभा में लाने और सबके सामने निर्वस्त्र करने के प्रयास की घटना का ज़िक्र पहले अध्याय में ही आया है। यह हमला राजनीतिक रूप से प्रेरित है। यहाँ एक औरत का अपमान इसलिए किया जा रहा है ताकि उसके माध्यम से उसके पतियों को अपमानित किया जा सके। इसी महाकाव्य में कालान्तर में जब पांडव अज्ञातवास के दौरान मत्स्यराज विराट के दरबार में रह रहे थे, वहाँ कीचक (विराट का साला) द्वारा द्रौपदी के ऊपर हिंसक यौन हमले का प्रसंग आता है। वह द्रौपदी को दासी समझ कर उसके साथ बलात्कार का प्रयास करता है और जब वह प्रतिरोध करती है तो उसे बालों से पकड़कर घसीटते हुए सभा में ले आता है। एक अन्य अहम प्रसंग अम्बा का है जो अपने साथ हुए क्रूर बरताव और अपमान के बाद भीष्म का सर्वनाश करने के लिए शिखण्डिन (न पुरुष, न स्त्री) के रूप में जन्म लेती है।

रामायण में रावण ने सीता को हरने के लिए हिंसक बल का प्रयोग किया था और उसे बाल पकड़कर खींचा था। [चित्र 4.7] इसके बावजूद उसने सीता के साथ बाद में कोई ज़ोर-ज़बरदस्ती नहीं की क्योंकि वह उसके प्रेम में था और उसके स्वेच्छा से आने की प्रतीक्षा करने को तैयार था। रामायण के उत्तरकाण्ड में रावण की एक बिल्कुल अलग ही तस्वीर सामने आती है, जहाँ उसके हिंसक अतीत और व्यक्तित्व को लेकर काफ़ी विवरण हैं।[20] यहाँ हमें बताया गया है कि पूर्वजन्म में रावण ने एक सद्गुणी ब्राह्मण साध्वी वेदावती पर हमला किया था (जो एक अन्य पूर्वजन्म में सीता ही थी)। वेदावती ने अपनी शुचिता को बचाने के लिए आत्मदाह कर लिया था और कसम खायी थी कि अगले जन्म में वह एक सद्पुरुष की पुत्री के रूप में पैदा होगी, भले स्त्री के गर्भ से नहीं, ताकि रावण को ख़त्म कर सके। रावण ने अप्सरा रम्भा का भी बलात्कार किया था जब वह अपने प्रेमी नलकुवर से मिलने जा रही थी। नलकुवर को जब इसका ज्ञान होता है, तो वह रावण को श्राप देता है कि अगर फिर से उसने किसी स्त्री की इच्छा के विरुद्ध उसके साथ ज़बरदस्ती करने की कोशिश की तो उसका सिर सात टुकड़ों में विभक्त हो जायेगा। यही

20. गोल्डमैन और गोल्डमैन, द *रामायण ऑफ़ वाल्मीकि : ऐन एपिक ऑफ़ एन्शिएंट इंडिया,* खण्ड 7 : उत्तरकाण्ड।

कारण है कि रावण ने सीता पर उसकी इच्छा के विरुद्ध कोई बलप्रयोग नहीं किया था। महाभारत और रामायण दोनों ही महाकाव्यों में यौन आक्रमण और बलात्कार भीषण प्रतिफल को आमन्त्रित करते हैं। ज़ाहिर है, इनके रचयिता ऐसे आचरण को मान्यता नहीं देते रहे होंगे। इसके बावजूद, ऐसी घटनाएँ जिस विस्तार से वर्णित हैं और महाकाव्यात्मक आख्यान के बेहद अहम प्रसंगों के रूप में आती हैं, वह दिखाता है कि राजनीतिक दायरे में एक लक्षण के बतौर महिलाओं के ख़िलाफ़ यौन हिंसा को मान्यता थी।

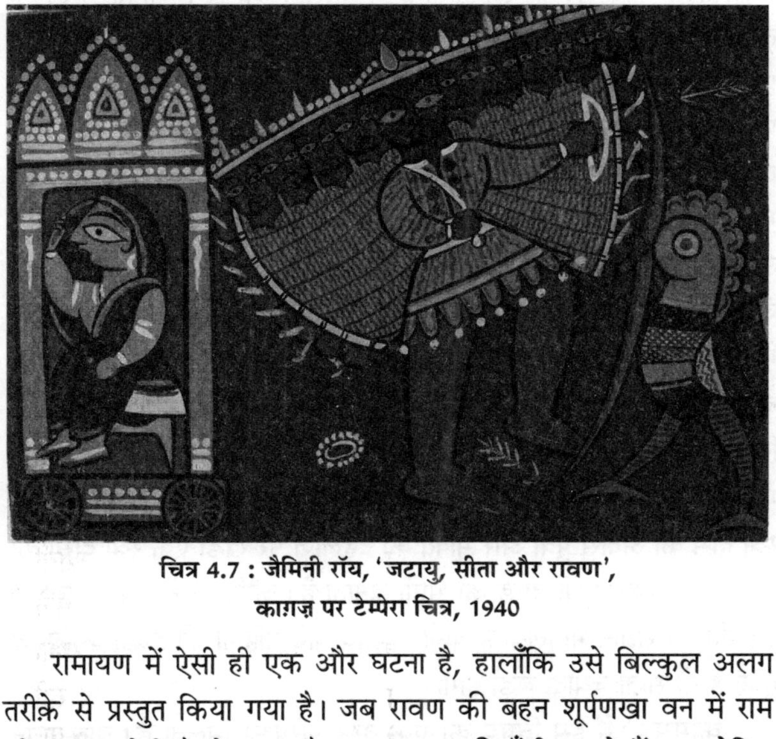

चित्र 4.7 : जैमिनी रॉय, 'जटायु, सीता और रावण', काग़ज़ पर टेम्पेरा चित्र, 1940

रामायण में ऐसी ही एक और घटना है, हालाँकि उसे बिल्कुल अलग तरीक़े से प्रस्तुत किया गया है। जब रावण की बहन शूर्पणखा वन में राम को प्रस्ताव देती है तो राम और लक्ष्मण उसकी हँसी उड़ाते हैं। आक्रोशित शूर्पणखा सीता को ज़िन्दा निगल जाने की धमकी देती है। इस पर राम उसकी नाक और कान को तलवार से काट लाने का आदेश लक्ष्मण को देते हैं। दर्द से कराहते हुए रक्तरंजित शूर्पणखा रावण के पास पहुँचकर पूरी घटना सुनाती है। यहाँ शूर्पणखा को निर्बाध स्त्री यौनिकता का प्रतिनिधि दिखाया गया है जो

संयमित और आदर्श नायिका सीता के शुचितापूर्ण व्यवहार से कोसों दूर है। इसलिए ऐसी व्यभिचारिणी स्त्री के ख़िलाफ़ हिंसा को जायज़ ठहराया गया है। समकालीन रामलीलाओं में भी हम पाते हैं कि रावण द्वारा सीता-हरण का प्रसंग तो श्रोताओं में सहानुभूति पैदा करने वाला होता है, लेकिन शूर्पणखा का प्रसंग मनोरंजन के उद्देश्य से आता है।

महिलाओं के ख़िलाफ़ जायज़ बलप्रयोग और नाजायज़ हिंसा के बीच 'अर्थशास्त्र' भेद बरतता है। पत्नियों में शालीन आचरण पोषित करने के तरीक़ों पर चर्चा करते हुए कौटिल्य पतियों से आग्रह करते हैं कि वे उन्हें दुख पहुँचाने वाली बातें न बोलें, लेकिन साथ में यह भी कहते हैं कि वे पत्नी की पीठ पर फटे हुए बाँस की बेंत, रस्सी या हाथ से तीन बार चोट करें। यदि एक पत्नी अपने पति की अनुपस्थिति में जारकर्म करती है और पति उसे माफ़ नहीं कर पाता, तो उसके कान और नाक काट लिए जाने चाहिए (और उसके प्रेमी की हत्या कर दी जानी चाहिए)। औरतों के ख़िलाफ़ हिंसक जुर्म जैसे बलात्कार, गर्भपात करवाने और अनुचित ढंग से स्पर्श करने के मामलों में कौटिल्य दण्ड के प्रावधान देते हैं। यदि एक जेलर किसी विवाहित महिला बन्दी के साथ दुराचार करता है जो दास या बन्धक हो, तो उसे इस हिंसा के लिए न्यूनतम जुर्माना अदा करना होगा। गर्भवती स्त्रियों को किसी भी स्थिति में प्रताड़ित नहीं किया जाना चाहिए। किसी दरबारी की पुत्री, एक पुरुष या स्त्री दास की अदास पुत्री और मुक्ति की दहलीज़ पर खड़ी एक स्त्री दासी का कौमार्य भंग करना भी दण्ड का भागी बनाता है। कौटिल्य ने ऐसे मामलों में सहमति का संज्ञान भी लिया है यानी अपराध यदि महिला की इच्छा के विरुद्ध हुआ है तो सज़ा ज़्यादा बड़ी होगी।

'कामसूत्र' में इस विषय का एक और परिप्रेक्ष्य मिलता है। वात्स्यायन प्रेम को एक युद्ध की तरह मानते हुए उस पर चर्चा करते हैं, लेकिन इस युद्ध का लक्ष्य चूँकि परस्पर सुख प्रदान करना है इसलिए स्त्री की सहमति इसमें विशेष रूप से मायने रखती है। इसीलिए वात्स्यायन पुरुषों से आग्रह करते हैं कि वे अपने प्रेम व्यवहार में उदार रहें ताकि कुमारी का विश्वास जीत सकें। वे चेतावनी देते हैं कि पुरुष यदि एक स्त्री के साथ सम्बन्ध स्थापित करने में

बलप्रयोग करता है तो वह पुरुष-द्वेषी हो जायेगी। साथ ही, वे यह भी कहते हैं कि कभी-कभार एक स्त्री की ना में ही हाँ होती है और वह पुरुष को बस उकसाने के लिए ना कहती है। वे स्त्री को लुभाने की तरकीबें और नुस्खे सुझाते हैं और इन सब के नाकाम हो जाने पर उसे बल से प्राप्त करने का सुझाव देते हैं।

कामसूत्र में शक्तिशाली पुरुषों के यौन जीवन पर एक खण्ड है जो विशेष रूप से राजाओं पर केन्द्रित है।[21] वात्स्यायन ऐसे पुरुषों के लिए दूसरों की पत्नियों को फँसाने की तरकीबें सुझाते हैं। वे कुछ ख़ास 'गोपनीय विधियाँ' सुझाते हैं जिनमें दाँव-पेंच और बलप्रयोग शामिल है। वे कहते हैं कि आमतौर से ऐसे तरीक़े राजा उपयोग करते हैं। वे राजाओं की यौन हिंसा का सन्दर्भ भी देते हैं। चपत जमाने के चार तरीक़ों पर चर्चा करते हुए वे एक ख़ास क़िस्म की चपत का सन्दर्भ लेते हैं जो दक्षिण भारत में प्रचलित है जिसमें स्त्री की छाती पर चोट पहुँचाई जाती है। वे उसकी आलोचना करते हैं क्योंकि उससे स्त्रियों को दर्द होता है और वह ख़तरनाक है। दिलचस्प है कि यौन सम्बन्ध के दौरान चपत लगाने की तकनीकों के जानलेवा प्रयोग के वे जो भी विशिष्ट उदाहरण देते हैं, सभी का सम्बन्ध राजाओं से है।

स्पष्ट है कि विभिन्न विषयों पर केन्द्रित तमाम प्रकार के ग्रन्थ स्त्रियों के ख़िलाफ़ बलप्रयोग का ज़िक्र ख़ासकर राजनीतिक रूप से ताक़तवर पुरुषों द्वारा ही करते हैं। कुछ स्थितियों में इसे वैध माना गया है, तो कुछ अन्य स्थितियों में यह अवैध हिंसा की श्रेणी में आता था।

अहिंसा की प्रतिसंस्कृतियाँ

प्राचीन भारत में हिंसा की सबसे सशक्त प्रतिक्रिया धर्म के क्षेत्र में देखने को मिलती है, जैसा कि हमने सामाजिक असमानता के मामले में भी देखा है। यह संयोग नहीं है कि छठी/पाँचवीं शताब्दी सा.सं.पू. के दौरान जब उत्तर भारत में हिंसक युद्ध संख्या और तीव्रता में बढ़ रहे थे, उसी के समानान्तर अहिंसा-आधारित धर्म भी उभार पर आये। यह भी संयोग नहीं है कि जैन और बौद्ध

---

21. *कामसूत्र* 5.5।

धर्मों के प्रणेता ख़ुद कुलीन योद्धा रहे। ये धर्म मानवीय स्थितियों से जुड़ी कुछ ख़ास शाश्वत समस्याओं तथा अपने दौर के कुछ ख़ास लक्षणों की सशक्त प्रतिक्रिया का प्रतिनिधित्व कर रहे थे। जैसे, यज्ञ में पशुओं की बलि और युद्ध में पुरुषों की हत्या उस दौर के तात्कालिक सामाजिक लक्षण थे। यानी, परिव्राजकता और अहिंसा के बीच एक निकट सम्बन्ध था।

जैन और बौद्ध धर्म के बीच कुछ समानताएँ हैं (जैसे विहारवासी संघ प्रणाली, देवताओं की महत्त्वहीनता, तथा संसार से मुक्ति का लक्ष्य), लेकिन कई अन्तर भी हैं। जैनी शाश्वत जीव की अवधारणा को मानते थे जबकि बौद्ध किसी भी चीज़ के स्थायित्व को नकारते हैं। भिक्षुओं और उपासकों के लिए जैन मार्ग बहुत श्रमसाध्य है। दूसरी तरफ़ बौद्ध धारा आत्मभोग और आत्मसंयम की अतियों से बचते हुए मध्यम मार्ग की बात करती है। आचार की नैतिकता दोनों ही धर्मों में महत्त्वपूर्ण है तथा इस नैतिकता का एक अहम अंग अहिंसा है। हिंसा को एक ऐसे तत्त्व के रूप में देखा गया है जो दोनों पक्षों को नुक़सान पहुँचाती है। मंशा को दोनों धर्मों में अहम माना गया है लेकिन जैन धर्म में इस पर ज़्यादा विमर्श है।

जैन और बौद्ध धर्म ने अहिंसा को ऐसा केन्द्रीय सांस्कृतिक मुद्दा बना दिया जिसे उनके प्रतिस्पर्धियों को सम्बोधित करना पड़ा। हिंसा से दूर रहने की शिक्षा देने के साथ-साथ इन धर्मों ने सभी प्राणियों के साथ मित्रता और सौहार्द के सकारात्मक विचारों पर ज़ोर दिया।

अतिवादी अहिंसा : जैन धर्म

जैन तीर्थंकरों के सन्तचरित अहिंसा के प्रति उनकी कठोर संकल्पबद्धता पर बल देते हैं। कहा जाता है कि बाईसवें तीर्थंकर नेमिनाथ ने जब अपने विवाह भोज के लिए मारे जा रहे पशुओं की चीख़ें सुनीं तो उन्होंने सांसारिक जीवन को त्यागने का फ़ैसला कर लिया। चौबीसवें तीर्थंकर महावीर के बारे में प्रचलित है कि अपनी माँ के गर्भ में वे बिल्कुल स्थिर पड़े हुए थे ताकि उन्हें किसी क़िस्म की बेरामी या कष्ट न हो, लेकिन भ्रूण के जीवित होने को लेकर जब माँ को चिन्ता हुई तो उसका अहसास करते हुए उन्होंने थोड़ी हरकत कर दी।

जैन धर्म का अहिंसा पर बल इस वास्तविक जगत की प्रकृति के बारे में उसके सिद्धान्त से जुड़ा हुआ है। इस सिद्धान्त के अनुसार वास्तविकता तीन श्रेणियों में बँटी हुई है–चेतस, भौतिक और न चेतस न भौतिक। चेतस श्रेणी का प्रतिनिधि जीव (आत्मा) है। जीव संख्या में अनन्त माने गये हैं और वे पदार्थ के कणों से बनने वाले कर्म के कारण देहान्तरण करते हैं।

जैन धर्म में जीवन के चार अस्तित्वगत स्वरूपों को माना गया है–देव (भगवान), मनुष्य, नरकी (नरक के जीव) और तिर्यंच (जीव-जन्तु)।[22] जीव-जन्तुओं की श्रेणी में इन्द्रियों के आधार पर और छोटी उपश्रेणियाँ हैं। सबसे छोटी श्रेणी उन जीवों की है जिनके एक ही इन्द्रिय है। इनमें निम्नतम जीवों को निगोड़ कहते हैं। ये सूक्ष्म जीव होते हैं जिनमें केवल स्पर्श का इकलौता इन्द्रियबोध होता है। ये झुंड में साथ जन्म लेते हैं और इनका जीवनकाल कुछ पल का ही होता है। माना जाता है कि निगोड़ पेड़-पौधों, पशुओं और मनुष्य के शरीर में रहते हैं। निगोड़ से एक स्तर ऊपर एकल इन्द्रिय वाले ऐसे जीव आते हैं जिनके भीतर विभिन्न तत्त्व होते हैं। ये थलचर, जलचर, अग्निचर और वायुचर होते हैं। पौधे इस श्रेणी में थोड़ा और ऊपर हैं। इनमें भले स्पर्श का एकल इन्द्रियबोध होता है लेकिन इनकी संरचना अपेक्षाकृत जटिल होती है और जीवन भी लम्बा होता है। पशु इस श्रेणी में और ऊपर आते हैं, चूँकि उनमें दो से पाँच इन्द्रियाँ होती हैं। पाँच इन्द्रियों वाले पशुओं को दो हिस्सों में बाँटा गया है। एक वे हैं जो अपनी सहजवृत्ति पर निर्भर होते हैं। दूसरे वे हैं जिनके पास सोचने की ताक़त है। अस्तित्व और नियति की महान श्रृंखला में कर्म पशुओं और मनुष्यों को आपस में जोड़ता है। मनुष्य का जन्म पशु के जन्म से श्रेष्ठतर माना जाता है, लेकिन मनुष्य पशुरूप में भी जन्म ले सकता है और पशु भी मनुष्यरूप में जन्म ले सकते हैं। जीवन सर्वत्र है।

अहिंसा, सदाचारयुक्त जीवन और पुनर्जन्म के चक्र से मुक्ति के बीच सीधा सम्बन्ध है। जैन धर्म के त्रिरत्न हैं सम्यक दर्शन, सम्यक ज्ञान और सम्यक चरित्र। जैसा कि दूसरे अध्याय में वर्णित है, भिक्षुओं और भिक्षुणियों के लिए पाँच महाव्रत हैं जिन्हें सामान्य उपासकों के लिए अणुव्रतों में संशोधित

---

22. विवरण के लिए देखें, पद्मनाभ एस. जैनी, द *जैन पाथ ऑफ़ प्योरिफिकेशन।*

किया गया है। दोनों के लिए अहिंसा पहला व्रत है। अहिंसा में मामला केवल कर्म का नहीं बल्कि उसके पीछे की भावना और मंशा का भी है, जो मायने रखती है। चूँकि दूसरों पर हिंसा नकारात्मक भावनाओं और विचारों पर आधारित होती है, इसलिए मोक्ष-प्राप्ति के लिए वह घातक है। हिंसा दोनों पक्षों को नुक़सान पहुँचाती है, लेकिन हर हत्या समान नहीं होती। विभिन्न इन्द्रियों वाले जीवों को नुक़सान पहुँचाने का मूल्य अलग होता है। नीयत के साथ की गयी सुविचारित हिंसा (संकल्पज हिंसा) एक स्वीकार्य पेशे को अंजाम देने के क्रम में हुई हिंसा (आरम्भज हिंसा) से अलग और ज़्यादा गम्भीर होती है। जैसे, एक शल्यक्रिया चिकित्सक अथवा किसान से उसके काम के दौरान हुई हिंसा उतनी गम्भीर नहीं मानी जायेगी। इससे भी कम गम्भीर वे कृत्य हैं जो विशुद्ध आत्मरक्षा में किये जायें। न सिर्फ़ हिंसक कृत्य, बल्कि हिंसक वाणी और हिंसक विचारों से भी बचना चाहिए। बोलने का तरीक़ा नपा-तुला और संयमित होना चाहिए। मोटे लोगों या पशुओं, बड़े पेड़ों, पके हुए फलों या सब्ज़ियों के बारे में नकारात्मक, अपमानजनक शब्द नहीं कहे जाने चाहिए। नकारात्मक बोली को सकारात्मक बोली में बदला जाना चाहिए।

आम लोगों से अपेक्षा की जाती है कि वे दो या उससे ज़्यादा इन्द्रियों वाले प्राणियों को नुक़सान न पहुँचाएँ, लेकिन भिक्षुओं और भिक्षुणियों से अपेक्षा है कि वे अपने आचरण में अहिंसा को सर्वोच्च सम्भावित स्तरों तक ले जायें। जैन शास्त्रों में अपने कर्म, वाणी और विचार से जीवन को चोट पहुँचाने से बचने के विस्तृत नियम दिये गये हैं। जैसे, भिक्षुओं और भिक्षुणियों को पशुओं को न मारना चाहिए और न ही उन्हें चोट पहुँचानी चाहिए, उन पर उँगली तक नहीं उठानी चाहिए जब तक कि डर न लग रहा हो। यहाँ तक कि एकल इन्द्रिय वाले जीवों और तात्त्विक जीवों को भी नुक़सान पहुँचाने से बचना चाहिए। उन्हें मिट्टी की खुदाई नहीं करनी चाहिए क्योंकि इससे जीवों की हत्या होने का ख़तरा है। उन्हें नहाने, तैरने या बारिश में चलने से बचना चाहिए नहीं तो वे जलचरों की हत्या के भागी होंगे। उन्हें आग नहीं जलानी चाहिए ताकि अग्निचरों को नुक़सान से बचाया जा सके। उन्हें ख़ुद को पंखा नहीं झलना

चाहिए ताकि वायुचरों को नुक़सान पहुँचाने से बच सकें। उन्हें हरी घास पर नहीं चलना चाहिए और पौधों को नहीं छूना चाहिए ताकि वनस्पतियों को नुक़सान से बचा जा सके। दिगम्बर साधु एक छोटी सी झाड़ू लेकर चलते हैं और कहीं बैठने से पहले उस जगह को बुहार देते हैं ताकि कीड़े-मकोड़ों को कोई हानि न हो। इन नियमों को देखने से पता चलता है कि अहिंसा के ऊपर जैन धर्म का बल अद्वितीय है। [चित्र 4.8]

चित्र 4.8 : जैन सन्त बाहुबली पूर्ण शान्ति में तपस्या करते हुए, एलोरा

जैन सिद्धान्त भोजन की इच्छा को बन्धन का स्रोत मानता है। चूँकि भोजन के भोग में हत्या निहित है, तो खाना हिंसा को जन्म देता है।[23] दिक़्क़त यह है कि जीने के लिए खाना ज़रूरी है। इस पर जैन धर्म खाने-पीने के कुछ नियम-क़ायदे सुझाता है जिससे हिंसा को यथासम्भव न्यूनतम पर रखा जा सके। किसी भी प्रकार का मांस खाना कठोरतम रूप से वर्जित है। भले ही किसी पशु को खाने के उद्देश्य से मारा न गया हो और उसकी स्वाभाविक मौत हुई हो, उसे नहीं खाना चाहिए क्योंकि मृत जीव के मांस पर निगोड़ पलते हैं। श्वेताम्बरों ने इस मामले में कुछ रियायतें दी हैं, जैसे दुष्काल में या किसी रोग को ठीक करने के लिए मांस खाया जा सकता है। जैन धर्म में भोजन सम्बन्धी प्रतिबन्ध पशुओं से भी आगे जाते हैं। अंजीर, शहद और शराब वर्जित है क्योंकि माना जाता है कि मीठी और खमीर उठी वस्तुओं पर निगोड़ ख़ास तौर से पलते हैं। जड़ वाले पौधे जैसे लहसुन, प्याज़, हल्दी, मूली और गाजर को खाने से बचना चाहिए क्योंकि माना जाता है उनमें कई सूक्ष्मजीव होते हैं और मिट्टी को खोदने से जीवों को नुक़सान पहुँचता है। दुग्ध उत्पाद स्वीकार्य हैं। बिना बीज वाली सब्ज़ियाँ, जैसे अन्न, दाल और हरे पत्ते खाये जा सकते हैं। एक बीज वाला फल खाया जा सकता है लेकिन कई बीजों वाले (बैंगन या अंजीर) वर्जित हैं। खाने से बचने यानी उपवास करने को जैनियों में बहुत महत्त्व दिया गया है। श्वेताम्बरों और दिगम्बरों के बीच एक बहस चली थी कि एक केवलिन (कैवल्य प्राप्त व्यक्ति) को ज़िन्दा रहने के लिए खाते रहना चाहिए या नहीं। श्वेताम्बर ग्रन्थ कहते हैं कि केवलिन भोजन के टुकड़ों पर ज़िन्दा रह सकता है लेकिन दिगम्बर धारा मानती है कि उसे सामान्य मनुष्यों की तरह भूख और प्यास की अनुभूति ही नहीं होगी।

जैन धर्म में अहिंसा की केन्द्रीयता के चलते आश्चर्य नहीं कि जिन कामों में हिंसा अनिवार्यत: निहित है, जैसे मछली मारना या शिकार, उन्हें त्यागना

23. पद्मनाभ एस. जैनी, 'फियर ऑफ़ फूड : जैन एटिट्यूड्स ऑन ईटिंग', जैनी के *कलेक्टेड पेपर्स ऑन जैन स्टडीज़* में, अध्याय 16, पृ. 281-96; और पद्मनाभ एस. जैनी, 'अहिंसा : ए जैन वे ऑफ़ स्पिरिचुअल डिसिप्लिन', पद्मनाभ एस. जैनी (सं.) *कलेक्टेड पेपर्स ऑन जैन स्टडीज़*, पृ. 3-19।

ही पड़ेगा। इसीलिए यहाँ छह स्वीकृत पेशे हैं–राजकाज, लेखन, कृषि, ज्ञान का प्रसारण, व्यापार और शिल्प। इनमें भी राजकाज और कृषि में जीवन को नुक़सान पहुँचाने की आशंकाएँ निहित हैं (जैसे राजकाज में युद्ध, खेती में मिट्टी की खुदाई), इसलिए ये भी बाहर निकल जाते हैं। किसी को नुक़सान न पहुँचाने वाला सबसे ज़्यादा सम्भावित पेशा व्यापार ही बचता है, इसलिए यह जैनियों का पसन्दीदा काम है। भिक्षु हो चाहे उपासक, जैन धर्म में किसी भी व्यक्ति के लिए मृत्यु का सबसे सम्मानजनक तरीक़ा है उपवास और तप (मृत्यु के अनुष्ठान कई क़िस्म के हैं, उनमें एक है सल्लेखना)। ये अनुष्ठान अहिंसा से जुड़े उच्च नियम-क़ायदों वाले आचार हैं। इन्हें सामान्य आत्महत्या नहीं माना जाता।

आश्चर्य की बात यह है कि अहिंसा पर इतना ज़्यादा बल भी युद्ध के निषेध में अनिवार्यत: रूपान्तरित नहीं होता। युद्ध के प्रति जैन धर्म का रवैया आलोचना, उभयवृत्ति, सपाट स्वीकार्यता और पुष्टि मिश्रित है। महावीर ने इस विचार को अस्वीकार कर दिया था कि युद्धभूमि में वीरता से लड़ते हुए मारे गये योद्धा सीधे स्वर्ग जाते हैं। इसके बजाय उन्होंने कहा कि ऐसे सारे सैनिक अस्तित्व के निम्नतर स्तरों पर पुनर्जन्म लेंगे। कई ऐसी कथाएँ जैन साहित्य में हैं जो इस बात पर ज़ोर देती हैं कि आत्मरक्षा में की गयी हत्या भी मनुष्य को नरक में भेजती है। उदाहरण के लिए, जैन रामायण में लक्ष्मण ने रावण की हत्या की है लेकिन दोनों ही अपने हिंसक कृत्यों के कारण नरक में पहुँचते हैं। इसके बावजूद, ख़ुद की रक्षा के लिए की गयी हिंसा (विरोधी हिंसा) को कहीं-कहीं अन्तिम विकल्प के तौर पर सही भी ठहराया गया है।

माना जाता है कि जब कोई राजा सैन्य अभियान पर निकलता था, तब जैन साधु उसकी जीत या हार की भविष्यवाणी कर दिया करते थे। जैन धर्म में आस्था रखने वाले राजा शान्तिप्रिय नहीं थे। कलिंग पर राज करने वाले चेदिराजवंश के खारवेल राजा ने अपनी सैन्य विजय और जैन भिक्षुओं को किये अपने दान के बारे में एक ही साँस में डींग हाँकी है। बाद की सदियों में कई जैन राजाओं, मन्त्रियों और सेनापतियों ने युद्धों की योजना बनायी और

उनमें भाग लिया। कदम्ब, पश्चिमी गंग और होयसला राजवंश के राजाओं का झुकाव जैन धर्म की ओर था, लेकिन उन सब ने अपना राज्य बचाने और विस्तारित करने के युद्ध उतने ही दम से लड़े जितना दूसरी धार्मिक सम्बद्धताओं वाले उनके प्रतिद्वन्द्वियों ने लड़े। [चित्र 4.9] दसवीं सदी के पश्चिमी गंग राजवंश का प्रसिद्ध सेनापति चामुण्डाराय युद्धभूमि में अपनी प्रचण्डता के साथ-साथ श्रवण बेलगोला (आधुनिक कर्नाटक में) में बाहुबली की अखण्ड प्रतिमा बनवाने के लिए समान रूप से ख्यात था। सम्भव है कि जिन राजाओं और सेनापतियों ने सल्लेखना को चुना, वे अपने जीवनकाल में बरती हिंसा का इसके माध्यम से प्रायश्चित्त करना चाह रहे थे।

चित्र 4.9 : जैन नायक शिला का पैनल, गुफा 32, एलोरा, दसवीं/ग्यारहवीं शताब्दी

मध्यम अहिंसा : बौद्ध धर्म

अहिंसा बौद्ध संघों के भिक्षुओं और उपासकों के लिए नीति-संहिता का एक अहम अंग थी। [चित्र 4.10] प्रारम्भिक बौद्ध ग्रन्थों में हत्या के सभी कृत्यों को एक जैसा नहीं माना गया है। वे कई कारकों पर निर्भर करते हैं, जिसमें मारे गये का आकार और गुण भी शामिल हैं।[24] मनुष्यों की हत्या पशुओं की हत्या से बुरी है, पशुओं की हत्या कीड़े-मकोड़ों की हत्या से बुरी है। एक अपराधी की हत्या उतना गम्भीर अपराध नहीं है जितना एक निर्दोष को मारना है। हत्या के दूसरे कारकों में उसकी इच्छा की तीव्रता और उसे अंजाम देने में लगने वाला उद्यम शामिल हैं। अहिंसा पर बौद्ध धर्म में दिया गया बल दरअसल ब्राह्मणवादी पशु-बलि की आलोचना से सम्बन्धित था जिसकी बुनियाद यह थी कि ऐसी बलि हिंसक और निरर्थक होती है। शिकार करना, मांस बेचना या उसका व्यापार करना उपासकों के लिए वर्जित था। पशुओं की हत्या के अलावा उन्हें चोट पहुँचाना या उनके साथ यौन-सम्पर्क भी वर्जित था। पशुओं सहित सभी प्राणियों से करुणा और स्नेहिल उदारता बरतने की बात कही गयी थी।

कई बौद्ध जातक कथाओं में वन के जीव मिलते हैं। ज़्यादातर बन्दर, हाथी, गीदड़, सिंह और हिरण हैं। बोधिसत्व प्राय: पशुरूप में आते हैं, कभी-कभार अपनी प्रजाति के राजा के रूप में भी आते हैं। इन कथाओं के पशुओं की मनुष्य जैसी भावनाएँ, बोधगम्यता और तार्किकता है। उनमें आध्यात्मिक उन्नति और प्राप्ति की भी सम्भावना है, हालाँकि मनुष्यों के समान स्तर पर नहीं है। कुछ कथाओं में इस बात पर बल दिया गया है कि पशुओं की हत्या नहीं की जानी चाहिए (बलि, शिकार या आहार के लिए) और उनके साथ

---

24. रूपर्ट गेथिन, 'कैन किलिंग ए लिविंग बीइंग एवर बी ऐन ऐक्ट ऑफ़ कम्पैशन?' अभिधम्म और पाली टीकाओं में हत्या के कृत्य का विश्लेषण, *जर्नल ऑफ़ बुद्धिस्ट एथिक्स*, खण्ड 11, 2004, पृ. 71-174; ये भी देखें, रूपर्ट गेथिन, 'बुद्धिस्ट मौंक्स, बुद्धिस्ट किंग्स, बुद्धिस्ट वायलेंस : ऑन द अर्ली बुद्धिस्ट एटिट्यूड्स टू वायलेंस', जॉन आर. हिनेल्स और रिचर्ड किंग (सं.), *रिलीजन ऐंड वायलेंस इन साउथ एशिया : थियरी ऐंड प्रैक्टिस*, लन्दन और न्यूयॉर्क : रूटलेज, 2007, पृ. 62-82।

चित्र 4.10 : ध्यानमग्न बुद्ध, बलुआ पत्थर, सारनाथ संग्रहालय, चौथी/पाँचवीं शताब्दी सा.सं.

सम्मान व करुणा भरा बरताव करना चाहिए। इस मामले में ख़ुद पशु ही प्रवक़्ता बनकर कथाओं में आते हैं और यह बात कहते हैं। मसलन, निग्रोधमृग जातक में एक हिरण की कथा सुनाई गयी है जो एक गर्भवती हिरणी की जान बचाने के लिए ख़ुद को राजा के सामने हत्या के लिए समर्पित कर देता है। राजा उससे प्रभावित होकर दोनों की जान बख़्श देता है। तब हिरण राजा से आग्रह करता है कि उसे सभी चौपाये पशुओं, पक्षियों और मछलियों की रक्षा करनी चाहिए।

अहिंसा पर बौद्ध धर्म में दिया गया बल अनिवार्यत: शाकाहार का पर्याय नहीं है। वास्तव में, एक कथा यह है कि बुद्ध के चचेरे भाई देवदत्त ने जब उनसे शाकाहार को अनिवार्य करने का आग्रह किया तो उन्होंने मना कर दिया था। भिक्षुओं और भिक्षुणियों को मछली और मांस खाने से नहीं रोका जाता था, बशर्ते वे कुछ शर्तों को पूरा करते हों। जैसे, जिस पशु का वे भक्षण करने जा रहे हैं उसे उनके खाने के उद्‌देश्य से ही मारा गया है, ऐसी बात न उन्होंने सुनी हो, न देखी हो और न ही उन्हें इस पर कोई सन्देह होना चाहिए। भिक्षुओं को अपनी इच्छा या प्राथमिकता ज़ाहिर किये बग़ैर खाने को जो मिल जाये वह चुपचाप ग्रहण कर लेना चाहिए। इतना ही नहीं, अगर खाने को मांस मिल रहा हो तो उससे इनकार नहीं करना चाहिए वरना देने वाले को उसका पुण्य नहीं मिल पायेगा। इसके कुछ अपवाद ज़रूर हैं। विहारवासियों को कच्चा या अधपका मांस स्वीकार नहीं करना चाहिए। उन्हें किसी मनुष्य, हाथी, साँप, कुत्ते, घोड़े, सिंह, बाघ, चीते, लकड़बग्घे या भालू का मांस किसी भी परिस्थिति में नहीं खाना चाहिए।

बुद्ध शाकाहारी नहीं थे। कहते हैं कि उन्होंने अपना आख़िरी आहार चुंड नाम के एक लुहार के घर ग्रहण किया था और उन्हें खाने में मांस दिया गया था, जो सम्भवत: सुअर का था।[25] माना जाता है कि उसके बाद वे बीमार पड़

25. भोजन के लिए प्रयुक्त शब्द 'सुकर-मद्‌दवा' (दीघ निकाय 16.4.17) का अनुवाद विभिन्न तरीक़ों से किया गया है, जिसमें सुअर का मांस, कुकुरमुत्ता या किसी प्रकार का छत्रक शामिल है। इस मुद्‌दे की चर्चा के लिए और दुनिया के विभिन्न हिस्सों में रहने वाले बौद्धों के बीच विभिन्न आहार प्रथाओं के लिए देखें, पीटर हार्वे, *ऐन इंट्रोडक्शन टू बुद्धिस्ट एथिक्स,* कैम्ब्रिज : कैम्ब्रिज यूनिवर्सिटी प्रेस, 2000, पृ. 159-62।

गये जिसके कारण उनकी मृत्यु हो गयी। आज भी बौद्धों के बीच शाकाहार पर बहसें चल रही हैं। वर्तमान दलाई लामा भी शाकाहारी नहीं हैं[26] और दुनिया भर में बौद्ध विहारों की आहार पद्धति अलग-अलग है।

युद्ध के प्रति बौद्ध धर्म का क्या रवैया था? देवताओं और दैत्यों के बीच युद्ध से सम्बन्धित एक कथा में युद्ध के बीच करुणा के एक कृत्य के सकारात्मक परिणामों को उदाहरण के तौर पर प्रस्तुत किया गया है। दैत्यों से डरकर जब देवता उत्तर की ओर भागने लगे और उनके रथों ने जब वन में प्रवेश किया, तो सक्क (इन्द्र) ने अपने सारथी मातलि से कहा कि वह ध्यान रखे कि पक्षियों को कोई नुक़सान न पहुँचने पाये :

शाल्मलि के वृक्षों में बसे पक्षियों के नीड़ से
अपने रथ का ध्रुव बचाकर चलना, हे मातलि;
इन पक्षियों को नीड़विहीन कर देने से यथेच्छ
असुरों को अपना जीवन समर्पण कर देना होगा।[27]

ऐसा सुनकर सारथी अपने रथ को वापस मोड़ लेता है। दैत्यों को लगता है कि देवता लौटकर उनसे युद्ध करने आ गये हैं। वे डर के मारे भाग खड़े होते हैं। सक्क की करुणा देवताओं के विजय का कारण बन जाती है।

महासीलव जातक में राजा महासीलव के ऊपर जब हमला होता है तो वह पलट कर लड़ने या प्रतिरोध से इनकार कर देता है। इसके बजाय वह अपने शत्रुओं को उपहार देता है। इसी तरह सेय्य जातक में बोधिसत्व बनारस के राजा के रूप में पैदा होते हैं और अपने शत्रुओं के लिए नगर के द्वार खोल देते हैं। दोनों ही कथाओं में राजा के सद्गुणों का परिणाम सकारात्मक होता है, लेकिन कई ऐसी जातक कथाएँ भी हैं जिनमें नेक राजाओं, यहाँ तक कि बोधिसत्वों ने भी युद्ध लड़े। भोजजनीय जातक में बोधिसत्व एक शाही युद्धक

---

26. परम पावन दलाई लामा का कार्यालय, 'थर्ड डे ऑफ़ टीचिंग्स प्रीलिमिनरी टू द कालचक्र एम्पावरमेंट', 7 जनवरी, 2017।

27. भिक्खु बोधि अनूदित, द *कनेक्टेड डिस्कोर्सेज़ : ए ट्रांसलेशन ऑफ़ द संयुत्त निकाय*, बोस्टन : विज्डम पब्लिकेशन्स, 2000, पुस्तक 1, 325; 6 (6), 892।

अश्व के रूप में आते हैं जिसकी युद्ध में असामान्य वीरता और संकल्प के प्रदर्शन के बाद मौत हो जाती है।

विनय पिटक के अनुसार सैनिक तभी बौद्ध संघ का हिस्सा बन सकते थे जब राजा ने उन्हें मुक्त कर दिया हो। भिक्षुओं को कुछ विशेष परिस्थितियों के अलावा युद्धक्षेत्र में जाने की मनाही थी, जैसे तब वे जा सके थे जब कोई परिजन मौत के मुँह में वहाँ पड़ा हुआ हो। इसके बावजूद, कुछ बौद्ध ग्रन्थों में ऐसे तर्क आये हैं जो हत्या, हिंसा और युद्ध को सही ठहराते हुए प्रतीत होते हैं। महायान और वज्रयान के कुछ ख़ास ग्रन्थ करुणा के मारे की गयी हत्या के विचार की अनदेखी करते दिखते हैं। उदाहरण के लिए, एक कथा एक ऐसे बोधिसत्व की भी है जिसने एक ऐसे डाकू की हत्या कर दी थी जो 500 बोधिसत्वों की हत्या करने जा रहा था। कहा गया है कि बोधिसत्व ने ऐसा करुणा के मारे किया क्योंकि एक व्यक्ति की हत्या से कई की जान बच गयी और डकैत को भी नरक में जाने से बचा लिया गया।[28]

ब्राह्मण ग्रन्थों और हिन्दू धर्म में अहिंसा

वेदों में अन्न को जीवन का आधार बताया गया है। यह जगत अन्न और अन्न का भोग करने वालों से बना है। पशुओं का वर्गीकरण कई परस्पर व्याप्त मानकों पर आधारित है—जैसे ग्राम्य (पालतू) और अरण्य (जंगली) पशु; ऐसे पशु जिनकी बलि दी जा सकती है और नहीं; और ऐसे जिन्हें खाया जा सकता है और नहीं।[29] जंगली पशुओं के खाने और बलि देने पर रोक है। सामान्यत:

---

28. *उपायकौशल्य सूत्र*, गेथिन द्वारा उद्धृत, ' कैन किलिंग ए लिविंग बीइंग एवर बी ऐन ऐक्ट ऑफ़ कम्पैशन?', पृ. 189; यह भी देखें, लैम्बर्ट एल. श्मितहाउज़ेन, 'आस्पेक्ट्स ऑफ़ बुद्धिस्ट एटिट्यूड टूवर्ड्स वॉर', *वायलेंस डिनाईड : वायलेंस, नॉन-वायलेंस ऐंड द रेशनलाइज़ेशन ऑफ़ वायलेंस इन साउथ एशियन कल्चरल हिस्ट्री*, जान ई.एम. हूबेन और कारेल आर. वैन कूइज (सं.), बोस्टन : ब्रिल, 1999, पृ. 45-68।

29. ब्रायन के. स्मिथ, *क्लासिफाईंग द युनिवर्स : द एन्शिएंट इंडियन वर्ण सिस्टम ऐंड द ओरिजिन्स ऑफ़ कास्ट*, न्यूयॉर्क और ऑक्सफ़ोर्ड : ऑक्सफ़ोर्ड यूनिवर्सिटी प्रेस, 1994, अध्याय 8।

चौपाये पालतू पशुओं को ही आहार बताया गया है जबकि दोपाया यानी मनुष्य उसका भक्षक है। वैदिक ग्रन्थों में मांस खाने तथा यज्ञ में देवताओं को भेड़, बकरी और बैल की बलि चढ़ाने का सन्दर्भ है। गाय को अघ्न्या कहा गया है (जिसे नहीं मारा जाना चाहिए)।

अहिंसा का उपदेश वैसे तो वैदिक परम्परा के केन्द्र में नहीं है, लेकिन बाद के आनुष्ठानिक ग्रन्थ यज्ञादि में हिंसा को लेकर चिन्तित दिखते हैं। इस समस्या से निपटने के लिए हिंसा के पवित्रीकरण, पुष्टिकरण, संशोधन और व्यंजना के तरीक़े अपनाये गये हैं।[30] ऐसा लगता है कि पशुओं को गला घोंट कर मारने का तरीक़ा इन्हीं चिन्ताओं से निकल कर आया होगा ताकि बलि के वक़्त उनकी चीख़ न निकल सके।

पशुबलि पर चर्चा करते हुए मनुस्मृति साफ़ कहती है कि ऐसी हिंसा जो वेदों में मान्य है और चर-अचर की उत्पत्ति में सुस्थापित है, उसे अहिंसा समझा जाना चाहिए।[31] मनुस्मृति आभासी हिंसा (जो देखने में हिंसा लगे) और सच्ची हिंसा में भेद बरतती है। इसका सीधा आशय यह है कि साध्य के सन्दर्भ में साधन को ध्यान में रखा जाना चाहिए। जहाँ कहीं घायल करने या मारने को अनिवार्य, सार्थक और यहाँ तक कि लाभदायी भी स्थापित किया जा सके, उसे हिंसा नहीं माना जाना चाहिए। मांस खाने पर मनुस्मृति विभिन्न दृष्टिकोणों को सामने लाती है। पहला यह है कि भगवान प्रजापति ने इस समूचे जगत को भोजन के रूप में निर्मित किया है और कुछ अवसरों पर मांस को खाया जा सकता है, जैसे अगर वह यज्ञबलि का मांस हो, ब्राह्मण का दिया हुआ हो या जब किसी व्यक्ति का जीवन ख़तरे में पड़ा हो। दूसरा दृष्टिकोण यह है कि यज्ञवेदी (भोजन के लिए) से बाहर पशुओं की हत्या से यथासम्भव बचना चाहिए क्योंकि इससे पशुओं को कष्ट पहुँचता है। ऐसा लगता है कि मनुस्मृति

---

30. देखें हेंक डब्ल्यू. बोडेविट्ज़, 'हिन्दू अहिंसा ऐंड इट्स रूट्स' , और जान ई. एम. हूबेन, 'टू किल ऑर नॉट टू किल : द सेक्रिफिशियल ऐनिमल (यज्ञ-पशु)? आर्गुमेंट्स ऐंड पर्सपेक्टिव्स इन ब्राह्मनिकल फिलॉसफ़ी', हूबेन और वैन कूइज (सं), *वायलेंस डिनाईड*, पृ. 17-44, 105-83।

31. *मनुस्मृति* 5.39, 5.44; ओलिवेल, *मनू'ज कोड ऑफ़ लॉ*, पृ. 140।

ख़ुद दूसरे दृष्टिकोण के समर्थन में है। वह कहती है कि मांस खाने, शराब पीने या यौनाचार करने में कुछ भी ग़लत नहीं है क्योंकि ये सभी प्राकृतिक कृत्य हैं, लेकिन इन कृत्यों से ख़ुद को बचा ले जाना बड़े पुण्य देता है। मनुस्मृति में मांसाहार पर उपस्थित विरोधाभासी वक़्तव्यों का होना अपने आप में यह संकेत देता है कि यह विषय बहसतलब था।

ब्राह्मण परम्परा में अहिंसा सामान्य-धर्म या साधारण-धर्म का अंग है यानी सभी का साझा धर्म, उसका वर्ण, लिंग या सामाजिक दरजा चाहे जो भी हो। यह धर्म हालाँकि वर्ण-धर्म जितना अहम नहीं है। जीवन के चार आश्रमों वाले धर्मशास्त्रीय प्रारूप में भी अहिंसा का विचार आता है। ब्रह्मचारी को जीवों को चोट पहुँचाने से बचने की सलाह थी। गृहस्थों को दैनन्दिन पंच महायज्ञ करने को कहा गया था ताकि रोज़मर्रा के जीवन में हुई हिंसा का प्रायश्चित्त हो सके। ये पाँच महायज्ञ केवल नाम के यज्ञ थे। इनका अर्थ था वेदों का पठन-पाठन, पितरों को तर्पण, अग्नि में आहुति, सभी जीवों के नाम पर आहुति और अतिथियों का सम्मान। यह दिखाता है कि दैनिक जीवन में हिंसा की समस्या को लेकर जागरूकता थी और उसके प्रायश्चित्त के लिए कर्मकाण्डों का प्रयोग किया जाता था।

जैसा कि पहले चर्चा की गयी, अहिंसा का विचार परिव्राजकता के साथ गहरे जुड़ा हुआ था। वानप्रस्थ को करुणामयी माना जाता था। एक परिव्राजक के वचनों में अपने विचार, वाणी और कर्म से प्राणियों को कष्ट पहुँचाने से बचना शामिल था। इसके बावजूद, एक सवाल हमेशा से ही बना रहा है कि जब कोई व्यक्ति संसार से मुक्ति का सर्वोच्च लक्ष्य प्राप्त कर लेता है क्या तब भी उसके लिए अहिंसा सहित तमाम पारम्परिक नैतिक आचार प्रासंगिक रह जाते हैं।

जो ग्रन्थ हिंसा और अहिंसा के बीच के तनाव को सबसे प्रभावशाली और भावपूर्ण ढंग से व्यक्त करता है तथा निरपेक्ष अहिंसा को, विशेषकर राजनीतिक दायरे में असम्भव ठहराता है, वह महाभारत है। विडम्बना है कि प्राचीन भारत की सर्वाधिक हिंसक कथाओं में एक होने के बावजूद इसमें हिंसा पर गहन विचार किया गया है (और कई विरोधाभासी वक़्तव्य भी हैं) और अहिंसा की

काफ़ी सराहना की गयी है। इसमें दो महत्त्वपूर्ण शब्द आते हैं–अहिंसा और आनृशंस्य।[32] अहिंसा एक परिव्राजक का आदर्श है जिस पर सांसारिक जीवन को व्यतीत करते हुए निरपेक्ष ढंग से अमल असम्भव है। आनृशंस्य (क्रूर न होना या करुणा) सांसारिक जीवन की आचार-नीति है। दोनों ही शब्दों को महाभारत में 'सर्वोच्च धर्म' कहा गया है।[33] इसके बावजूद, न तो अहिंसा और न ही आनृशंस्य इस महाकाव्य का केन्द्रीय सन्देश है।

महाभारत का विशिष्ट सम्बन्ध शासकों की हिंसा से है। शान्ति पर्व में युधिष्ठिर को दिये एक लम्बे व्याख्यान में भीष्म उन्हें अतिविनम्र रहने के प्रति चेताते हैं। वे कहते हैं कि आनृशंस्य से कुछ भी महान हासिल नहीं किया जा सकता। जो शासक अत्यधिक दयालु और करुणामयी होता है तो उसका लोग सम्मान नहीं करते और उसे कापुरुष मानते हैं। अपने वंशानुगत पेशे के परिचालन में अगर कोई हिंसा करता है तो वह पाप का भागी नहीं होता। अपनी प्रजा की सुरक्षा करने और उन्हें समृद्ध बनाने, दान पुण्य देने, यज्ञ करने तथा आत्मसंयम बरतने से एक शासक के रूप में की गयी हिंसा से लगे हुए पाप का मोचन किया जा सकता है।

वैष्णववाद में अहिंसा एक महत्त्वपूर्ण आचार-नीति है। महाभारत का नारायणीय पर्व भगवान नारायण की भक्ति करने को कहता है, जिन्हें वासुदेव, विष्णु और हरि भी कहा गया है। यह वैदिक यज्ञ को अस्वीकार नहीं करता,

32. देखें मुकुन्द लाठ, 'द कॉन्सेप्ट ऑफ़ आनृशंस्य इन द महाभारत', आर. एन. दांडेकर (सं.), *द महाभारत रिविजिटेड*, पृ. 113-19; साहित्य अकादेमी द्वारा नयी दिल्ली में 17-20 फ़रवरी 1987 को आयोजित महाभारत पर अन्तरराष्ट्रीय संगोष्ठी में प्रस्तुत शोधपत्र, नयी दिल्ली : साहित्य अकादेमी, 1990; लाठ का सुझाव है कि आनृशंस्य एक नया शब्द और विचार था तथा महाभारत में अहिंसा की तुलना में बहुत अधिक महत्त्वपूर्ण था।

33. अल्फ हिल्टेबीटल, *रीथिंकिंग द महाभारत : ए रीडर्स गाइड टू द एजुकेशन ऑफ़ द धर्म किंग*, नयी दिल्ली : ऑक्सफ़ोर्ड यूनिवर्सिटी प्रेस (2001), 2002, पृ. 207-14; कई अन्य चीज़ों का भी 'सर्वोच्च धर्म' के रूप में उल्लेख किया गया है। इनमें सत्य, वेद, आध्यात्मिक गुरु का अनुसरण करना, मेहमानों का सम्मान करना और धन शामिल हैं, लेकिन आनृशंस्य सबसे अधिक बार आता है और अहिंसा की तरह इसकी चर्चा भी निरपेक्ष नहीं, सन्दर्भयुक्त है।

लेकिन परिव्राजकता और किसी को चोट न पहुँचाने पर ज़ोर देता है तथा ऐसे अनुष्ठान सुझाता है जिनमें पशु बलि नहीं दी जाती। यह बताता है कि विष्णुभक्त वसु उपरिचर ने जो अश्वमेध यज्ञ किया था उसमें किसी भी जानवर की बलि नहीं दी गयी थी, केवल वन उत्पादों की आहुति दी गयी थी। विष्णु पुराण कहता है कि विष्णु के भक्त कभी भी किसी भी प्रकार की हिंसा का भागी नहीं बनते। वैष्णववाद के दो महत्त्वपूर्ण पन्थ पंचरात्र और वैखानस में विष्णुभक्ति के साथ योग और सिद्धि के तत्त्व भी शामिल हैं। पंचरात्र में कर्मकाण्डों के भीतर किसी को चोट न पहुँचाना एक महत्त्वपूर्ण तत्त्व था।

अहिंसा के नैतिक और व्यावहारिक रास्ते : अशोक और कौटिल्य

अब तक हुई चर्चा से यह स्पष्ट हो चुका होगा कि सामान्य संवत् की शुरुआती शताब्दियों तक भले ही अहिंसा के साथ जुड़े सकारात्मक मूल्य पर एक व्यापक सांस्कृतिक सहमति क़ायम हो चुकी थी, लेकिन अवधारणा और व्यवहार के स्तर पर विभिन्न दृष्टिकोणों के बीच बहुत फ़र्क़ था। यह बात अशोक और कौटिल्य नाम के दो व्यक्तित्वों के बीच तुलना करने से और स्पष्ट ढंग से उभर कर सामने आ सकती है, जिन्हें प्राय: एक-दूसरे से उलट माना जाता है। एक विलक्षण राजा के रूप में मौर्य सम्राट अशोक की उल्लेखनीय ख्याति इस बात के लिए है कि उसने युद्ध को त्यागकर अपना जीवन अपने लोगों को धम्म अपनाने के लिए प्रेरित करने में समर्पित कर डाला, जिसका एक तत्त्व अहिंसा भी है। [चित्र 4.11] दूसरी तरफ़ कौटिल्य व्यावहारिक राजनीति का प्रणेता था जिसकी नज़र में साध्य ख़ुद में साधन को वैध ठहराते थे और सत्ता-प्राप्ति की निर्मम क़वायद में छल-कपट, प्रपंच और हत्या सब कुछ वैध था।[34] इसलिए यह जानना शायद थोड़ा आश्चर्य पैदा करे कि दोनों के विचारों के बीच काफ़ी समानताएँ हैं।

---

34. यह खण्ड मेरे दिये जे. पी. जायसवाल व्याख्यान, 'पोर्ट्रेट्स ऑफ़ पावर : अशोक ऐंड कौटिल्य' पर आधारित है, 31वाँ केपी जायसवाल स्मृति व्याख्यान, 27 नवम्बर, 2016; उपिंदर सिंह, *पोर्ट्रेट्स ऑफ़ पावर*, पटना : केपी जायसवाल रिसर्च इंस्टीट्यूट, 2017 में प्रकाशित।

अशोक और कौटिल्य दोनों ही राजत्व को उदार संरक्षणवाद के साथ जोड़कर देखते थे, जिसका काम सभी प्राणियों के लिए इस जगत में सुख और लोकमंगल सुनिश्चित करना तथा अगली दुनिया में स्वर्ग-प्राप्ति में मदद देना था। अशोक के धम्म में सभी जीवित प्राणियों के लिए सुझाये गये उपयुक्त आचार में करुणा, उदारता और किसी को चोट न पहुँचाना या किसी की हत्या न करना शामिल हैं। अर्थशास्त्र मानता है कि आचार-नीति सभी पर लागू होनी चाहिए और उसमें अहिंसा, सत्यता, शुद्धता, विद्वेष से मुक्ति, दयालुता तथा आत्मसंयम शामिल हैं।

चित्र 4.11 : अशोक और उसकी पत्नी, चूना पत्थर, कनगनहल्ली

अशोक सभी जीवित प्राणियों की देखभाल को अपना नैतिक दायित्व मानता था, यानी अहिंसा का उसके लिए अर्थ है मनुष्यों और पशुओं दोनों के प्रति अहिंसा। अशोक के पहले शिलालेख में यज्ञ के दौरान पशुबलि, कुछ ख़ास लोकप्रिय त्योहारी उत्सवों और राजसी रसोई में पशुओं के साथ की जाने वाली हिंसा को रोकने के लिए उसके किये प्रयासों का वर्णन है। अशोक के आठवें शिलालेख में घोषणा की गयी है कि आनन्द के लिए किये जाने वाले राजसी पर्यटन–जिनमें निश्चित रूप से शिकार भी शामिल रहा होगा–की जगह धम्म यात्राएँ शुरू कर दी गयी हैं। अशोक के दूसरे शिलालेख में पशुओं के लिए राजा द्वारा उठाये गये सकारात्मक मंगलकारी उपायों की घोषणा है–चिकित्सीय उपचार का प्रावधान; औषधि, जड़ वाले पौधे और फलदार वृक्षों का रोपण; कुएँ खुदवाना और सड़क के किनारे वृक्षारोपण। पशुओं की सुरक्षा से जुड़ा सबसे विस्तृत और शानदार अभिलेख पाँचवें स्तम्भ में है। ये राजा के अभिषेक के सत्ताईसवें साल में जारी किये गये कुछ शृंखलाबद्ध आदेश हैं। जैसे, गर्भवती या दुग्धदायी बकरियों, भेड़ों और सुअरी को मारने पर प्रतिबन्ध है। साथ ही छह माह से छोटे पशुओं को मारना भी मना है। हाथियों के जंगल में जिन पशुओं का शिकार किया जाता है उन्हें मारा नहीं जायेगा। मछुआरों के क्षेत्रों में मछली मारने और बेचने के लिए कुछ ख़ास दिन प्रतिबन्धित थे। जिस भूसी में ज़िन्दा जीव हों उसे जलाना मना था। जंगलों को अनावश्यक जलाये जाने की मनाही थी। ज़िन्दा प्राणियों को आहार में दूसरे ज़िन्दा प्राणी देने की मनाही थी। मुर्गों के बधियाकरण पर रोक थी। बैल, बकरी, मेढ़ा और सुअर का कुछ ख़ास दिनों में बधियाकरण मना था। कुछ ख़ास दिनों में घोड़ों और बैलों को दागने की मनाही थी। इन सब आदेशों का आशय पूरी तरह से पशुओं के ख़िलाफ़ हिंसा को समाप्त करना नहीं था, उसमें केवल कमी लाना और कुछ प्रतिबन्ध लगाना था। ज़ाहिर है, यह सम्भव नहीं दिखता कि अशोक या उसका प्रशासन समूचे साम्राज्य में इन उपायों को पूरी तरह लागू कर पाये होंगे।

पशुओं के लेकर अशोक के सरोकार बहुज्ञात हैं लेकिन कौटिल्य के नहीं हैं। अर्थशास्त्र में मनुष्यों, पशुओं और पौधों को चोट पहुँचाने वालों के ख़िलाफ़ दण्ड का प्रावधान है। इसमें अभय-वन का एक सन्दर्भ आता है।

कौटिल्य कहते हैं कि उन लोगों पर अधिकतम जुर्माना थोपा जाना चाहिए जो इन अभयारण्यों में रहने वाले पशुओं को पकड़ते हैं, मारते हैं या चोट पहुँचाते हैं। जो लोग राज्य के हाथियों का उपयुक्त तरीक़े से ध्यान नहीं रखेंगे, और वे जो हाथी को अनुचित जगह पर चोट पहुँचायेंगे, उन पर दण्ड लगेगा। यदि राजकीय संरक्षण वाले घोड़े युद्ध में अपंग हो जायें, बीमार पड़ जायें या बूढ़े हो जायें तो उन्हें भोजन देकर उनका ख़याल रखा जाना चाहिए। जिनका इस्तेमाल युद्ध में नहीं किया जा सकता उन्हें प्रजनन के काम में लगा दिया जाना चाहिए। पशु चिकित्सकों को उन हाथियों की सेवा करनी चाहिए जो लम्बी यात्रा या काम से थक गये हैं, बीमार हैं, मद में हैं या बूढ़े हो चुके हैं। पालतू जानवरों को चोट पहुँचाना दण्डनीय अपराध है। उन लोगों के लिए जुर्माने का प्रावधान है जो मन्दिर के पशु, बैल या गर्भवती गाय की सवारी करते हों। गर्भवती पशुओं या जिनके छोटे बच्चे हों उनका अलग से विशेष ख़याल रखने को कहा गया है। एक ऐसे बैलगाड़ीवान के ऊपर जुर्माना लगाने की बात की गयी है जो टूटे हुए जुए या रस्सी से जानवर को चोट पहुँचाता हो। यानी, अशोक और कौटिल्य दोनों ने ही चोट नहीं पहुँचाने के सिद्धान्त को पशुओं तक विस्तारित किया है तथा उसके भीतर पशुओं के कल्याण के उपाय शामिल किये हैं।

दोनों के बीच हालाँकि बल और औचित्य का अन्तर है। अशोक का अहिंसा के प्रति संकल्प उसकी नैतिकता में निबद्ध था, जो बुद्ध की शिक्षाओं में उसकी आस्था के साथ-साथ हिंसा पर ख़ुद उसकी अपनी वैचारिकी पर आधारित थी। उसके स्तम्भों के अभिलेखों से यह आशय निकलता है कि मनुष्य को दूसरों के प्रति हिंसा से इसलिए बचना चाहिए क्योंकि वह जीवन को नुक़सान पहुँचाती है तथा उसे पाप और अपुण्य का भागी बनाती है। कौटिल्य द्वारा अहिंसा का महिमामण्डन पाखण्ड जान पड़ता है, चूँकि तमाम जगहों पर उन्होंने ऐसे निर्मम कृत्यों की पैरवी की है जिसमें मनुष्य को कष्ट पहुँचाना और हत्या करना शामिल है। लेकिन जैसा कि पहले भी बताया गया है, कौटिल्य निर्बाध राजकीय हिंसा के पैरोकार नहीं थे। वे ऐसे तमाम उपायों को स्वीकार करते हैं जो एक राजा के लिए उसकी राजनीतिक सत्ता को क़ायम रखने और संवर्द्धित करने हेतु अनिवार्य हैं। कौटिल्य के लिए मानवीय जीवन का मूल्य महानतम है (हालाँकि यह मूल्य सामाजिक दरजे पर निर्भर करता

है) पर पशुओं का मूल्य उनके निजी सम्पत्ति का एक अहम अंग होने और राज्य के लिए आर्थिक व राजनीतिक संसाधन होने में निहित है। इसीलिए उन्हें घायल होने, चोरी और हत्या से बचाया जाना है। इस उपयोगितावादी खाँचे के पार यदा-कदा हमें करुणा की झलक देखने को मिल सकती है, लेकिन कौटिल्य का औसत दृष्टिकोण व्यावहारिक है जिसका मुख्य लक्ष्य पशुओं से होने वाले आर्थिक लाभ को, ख़ासकर राज्य के लिए, अधिकतम करना है। इसके लिए उनका कल्याण सुनिश्चित करना अनिवार्य है। हमने देखा कि अशोक और कौटिल्य दोनों ही पशुओं की रक्षा पर बातें करते हैं, लेकिन दोनों का दृष्टिकोण बहुत भिन्न है।

अशोक और कौटिल्य के विचारों के बीच एक अन्य बड़ा अन्तर युद्ध के परिप्रेक्ष्य में देखा जा सकता है। अशोक का तेरहवाँ शिलालेख युद्ध के परिणामों पर उल्लेखनीय विचार प्रस्तुत करता है। उसमें (पूर्वी भारत के) कलिंग के विरुद्ध एक भीषण और रक्तरंजित युद्ध में राजा की विजय का वर्णन किया गया है जो उसके अभिषेक के नौवें वर्ष में हुआ। यह अभिलेख हमें बताता है कि उस जंग में डेढ़ लाख लोगों को युद्धबन्दी बनाया गया था, एक लाख लोग लड़ते हुए मारे गये थे और इसके कई गुना लोग हताहत हुए थे। यह घटना अशोक के लिए रूपान्तरकारी थी। लज्जा और पछतावे से भरे अशोक ने युद्ध को हमेशा के लिए त्याग दिया और ख़ुद को धम्म के प्रसार में समर्पित कर डाला। तेरहवाँ शिलालेख हत्याओं, मौत और प्रत्यर्पण पर भी बात करता है जो युद्ध के साथ सामान्यत: जुड़ी हुई चीज़ें हैं। इनसे हुए नुक़सान की प्रकृति और पैदा हुए कष्ट पर भी इसमें बात की गयी है। युद्ध में जिन्हें शारीरिक चोटें आयीं, जो बन्दी बनाये गये या मारे गये, यह शिलालेख उनके युद्धकालीन ज़ख़्मों का दायरा विस्तृत करते हुए उन तमाम लोगों को मिले भावनात्मक ज़ख़्मों तक ले जाता है जो प्रत्यक्ष प्रभावितों के प्रियजन या परिजन हैं। राजा घोषणा करता है कि उसने धम्म-विजय के हित में सैन्य विजय को त्याग दिया है। अब वह अपने साम्राज्य में और उसकी सरहदों के पार धर्म का प्रचार-प्रसार करेगा। वह कहता है कि धम्म की विजय सर्वश्रेष्ठ है क्योंकि वह इस जगत और अगले जगत में फल देती है। धम्म-विजय के नये विचार को प्रतिपादित करते हुए अशोक के मन में व्यावहारिकता का एक तत्त्व भी मौजूद

है, जैसा कि तेरहवें शिलालेख में बताया गया है। वह अपने बेटों और पौत्रों से अनुरोध करता है कि वे अपना लक्ष्य धम्म-विजय को ही बनायें, लेकिन यदि किसी सूरत में उन्हें युद्ध करना पड़ा तो दण्ड देते समय क्षमा और संयम का प्रदर्शन करें। इसी तरह, वनवासियों को धम्म पर चलने की शिक्षा देते हुए अशोक उन्हें याद दिलाता है कि अपने पश्चात्ताप के बावजूद सत्ता उसी के पास है, और चेतावनी देता है कि वे उसे उकसाएँ नहीं अन्यथा मारे जायेंगे।[35]

कौटिल्य के यहाँ युद्ध राजनीतिक जीवन का एक सामान्य अंग है, लेकिन विजय की सम्भावना के स्पष्ट गुणा-गणित के बाद ही उसे छेड़ा जाना चाहिए। अपनी सूची में वे धर्म-विजयी उसे कहते हैं जो प्रतिद्वन्द्वी के मात्र आत्मसमर्पण से सन्तुष्ट हो जाये। धर्म-विजय की अवधारणा पर कौटिल्य और अशोक के बीच बहुत बड़ा अन्तर है। कौटिल्य के यहाँ वह सैन्य विजय की सबसे उत्तम श्रेणी है जबकि अशोक के यहाँ वह सैन्य विजय है ही नहीं, बल्कि भलाई और सद्गुणों के प्रसार का मसला है।

अशोक और कौटिल्य की शब्दावली में बेशक कुछ समानताएँ हैं, यहाँ तक कि अहिंसा पर उनके विचार भी आसपास दिखते हैं, लेकिन दोनों के भिन्न प्रस्थान-बिन्दु और लक्ष्य के चलते कुछ अहम भेद भी हैं। अशोक लोगों को नेक और सद्गुणी बनाना चाहता था। कौटिल्य प्रजा को नियन्त्रित कर के राजा के हित में उनका दोहन करना चाहता था। एक राजा के बतौर अशोक का लक्ष्य दुनिया में नयी नैतिक व्यवस्था क़ायम करना था। कौटिल्य का सरोकार नैतिक के बजाय भौतिक मंगल से था, लेकिन उसकी एक महान उपलब्धि इस बात को प्रदर्शित करने में रही कि प्रजा के कल्याण को आगे बढ़ाने में ही राजा का राजनीतिक और भौतिक स्वहित निहित है।

हिंसा को परिभाषित करना आसान नहीं है। न ही जायज़ और नाजायज़ ताक़त के प्रयोग के बीच लकीर खींचना आसान काम है। यह लकीर परिप्रेक्ष्य पर निर्भर करती है। प्राचीन भारत में शाकाहार सामान्य प्रथा नहीं थी, लेकिन

35. अशोक की अहिंसा की भी सीमाएँ थीं, यह तथ्य उसके चौथे शिलालेख से स्पष्ट है जो मृत्युदण्ड पाये अपराधियों को तीन दिन की राहत देता है, यह दर्शाता है कि उसने मृत्युदण्ड को समाप्त नहीं किया था।

हिंसा का मसला खाने-पीने की आदतों के बहुत पार जाता है। दुनिया के दूसरे हिस्सों के इतिहास की ही तरह भारत का प्राचीन इतिहास भी तमाम क़िस्म की हिंसाओं से भरा पड़ा है। इन हिंसाओं में युद्ध को सबसे अच्छे ढंग से दर्ज किया गया है, लेकिन राजनीतिक और सामाजिक हिंसा के अन्य रूपों को या तो पहचाना जा सकता है या उसके बारे में निष्कर्ष निकाले जा सकते हैं। (धार्मिक टकराव और हिंसा पर अगले अध्याय में चर्चा की जायेगी) हिंसा के प्रति बौद्धिक प्रतिक्रियाएँ नैतिक, राजनीतिक और सौन्दर्यशास्त्रीय स्तरों पर रही हैं। राज्य की हिंसा और युद्ध के प्रति अहिंसात्मक धर्मों का रवैया काफ़ी व्यावहारिक रहा है। सभी लिखित परम्पराएँ दो तरह के बलप्रयोग के बीच साफ़ भेद बरतती हैं–एक जो अनिवार्य, आनुपातिक और वैध है; दूसरा जो अनावश्यक, आत्यन्तिक और अवैध है। इस तरह ये परम्पराएँ राजकीय अत्याचार और उत्पीड़क सत्ता पर सवाल उठाने के लिए एक खिड़की खुली छोड़ देती हैं।

क्या प्राचीन भारतीय अहिंसक थे? नहीं। क्या वे दुनिया के दूसरे हिस्सों में रह रहे लोगों के मुक़ाबले कम हिंसक थे? इस सवाल का जवाब देने के लिए हमें हिंसा के तुलनात्मक वैश्विक इतिहास की आवश्यकता पड़ेगी, लेकिन एक बात तय है–प्राचीन भारतीय बौद्धिकों, राजनीतिकों, सिद्धान्तकारों, दार्शनिकों और धार्मिक नेतृत्व ने हिंसा और अहिंसा के बीच के तनाव पर बाक़ी दुनिया के मुक़ाबले कहीं ज़्यादा तीव्र विमर्श किया है।

प्राचीन भारतीय इतिहास में हिंसा के बारे में विस्मरण को कैसे समझा जाये? यह भारतीय इतिहास की उस आदर्शीकृत व्याख्या का परिणाम है जो उसके अध्ययन में कूद-फाँद से पैदा होती है और एक झटके में महावीर, बुद्ध, अशोक और गांधी को आपस में जोड़कर बीच का बाक़ी सब कुछ छोड़ देती है। यह भारत के स्वतन्त्रता संघर्ष में अहिंसा की केन्द्रीयता का भी परिणाम है। गांधीवादी राष्ट्रवाद ने बड़े व्यापक स्तर पर यह भ्रम पैदा करने में योगदान दिया है कि भारतीय मानस में अहिंसा स्वाभाविक रूप से बसी हुई थी। यह भूलना नहीं चाहिए कि अहिंसा के आधुनिक प्रतीक गांधी ख़ुद आजीवन हिंसा की समस्या से जूझते रहे और उनका अन्त एक हत्यारे की गोली से हुआ। दरअसल, हिंसा के बीच ही अहिंसा गहन अर्थवत्ता ग्रहण करती है।

5
संवाद और टकराव

एक लोकप्रिय आभूषण ब्रांड तनिष्क ने अक्टूबर 2020 में एक विज्ञापन जारी किया था। उसमें दिखाया गया था कि एक वृद्ध महिला अपनी गर्भवती बहु को उसके गोदभराई समारोह में ले जा रही है। देखने से स्पष्ट होता था कि सास मुस्लिम है और बहु हिन्दू। यह विज्ञापन आभूषणों की एक नयी श्रृंखला को बाज़ार में उतारने के लिए बनाया गया था। उसका नाम था 'एकत्वम' (यानी दो का मिलकर एक होना)। नाम के अनुरूप विज्ञापन भी दो भिन्न समुदायों की एकता का सन्देश दे रहा था। कुछ लोगों ने इस विज्ञापन की सराहना की। कुछ और लोगों ने इस पर आपत्ति जताई, कम्पनी के बहिष्कार और हिंसा की धमकी दी। इसके चलते कम्पनी ने विज्ञापन को वापस ले लिया। उसने इस फ़ैसले के पीछे लोगों की भावनाएँ आहत होने और अपने कर्मचारियों की सुरक्षा को ख़तरे की बात कही।

साम्प्रदायिक तनाव के दौर में 'धार्मिक भावनाएँ आहत होने' का आरोप उड़ते हुए तीर की तरह है जिसकी चपेट में लेखक, कलाकार, फ़िल्मकार और इतिहासकार, प्राय: धार्मिक कट्टरता का शिकार हो जाते हैं। ऐसे आरोप सामान्यत: एकाश्म और विरोधी धार्मिक पहचानों से जुड़े विचारों पर आधारित होते हैं। सवाल है कि ऐसे विचार इतने मज़बूत कैसे हो गये? इतना ही नहीं, चारों ओर फैले स्पष्ट साम्प्रदायिक पूर्वग्रहों और टकराव के माहौल में भी आख़िर तमाम भारतीय ख़ुद को सहिष्णु कैसे माने बैठे हैं?

हिन्दू धर्म की सहिष्णु और समावेशी प्रकृति के बारे में सबसे शुरुआती विचार यूरोपीय प्राच्यवादियों के अठारहवीं और उन्नीसवीं सदी के लेखन में मिलते हैं। भारत के कुछ विचारकों, जैसे दयानन्द सरस्वती, रामकृष्ण परमहंस

और स्वामी विवेकानन्द ने भी हिन्दू धर्म की सहिष्णुता पर बातें की हैं। [चित्र 5.1] विवेकानन्द ने विश्व धर्म संसद में 11 सितम्बर, 1893 को एक भाषण दिया था जो बहुत प्रसिद्ध हुआ, उसमें उन्होंने कहा था :

चित्र 5.1 : स्वामी विवेकानन्द का पोस्टर

मैं एक ऐसे धर्म का अनुयायी होने में गर्व का अनुभव करता हूँ जिसने संसार को सहिष्णुता तथा सार्वभौम स्वीकृति, दोनों की ही शिक्षा दी है। हम लोग सब धर्मों के प्रति केवल सहिष्णुता में ही विश्वास नहीं करते,

वरन् समस्त धर्मों को सच्चा मानकर स्वीकार करते हैं। मुझे ऐसे देश का व्यक्ति होने का अभिमान है जिसने इस पृथ्वी के समस्त धर्मों और देशों के उत्पीड़ितों और शरणार्थियों को आश्रय दिया है...भाइयों, मैं आप लोगों को एक स्तोत्र की कुछ पंक्तियाँ सुनाता हूँ जिसकी आवृत्ति मैं बचपन से कर रहा हूँ और जिसकी आवृत्ति प्रतिदिन लाखों मनुष्य किया करते हैं : 'जैसे विभिन्न नदियाँ भिन्न-भिन्न स्रोतों से निकलकर समुद्र में मिल जाती हैं, उसी प्रकार हे प्रभो! भिन्न-भिन्न रुचि के अनुसार विभिन्न टेढ़े-मेढ़े अथवा सीधे रास्ते से जाने वाले लोग अन्त में तुझमें ही आकर मिल जाते हैं।'[1]

इस तरह दुनिया के दूसरे धर्मों के विपरीत, हिन्दू होना धार्मिक सहिष्णुता में आस्था और आचरण वाले एक धर्म के रूप में स्थायी बना दिया गया।

कुछ लोगों ने इस विचार से अपनी असहमति जताते हुए हिन्दू धर्म के सामाजिक आयामों तथा वर्ण, जाति और अस्पृश्यता के साथ उसकी सदियों पुरानी सम्बद्धता की ओर ध्यान खींचने का काम किया था। गांधी इस आयाम के प्रति पूरी तरह से जागरूक थे, बावजूद इसके कि वे एक धार्मिक हिन्दू थे। उन्होंने जाति और अस्पृश्यता को तो नकार दिया, लेकिन वर्ण को स्वीकार कर लिया। अम्बेडकर ने हिन्दू धर्म और उसमें 'अस्पृश्यों' के दमन की ऐसी सशक्त आलोचना की, कि आने वाले वर्षों में हुए दलित लेखन में वह आलोचना लगातार प्रतिध्वनित होती रही। सामाजिक मोर्चे पर हिन्दू धर्म के ख़राब अतीत के बावजूद यह धारणा अब भी पर्याप्त व्याप्त है कि वह हमेशा से दूसरे धर्मों के प्रति सहिष्णु रहा है। इस धारणा के पक्ष में आमतौर से यह तर्क दिया जाता है कि बीती शताब्दियों के दौरान हिन्दू धर्म ने दूसरे धर्मों को प्रेम से अपनाया और अपने भीतर समाहित कर लिया है। इस तरह, हिन्दू धर्म में सहिष्णुता का विचार अहिंसा वाले विचार के साथ मिलकर 'भारतीय संस्कृति' और 'भारतीय सभ्यता' की निर्मिति का एक अंग बन गया है।

1. 'धर्म संसद में सम्बोधन', देखें https://ramakrishna.org/vivekananda-parliament.html

अनिवार्यत: सहिष्णु और शान्तिप्रिय हिन्दू धर्म की ही तरह एक और विचार अनिवार्यत: सहिष्णु और शान्तिप्रिय बौद्ध धर्म का भी है। यह विचार प्राचीन काल से लेकर अब तक बौद्ध धर्म के इतिहास में हुई हिंसाओं के बावजूद क़ायम है, जबकि सबसे हालिया उदाहरण बौद्ध बहुसंख्यकों वाले देश म्याँमार में वहाँ के सैन्य शासन द्वारा रोहिंग्या मुसलमानों के संहार और हिंसक राजनीतिक दमन का है। लोकप्रिय धारणा में इतिहास के हिन्दू-बौद्ध काल को शान्तिपूर्ण और सहिष्णु माना जाता है तथा उसकी तुलना प्राय: हिंसक माने जाने वाले मुस्लिम/मध्यकाल के साथ की जाती है, जबकि वास्तविकता इतनी सरल नहीं, इससे कहीं ज़्यादा जटिल है।

प्राचीन भारत के बारे में बात करते वक़्त प्राय: एक विचलन देखने को मिलता है, कि उसे हिन्दू भारत के बराबर मान लिया जाता है। यह ठीक नहीं है–केवल इसलिए नहीं कि हिन्दू धर्म के भीतर आन्तरिक जटिलताएँ हैं बल्कि इसलिए भी कि यहाँ विविध धार्मिक और दार्शनिक परम्पराएँ मौजूद रही हैं। यह सही है कि हिन्दू, बौद्ध और जैन धर्म सबसे महत्त्वपूर्ण प्राचीन धर्म थे, लेकिन ऐसी बहुत सारी धार्मिक आस्थाएँ और प्रथाएँ थीं जो किसी एक परम्परा में बँधी हुई नहीं थीं और जिन्हें किसी एक श्रेणी में नहीं डाला जा सकता है। उदाहरण के लिए, विस्तृत वनक्षेत्रों में जनजातीय समुदायों का निवास होता था जिनकी अपनी विशिष्ट परम्परागत पहचानें और प्रथाएँ हुआ करती थीं। हिन्दू धर्म और जनजातीय धर्म के बीच रिश्ता पारस्परिक लेनदेन और लगातार बदलती हुई भौगोलिक सीमाओं से तय होता था। जैसे, जनजातीय देवी-देवताओं के हिन्दू देवगण में समावेश और साथ ही जनजातीय देवताओं व समुदायों के हिन्दूकरण में यह प्रक्रिया दिखाई देती है।[2] जैसा कि चौथे अध्याय में हमने चर्चा की थी, इन 'समावेशी प्रक्रियाओं' का ऐतिहासिक सन्दर्भ बहुत से टकरावों और हिंसा को अपने भीतर समाहित किये हुए है।

---

2. ओडिशा का जगन्नाथ पंथ इस समन्वय का एक उल्लेखनीय उदाहरण है। देखें, गया चरण त्रिपाठी, ऐनशार्लोट एचमैन, और हरमन कुल्के, द *कल्ट ऑफ़ जगन्नाथ ऐंड द रीजनल ट्रैडिशन ऑफ़ उड़ीसा*, नयी दिल्ली: मनोहर, 2014।

हमें यह भी याद रखना चाहिए कि भारत उन परस्पर अन्त:क्रियाओं से बनने वाले व्यापक जगत का मात्र एक हिस्सा था, जिसमें एशिया, यूरोप और अफ्रीका भी शामिल थे। प्रारम्भिक मध्यकाल में भारत में मुसलमान, ईसाई, पारसी और यहूदी समुदाय भी रहा करते थे। उनकी बसावट ख़ासकर पश्चिमी तट के इलाक़ों में थी। सदियों तक भारत सांस्कृतिक प्रभावों और मेल-मिलाप का केन्द्र रहा है।

प्राचीन भारतीय ग्रन्थों के अनुसार यहाँ धार्मिक विचारों की विविधता रही है, जिनमें बहुदेववाद, एकेश्वरवाद, अद्वैतवाद और अन्य देवताओं के अस्तित्व को नकारे बग़ैर एक देवता की पूजा (मोनोलैट्री) शामिल थे। इनके साथ अज्ञेयवाद और अनीश्वरवाद (नास्तिकता) के विचार भी सह-अस्तित्व में थे।[3]

प्राचीन भारत में धर्म को खोजना और समझना

कोई भी धर्म आपको कैसा दिखता है, वह इस पर निर्भर करेगा कि आप उसे भीतर से देख रहे हैं या बाहर से। दोनों दृष्टियाँ भिन्न हैं। भीतर से देखने का अर्थ है किसी धर्म में आस्था रखने वाले एक व्यक्ति की दृष्टि, जो यह मानकर चलती है कि शाश्वत, कालनिरपेक्ष और अन्तिम सत्य उसके धर्म में ही निहित है। बाहर से देखने वाला एक इतिहासकार यह नहीं मान सकता। इतिहास का अनुशीलन उसे धर्म को ऐतिहासिक सन्दर्भ में देखने तथा ऐतिहासिक प्रक्रिया के अंग के बतौर उसका वस्तुपरक विश्लेषण करने को बाध्य करता है। इस सहज और बुनियादी तथ्य को मान लेना इतिहासकारों को धार्मिक भावनाएँ आहत करने जैसे आरोपों से बचा सकता है, चूँकि वह तो बस अपना काम कर रहा होता है।

---

3. बहुदेववाद कई देवताओं में विश्वास है, एकेश्वरवाद एक ईश्वर में विश्वास है। मोनोलैट्री दूसरों के अस्तित्व को नकारे बिना एक ईश्वर की पूजा को सन्दर्भित करता है (वैष्णव, शैव और शाक्त इसके उदाहरण हैं)। अद्वैतवाद एक केन्द्रीय सिद्धान्त की प्रधानता में विश्वास करता है (जैसे उपनिषदों में ब्रह्म)। अज्ञेयवाद में भगवान या देवताओं के अस्तित्व पर कोई पक्ष लेने से इनकार होता है, जबकि नास्तिकता उनके अस्तित्व से इनकार करना है।

संस्कृत के शब्द धर्म का वही अर्थ नहीं है जो अंग्रेज़ी के शब्द 'रिलिजन' का है। 'रिलिजन' का विचार अब्राहमिक आस्थाओं (जैसे यहूदी धर्म, ईसाइयत और इस्लाम) पर आधारित है जहाँ किसी की धार्मिक पहचान स्थिर और केवल एक होती है। साक्ष्यों के अनुसार, इस प्रारूप के साथ पूरब की संस्कृतियाँ सुसंगत नहीं बैठती हैं।[4]

भारत में दर्शन और धर्म का अस्तित्व नहीं था, यह तर्क कुछ विद्वानों ने दिया है। वास्तव में सच यह है कि पश्चिम में दर्शन और धर्म की जो परिकल्पना है उससे यहाँ के दर्शन और धर्म मेल नहीं खाते। भारत का इतिहास दिखाता है कि दर्शन और धर्म अनिवार्यत: अलग नहीं रहे हैं; धर्म में एक भगवान या देवताओं के प्रति आस्था अनिवार्य नहीं है; देवत्व को एक भी माना जा सकता है और अनेक भी, पुल्लिंग भी और स्त्रीलिंग भी, या फिर दोनों, चाहे साकार या निराकार; भगवान के होने में आस्था अज्ञेयवाद और नास्तिकता के साथ सह-अस्तित्व में रही है; और धर्म व राजनीति का मिलन कई रास्तों से सम्भव है।

अन्य धर्मों के विपरीत, हिन्दू धर्म का न तो कोई ऐतिहासिक संस्थापक है, न कोई केन्द्रीय सिद्धान्त और न ही इसमें कोई संगठित पौरोहित्य है। इसमें बहुत भारी विविधता भी है। इसे परिभाषित करने के कई प्रयास किये गये–जैसे, संसार, कर्म और मोक्ष के विचारों के आधार पर (हालाँकि ये विचार अन्य भारतीय धर्मों में भी पाये जाते हैं); वर्ण और/या जाति व्यवस्था (बौद्ध और जैन धर्म में भी ये दोनों पाये जाते हैं) तथा ब्राह्मणों के वर्चस्व को मान्यता देने वाली एक सामाजिक व्यवस्था के आधार पर; वेदों की सर्वोच्चता की स्वीकार्यता के

---

4. देखें दया कृष्ण, 'कम्पैरेटिव फिलॉसफी: वॉट इट इज़ ऐंड वॉट इट ऑट टू बी', नलिनी भूषण, जे एल गारफील्ड, और डैनियल रावेह (सं.), *कान्ट्ररी थिंकिंग: सेलेक्टेड एसेज़ आफ दया कृष्ण*, ऑक्सफ़ोर्ड, न्यूयॉर्क: ऑक्सफ़ोर्ड यूनिवर्सिटी प्रेस, 2007, पृ. 59-77; यह भी देखें, बिमल के. मतिलाल, 'टुवर्ड डिफाइनिंग रिलिजन इन द इंडियन कॉन्टेक्स्ट' और 'रिलिजन ऐंड वैल्यू', जोनार्डन गनेरी (सं.), *फिलॉसफी, कल्चर ऐंड रिलिजन: द कलेक्टेड एसेज़ ऑफ़ बिमल कृष्ण मतिलाल* में, नयी दिल्ली: ऑक्सफ़ोर्ड यूनिवर्सिटी प्रेस, 2002, पृ. 166-74, 175-95।

आधार पर; अस्पष्ट ढंग से परिभाषित एक 'जीवनशैली' के रूप में; या एक हिन्दू परिवार में केवल जन्म होने पर आधारित। एक और परिप्रेक्ष्य यह है कि हिन्दू धर्म को वैष्णववाद, शैववाद या शाक्तवाद जैसे उसके अंगों के माध्यम से बेहतर समझा जा सकता है, जो प्रत्येक किसी सर्वोच्च देवता की उपासना पर केन्द्रित थे। एक और दृष्टिकोण यह है कि एक धार्मिक श्रेणी के बतौर हिन्दू धर्म का उभार उन्नीसवीं सदी में हुआ जब पश्चिम के प्रेक्षकों ने उन लोगों के विविध सम्प्रदायों, सिद्धान्तों और प्रथाओं को आपस में जोड़ दिया जो ख़ुद को किसी एक समरूप धार्मिक समुदाय के अंग के रूप में नहीं देखते थे। इस दृष्टि के अनुसार हिन्दू धर्म एक ऐसी इकाई थी जिसका 'आविष्कार' अंग्रेज़ों ने किया। तो क्या हिन्दू धर्म का विचार विदेशियों का थोपा हुआ है जिसे भोले-भाले भारतीयों ने स्वीकार कर लिया? चूँकि यह एक महत्त्वपूर्ण (और संवेदनशील) मुद्‌दा है, तो इस पर थोड़ी चर्चा आवश्यक है।

'हिन्दूइज्म' का पहला प्रयोग किसी अंग्रेज़ ने नहीं, बल्कि एक भारतीय राममोहन रॉय ने 1816 में किया था। 'हिन्दू' शब्द सिन्धु या इंडस से निकला है। शुरुआत में इसका प्रयोग सिन्धु घाटी और उसके आगे की धरती और उनके लोगों को सम्बोधित करने में किया जाता था। इसके सबसे शुरुआती सन्दर्भ फ़ारसी, ग्रीक या चीनी स्रोतों में मिलते हैं। मध्यकालीन फ़ारसी ग्रन्थ भी इसी आशय से इस शब्द का प्रयोग करते हैं, लेकिन काल के किसी बिन्दु पर 'हिन्दू' का आशय एक भौगोलिक श्रेणी से भी व्यापक हो गया–वह एक धार्मिक शब्द बन गया। ऐसा कब हुआ? यह विमर्श केवल एक शब्द के बारे में नहीं, बल्कि उसके अर्थ के बारे में भी है। अपने प्राय: उद्धृत किये गये एक आलेख में धर्म के इतिहासकार डेविड लॉरेन्जन तर्क देते हैं कि भगवद्‌गीता, पुराणों और षड्‌दर्शन पर टीकाओं में निबद्ध जो हिन्दू धर्म है उसने 1200 से 1500 के बीच इस्लाम के सम्पर्क में आने के बाद एक आकार लिया और पहचान का आधार बना।[5] इसका साक्ष्य पन्द्रहवीं-सोलहवीं शताब्दी के

5. डेविड एन. लोरेनजेन, 'हू इनवेन्टेड हिंदुइज़्म?', डेविड एन. लोरेनजेन, *हू इनवेन्टेड हिंदुइज़्म?: एसेज़ ऑन रिजिजन इन हिस्ट्री*, नयी दिल्ली: योडा प्रेस, 2006, पृ. 1-36।

भक्तिमार्गी कवियों विद्यापति, कबीर और एकनाथ के यहाँ मिलता है। उससे भी पहले, ग्यारहवीं सदी में अल-बरूनी की लिखी किताब 'अल-हिन्द' एक धार्मिक-सांस्कृतिक श्रेणी के रूप में हिन्दू धर्म पर बात करती है, हिन्दुओं और मुसलमानों की एक-दूसरे से तुलना करती है तथा 'गीता', 'सांख्य', 'धर्मशास्त्र', पुराणों और पतंजलि के 'योगसूत्र' से प्रचुर मात्रा में उद्धृत करती है। निश्चित है कि अल-बरूनी को ये सारे विचार भारत के अपने परिचितों से ही पता लगे होंगे, यानी एक हिन्दू अस्मिता के निर्माण की प्रक्रिया स्पष्टत: तभी शुरू हो चुकी थी।[6] इस बात के भी साक्ष्य हैं कि बारहवीं से सोलहवीं सदी के बीच कुछ दार्शनिकों ने उपनिषदों, महाकाव्यों, पुराणों और हिन्दू षड्दर्शन की शिक्षाओं को एक समेकित इकाई के रूप में बरतना शुरू कर दिया था।[7] यानी, एक धार्मिक श्रेणी के बतौर हिन्दू धर्म अंग्रेज़ों की निर्मिति नहीं था। यह ग्यारहवीं/बारहवीं सदी से ही यहाँ उपस्थित था।

हिन्दू धर्म (हिन्दूइज़्म) का प्रयोग कभी-कभार प्राचीन काल के लिए भी किया जाता है, जहाँ आशय उस लम्बी और जटिल धार्मिक प्रक्रिया से होता है जिसकी जड़ें वैदिक परम्परा में हैं, जिसके धार्मिक आचार के स्वरूप पुराणों में दृश्यमान हैं और जो विविधता से परिपूर्ण रही है।[8] ऋग्वेद का धर्म यज्ञादि के

---

6. कुछ इतिहासकार इस तरह की परिकल्पना को स्वीकार करने के लिए तैयार नहीं हैं, इसका एक कारण यह है कि उन्हें लगता है कि अतीत में हिन्दू-मुस्लिम संघर्ष के बारे में बात करने का इस्तेमाल वर्तमान में हिन्दू सांप्रदायिक एजेंडे को समर्थन प्रदान करने के लिए किया जा सकता है। वर्तमान में बहुसंख्यकवादी राजनीतिक हिंदुत्व के ख़िलाफ़ खड़े होने की बेचैनी को हिन्दू पहचान या पहले के समय में हिन्दू-मुस्लिम संघर्ष के अस्तित्व से इनकार करने का कारण नहीं बनाया जाना चाहिए।

7. एंड्रयू जे. निकोल्सन, *युनिफाईंग हिंदुइज़्म: फिलॉसफी ऐंड आइडेंटिटी इन इंडियन इंटेलेक्चुअल हिस्ट्री,* रानीखेत: परमानेंट ब्लैक, (2010), 2011; निकोल्सन ने इस प्रक्रिया में सोलहवीं शताब्दी के उत्तरार्द्ध में हुए भेदाभेद वेदान्त के विद्वान विज्ञानभिक्षु की महत्वपूर्ण भूमिका पर प्रकाश डाला है।

8. कई इतिहासकार इस तरह के उपयोग के ख़िलाफ़ हैं और 'ब्राह्मणवाद' शब्द को पसन्द करते हैं। मेरे विचार में, 'ब्राह्मणवाद' भी एक समस्याग्रस्त शब्द है और यह उन धार्मिक प्रक्रियाओं को पूरी तरह से नहीं पकड़ता है जिनका यह वर्णन करना चाहता है। 'हिन्दू धर्म' बेहतर है, बशर्ते हम उन सभी चेतावनियों को पहचानें जिनकी चर्चा यहाँ की गयी है।

इर्द-गिर्द केन्द्रित है। इन यज्ञों में मन्त्रोच्चार के साथ पवित्र अग्नि में समिधा दी जाती थी और माना जाता था कि ऐसा करना सांसारिक जगत और दैवी जगत के बीच एक सम्बन्ध स्थापित करता है। वेदों में मन्दिरों में देवताओं की पूजा का कोई सन्दर्भ नहीं आता है। ऋग्वेद में कुछेक देवी-देवताओं का सन्दर्भ आया है (जैसे विष्णु और रुद्र) जो बाद के ग्रन्थों में भी उपस्थित हैं, लेकिन वेद में उनके व्यक्तित्व पूर्णत: विकसित नहीं हैं। ज़्यादातर पुराण चौथी और पाँचवीं शताब्दी सा.सं. में रचे गये थे। उनमें धर्माचरण के जो लक्षण मौजूद हैं, वे ही बाद में हिन्दू धर्म के लक्षण भी बताये गये। मन्दिरों में देवी-देवताओं की पूजा, व्रतों का पालन और तीर्थयात्रा उनमें शामिल है। ऐतिहासिक विश्लेषण के उद्‌देश्य से भले ही वैदिक धर्म (जिसे कभी-कभार वैदिक हिन्दू धर्म भी कहते हैं) और पौराणिक हिन्दू धर्म के बीच भेद बरता जा सकता है, हालाँकि पौराणिक धर्म अपनी जड़ें वैदिक धर्म में ही बताता है।

धर्म का इतिहास अन्तत: लोगों के विश्वास और कर्म के बारे में होता है, धार्मिक समुदायों और अस्मिताओं से सम्बन्धित होता है। चूँकि धर्म का क्षेत्र हमेशा से संवादात्मक रहा है, इसलिए धर्मों का सबसे बेहतर अध्ययन एक-दूसरे के साथ उनके संवादों और व्यापक सामाजिक सन्दर्भों के भीतर ही सम्भव है, अलगाव में नहीं। ग्रन्थों के अलावा पुरातत्त्व और अभिलेख इन मुद्‌दों पर बहुमूल्य रोशनी डालते हैं। उदाहरण के लिए कई प्राचीन स्थलों, जैसे मथुरा, एलोरा, गया, नागार्जुनकोंडा का धार्मिक भू-दृश्य बहुलतावादी रहा है–इस अर्थ में कि वे हिन्दू, बौद्ध, जैन और अन्य सम्बद्धताओं को उद्‌घाटित करते हैं। यह निश्चित रूप से अलग-अलग धर्मों के सह-अस्तित्व का संकेत देता है, लेकिन सबसे निर्णायक बात यह है कि वहाँ के धार्मिक समुदायों के बीच सम्बन्ध कैसे थे।

'सहिष्णुता' एक ऐसा शब्द है जिसके भीतर कई तरह की प्रवृत्तियाँ समाहित हो सकती हैं, जैसे उदासीनता, सतही संलग्नता, सच्चा संवाद और सामंजस्य। यह शब्द एकेश्वरवादी सन्दर्भ में मायने रखता है, विशेष तौर से उन संस्कृतियों में जहाँ राज्य और चर्च के बीच निकट सम्बन्ध था। प्राचीन भारत के सन्दर्भ में यह शब्द कुछ हद तक अप्रासंगिक है। इसलिए सहिष्णुता और असहिष्णुता पर बात करने के बजाय यह अध्याय दार्शनिक संवाद और

शास्त्रार्थ; सन्तचरित; राजकीय धार्मिक नीति; हिन्दू और बौद्ध धर्म तथा जैन धर्म और शैववाद के बीच रिश्तों; तथा धार्मिक प्रहसन जैसे विषयों की पड़ताल करता है।

प्राचीन दार्शनिक बहसें

टीवी के समाचार चैनलों पर दैनन्दिन हम जो कुछ भी देखते हैं, वह इस बात को समझने के लिए पर्याप्त होना चाहिए कि बहस करने का मतलब अनिवार्यत: खुला दिमाग़ होना या विचारों का खुला आदान-प्रदान करना नहीं होता। बोलने की तमाम क्रियाओं की तरह संवाद और बहस की भी कई भूमिकाएँ हो सकती हैं। जैसे, व्याख्या और विस्तार के लिए उसका उपयोग हो सकता है। सामने वाले को अपने पाले में लाने (नारेबाज़ी), विवाद करने, अपनी श्रेष्ठता जतलाने, अपनी बात पर बल देने, सही मनवाने, ख़ुद को वैध ठहराने या दूसरे का खण्डन करने के लिए संवाद और बहस को माध्यम बनाया जा सकता है। बहसों को इतिहास के आईने में देखने के लिए हमें उनके सन्दर्भों, संरक्षकों, प्रतिभागियों, विषयों, शैलियों, दाँवों और परिणामों पर दृष्टि डालनी होगी।

प्राचीन भारतीय ग्रन्थों में चर्चा और बहस के लिए जो शब्द प्रयोग किये गये हैं, उनमें संवाद, वाद और सम्भाष शामिल हैं। तार्किक चिन्तन के लिए एक शब्द आता है अन्वीक्षिकी, जबकि परिकल्पित चिन्तन के लिए हेतु और तर्क का प्रयोग किया गया है। दार्शनिक और धार्मिक ग्रन्थों में बहसों की प्रकृति, प्रकार और प्रारूप पर गम्भीर और सूक्ष्म चिन्तन किया गया है। बहसों में वादी और प्रतिवादी के अलावा प्रश्निका (निर्णायक) भी हो सकते हैं। न्यायशास्त्र में बहसों के तीन प्रकार गिनाये गये हैं–वाद (सत्य तक पहुँचने के लक्ष्य से की जाने वाली रचनात्मक बहस), जल्प (अपने विचार की श्रेष्ठता को स्थापित करने के लक्ष्य से की जाने वाली बहस, जिसमें बहस करने की युक्तियाँ शामिल होती हैं), और वितण्डा (विनाशक बहस, जिसका लक्ष्य अपना पक्ष रखे बग़ैर सामने वाले की स्थापना को खण्डित करना होता है)। मीमांसा दार्शनिकों ने अपने काम को सामान्यत: पाँच हिस्सों में

बाँटा है, जो किसी बहस के पाँच अंगों से सम्बन्ध रखते हैं–विषय, विषय/सन्देह, पूर्वपक्ष, उत्तर या उत्तरपक्ष और निर्णय। बहसों में तार्किक चिन्तन और प्रत्यायन महत्त्वपूर्ण अंग होते थे, हालाँकि कुछ मौक़ों पर चमत्कार भी अपनी भूमिका निभाते थे। [चित्र 5.2, 5.3]

चित्र 5.2 : चर्चा में गहन रत ऋषि, कैलाशनाथ मन्दिर, कांचीपुरम

बौद्ध ग्रन्थ 'मिलिन्दपञ्ह' (पहली शताब्दी सा.सं.पू.–पहली शताब्दी सा.सं.) में विद्वान राजा मिलिन्द (जिसे बैक्ट्रो-इंडो-ग्रीक राजा मेनैंडर माना जाता है) के विभिन्न दार्शनिक मतों के विद्वानों के साथ चर्चा और विमर्श का

प्रसंग आता है, जिसके बाद वह बौद्ध भिक्षु नागसेना के साथ संवाद की इच्छा जताता है। भिक्षु एक शर्त पर तैयार हो जाता है कि मिलिन्द को चर्चा में एक राजा के रूप में नहीं बल्कि एक विद्वान के रूप में हिस्सा लेना होगा :

मिलिन्द : विद्वान कैसे विमर्श करते हैं?

चित्र 5.3 : तपस्वियों का संवाद, मुक्तेश्वर मन्दिर, भुवनेश्वर, 950–75 सा.सं.

नागसेना : जब विद्वान किसी विषय पर एक-दूसरे से चर्चा करते हैं तो बात को समेटा और खोला जाता है, विशिष्टताओं और समानताओं को रेखांकित किया जाता है, फिर कोई एक किसी त्रुटि को लेकर आश्वस्त हो जाता है, फिर अपनी ग़लती को स्वीकार करता है, इस तरह उनमें से कोई भी आक्रोशित नहीं होता। हे राजा, विद्वान ऐसे विमर्श करते हैं।

मिलिन्द : और राजा कैसे विमर्श करते हैं?

नागसेना : महाराज, जब एक राजा किसी विषय पर बात करता है तो वह अपनी बात को आगे रखता है और यदि कोई उससे असहमत हो तो वह

उसके ऊपर दण्ड लगाते हुए कहता है–इस व्यक्ति पर उपयुक्त दण्ड लगाया जाये! इस तरह राजा विमर्श करते हैं।

मिलिन्द : ठीक है, मैं राजा की तरह नहीं विद्वान की तरह संवाद करूँगा। माननीय, आप निर्बाध संवाद करें, जैसे आप एक भाई या एक नौसिखिये, एक आम शिष्य यहाँ तक कि अपने सेवक से करते होंगे। आप निर्भय रहें।[9]

कनफ़्यूशियस के *एनालेक्ट्स* में जुंज़ी (सज्जन) के दाओ (मार्ग), पारिवारिक सम्बन्धों और राजकाज के बारे में जो भी प्रामाणिक नैतिक घोषणाएँ की गयी हैं, उनका आख्यानात्मक प्रारूप संवादों से निकला हुआ है। प्राचीन ग्रीक नाटकों में विधिक और नैतिक विचारों पर पर्याप्त तर्क और बहस शामिल है, जिसके आधार पर कथानक प्राय: मोड़ ले लेता है। प्लेटो के प्राचीन संशययुक्त संवाद किसी निष्कर्ष पर नहीं पहुँचते, एक पहेली की शक्ल में वे समाप्त होते हैं। इसके विपरीत अधिकतर प्राचीन भारतीय शास्त्रार्थ सामान्यत: एक निर्णायक निष्कर्ष पर समाप्त होते हैं। वहाँ लक्ष्य विरोधी को ग़लत साबित कर के उसके ऊपर निर्णायक विजय प्राप्त करना होता था। ऐसी बहसें और चर्चाएँ केवल दर्शन और धर्म के क्षेत्र तक सीमित नहीं थीं। वे प्राचीन भारतीय विमर्श के सभी आयामों तक विस्तारित थीं, जिनमें धर्मशास्त्र, अर्थशास्त्र, कामशास्त्र, सौन्दर्यशास्त्रीय सिद्धान्त और विज्ञान भी शामिल थे।[10]

संवाद, शास्त्रार्थ और असहमति ज्ञान की सीमाओं के विस्तार का आधार हैं। आइए, प्राचीन भारतीय ग्रन्थों की कुछ महान बहसों को देखें।

औपनिषदिक बहसें

ऋग्वेद में 'संवाद' शब्द आया है। वैदिक ऋचाओं में इस ब्रह्माण्ड की उत्पत्ति को लेकर विभिन्न विचार व्यक्त हैं। पहले अध्याय में हमने 'पुरुष सूक्त' पर

---

9. एस्थर ए. सोलोमन में अनूदित और वहीं से उद्धृत, *इंडियन डायलेक्टिक्स: मेथड्स ऑफ़ फिलॉसॉफिकल डिस्कशन,* 2 खण्ड, अहमदाबाद: बीजे इंस्टीट्यूट ऑफ़ लर्निंग ऐंड रिसर्च, 1978, खण्ड 1, पृ. 37-38।

10. प्राचीन और प्रारम्भिक मध्यकालीन भारत में संवाद और शास्त्रार्थ के विस्तृत और व्यापक विश्लेषण के लिए देखें सोलोमन, इंडियन डायलेक्टिक्स।

चर्चा की थी, जो इस ब्रह्माण्ड की उत्पत्ति को बहुत पहले हुए एक महान यज्ञ का परिणाम बताता है। ऋग्वेद में उत्पत्ति की और व्याख्याएँ भी हैं। जैसे, 'नासदीय सूक्त' उत्पत्ति पर एक अनुमान लगाता है कि उस वक़्त क्या हुआ रहा होगा। उस सूक्त का अन्त एक प्रश्न से होता है। ऋग्वेद में उत्पत्ति-सम्बन्धी विभिन्न विचार किसी बहस के रूप में प्रस्तुत नहीं किये गये हैं। सारे मत एक ही पाठ के भीतर मौजूद हैं जहाँ किसी को किसी दूसरे से श्रेष्ठ नहीं बताया गया है। कुछेक वैदिक ऋचाओं में संवाद और पहेलियाँ भी मिलती हैं। कर्मकाण्डों पर आधारित ब्राह्मण ग्रन्थों में भी यज्ञ सम्बन्धी विभिन्न विवरणों पर भिन्न विचार शामिल हैं, पर असल में वह उपनिषद हैं जहाँ संवादात्मक बहसें या शास्त्रार्थ केन्द्रीय रूप लेते दिखाई देते हैं। शास्त्रार्थ उपनिषदों के केन्द्र में ही नहीं हैं, बल्कि सदियों के दौरान पनपे औपनिषदिक विचारों की ग्राह्यता और व्याख्या में भी वे केन्द्रीय भूमिका निभाते रहे हैं।

औपनिषदिक दार्शनिक जिस ज्ञान की खोज में थे, वह सबके लिए नहीं था।[11] यह एक ऐसा सत्य था जो केवल कुछ चुनिन्दा के समक्ष ही प्रकट किया जा सकता था। उसकी गोपनीयता ही उसकी नवीनता, महत्त्व, और वैशिष्ट्य का पता देती थी। संवाद और शास्त्रार्थ परम सत्य की खोज का अंग थे, लेकिन यह ज्ञान ऐसा था जो ज़रूरी नहीं कि कठोरतम तार्किक चिन्तन से आत्मसात किया जा सके। उसका अनुभव किया जाना ज़रूरी था। औपनिषदिक बहसें प्राय: सूत्रवत्, सूक्ष्म और नाटकीय होती हैं। और ऐसा हो भी क्यों न, जब उनके विषयों में आत्म, जीवन, मृत्यु और अमरता शामिल हैं और मोक्ष ही जिनका लक्ष्य है?

यह तथ्य उतना महत्त्वपूर्ण नहीं है कि औपनिषदिक बहसें वास्तव में हुई भी थीं या फिर उसके प्रतिभागी ऐतिहासिक व्यक्तित्व थे। उनकी अन्तर्वस्तु से

---

11. भारतीय दर्शन में मुद्दों और विषयों के अवलोकन के लिए देखें, जोनार्डन गनेरी, फिलॉसफी इन क्लासिकल इंडिया: एन इंट्रोडक्शन ऐंड एनालिसिस, लंदन: रूटलेज, 2001; और जोनार्डन गनेरी (सं.), इंडियन फिलॉसफी: ए रीडर, लंदन: रूटलेज, 2019; अधिक विस्तृत चर्चा के लिए देखें, कार्ल पॉटर (सं.), एनसाइक्लोपीडिया ऑफ़ इंडियन फिलॉसफीज, दिल्ली: मोतीलाल बनारसीदास, 1955-2019, जिसके अब तक 25 खण्ड प्रकाशित हो चुके हैं।

इतर, उनका आख्यानात्मक प्रारूप, प्रतिभागी और श्रोता कहीं ज़्यादा अहम हैं। जैसा कि पहले अध्याय में बताया गया, उपनिषद अनिवार्यतः यज्ञ-विरोधी या ब्राह्मण-विरोधी नहीं हैं, हालाँकि वे यज्ञ पर बल देने के बजाय एक नये ज्ञान की प्राप्ति पर बल देते हैं। उपनिषदों में कई उत्तेजक बहसें शामिल हैं जहाँ वादी-प्रतिवादी तर्क, हास्य, व्यंग्य और यहाँ तक कि अपमान का भी प्रयोग करते हैं। क्षत्रिय और राजा वैसे तो मध्यस्थ और व्याख्याता की अहम भूमिका निभाते हैं, लेकिन ब्राह्मण इसमें सबसे महत्त्वपूर्ण होते हैं। वे न सिर्फ़ अनुष्ठानों के विशेषज्ञ हैं, बल्कि दार्शनिक के रूप में भी सामने आते हैं। ब्राह्मण अपने शिष्यों, राजाओं और अन्य ब्राह्मणों के साथ शास्त्रार्थ करते हैं, इसलिए वे केन्द्रीय भूमिका में हैं।[12] श्रोताओं में भी ब्राह्मण उपस्थित हैं। कुछ औपनिषदिक बहसें (जिन्हें ब्रह्मोदय कहते हैं) काफ़ी धूमधाम से राजदरबारों में राजाओं की उपस्थिति में हुआ करती थीं। यहाँ प्रतिभागियों की प्रतिष्ठा दाँव पर लगी होती थी। हारने वाले को विजेता का अनुचर बनना स्वीकार करना पड़ता था। जीतने वाले की न सिर्फ़ प्रतिष्ठा बढ़ती थी, बल्कि धनधान्य से भी वह मालामाल होता था।

तक़रीबन सभी औपनिषदिक बहसें पुरुषों के बीच ही हुई हैं। एकाध अपवाद ज़रूर हैं, जैसे ऋषि याज्ञवल्क्य और ऋषिका गार्गी के बीच का शास्त्रार्थ, जहाँ स्त्रियों ने भाग लिया है। इस प्रसंग को 'बृहदारण्यक उपनिषद' कुछ ऐसे बताता है : विदेह के राजा जनक एक महान यज्ञ कर रहे थे जिसमें दूर-दूर से ब्राह्मण आये हुए थे। राजा ने उनमें से सबसे विद्वान ब्राह्मण के लिए 1000 गायें और उनके सींगों से बँधे दस हज़ार स्वर्ण टुकड़े पुरस्कार के रूप में घोषित किये थे। याज्ञवल्क्य ने अपने शिष्य शमश्रव को वे गायें हाँक

12. औपनिषदिक बहसों पर अच्छी चर्चा के लिए देखें, ब्रायन ब्लैक, प्रीस्ट्स, किंग्स ऐंड विमेन इन द अर्ली उपनिषद्स: द कैरेक्टर ऑफ़ सेल्फ इन एन्शिएंट इंडिया, दिल्ली: मोतीलाल बनारसीदास, 2014; प्रारम्भिक उपनिषदों के कई अच्छे अंग्रेज़ी अनुवाद उपलब्ध हैं। उदाहरण के लिए देखें, स्वामी निखिलानन्द, द उपनिषद: ए न्यू ट्रांसलेशन, न्यूयॉर्क, रामकृष्ण विवेकानन्द सेंटर, (1949-59), 1959; पैट्रिक ओलिवेल, द अर्ली उपनिषद: एनोटेट टेक्स्ट ऐंड ट्रांसलेशन, नयी दिल्ली: मुंशीराम मनोहरलाल, 1998।

कर घर तक ले जाने को कहा। इस हेठी पर अन्य ब्राह्मण आक्रोशित हो गये और एक दार्शनिक प्रतिस्पर्धा शुरू हो गयी। एक के बाद एक आठ ब्राह्मणों ने याज्ञवल्क्य के साथ यज्ञ, इन्द्रियों, महात्माओं के अन्तिम लोक, ब्रह्माण्ड की उत्पत्ति तथा देवताओं और आत्माओं के विश्रय स्थल से जुड़े मुद्दों पर बहस की। उनमें से एक गार्गी थीं। उन्होंने एक के बाद एक याज्ञवल्क्य के सवालों का जवाब देते हुए प्रतिप्रश्न दागने शुरू किये, तो एक बिन्दु पर याज्ञवल्क्य बोले, 'बहुत अधिक प्रश्न न पूछें, गार्गी, वरना आपका सिर टुकड़े-टुकड़े हो जायेगा'! गार्गी पीछे हटीं, फिर दूसरे दौर के प्रश्नसत्र में कुछ और सवालों के साथ आगे आयीं।

> मैं आपको दो प्रश्नों की चुनौती देती हूँ याज्ञवल्क्य, बिल्कुल वैसे ही जैसे काशी या विदेह का एक भीषण योद्धा अपने प्रतिद्वन्द्वी को चुनौती देने के लिए अपने हाथ में दो मारक बाण लिए उन्हें अपने धनुष की प्रत्यंचा पर चढ़ाता है।[13]

याज्ञवल्क्य ने गार्गी के प्रश्नों का जवाब दिया, और अपनी सर्वश्रेष्ठता को स्थापित किया। गार्गी उनके उत्तर से सन्तुष्ट हुई और उन्होंने अपनी हार मान ली। वहाँ जुटे ब्राह्मणों से उन्होंने कहा कि याज्ञवल्क्य अजेय हैं और बाक़ी को उन्हें अपनी श्रद्धा अर्पित कर के चुपचाप निकल लेना चाहिए, इसी में उनका सौभाग्य होगा।

इस बहस में अन्तिम प्रतिवादी विदग्ध था। उसने शुरुआत तो ठीक की लेकिन आत्मा के बारे में पूछे गये एक प्रश्न का उत्तर नहीं दे सका। कहते हैं कि इसके बाद उसके टुकड़े-टुकड़े हो गये। सिर टुकड़े-टुकड़े होने का हिंसक प्रसंग क्या दार्शनिक शास्त्रार्थों में नाटकीयता लाने का प्रयास था? क्या इसे प्रतीकात्मक ढंग से समझा जाये या फिर शास्त्रार्थ में हारे दार्शनिकों का सिर वाक़ई धड़ से अलग कर दिया जाता था? यह प्रश्न अनिर्णीत है। इतिहास गवाह है कि असहज प्रश्न पूछने वाले बौद्धिकों को कभी-कभार उसकी भारी क़ीमत चुकानी पड़ी है, लेकिन यहाँ पर मामला उन लोगों का है जो किसी

13. बृहदारण्यक उपनिषद 3.8.2, ओलिवेल, द अर्ली उपनिषद, पृ. 91।

सवाल का जवाब नहीं दे सके थे। आजकल किसी परीक्षा या साक्षात्कार में किसी प्रश्न का जवाब न दे पाने की इतनी बुरी सज़ा तो नहीं मिलती, भले उसके परिणाम नकारात्मक ही हों। चाहे जो हो, औपनिषदिक बहसें कम से कम इतना दर्शाती हैं कि प्राचीन संस्कृतियों में शब्दों, पहेलियों और बहसों को अत्यधिक महत्त्व दिया जाता था, ख़ासकर तब जब उनका सम्बन्ध यथार्थ और अस्तित्व की प्रकृति जैसे भव्य मुद्दों से हो।

श्रमणिक बहसें

जैसा कि पिछले अध्यायों में बताया गया, छठी और पाँचवीं शताब्दियाँ मध्य गंगा घाटी के क्षेत्रों में तीव्र बहसों का दौर लेकर आयी थीं। बौद्ध ग्रन्थों में निगंठ नटपुत्त (महावीर) के अलावा कई अन्य चिन्तकों का ज़िक्र आया है–पूरण कस्सप, मक्खलि गोसाल, अजीत केशकम्बलिन, पकुध कच्चायन, और संजय बेलट्ठिपुत्त। ऐसे सन्दर्भों के माध्यम से हमें महावीर और बुद्ध के समकालीनों और प्रतिस्पर्धियों के बारे में एक अन्दाज़ा लगता है, भले ही उनके प्रसंग सामान्यत: नकारात्मक और प्रतिष्ठाहीन हैं।

यायावर परिव्राजकों को श्रमण कहा जाता था। उनके बीच कर्म, संसार, अहिंसा और मुक्ति के लक्ष्य से जुड़े कुछ विचार साझा थे, हालाँकि उनके सिद्धान्तों और आचरण के बीच महत्त्वपूर्ण अन्तर भी थे। मक्खलि गोसाल के अनुसार कर्म और देहान्तरण का अस्तित्व तो है, लेकिन मनुष्य का उद्यम निरर्थक है क्योंकि सब कुछ प्रारब्ध है। आजीवक अत्यधिक वैराग्य, निर्वस्त्रता और अहिंसा का पालन करते थे, लेकिन वे ब्रह्मचर्य का पालन नहीं करते थे। ऐसा लगता है कि पूरण कस्सप ने कर्म के प्रतिफलन को नकारा था तथा सत्कर्म और अपकर्म के बीच भेद को नहीं माना था। पकुध कच्चायन ने सिखाया कि धरती, जल, अग्नि और वायु, साथ ही सुख, दुख और जीवन स्थिर व अपरिवर्तनीय हैं तथा एक-दूसरे को प्रभावित नहीं करते हैं। अजीत केशकम्बलिन एक भौतिकवादी थे जिन्होंने पुनर्जन्म, पात्रता, अपात्रता के विचारों का खण्डन किया और कहा कि मनुष्य के कर्म का असर किसी चीज़ पर नहीं पड़ता। संजय बेलट्ठिपुत्त के बारे में कहा जाता है कि वे किसी भी

पक्ष में खड़े होने से इनकार करते थे। इसके चलते उनके बारे में यह प्रचलित था कि वे ईल मछली की तरह बस पटपटाते रहते हैं। उदाहरण के लिए, किसी सवाल पर उनका तय उत्तर इस शैली में होता था :

> आप मुझसे यदि पूछें कि 'क्या कोई और जगत है?' यदि मैं ऐसा सोचता तो हाँ कह देता, लेकिन मैं ऐसा नहीं सोचता हूँ। इसलिए मैं ऐसा नहीं कहूँगा, पर मैं उसका उलटा भी नहीं कहूँगा। मैं यह नहीं कह रहा कि वह नहीं हैं, मैं यह भी नहीं कह रहा है कि वह है।[14]

जैन और बौद्ध ग्रन्थों में ढेर सारे जीवन्त शास्त्रार्थों का ज़िक्र है। उनमें जीतना महत्त्वपूर्ण होता था ताकि न केवल सत्य की स्थापना हो सके बल्कि संरक्षकों और अनुयायियों को भी अपनी ओर खींचा जा सके। इसने निश्चित रूप से तनाव पैदा किये होंगे, यहाँ तक कि टकराव भी हुए होंगे। बौद्ध ग्रन्थों में लिखा है कि पूरण कस्सप ने आत्महत्या कर ली थी जब बुद्ध के साथ एक चमत्कारिक शास्त्रार्थ में उसकी और उसके अनुयायियों की हार हो गयी थी।

पाली 'तिपिटक' बताता है कि बुद्ध लगातार यात्रा में थे और तमाम प्रकार के लोगों से संवाद कर रहे थे–बौद्ध भिक्षु, ब्राह्मण, जैनी, अन्य प्रतिद्वन्द्वी, देवता और आम लोग।[15] [चित्र 5.4] विहारवासी भिक्षुगण और उपासकों को धम्म समझाने और ग़लत विचारों की त्रुटियों को प्रकाशित करने का माध्यम यहाँ उनसे किये संवाद हैं। निर्ग्रन्थों (जैनियों) के साथ हुई बहसें यह दिखाने का प्रयास हैं कि अपने वैराग्य और अहिंसापालन के बावजूद जैनी वास्तव में अपने विचारों और वाणी में हिंसक थे। ऐसे संवादों का अन्त आमतौर से इस रूप में होता है कि सन्देहवादी या विरोधी लोग बुद्ध की शिक्षाओं में प्रकट सत्य से पूरी तरह आश्वस्त हो जाते हैं तथा बुद्ध और धम्म की शरण में आ जाते

---

14. समन्नफल सुत्त, दीघ निकाया; मौरिस वाल्श (अनु.), लॉग डिसकोर्सेज़ ऑफ़ द बुद्ध: ए ट्रांसलेशन ऑफ़ द दीघ निकाय, बोस्टन: विज़्डम पब्लिकेशंस, 1995, पृ. 97।

15. देखें माइकल निकोल्स, 'बॉविंग टू द बुद्ध: द रिलेशनशिप बिटवीन लिटरेरी ऐंड सोशल डायलॉग इन द निकाय', ब्रायन ब्लैक और लॉरी पैटन (सं.), डायलॉग्स इन अर्ली साउथ एशियन रिलिजन्स: हिन्दू, बुद्धिस्ट ऐंड जैन ट्रैडिशन्स में, लंदन और न्यूयॉर्क: रूटलेज, 2015, पृ. 173-90।

हैं अथवा बुद्ध, धम्म और संघ को शरणागत हो जाते हैं। बुद्ध और धम्म की शरण में आम उपासक आते हैं, संघ में वे आते हैं जो उसका हिस्सा बनते हैं।

ब्राह्मणवाद और श्रमणवाद के बीच निरन्तर वैर रहा है। यह वैयाकरण पतंजलि (दूसरी शताब्दी सा.सं.पू.) के यहाँ विवरण में मिलता है जहाँ उन्होंने ब्राह्मण और श्रमण को विरोधी समस का उदाहरण बताया है। बौद्ध धर्म के साथ हालाँकि ब्राह्मणवाद का रिश्ता काफ़ी जटिल था। जैसा कि पहले अध्याय में बताया गया, बौद्ध ग्रन्थों में 'ब्राह्मण' शब्द का प्रयोग परम्परागत रूप से एक सामाजिक श्रेणी के लिए किया गया है तथा इनकी निम्न आध्यात्मिक क्षमताओं और वैभवपूर्ण जीवनशैली की वहाँ आलोचना है। बौद्ध ग्रन्थ 'ब्राह्मण' का प्रयोग एक आदर्श श्रेणी के लिए भी करते हैं जो जन्म पर नहीं, बल्कि अनुकरणीय आचार पर आधारित है। वास्तव में कुछ जगहों पर तो बुद्ध को ही ब्राह्मण के रूप में सम्बोधित किया गया है।

चित्र 5.4 : बुद्ध उपदेश सुनते भिक्षु और सामान्य जन, शिस्त, गंधार, दूसरी-तीसरी शताब्दी का उत्तरार्द्ध

जैन धर्म : अन्तर-धार्मिक संवाद की एक रूपरेखा?

जैन धर्मशास्त्रीय ग्रन्थों और आख्यानात्मक साहित्य में संवाद व शास्त्रार्थ प्रमुखता से आते हैं। श्वेताम्बर धर्मशास्त्र में सिद्धान्त प्राय: महावीर के मुख से निकले संवादों में निबद्ध आते हैं जो उन्हें अकाट्य सत्य का रूप दे देता है। जिन यहाँ प्रतिद्वन्द्वी दार्शनिकों, भिक्षुओं, देवताओं और आम लोगों से बात करते हैं। चूँकि वे अन्तर्यामी हैं और दूसरों का मन पढ़ सकते हैं, तो प्राय: वे मौन विमर्श करते हैं। उदाहरण के लिए, 'वियाहापन्नत्ति' में दो देवता महावीर के पास आते हैं और उनसे अपने मन ही मन में एक सवाल पूछते हैं। महावीर भी उन प्रश्नों का जवाब बिना कुछ बोले अपने मन में ही दे देते हैं। महावीर के शिष्य गोयामा इम्दाभुई इस मौन संवाद को देख रहे होते हैं। वे महावीर से कुछ पूछना चाहते हैं, लेकिन उनके मुँह खोलने से पहले ही महावीर जतला देते हैं कि वे अपने शिष्य का मन पढ़ पाने में सक्षम हैं।[16] ऐसे संवाद श्रोता को यह अहसास दिलवाते हैं कि जिन सर्वज्ञ हैं और उनकी शिक्षाएँ सत्य हैं।

बौद्ध ग्रन्थों की ही तरह जैन धर्मग्रन्थ भी ब्राह्मणों की, उनके यज्ञ की, जीवनशैली और उद्दण्डता की आलोचना करते हैं। बौद्ध ग्रन्थों की ही तरह जैन ग्रन्थों में भी एक 'सच्चे' या आदर्श ब्राह्मण की बात की गयी है। यहाँ भी इस शब्द को एक नया अर्थ देते हुए जन्म के आधार पर ब्राह्मण होने से हटाकर सारा बल आचरण पर डाला गया है।

जैन धर्म में संवाद और विमर्श के सन्दर्भ में अनेकान्तवाद (यथार्थ की बहुमुखी प्रकृति का सिद्धान्त) और स्याद्वाद (सन्देह का सिद्धान्त) के विचार विशिष्ट महत्त्व रखते हैं। जैन सिद्धान्तों के अनुसार यथार्थ अनेकान्त है। हर अस्तित्वगत वस्तु के तीन आयाम होते हैं–द्रव्य, गुण और पर्याय। स्याद्वाद के अनुसार हम जो भी निर्णय करते हैं, वह निर्णीत वस्तु के विशिष्ट आयाम और उसके प्रेक्षण की हमारी अवस्थिति के सापेक्ष होता है। पात्रताविहीन कोई भी निर्णय सत्य नहीं हो सकता। वास्तविकता का बोध उसकी समूची समग्रता और

---

16. विवरण के लिए देखें, अन्ना ऑरेलिया एस्पोसीटो, 'डिडैक्टिक डायलॉग्स: कम्युनिकेशन ऑफ़ डॉक्ट्रिन ऐंड स्ट्रैटेजीज ऑफ़ नैरेटिव इन जैन लिटरेचर', ब्लैक ऐंड पैटन (सं.) डायलॉग्स इन अर्ली साउथ एशियन रिलिजन्स में, पृ. 79-98।

जटिलता में सम्भव ही नहीं है। इसलिए उसके बारे में दिये गये सारे निर्णय आंशिक रूप से सत्य वचन हैं। इसीलिए उन वक़्तव्यों के पहले स्यात् (शायद अथवा किसी आयाम में) लगा दिया जाना चाहिए। अन्य दार्शनिक धाराओं के बारे में जैन दर्शन की आलोचना यथार्थ पर उनकी स्थापनाओं के सन्दर्भ में ही आती है–जैसे, यथार्थ भीतरी है या बाहरी, परिवर्तनशील है या अपरिवर्तनीय। यह आलोचना इस बात का परीक्षण करती है कि दूसरी दार्शनिक धाराओं में यथार्थ का प्रतिनिधित्व एकल है, आंशिक है या अतिवादी।[17] इस आलोचना में दूसरी धाराओं के विचारों को पूरी तरह अवैध नहीं ठहराया गया है, बस उन्हें आंशिक सत्यवचन कहा गया है (नयास)।

यह तर्क दिया गया है कि जैन बौद्धिक अहिंसा का परिपालन करते हैं।[18] इसकी व्याख्या कुछ यूँ की गयी है : चूँकि जैन मत मानता है कि सत्य के कई भिन्न परिप्रेक्ष्य होते हैं, तो यह बात दूसरे धार्मिक दृष्टिकोणों के प्रति सहनशीलता और स्वीकार्यता में रूपान्तरित हो जाती है। यह सहनशीलता अहिंसा में निबद्ध है–जिस तरह सभी जीवित प्राणियों का सम्मान किया जाता है वैसे ही सभी दृष्टिकोणों का भी सम्मान किया जाना चाहिए। क्या जैन धर्म का यही सटीक पक्ष है? वास्तव में नहीं, जैसा कि जैन मत के विद्वान जॉन कॉर्ट का कहना है, जैन ग्रन्थ यह तो मानते हैं कि मोक्ष की राह पर अन्य विचार आंशिक रूप से सत्य हैं लेकिन ज़्यादातर ग़लत हैं। केवल जैन मत ही सच्चे बोध और सच्चे ज्ञान पर आधारित है, जिसकी जड़ें जिनों की सर्वज्ञता में हैं। जैन ग्रन्थों में हिंसक दार्शनिक बहसें मौजूद हैं जहाँ अन्य परिप्रेक्ष्यों की, विशेष रूप से अहिंसा के सन्दर्भ में, आलोचना की गयी है। जैन पुस्तकालयों में व्याकरण, काव्यशास्त्र, दर्शन और कर्मकाण्डों पर बौद्ध व ब्राह्मणवादी ग्रन्थों के साथ कई अन्य धाराओं की पांडुलिपियाँ भी हैं। इन्हें जैन विद्वानों ने पढ़ा समझा है। जैन दार्शनिक संकलनों में विभिन्न दार्शनिक मतों के सार मौजूद हैं। इनमें सबसे प्राचीन आठवीं सदी के हरिभद्र का दर्शन है। यह सही

---

17. अधिक जानकारी के लिए देखें, जैनी, *द जैन पाथ ऑफ़ प्यूरिफिकेशन*, पृ. 89-106
18. जॉन ई. कॉर्ट, '"इंटेलेक्चुअल अहिंसा" रीविज़िटेड: जैन टॉलरेंस ऐंड द इनटॉलरेंस ऑफ़ अदर्स', *फिलॉसफी ईस्ट ऐंड वेस्ट*, खण्ड 50, अंक 3, जुलाई 2000, पृ. 324-47

है कि जैनियों की दूसरे धर्मों के साथ संलग्नता रही (मध्यकाल में मुग़लों के साथ उनकी सक्रिय संलग्नता रही थी) लेकिन इसका मतलब यह नहीं है कि वे दूसरे के विचारों को अपने विचारों जैसा वैध मानते थे।

औपनिषदिक, बौद्ध और जैन दर्शनों के बीच हुए संवादों व शास्त्रार्थों में प्रत्येक धारा अपने-अपने मत की व्याख्या करती और दूसरे के ऊपर अपनी सर्वोच्चता को स्थापित करती हुई दिखती है। उनके लक्षित श्रोता निश्चित रूप से बहुत कम रहे होंगे। उपनिषदों के मामले में बहसों को इस रूप में देखा जा सकता है कि वे सत्य का सन्धान करने वाले को उच्चतर सत्य के निकट ले जाने में मददगार होती थीं। जैन और बौद्ध धर्म के मामले में इसके साथ ही बहसों का एक और उद्देश्य भी होता था–अनुयायियों का एक ऐसा समुदाय बनाना जो दूसरे समुदायों से निर्णायक रूप से भिन्न और विशिष्ट दिखते हों। यानी, प्राचीन ग्रन्थों में आने वाले संवाद और शास्त्रार्थ के प्रसंग अपने आप में विचारों के वास्तविक आदान-प्रदान या सामंजस्य का द्योतक नहीं हैं। बहुत सम्भव है कि मामला इसका ठीक उलटा हो।

महाभारत में शास्त्रार्थ और सन्देह

अधिकतर शास्त्रार्थों का अन्त एक विजेता और एक विजित में होता है, लेकिन महाभारत में आयी बहसें प्राय: अनिर्णीत या सन्देह के बिन्दु पर समाप्त होती हैं। महाभारत में बहसों की प्रचुरता है। इनमें सर्वाधिक अहम बहसें धर्म की सूक्ष्मता और रहस्यात्मकता पर हैं। उनके इर्द-गिर्द बुने आख्यानों का समूचा बल इस बात पर है कि व्यक्ति को अपना धर्म समझना चाहिए–अनिवार्यत: वह धर्म जो वर्ण विशेष में जन्म लेने से आता है–और उसका पालन करने का प्रयास करना चाहिए, चाहे वह कितना ही अप्रिय हो और कितना ही दुख लेकर आवे। इसके बावजूद, इस महाकाव्य के किरदार प्राय: इस उधेड़बुन में मिलते हैं कि वास्तव में उनका धर्म क्या है। विडम्बना है कि इनमें सर्वाधिक उधेड़बुन में ज्येष्ठ पांडव युधिष्ठिर है, जिसे धर्मराज की उपाधि मिली हुई है।

एक स्तर पर तो धर्म को शाश्वत और सार्वभौम बताया गया है, पर महाभारत कई धर्मों का ज़िक्र करता है। जैसे, चार युगों के धर्म अलग-अलग हैं (कृता, त्रेता, द्वापर और कलि)। धर्म को प्राय: वर्ण और आश्रमों से सम्बद्ध

बताया गया है, लेकिन एक धर्म सन्तों का भी है, जनजातीय लोगों का भी है, यहाँ तक कि म्लेच्छों का भी है। भयंकर दुष्काल में एक आपद्धर्म भी आता है, जहाँ मानकों से कुछ विचलनों को स्वीकार किया गया है। हमने ब्राह्मण ऋषि विश्वामित्र वाला महाभारत का वह प्रसंग देखा था जब दुष्काल में भुखमरी के चलते एक चण्डाल के घर से उन्होंने वर्जित मांस खा लिया था और बाद में अपने कृत्य को आपद्धर्म के नाम पर सही ठहराया था। पूर्व के अध्यायों में एक सामान्य या साधारण धर्म का सन्दर्भ भी आया है यानी ऐसा धर्म जो सबके ऊपर लागू होता है। इसमें सच बोलना, उदार रहना और अहिंसा बरतना जैसे गुण शामिल हैं। वर्ण का धर्म हालाँकि इससे कहीं ज़्यादा महत्त्वपूर्ण है। महाभारत में कई मौक़ों पर अहिंसा या आनृशंस्यता को सर्वोच्च धर्म बताया गया है। शान्ति पर्व के अन्त में उञ्छ-वृत्ति को सर्वोच्च धर्म बतलाया गया है। इसमें खेतों में बचे हुए अन्न को बटोर कर खाने और मिताहारी जीवन बिताने की बात कही गयी है। महाभारत में सांसारिक जीवन को भी स्वीकार्यता दी गयी है, साथ में जन्मचक्र से मुक्ति के धर्म (मोक्ष-धर्म) की भी बात है जिसके लिए सच्चे ज्ञान, इन्द्रियों पर नियन्त्रण और सम्पूर्ण निर्लिप्तता की आवश्यकता है। इस महाकाव्य के रचयिताओं ने प्राय: संवादात्मक शैली में धर्म के बारे में विरोधाभासी वक्तव्य शामिल किये हैं और इन विभिन्न दृष्टिकोणों के बीच हमेशा सामंजस्य बैठाने का कोई प्रयास उनकी ओर से नहीं दिखता है।

महाभारत में वर्णित कई बहसों में एक उत्तेजक बहस दार्शनिक राजा जनक और एक यायावर तपस्विनी सुलभा के बीच है, जिसे मोक्ष प्राप्त हो चुका है।[19] सुलभा को ज्ञात होता है कि राजा रहते हुए ही जनक को मोक्ष प्राप्त हो गया है। अपनी योग शक्ति के बल से वह एक सुन्दरी का रूप धारण कर के इसका पता लगाने के लिए ख़ुद राजदरबार में पहुँच जाती है। वह जनक को एक शास्त्रार्थ की चुनौती देती है और अपनी योग शक्ति के सहारे जनक की काया में प्रवेश कर जाती है। जनक अपने साथ बहस करने की उसकी प्रामाणिकता पर सवाल उठाते हैं, ख़ासकर इसलिए वह एक सुन्दरी है। जनक उसका मज़ाक़ बनाते हैं और उसे अपमानित करते हैं। फिर भी उनके बीच

19. महाभारत 12.308।

बहस होती है। उसका विषय यह है कि क्या सांसारिक जीवन जीते हुए मोक्ष प्राप्त करना सम्भव है या उसके लिए अनिवार्य पूर्वशर्त संन्यास है। यह एक अत्यन्त असाधारण बहस है क्योंकि इसके दौरान वादी और प्रतिवादी दोनों का अस्तित्व एक ही शरीर से संचालित हो रहा होता है। एक बिन्दु ऐसा आता है जब जनक शान्त पड़ जाते हैं। वह उनकी हार का संकेत है।

महाभारत में धर्म, हिंसा, युद्ध और परिव्राजकता के विषयों से सम्बन्धित तमाम समस्याओं पर एक सशक्त दार्शनिक प्रतिक्रिया भगवद्गीता में मिलती है, जिसका ज़िक्र पूर्ववर्ती अध्यायों में हो चुका है। भगवद्गीता कर्तव्य और भक्ति के विचारों के साथ सांख्य, योग, और वेदान्त दर्शन के तन्तुओं को पिरोने का काम करती है। उसने कुछेक बौद्ध विचारों को अपने भीतर समाहित किया है, जैसे दुख और अनित्य। साथ ही कुछ बौद्ध विचारों का खण्डन भी किया है, जैसे अनत्ता या आत्मा का न होना। भगवद्गीता में धर्म और मोक्ष का सामंजस्य है। कर्मयोग का इसका विचार आत्मा की शाश्वत प्रकृति और अपने वर्णधर्म के पालन के महत्त्व पर बल देता है। इसके अनुसार, कर्म के फल को त्यागा जाना है, कर्म को नहीं। महाभारत में ईश्वर की अनेक संकल्पनाएँ हैं। एक निर्वैयक्तिक ब्रह्म है जो सृष्टि का रचयिता, संरक्षक और विनाशक है। दूसरा साकार है, प्रामाणिक है जिसकी भक्ति की जानी है। दूसरी संकल्पना को 'मोनोलैट्री' से समझा जाता है जहाँ एक देवता को इष्ट देवता मानकर पूजा जाता है लेकिन दूसरे देवताओं के होने को नकारा नहीं जाता है। स्वाभाविक है, ऐसा अद्वितीय संश्लेषण निश्चित रूप से विभिन्न दार्शनिक मतों के साथ संलग्नता से ही उपजा होगा।

भगवद्गीता के साथ महाभारत में एक अनुगीता भी है।[20] कुरुक्षेत्र का महान युद्ध समाप्त हो जाने के बाद कृष्ण से अर्जुन कहते हैं कि उनका दिया सारा उपदेश वे भूल चुके हैं, इसलिए वे उसे दुहराएँ। कृष्ण कहते हैं कि यह असम्भव है क्योंकि उन्होंने भगवद्गीता का उपदेश गहन ध्यानमुद्रा में दिया था, जिसे दुहराया नहीं जा सकता। फिर वे कहते हैं कि अर्जुन को वे कुछ दूसरी

20. महाभारत 14.16।

शिक्षा अवश्य दे सकते हैं जो अनिवार्यत: पहले वाले उपदेश के ही समान है। यहीं पर वे अनुगीता का उपदेश देते हैं, जो ज्ञान और परिव्राजकता को मुक्ति की राह बतलाता है। यह उपदेश भगवद्गीता के उपदेश से बिल्कुल भिन्न है, जहाँ कृष्ण निष्काम कर्म और भक्ति की बात कह रहे थे!

संवादों और बहसों की अनिर्णीत प्रकृति तथा पाठ के भीतर विविध व विरोधाभासी विचारों का समागम दरअसल महाभारत के रचे जाने के इतिहास से सम्बन्ध रखता है, जिसकी अवधि कम से कम आठ सदी तक विस्तारित है और जिसमें कई रचयिताओं व सम्पादकों का योगदान रहा है। यह उन रचयिताओं के व्यावहारिक दृष्टिकोण का भी संकेत देता है, जिन्होंने कई भिन्न दृष्टिकोणों को एक-दूसरे के समक्ष प्रस्तुत करते हुए उन्हें किसी एक मत के अनुरूप ढालने की कोशिश नहीं की। दूसरे ग्रन्थों से तुलना करें, तो महाभारत के संवाद वास्तव में जटिल मुद्दों के विभिन्न पहलुओं का अन्वेषण करते दिखाई देते हैं और इस प्रक्रिया में भ्रम, द्वन्द्व तथा स्याह पक्षों को स्वीकार करने में संकोच नहीं बरतते। इसी के समानान्तर, पाठ के लचीलेपन की भी सीमाएँ हैं, जो नास्तिकों के प्रति उसके शत्रुवत रवैये में झलकती है। नीचे उन्हीं पर बात की गयी है।

आस्तिक-नास्तिक का विभाजन

प्राचीन भारत के दार्शनिक मतों का इतिहास न तो एकरैखिक रूप से प्रगतिशील है, न ही वह कोई साफ़-सुथरे वृन्दों का समुच्चय है। उदाहरण के लिए, पहली सहस्राब्दी में वेदान्त उतना प्रमुख दर्शन नहीं था जितनी प्रमुखता उसे अगली शताब्दी में मिली।[21] शंकर के आदर्शवादी अद्वैत वेदान्त के अलावा कई और वेदान्ती धाराएँ थीं जो एक-दूसरे की भीषण आलोचना में संलग्न थीं। इनमें विशिष्टाद्वैतवाद, द्वैत, और भेदाभेद वेदान्त धाराएँ थीं। इन वेदान्ती मतों के बीच और भीतर ही कई कठोर समालोचनाएँ मौजूद थीं। जैसे (विशिष्टाद्वैत

---

21. दया कृष्ण, 'वेदान्त इन द फर्स्ट मिलेनियम एडी: द केस स्टडी ऑफ़ ए रेट्रोस्पेक्टिव इल्यूजन प्लांटेड बाइ द हिस्टोरियोग्राफी ऑफ़ इंडियन फिलॉसफी', *जर्नल ऑफ़ द इंडियन काउंसिल ऑफ़ फिलॉसॉफिकल रिसर्च,* 1996, पृ. 201-07।

वेदान्त के एक प्रणेता) वेदान्तदेशिका ने (भेदाभेद वेदान्त के एक प्रणेता) भास्कर को ऐसा वेदान्ती कहा था जिससे जैन मुनि की बू आती है। इसी तरह, भेदाभेद अद्वैत मत के विज्ञानभिक्षु ने अद्वैत वेदान्तियों को छुपा हुआ बौद्ध घोषित किया था।

सांख्य और योग धारा के दार्शनिक वेदान्तियों और मीमांसकों की पशु बलि की स्वीकार्यता के मुद्दे पर आलोचना करते थे। सातवीं सदी के मीमांसक कुमारिल भट्ट ने 'तन्त्रवर्त्तिका' में लिखा है कि जो लोग तीन वेदों को जानते हैं वे धर्म और अधर्म पर सांख्य, योग, पंचरात्र, पशुपत और शाक्य (बौद्ध) मतों को स्वीकार नहीं करते। ग्यारहवीं सदी के शैव सोमशम्भु ने लिखा कि वेदान्ती, मीमांसक और विष्णु जैसे दूसरे देवताओं के उपासकों का पुनर्जन्म नरक में होगा। इससे बचने के लिए उन्हें ख़ुद को शैव में परिवर्तित करने के एक जटिल अनुष्ठान से गुज़रना पड़ेगा।[22]

आरम्भिक मध्यकाल में कई ऐसे ग्रन्थ आये जिनमें विभिन्न दार्शनिक मत सूचित और चर्चित थे (इन्हें *डॉक्सोग्राफी* कहते हैं)।[23] विभिन्न विचारों को इन ग्रन्थों में सामान्यत: इस तरह से संयोजित किया जाता था कि क्रमानुसार उनकी चर्चा से अन्तिम या पिछली दार्शनिक धारा की सर्वोच्चता स्थापित हो सके–संयोग से यह वही मत होता था जिससे ग्रन्थ का रचयिता सम्बद्ध था। ऐसा प्राचीनतम संकलन पाँचवीं/छठी सदी के तमिल महाकाव्य 'मणिमेकलई' में देखने को मिलता है जिसमें छह दार्शनिक मत सूचित हैं। यह सूची इन प्रत्येक मतों द्वारा स्वीकृत प्रामाणिक ज्ञान (प्रमाण) के माध्यमों की संख्या के आधार पर बनायी गयी है। ये दर्शन हैं लोकायत, बौद्ध, सांख्य, न्याय, वैशेषिक और मीमांसा। ग्रन्थ की नायिका मणिमेकलई एक-एक कर के प्रत्येक मत के प्रणेताओं से मिलती है और अन्त में बौद्ध भिक्षु के पास पहुँचती है। उसके सिद्धान्त को सर्वश्रेष्ठ बताया जाता है। यह अचरज की बात नहीं है क्योंकि मणिमेकलई एक बौद्ध महाकाव्य है। छठी शताब्दी का ग्रन्थ 'भावविवेक' बौद्ध धर्म के माध्यमक मत का प्रतिनिधित्व करता है। उसके 'माध्यमक-

---

22. निकोल्सन, *युनिफाईंग हिंदुइज़्म*, पृ. 3-5।

23. वही, पृ. 144-65।

हृदयकारिका' (मध्यम मार्ग के हृदय पर ऋचाएँ) में विभिन्न दार्शनिक मतों के तर्क दिये गये हैं–हीनयान बौद्ध मत, योगाचार बौद्ध मत, सांख्य, वैशेषिक, वेदान्त और मीमांसा, लेकिन पाठ के आरम्भ और अन्त में माध्यमक बौद्ध मत की सर्वोच्चता पर बल है।

विभिन्न दार्शनिक धाराओं को सूचीबद्ध और क्रमबद्ध करने की प्रक्रिया आस्तिक और नास्तिक के द्विभाजन के हिसाब से चली।[24] इस विभाजन की अस्पष्टता इन दो शब्दों के अर्थ में ही निहित है। आस्तिक अस्ति+क से मिलकर बना है तथा नास्तिक न+अस्ति+क का योग है। अस्ति का अर्थ है होना। नास्ति का अर्थ है नहीं होना। यहाँ किस चीज़ के होने या न होने की पुष्टि की जा रही है वह स्पष्ट नहीं है, यानी इन शब्दों का अर्थ बहुत व्यापक और विविध हो सकता है।

पूर्व मीमांसा में कहा गया है कि नास्तिक वह है जो अनुष्ठान नहीं करता और नहीं मानता। मनुस्मृति उन ब्राह्मणों की आलोचना करती है जो धर्म के स्रोतों श्रुति या स्मृति पर प्रश्न उठाने में हेतु (तर्क) का प्रयोग करते हैं। उसमें कहा गया है कि वेदों के ऐसे नास्तिक निन्दकों को समाज से बाहर कर दिया जाना चाहिए। महाभारत में ऐसे नास्तिकों के बारे में काफ़ी कुछ कहा गया है जो वेदों की सत्ता को नहीं मानते। वह कहता है कि ऐसे लोगों के विचारों को स्वीकार नहीं किया जा सकता और उन्हें माफ़ नहीं किया जा सकता। किसी भी क़ीमत पर उनसे बचकर रहना चाहिए और राजाओं को सलाह दी गयी है कि वे उनका पूरा तरह से सफाया करने का उपाय करें।[25]

चौदहवीं सदी के 'सर्वदर्शन संग्रह' में दर्शन के छह आस्तिक मतों को दर्ज किया गया है। यह रचना अद्वैत वेदान्त के विद्वान माधव की कही जाती है, जो विजयानगर के साम्राज्य में मन्त्री थे और बाद में शृंगेरी मठ के प्रमुख

---

24. इस विषय पर निकोल्सन की उत्कृष्ट चर्चा के लिए देखें *युनिफाईंग हिंदुइज़्म*, पृ. 166-84, 191-92।

25. देखें नैना दयाल, 'सूत, नास्तिक ऐंड रीटेलिंग द महाभारत', नैना दयाल और कुमकुम रॉय (सं.), *क्वेश्चनिंग पैराडाइम्स, कंस्ट्रक्टिंग हिस्ट्रीज़: ए फेस्टश्रिफ्ट फॉर रोमिला थापर*, नयी दिल्ली: अलेफ बुक कम्पनी, 2019, पृ. 196-210।

बने। यह ग्रन्थ सभी आस्तिक दार्शनिक मतों (सांख्य, योग, न्याय, वैशेषिक, पूर्व मीमांसा या वेदान्त और उत्तर मीमांसा) को नास्तिक मतों (बौद्ध, जैन और भौतिकवादी चार्वाक) के विरोध में उनके सामने रखकर प्रस्तुत करता है। आस्तिक और नास्तिक दोनों ही धाराओं के सभी मतों को अद्वैत वेदान्त से नीचा दिखाया गया है।

अब्राह्मणवादी ग्रन्थों में भी आस्तिक और नास्तिक शब्दों का प्रयोग हुआ है, लेकिन वहाँ इनका आशय भिन्न है। जैन विद्वान हरिभद्र के ग्रन्थ 'षड्दर्शन-समुच्चय' में छह मतों को आस्तिक बताया गया है–बौद्ध, न्याय, सांख्य, जैन, वैशेषिक और मीमांसा। इसका आधार यह है कि ये सभी धाराएँ दूसरे जगत, देहान्तरण, गुण और अवगुण के अस्तित्व की पुष्टि करती हैं। वे कहते हैं कि इनमें जैन धर्म सर्वश्रेष्ठ है। भौतिकवादी लोकायत धारा को वे नास्तिक कहते हैं। चौथी सदी का बौद्ध ग्रन्थ 'बोधिसत्वभूमि' विभिन्न प्रकार के बौद्धों की आलोचना करता है लेकिन सबसे कठोर आलोचना उनकी करता है जो सर्वखण्डनवाद के पक्ष में रहते हैं और कहते हैं कि कुछ भी अस्तित्वमान नहीं है। बाद के ग्रन्थ ऐसे लोगों को माध्यमक धारा के बौद्धों के रूप में पहचानते हैं।[26]

आस्तिक और नास्तिक के बीच की विभाजक रेखाएँ इस बात का अच्छा संकेत हैं कि विभिन्न दार्शनिक धाराओं और धार्मिक परम्पराओं के प्रणेता ख़ुद को दूसरों के सापेक्ष कैसा देखते थे। किसी व्यक्ति अथवा किसी दर्शन या धार्मिक समूह को क्या चीज़ नास्तिक बनाती है इस पर विभिन्न प्रकार के मत थे, बावजूद इसके हर व्याख्या में इस शब्द की अर्थछवि नकारात्मक ही रही है। नास्तिकों की न केवल आलोचना की जाती थी, बल्कि उनके विचारों की निन्दा की जाती थी और माना जाता था कि उनसे दूर रहना चाहिए।

वैदिक रूढ़िवाद, शैव, शाक्त और वैष्णव

पिछले अध्यायों में हमने देखा कि एक सर्वोच्च देवता की भक्ति पर आधारित धार्मिक पन्थों का कैसे उभार हुआ और उनकी लोकप्रियता कैसे बढ़ी। ऐसे

26. निकोल्सन, *युनिफाईंग हिंदुइज़्म*, पृ. 154-55, 172-74।

पन्थों में जिस प्रकार की धार्मिकता व्यक्त होती है उसे हम 'मोनोलैट्री' कह सकते हैं यानी ऐसी आस्था जहाँ दूसरों के देवताओं के अस्तित्व को नकारे बग़ैर अपने सर्वोच्च देवता की उपासना की जाती है। सदियों तक हमारे यहाँ दैवीयता की विभिन्न अवधारणाएँ सह-अस्तित्व में रही हैं। किसी देवता की स्वतन्त्र रूप से पूजा की जा सकती है, उसे देवसमूह का एक सदस्य मानकर पूजा जा सकता है, अथवा किसी एक परम ईश्वर का स्वरूप भी माना जा सकता है। पुराणों में वैदिक परम्पराओं का सम्मान है, लेकिन उसमें कई नये धार्मिक आचार-विचार भी लक्षित होते हैं। जैसे, पुराणों ने यज्ञ को अस्वीकार नहीं किया, बल्कि उनके स्थान पर दान, तीर्थ और व्रत जैसी नयी तरह की पवित्र गतिविधियों को श्रेष्ठ माना।

प्रारम्भिक मध्यकाल (छठी से तेरहवीं शताब्दी के बीच) के दौरान तन्त्र का धार्मिक परम्पराओं पर चौतरफ़ा असर रहा। जैसा कि दूसरे अध्याय में बताया है, तन्त्र अपने कठोर और नरम दो रूपों में उपस्थित था। उसका नरम स्वरूप सामान्यत: तान्त्रिक नहीं माना जाता। तन्त्र पर केन्द्रित विशिष्ट वांग्मय के अलावा कुछ पुराणों में भी तान्त्रिक तत्त्व पाये जाते हैं, जैसे लिंगपुराण, शिवपुराण, कालिकापुराण और अग्निपुराण। जिन देवी-देवताओं को तन्त्र का हिस्सा माना जाता है, उनके अतिरिक्त तन्त्र के बाहर विष्णु और शिव जैसे देवताओं की पूजा तान्त्रिक या अतान्त्रिक विधि से की जा सकती है। देवी की पूजा बहुत गहराई तक तान्त्रिक तत्त्वों से युक्त है।

वैष्णववाद को 300-600 सा.सं. के दौरान पर्याप्त राजनीतिक संरक्षण प्राप्त रहा। इसके बाद दक्षिण और दक्षिण-पूर्वी एशिया में शैववाद को लगातार राजनीतिक संरक्षण मिलना शुरू हुआ, जो इस हद तक था कि शैववाद के प्रतिष्ठित विद्वान अलेक्सिस सैंडर्सन ने प्रारम्भिक मध्यकाल को शैव युग कह दिया है।[27] शैव सर्वाधिक महत्त्वपूर्ण तान्त्रिक सम्प्रदायों में एक रहा है। शिव

---

27. देखें सैंडरसन, 'शैविज़्म ऐंड ब्राह्मनिज़्म इन द अर्ली मिडीवल पीरियड', राजनीतिक कुलीनों की बदलती हुई ज़रूरतों के हिसाब से शैववाद तेजी से ख़ुद को ढाल रहा था, इस तथ्य का संकेत राजाओं द्वारा शैव राजगुरुओं से दीक्षा लेने और आठवीं से बारहवीं शताब्दी के बीच शैव मठों के बढ़ते हुए पुरालेखीय सन्दर्भों में मिलता है।

और शक्ति के बीच निकट सम्बन्ध के चलते शैव और शाक्त सम्प्रदायों के बीच निकटता रही है। वैष्णवों में सबसे अहम शुरुआती तान्त्रिक समुदाय पंचरात्रों का था। इसके बाद बंगाल के सहजिया आये जो वैष्णववाद के तन्त्र का ही अंग थे। बौद्ध धर्म में तान्त्रिक धारा को वज्रयान या मन्त्रयान के नाम से जाना जाता है। इसमें आध्यात्मिक उत्कर्ष प्राप्त करने के लिए अनुष्ठान, इन्द्रजाल, ध्यान और मन्त्रों के प्रभाव में आस्था का सम्मिश्रण होता था। जैन धर्म के ऊपर तन्त्र के प्रभाव को माना तो गया है लेकिन उसका अध्ययन कम हुआ है।

वैदिक ब्राह्मणों तथा वैष्णव और शैव सम्प्रदाय–चाहे वह तान्त्रिक हो या इतर–के बीच रिश्ता जटिल था। अधिकतर तान्त्रिक ग्रन्थ संस्कृत में लिखे गये। उन्हें उन ब्राह्मणों ने लिखा जो ब्राह्मणवादी दर्शन और सामाजिक प्रथाओं में निपुण थे। तन्त्र ने ब्राह्मणवादी प्रथाओं को सीधे चुनौती नहीं दी, बल्कि कई तरीक़ों से उसने समझौते का रास्ता अपनाया।[28] तान्त्रिक ग्रन्थ ब्राह्मणवादी अनुष्ठानों तथा वर्ण और जाति के सामाजिक-धार्मिक मानकों को स्वीकार करते हैं, लेकिन उसे निम्न स्तर पर ही रखते हैं जो कि अपेक्षाकृत कलियुग के अनुकूल है, या फिर इतना निम्न महत्त्व का कि उसका पालन करने में कोई नुक़सान नहीं है। वे तान्त्रिक सिद्धान्तों को वेदों की निरन्तरता में प्रस्तुत करते हुए उससे श्रेष्ठ मानते हैं, लेकिन यह भी मानते हैं कि अकेले तान्त्रिक मत ही आध्यात्मिक उत्कर्ष और मुक्ति का मार्ग प्रशस्त कर सकता है। अभिनवगुप्त के 'तन्त्रालोक' (दसवीं/ग्यारहवीं शताब्दी) में इस समायोजन की प्रवृत्ति व्यक्त होती है, जहाँ उत्तरोत्तर वैशिष्ट्य का सिद्धान्त (सिद्धान्तों का प्रगतिशील अनुक्रम) विभिन्न सिद्धान्तों को एक पदानुक्रम में व्यवस्थित करता है, जिसके सबसे नीचे वेद हैं जबकि शीर्ष पर उनकी तान्त्रिक त्रिक पद्धति है। उनके अनुसार सभी व्यवस्थाएँ, चाहे वैदिक हों, वैष्णव या बौद्ध, उनकी सीमित सन्दर्भ में एक निश्चित वैधता है और सभी का उद्‌गम परम देवता शिव से है, इसलिए सभी सम्मान के योग्य हैं। इसके बावजूद, अभिनवगुप्त के अनुसार केवल त्रिक का अद्वैतवादी शैव पन्थ ही सम्पूर्णत: वैध है और वह अकेले ही परम लक्ष्य तक ले जा सकता है।

---

28. पाद्, *द हिन्दू तान्त्रिक वर्ल्ड*, पृ. 8-10।

इस तरह हम पाते हैं कि शैव और वैष्णव दोनों ही सम्प्रदाय (तान्त्रिक और अतान्त्रिक दोनों) वेदों, स्मृतियों और वर्णाश्रम धर्म को मामूली मान्यता देते हुए यह मानते हैं कि सच्ची मुक्ति तो अकेले शैव या वैष्णव पन्थ के अनुगमन से ही सम्भव है (इसके अलावा, शैवों और वैष्णवों ने अपने-अपने ग्रन्थों और पन्थ को एक-दूसरे के मुक़ाबले भी श्रेष्ठ माना है)। शैवों और वैष्णवों की ओर से सशर्त स्वीकार्यता वाली यह स्थिति वैदिक ब्राह्मणों की ओर से परस्पर नहीं रही।[29] रूढ़िवादी वैदिक ब्राह्मणों ने उन तमाम विचारों को अस्वीकार कर दिया जो वेद आधारित नहीं थे। मीमांसक कुमारिल भट्ट द्वारा सातवीं शताब्दी में लिखी 'तन्त्रवर्त्तिका' के अनुसार सांख्य, योग, पंचरात्रिका, वैष्णव, पशुपत शैव, बौद्ध और जैन के अनुयायी वेदों के विरोधी हैं और इसीलिए अस्वीकार्य हैं। अनामन्त्रित अतिथियों के साथ कैसा व्यवहार किया जाना चाहिए, इस विषय पर दसवीं सदी में मेदातिथि द्वारा मनुस्मृति पर लिखा एक भाष्य है। वह कहता है कि किसी भी प्रकार के पंचरात्रिकाओं, वैष्णवों और शैवों तथा बौद्धों व जैनियों को सम्मान नहीं दिया जाना चाहिए; उन्हें भोजन दिया जा सकता है लेकिन बिल्कुल उसी ढंग से जैसे 'अस्पृश्यों' को दिया जाता है। यानी, वैदिक ब्राह्मणों के यहाँ वैष्णवों और शैवों को अवैदिक माना जाता था जिनके ग्रन्थ असत्य थे। उनकी भर्त्सना की जाती थी और उन्हें नकारा जाता था।

समस्या यह थी कि शैव और वैष्णव सम्प्रदायों की बढ़ती हुई लोकप्रियता तथा पर्याप्त मात्रा में अनुयायी और संरक्षक आकर्षित करने की उनकी क्षमता ने एक ऐसा धार्मिक परिवेश बना दिया जिसमें वैदिक रूढ़िवाद को इन सम्प्रदायों के साथ सह-अस्तित्व में रहने की विवशता आन पड़ी थी, भले ही वह 'आधिकारिक' रूप से इनकी निन्दा करता था। यह सह-अस्तित्व विशेष रूप से राजनैतिक हलकों में दृश्य था। वे राजा जो ख़ुद को शिव, विष्णु, जिन

29. एलेक्सिस सैंडरसन, 'टॉलरेंस, एक्सक्लूसिविटी, इनक्लूसिविटी ऐंड परसिक्यूशन इन इंडियन रिलिजन ड्यूरिंग द अर्ली मिडीवल पीरियड', जॉन मैलिंसन (सं.), *ऑनरिस कॉसा: एसेज़ इन ऑनर ऑफ़ अवीक सरकार*, लंदन: एलन लेन, 2015, पृ. 155-224, https://www.academia.edu पर उपलब्ध।

या बुद्ध का उपासक बताते थे वे भी वैदिक ब्राह्मणों को ज़मीनें दान में देते थे। कुछ राजा तो अपने वैदिक यज्ञों का बखान तक करते थे। एक ब्राह्मण जो वैदिक परम्पराओं और अनुष्ठानों का पालन करता था, वह एक परम ईश्वर की उपासना भी कर सकता था। सह-अस्तित्व की ऐसी सम्भावनाएँ कौल तन्त्र के इस सूत्र में उजागर होती हैं : 'भीतर कौल, बाहर शैव, समाज में वैदिक'।

दक्षिण भारत में भक्ति सम्प्रदाय की कुछ धाराओं ने पारम्परिक धर्म-पुण्य के ब्राह्मणवादी कृत्यों और प्रथाओं के ऊपर कठोरता से सवाल उठाये। वैष्णव आलवारों और शैव नायनमारों के गीतों में वैदिक व पौराणिक धर्माचार की कठोर आलोचना और नकार उपस्थित है, साथ ही ईश्वर की भक्ति का गौरवपूर्ण उत्सव भी है। एक भक्त के लिए यहाँ यज्ञ और धर्म-पुण्य के पारम्परिक कृत्यों को निरर्थक माना गया है। ऐसे ही एक गीत में अप्पार पूछते हैं :

गंगा और कावेरी में क्यों नहाना?
पुण्य की डुबकी मारने कुमारी क्यों जाना?
क्यों करें स्नान जहाँ सागर का जल हो म्लान?
दस दिशाओं में परमेश्वर का दर्शन मात्र
बचा सकता है जब तुम्हारी जान।

वेदपाठ क्यों करना, काहे का वैदिक कर्म?
रोज़-रोज़ क्यों पढ़ना धर्मग्रन्थों का मर्म?
क्यों करना कंठस्थ छह वेदांगों का ज्ञान?
परमेश्वर का स्मरण निरन्तर मात्र
बचा सकता है जब तुम्हारी जान।

क्यों भटकना वन-वन, नगर-नगर?
क्यों जाना शास्त्रोक्त तप की कठोर डगर?
व्रत, उपवास क्यों करना, आकाश में क्यों ध्यान?
परम सत्य परमेश्वर में आस्था मात्र
बचा सकती है जब तुम्हारी जान।

हज़ार तीरथ घूमकर घर पर लाया जल
भर दिया फूटे मटके में मूरख बेअकल
ऐसे निरर्थक कर्मकाण्ड का आख़िर कैसा मान?
परमेश्वर से शाश्वत प्रेम मात्र
बचा सकता है जब तुम्हारी जान?[30]

जैसा कि पहले अध्याय में चर्चा की, बारहवीं शताब्दी में हुए वीरशैव भक्ति पन्थ के सन्त बसव एक ब्राह्मण परिवार से आते थे जिन्होंने ब्राह्मणवादी कर्मकाण्डों के ख़िलाफ़ किशोरावस्था में ही विद्रोह कर दिया था। वीरशैव मत जाति-विरोधी और ब्राह्मण-विरोधी था। यह वैदिक प्रथा, यज्ञ, अनुष्ठान, सामाजिक प्रथाओं और अन्धविश्वासों को नकारता था। यह भले ही अहिंसा की बात करता था, लेकिन जैन धर्म की आलोचना भी करता था जिसका कर्नाटक के क्षेत्र में ऊँचा प्रभाव रहा। वीरशैव सम्प्रदाय के लोग अपने शरीर पर प्रतीक रूप में इष्ट-लिंग को धारण करते हैं और मन्दिर में देवपूजा को कोई महत्त्व नहीं देते। इस सम्प्रदाय के कुछ सन्तों के वचनों में सभी प्राणियों के प्रति प्रेम और दयालुता की बात कही गयी है, लेकिन मूल बल शिवभक्ति के ऊपर ही है। वीरशैव मत उसके सन्तों द्वारा रचे गये वचनों में निबद्ध है जो मुक्तछन्द गीत के रूप में हैं। ऐसा ही बसव का एक वचन देखें :

धनवान लोग
खड़े कर लेंगे शिवालय
क्या करूँगा मैं ग़रीब?

मेरा तो शरीर ही देवालय है
पाँव उसके स्तम्भ और
मस्तक स्वर्ण-गुम्बद।

---

30. *तिरुमुराई* 5, अप्पार का भजन 99, पद 2, 4, 6, 8, और 10; विद्या दहेजिया से उद्धृत अनुवाद पर आधारित, *स्लेव्स ऑफ़ द लॉर्ड*, पृ. 13-14।

सुनो, हे संगमनाथ (शिव)
मिट जायेगा अचर
अमर रहेंगे चर।[31]

नायनमार और जैन

नायनमार शैव सन्तों के गीतों में दूसरे धार्मिक समुदायों, ख़ासकर जैनियों की बहुत आलोचना है। इस आलोचना में उनका सबसे प्रिय मुद्दा है आहार।[32] सम्बन्दर जैनियों की इस बात पर आलोचना करते हैं कि उनके भीतर मांस खाने की दबी हुई आकांक्षा होती है। माना जाता है कि अप्पार कभी जैन भिक्षु हुआ करते थे। उनके गीतों में जैनियों के बारे में, उनके उपवास, उनके मौन भोजन और दोनों हाथों से खाने को लेकर दबे स्वर में कुछ बातें आयी हैं। चावल के मांड़ और उत्कृष्ट चीवर की पसन्दगी को लेकर बौद्धों का उपहास किया गया है।

दूसरे सम्प्रदायों की यह नापसन्दगी सन्तचरितों में सबसे तीव्र रूप में देखने को मिलती है। सन्तचरित या महान सन्तों व शिक्षकों की जीवनियाँ उनके धार्मिक मूल्यों को लोकप्रिय बनाने का एक सशक्त माध्यम हुआ करती थीं। बारहवीं सदी में लिखे गये 'पेरियापुराणम्' (इसे 'तिरुत्तोन्तरपुराणम' के नाम से भी जानते हैं) में तिरसठ नायनमार सन्तों की जीवनियाँ संकलित हैं। इसे रचने का श्रेय सेक्किलार नाम के एक लेखक को दिया जाता है। कहते हैं कि उसने यह ग्रन्थ इसलिए रचा ताकि जैन ग्रन्थ 'चिन्तामणि' में उसके संरक्षक चोल राजा की रुचि घट सके।[33]

---

31. बसवन्ना 820. एके रामानुजन द्वारा कन्नड़ से अंग्रेज़ी में अनुवाद पर आधारित, *स्पीकिंग ऑफ़ शिव*, हारमंड्सवर्थ: पेंग्विन बुक्स, 1973, पृ. 88, 87; कुडलसंगमदेव ('संगम के भगवान') एक ऐसा नाम है जिसके साथ बसवन्ना प्राय: शिव का आह्वान करते हैं। कुडलसंगम उत्तरी कर्नाटक में एक पवित्र स्थान है, जो दो नदियों के संगम पर स्थित है, जहाँ बसवन्ना को ज्ञान प्राप्त हुआ था।

32. देखें कैथरीन ई. उलरिश, 'फूड फाइट्स: बौद्ध, हिन्दू और जैन डाइटरी पोलेमिक्स इन साउथ इंडिया', *हिस्ट्री ऑफ़ रिलिजन्स*, खण्ड 46, संख्या 3, फरवरी 2007, पृ. 228-61।

33. पाठ में अनापायन नामक राजा की पहचान कुलोत्तुंग द्वितीय से की गयी है। देखें ऐनी मोनियस, 'लव, वायलेंस, ऐंड द एस्थेटिक्स ऑफ़ डिसगस्ट: शैव्स ऐंड जैन्स इन मिडीवल साउथ इंडिया', *जर्नल ऑफ़ इंडियन फिलॉसफी*, खण्ड 32, अंक 2/3, जून 2004, पृ. 113-72।

अन्य धर्मों के अनुयायियों के ख़िलाफ़ की गयी निन्दा वास्तव में उन तक पहुँचाने के उद्देश्य से नहीं थी, बल्कि ख़ुद नायनमार सम्प्रदाय के सदस्यों के आन्तरिक उपभोग के लिए थी। दरअसल, प्रतिस्पर्धी ढंग से विभाजक रेखाओं को उभारना और अपने सम्प्रदाय को सशक्त दिखाना सामुदायिक पहचान के बोध को और सुदृढ़ करने का एक तरीक़ा था। नायनमारों और जैनियों के बीच तमाम भेदों के बावजूद उनके बीच वैराग्य और दान-पुण्य आदि के मामले में कुछ समानताएँ मौजूद थीं। उसी तरह जैन और शैव सिद्धान्त के दर्शन के कुछ तत्त्वों में समानता थी। उदाहरण के लिए, दोनों कर्म की अवधारणा को भौतिक मानते थे और मुक्ति की अवस्था की परिकल्पना दोनों की एक जैसी थी।[34] नायनमारों के गीत और सन्तचरित स्पष्ट संकेत देते हैं कि दक्षिण भारत के शैव नेतृत्व के लिए संरक्षण और निष्ठा के मामले में सबसे कठोर प्रतिस्पर्धी जैनी थे। इसीलिए उनके ऊपर हमले सबसे तीखे हैं। ऐसे टकरावों के कुछ विशिष्ट स्थलों का पता अभिलेखों से चलता है। अबलूर से बारहवीं सदी का एक अभिलेख जैनियों और शैवों के बीच एक टकराव को दर्ज करता है जिसके चलते एक जैन मन्दिर को गिराकर उसकी जगह पर शिवालय बना दिया गया था।[35]

दिलचस्प है कि शैव ग्रन्थ जहाँ जैनियों पर आक्षेप में लिप्त थे, वहीं जैन ग्रन्थ बौद्धों के ख़िलाफ़ बहस चला रहे थे। इस सन्दर्भ में एक जैन भिक्षु अकलंक की कथा सामने आती है जिसने कांचीपुरम के राजदरबार में बौद्धों से शास्त्रार्थ कर के उन्हें अम्बिका यक्षी की मदद से हरा दिया था, जिसके बाद नगर से बौद्धों को प्रतिबन्धित कर दिया गया था।[36] यह दिखाता है कि जहाँ

34. रिचर्ड एच. डेविस, 'द स्टोरी ऑफ़ द डिसअपियरिंग जैन्स: रीटेलिंग द शैव-जैन एनकाउंटर इन मिडीवल साउथ इंडिया', जॉन ई. कॉर्ट (सं.), *ओपेन बाउंड्रीज: जैन कम्युनिटीज ऐंड कल्चर्स इन इंडियन हिस्ट्री* में, दिल्ली: श्री सतगुरु पब्लिकेशंस, (1998), 1999, अध्याय 11, पृ. 213-24।

35. श्रवण बेलगोला के अभिलेखों में जैनियों द्वारा विजयनगर के राजा से वैष्णवों से सुरक्षा की अपील का उल्लेख है। सैंडरसन, *टॉलरेंस, एक्सक्लूसिविटी, इनक्लूसिविटी*, पृ. 212।

36. लेस्ली ऑर, 'आइडेंटिटी ऐंड डिविनिटी: बाउंड्री-क्रॉसिंग गॉडेसेज़ इन मिडीवल साउथ इंडिया', *जर्नल ऑफ़ द अमेरिकन एकेडमी ऑफ़ रिलिजन*, खण्ड 73, अंक 1, मार्च 2005, पृ. 12।

तक अनुयायियों और संरक्षकों को आकर्षित करने का प्रश्न है, दक्षिण भारत के जैनियों की दृष्टि में उनके परम शत्रु शैव नहीं बल्कि बौद्ध थे, जिनके साथ वे अहिंसा जैसे कुछ सिद्धान्तों को साझा करते थे।

बौद्ध, वैष्णव और शैव

हिन्दू धर्म की पाचन क्षमता का अन्दाज़ा पुराणों से लगता है, जिन्होंने देवताओं का ऐसा समूह तैयार किया जिसमें उन तमाम देवी और देवताओं को एक साथ ला दिया गया जिनकी कभी स्वतन्त्र उपासना की जाती थी। विष्णु के एक अवतार के रूप में बुद्ध के समावेश को प्राय: हिन्दू धर्म की समन्वयात्मक प्रकृति के उदाहरण के रूप में गिनवाया जाता है। सवाल उठता है कि यह कैसा समावेश था? बुद्ध के बारे में पुराणों का विवरण ख़ुशामद से ज़्यादा कुछ नहीं है। माना गया है कि कलियुग में वे पापियों का छल से नाश कर के कल्कि अवतार के आगमन की राह प्रशस्त करेंगे। बंगाल के शुरुआती उपपुराणों में बौद्धों के बारे में बहुत-सी नकारात्मक बातें कही गयी हैं। उन्हें वहाँ पापी और संकीर्ण बताया गया है जिनसे बचा जाना चाहिए। यहाँ तक कि स्वप्न में उनका आना भी अशुभ है। बाद के उपपुराणों में थोड़ी सकारात्मक छवि देखने को मिलती है, जिनमें बुद्ध को शान्ति और सौन्दर्य का स्वरूप बतलाया गया है तथा उनका सम्बन्ध पशुबलि रोकने के कारुणिक लक्ष्य के साथ जोड़ दिया गया है।[37] बहरहाल, अवतार माने जाने के बावजूद बुद्ध की पूजा कभी भी विष्णु के मन्दिरों में नहीं की गयी।

अकेले वैष्णवों ने ही समावेश और अधीनस्थता की दोहरी रणनीति नहीं अपनायी। बौद्धों ने भी यही किया, और दिलचस्प है कि वैष्णवों के मुक़ाबले शैवों के सन्दर्भ में ज़्यादा किया।[38] बौद्ध ग्रन्थों में त्रैलोक्यविजय का एक प्रसंग आता है जिसमें बोधिसत्व वज्रपाणि का अवतार बनकर आया हेरुक

---

37. कुणाल चक्रवर्ती, 'ए हिस्ट्री ऑफ़ इनटॉलरेंस: द रिप्रेजेंटेशन ऑफ़ बुद्धिस्ट्स इन द बंगाल पुरान्स', *सोशल साइंटिस्ट*, खण्ड 44, अंक 5/6, मई-जून 2016, पृ. 11-27।

38. अभिषेक एस. अमर, 'बुद्धिस्ट रिस्पॉन्सेज़ टू ब्राह्मण चैलेंजेज़ इन मिडीवल इंडिया: बोधगया ऐंड गया', *जर्नल ऑफ़ द रॉयल एशियाटिक सोसाइटी*, तीसरी श्रृंखला, खण्ड 22, अंक 1, जनवरी 2012, पृ. 155-85।

आक्रोशित होकर शिव महेश्वर को अपने बायें पैर से कुचलकर ख़त्म कर देता है। फिर वह शिव और उनकी पत्नी उमा महेश्वरी को दोबारा भैरव भैरवी के रूप में ज़िन्दा कर देता है तथा अपने शिष्यों के रूप में बौद्ध पन्थ में धारण कर लेता है। कई बौद्ध आकृतियों में यह प्रसंग प्रदर्शित है। कई ऐसी भी आकृतियाँ हैं जिनमें बौद्ध धर्म की रुष्ट तान्त्रिक देवियों को हिन्दू देवताओं पर प्रहार करते या उसका उलटा दर्शाया गया है। ये सब धार्मिक टकराव के साक्ष्य हैं।

भारत में बौद्ध धर्म के पतन पर बहस में अन्तरधार्मिक क्रियाएँ बहुत प्रासंगिक हैं। इस पतन के पीछे कई कारण बताये गये हैं–हिन्दू पन्थों के सापेक्ष एक विशिष्ट पहचान क़ायम रखने में बौद्ध धर्म की असफलता; बढ़ते तान्त्रिक प्रभावों के चलते हुआ कथित 'क्षय'; ब्राह्मणवाद/हिन्दू धर्म की आक्रामकता; तथा तुर्कों का आक्रमण। क्या बौद्ध धर्म धीरे-धीरे यहाँ से गया या उसे धकेलकर बाहर निकाला गया? माना जाता है कि उसे ज़बरन बाहर निकाला गया और इस प्रक्रिया में बहुत भारी हिंसा हुई थी।[39]

सन्तचरितों में मीमांसक कुमारिल भट्ट के बारे में लिखा है कि उन्होंने बौद्धों को हराया और वेदों की सर्वोच्चता को स्थापित किया। कहते हैं कि कुमारिल (कथित रूप से छुपकर) एक बौद्ध शिक्षक के साथ कई बरस तक अध्ययन करते रहे और उन्होंने बौद्ध सिद्धान्तों को सीखा ताकि अन्ततः उसका खण्डन किया जा सके। फिर वे एक शास्त्रार्थ में बौद्धों (और जैनियों) को हरा पाने में कामयाब हुए। इन शास्त्रार्थों के विवरण पर्याप्त हिंसक हैं :

> उसने अगणित बौद्धों और जैनियों को विभिन्न प्रकार के विज्ञानों में विभिन्न तर्कों के माध्यम से हराया। फिर उनका सिर कुल्हाड़ी से काटकर उसने लकड़ी के ओखल में उन्हें डाल दिया और मूसल से कूटकर उनका चूरण बनाया। इस तरह से निर्भय होकर वह बुरे मत वाले पापियों का सर्वनाश कर रहा था।[40]

---

39. देखें जियोवानी वेरार्डी, *द गॉड्स ऐंड द हेरेटिक्स: क्राइसिस ऐंड रूइन ऑफ़ इंडियन बुद्धिज्म*, नयी दिल्ली: आदित्य प्रकाशन, 2018।

40. अनन्तानन्दगिरि कृत *शंकरविजय* से, जोनाथन बदर (अनु.), *कॉन्क्वेस्ट ऑफ़ द फोर क्वार्टर्स: ट्रैडीशनल अकाउंट्स ऑफ़ द लाइफ ऑफ़ शंकर*, नयी दिल्ली: आदित्य प्रकाशन, 2000, पृ. 215।

सवाल है कि ऐसी हिंसा केवल प्रतीकात्मक है अथवा वास्तव में ज़मीन पर हो रहे हिंसक धार्मिक टकरावों का बिम्ब है?

चित्र 5.5 : उग्र बौद्ध देवता, भूटान का बौद्ध विहार

बौद्धों को दिये गये राजनीतिक दण्ड के भी कई सन्दर्भ मौजूद हैं (जिन पर आगे चर्चा है), लेकिन बौद्ध धर्म भारत से पूरी तरह ग़ायब नहीं हो सका। साँची और अमरावती के बौद्ध विहार क्रमश: बारहवीं/तेरहवीं और चौदहवीं शताब्दी तक क़ायम रहे। तेरहवीं सदी की पुस्तक 'चाचनामा' बताती है कि बौद्ध धर्म

उत्तर-पश्चिम के सिन्ध में फैल रहा था। कश्मीर में श्रीनगर का जयेन्द्र बौद्ध विहार और परिहासपुरा का राज विहार ग्यारहवीं सदी तक ख़त्म हो गया, लेकिन अनुपमपुरा स्थित रत्नगुप्त और रत्नरश्मि विहार ग्यारहवीं और बारहवीं सदी में भी फलते-फूलते रहे। बंगाल और बिहार बौद्ध धर्म का संरक्षक पाल राजवंश था। उनके राज में कई बौद्ध विहार फले-फूले, जैसे नालन्दा, उसके निकट उदन्तपुरा, विक्रमशिला (भागलपुर, बिहार के अन्तिचक से जिसे पहचाना जाता है), और सोमपुरी (पहाड़पुर स्थित)। ओडिशा में प्रारम्भिक मध्यकालीन बौद्ध स्तूपों, विहारों और शिल्पों के अवशेष ललितागिरि और रत्नागिरि में मिले हैं। इस अवधि के दौरान नेपाल, लद्दाख, लाहौल और स्पीति में कई बौद्ध विहार बने। इनमें प्रमुख विहारों में बौद्ध धर्म की तान्त्रिक धारा का प्रभाव रहा। ध्यान देने वाली बात है कि इन सदियों में तिब्बत तथा पश्चिम हिमालयी क्षेत्र में बने कुछ बौद्ध विहारों का इतिहास निरन्तर आज की तारीख़ तक चला आता है। यानी, बौद्ध धर्म इस उपमहाद्वीप से पूरी तरह ग़ायब नहीं हो सका, लेकिन उसमें गिरावट अवश्य आयी और वह भौगोलिक, राजनैतिक और सांस्कृतिक हाशियों पर सिमट कर रह गया। प्रारम्भिक मध्यकाल में बौद्ध धर्म के इतिहास को लेकर बहुत कुछ–ख़ासकर आम लोगों में उसके गिरते समर्थन और राजनैतिक संरक्षण में आयी कमी के कारणों के बारे में–अब भी अज्ञात और धुँधला है। ग्रन्थों में भले ही घटनाओं का एक नाटकीय और अतिरंजित संस्करण देखने को मिलता हो, पर इसमें कोई सन्देह नहीं कि धार्मिक प्रतिस्पर्धा और टकराव इस कहानी के अंग तो हैं ही।

एक बात ध्यान देने की और है, कि यदि विशेष रूप से उग्र तान्त्रिक देवी-देवताओं को छोड़ दें तब भी तमाम अन्य भारतीय देवी-देवताओं के चित्रांकनों में हमें अस्त्र-शस्त्र दिखाई देते हैं और हत्या उनके मिथकों का एक अंग है, भले ही हत्या पापियों की हो। [चित्र 5.5, 5.6, 5.7] भारत के देवी-देवताओं के चित्रांकनों और उनके चमत्कारिक प्रसंगों में इतनी ज़्यादा हिंसा क्यों है? इन चित्रों को यदि प्रतीकात्मक रूप में भी देखा जाये–यानी बुराई, कामना और अहं पर विजय के रूप में–तब भी उनमें झलकती नग्न हिंसा की उपेक्षा नहीं की जा सकती।

चित्र 5.6 : भैरव, नेपाल, बारहवीं शताब्दी

चित्र 5.7 : गणेश को रौंदती अपराजिता, पत्थर, बिहार संग्रहालय

शंकर की दिग्विजय

आठवीं सदी के उत्तरार्द्ध और नौवीं सदी के प्रारम्भ में हुए शंकर अद्वैत वेदान्त के सर्वाधिक प्रभावशाली प्रणेताओं में एक रहे। अपने जीवनकाल में ऐसा लगता है कि वे अपेक्षाकृत अचर्चित ही रह गये और कई सदी बाद तक यही स्थिति बनी रही। प्रारम्भिक मध्यकाल में हिन्दू धर्म की आक्रामक दावेदारी का प्रतिनिधित्व करने वाले के रूप में शंकर की छवि उनकी जीवनियों पर आधारित है। उनके सबसे प्रारम्भिक सन्तचरित उनके जीवनकाल के बहुत बाद विजयानगर के राज में चौदहवीं और पन्द्रहवीं सदी के लिखे हुए मिलते हैं। इनमें सर्वाधिक प्रचलित माधव कृत शंकर-दिग्विजय है, जिसे 1650 से 1800 के बीच कभी लिखा गया रहा होगा। इसमें कई पुराने ग्रन्थों की सामग्रियों को संकलित किया गया है।[41] बाद में शंकर को अन्य मठों से सम्बद्ध भी बताया गया।[42] इन सन्तचरितों से शंकर की जो छवि उभरती है, वह उनकी अपनी रचनाओं से उभरने वाली छवि से बहुत भिन्न है। वैसे तो उनके नाम कई ग्रन्थ बताये जाते हैं, लेकिन जो पक्के तौर पर उन्हीं के लिखे दार्शनिक ग्रन्थ हैं उनमें शंकर ईश्वर के अस्तित्व को स्वीकारते हुए कहते हैं कि मोक्ष की राह आत्म और ब्रह्म के ज्ञान से होकर जाती है। दूसरी तरफ़ उनकी जीवनियाँ उन्हें शिव का अनन्य भक्त और अवतार बताती हैं। स्वाभाविक है कि ऐसे सन्तचरित शंकर के जीवन के एक ईमानदार विवरण के बजाय उनके जीवनीकारों के काल और उसकी चिन्ताओं से ज़्यादा सरोकार रखते दिखते हैं।

---

41. इन सन्तचरितों की चर्चा के लिए देखें, बदर, *कॉक्वेस्ट ऑफ़ द फोर क्वार्टर्स* तथा मैथ्यू क्लार्क, द *दसनमी सन्यासीज़: द इंटिग्रेशन ऑफ़ एसेटिक लीनिएजेज़ इनटू ऐन ऑर्डर*, लीडेन, बोस्टन: ब्रिल, 2006।

42. माना जाता है कि शंकर ने चार या पाँच मठों की स्थापना की थी जिन्हें अमानय मठों के नाम से जाना जाता है (देखें क्लार्क, द *दसनामी सन्यासीज़*)। यद्यपि शंकर के शिक्षण के संरक्षण और प्रचार के लिए संगठनों का उभार काफ़ी पहले हो चुका था, पर कई विद्वानों का मत है कि मठों को (श्रृंगेरी और कांची सहित) कई शताब्दी बाद स्थापित किया गया। प्रतिष्ठा के लिए उनके साथ शंकर का श्रेय जोड़ दिया गया। उदाहरण के लिए, श्रृंगेरी मठ की स्थापना चौदहवीं शताब्दी में विजयानगर काल के दौरान हुई प्रतीत होती है।

शंकर के जीवन के बारे में कुछ बुनियादी तथ्य ये हैं : वे केरल के एक ब्राह्मण परिवार में पैदा हुए, कम उम्र में घर छोड़ कर संन्यासी बन गये और गोविन्द नाम के एक दार्शनिक के शिष्य बने जो ख़ुद अद्वैत वेदान्त के महान दार्शनिक गौणपाद के शिष्य हुआ करते थे।[43] शंकर ने बहुत कुछ लिखा, जिनमें सबसे महत्त्वपूर्ण उपनिषदों, भागवद्गीता और ब्रह्मसूत्रों पर लिखे उनके भाष्य हैं। उन्होंने बहुत यात्राएँ कीं और कई शास्त्रार्थों में संलग्न रहे। कुछ और तथ्य उनके बारे में ये हैं कि उनके पिता की मृत्यु बहुत जल्दी हो गयी थी, मीमांसक मण्डन मिश्र के साथ उनका शास्त्रार्थ चर्चित है और ख़ुद उनका निधन बत्तीस वर्ष की अवस्था में हो गया था। शंकर के सन्तचरितों में बौद्धों के साथ उनके शास्त्रार्थों पर बहुत बल नहीं दिया गया है। वास्तव में, बौद्धों को हराने और वेदों की सर्वोच्चता को स्थापित करने का श्रेय कुमारिल भट्ट के बजाय उन्हें दिया गया है। कुमारिल भट्ट की उपलब्धियों के बावजूद यह बताया गया है कि उन्होंने आत्मदाह करने का निर्णय लिया था ताकि अपने बौद्ध शिक्षक के साथ छल का प्रायश्चित्त कर सकें। कहते हैं कि जब वे चिता पर बैठे जल रहे थे तो शंकर उधर से गुज़रे थे और दोनों के बीच एक दार्शनिक संवाद हुआ था। स्पष्ट है कि ये प्रसंग ऐतिहासिक तथ्य नहीं हैं, चूँकि कुमारिल का जीवनकाल शंकर से बहुत पहले का है।

कहते हैं कि शंकर ने पूरे देश की यात्रा की, दार्शनिक प्रतिद्वन्द्वियों के साथ मुलाक़ात की, शास्त्रार्थ किये और उन सब को हराया। उनकी सबसे उग्र बहसें शाक्तों, भगवती के तान्त्रिक उपासकों, शैव द्वैतवादियों, वैष्णव पंचरात्रों और भेदाभेद अद्वैतियों व जैनियों के साथ हुईं। उनके वैष्णव प्रतिद्वन्द्वियों का सन्दर्भ बमुश्किल ही आया है। इन शास्त्रार्थों के स्वर और शैली को लेकर सामंजस्य से लेकर अपमान तक अलग-अलग ग्रन्थों में बहुत भिन्नता मिलती है। शंकर की जीवनियों में उनके दौर के महान चिन्तकों के साथ उनके शास्त्रार्थों पर

43. देखें डेविड एन. लोरेनजेन, 'द लाइफ ऑफ़ शंकराचार्य', फ्रेड डब्ल्यू. क्लोथी और जे. ब्रूस लॉन्ग (सं.), *एक्सपीरिएंसिंग शिव: एनकाउंटर्स विद ए हिन्दू डेइटी*, नयी दिल्ली: मनोहर, 1983, पृ. 155-75; जी. सी. पांडे, *लाइफ ऐंड थॉट ऑफ़ शंकराचार्य*, दिल्ली: मोतीलाल बनारसीदास, (1994), 1998।

बहुत कुछ लिखा है, लेकिन सामान्यत: उन बहसों की दार्शनिक अन्तर्वस्तु का विवरण शामिल नहीं है।[44]

सभी सन्तचरितों में मण्डन मिश्र के साथ शंकर के शास्त्रार्थ को एक घटना के बतौर जैसी प्रमुखता दी गयी है, यह तथ्य दिखाता है कि जिस वक़्त ये जीवनियाँ लिखी जा रही थीं (चौदहवीं से सोलहवीं शताब्दी के बीच) उस दौरान अद्वैत वेदान्त के दार्शनिक मीमांसकों को अपना सबसे प्रबल प्रतिद्वन्द्वी मानते थे। यायावर संन्यासी शंकर के विपरीत मण्डन मिश्र एक विशाल भवन में गार्हस्थिक जीवन बिता रहे थे। तमाम ग्रन्थों की मानें, तो दोनों के बीच शास्त्रार्थ छह दिन से सौ दिनों के बीच चला था। इस शास्त्रार्थ में मण्डन मिश्र की पत्नी उभय भारती (विभिन्न ग्रन्थों में उनके अलग नाम हैं, कुछ ने इन्हें देवी सरस्वती बताया है) ने मध्यस्थ की भूमिका निभाते हुए अपने पति की हार की घोषणा की थी। एक संस्करण बताता है कि वे रसोई से निकलकर बाहर आती हैं और शंकर को उनसे शास्त्रार्थ जारी रखने की चुनौती देती हैं। शंकर विरोध करते हैं क्योंकि वे स्त्री हैं, लेकिन वे उपनिषदों के हवाले से याज्ञवल्क्य और गार्गी तथा जनक और सुलभा के शास्त्रार्थ का सन्दर्भ देती हैं। फिर सत्रह दिन के शास्त्रार्थ के बाद उभय भारती विषयान्तर कर देती हैं और ऐसा विषय उठाती हैं जिसमें वे जानती हैं कि उन्हें लाभ होगा–प्रेम और काम। (शंकर को प्रेम और काम का कोई अनुभव नहीं था क्योंकि वे किशोरावस्था में ही संन्यासी हो गये थे) तब शंकर एक अवकाश का अन्तराल माँगते हैं। अपनी योग शक्ति से वे मृतप्राय राजा अमरुक की काया में प्रवेश कर जाते हैं, वहाँ वे प्रेम कलाओं के बारे में सीखते हैं और प्रत्यक्ष अनुभव ले चुकने के बाद वापस शास्त्रार्थ करने लौटते हैं। उभय भारती हार मान लेती हैं और मण्डन मिश्र शंकर का शिष्य बनना स्वीकार कर लेते हैं।

शंकर के कई सन्तचरितों में विजय या दिग्विजय (सभी दिशाओं पर विजय) शब्द आया है। यह जगत को जीतने और जगत को त्यागने के बीच समान्तरता का संकेत देता है। यह विचार पहले बौद्ध और जैन मतों में आ

---

44. देखें बदर, *कॉन्क्वेस्ट ऑफ़ द फोर क्वार्टर्स*, पृ. 182-229।

चुका था। शंकर की प्रचुर यात्राओं के विवरण—हिमालय से रामेश्वरम, द्वारका से कामरूप—वास्तव में उपमहाद्वीप के तीर्थस्थलों के पौराणिक मानचित्रण की याद दिलाते हैं और साथ ही महान सम्राटों की दिग्विजय का स्वर देते हैं।

अपने प्रतिद्वन्द्वियों के ग्रन्थों में शंकर को बिल्कुल भिन्न रोशनी में दिखाया गया है।[45] तेरहवीं सदी में हुए द्वैत वेदान्त के संस्थापक मध्वाचार्य के सन्तचरितों में शंकर को संकर (संकीर्ण) कहा गया है, उन्हें एक विधवा की अवैध सन्तान बताया गया है और दैत्य मणिमत का अवतार बताया गया है जिसका जन्म वेदान्त को नष्ट करने के लिए हुआ था। ग्यारहवीं/बारहवीं सदी के विशिष्टाद्वैत दार्शनिक रामानुज ने अद्वैत वेदान्त के दर्शन का आलोचनात्मक सार लिखते हुए शंकर के बारे में बुरी बातें कही हैं। सोलहवीं सदी के तिब्बती यात्री तारानाथ ने कई बौद्ध भिक्षुओं के ऊपर शंकर की विजय की बात कहते हुए बताया है कि अन्ततः वे नालन्दा में बौद्ध दार्शनिक धर्मकीर्ति से शास्त्रार्थ में हार गये थे।

प्रश्न है कि दार्शनिक शास्त्रार्थों और धार्मिक सन्तचरितों में आने वाली हिंसा क्या वास्तविक हिंसा का प्रतिबिम्ब है अथवा प्रतीकात्मक है? क्या बहसों में होने वाली गलाकाट प्रतिस्पर्धा तथा प्रतिवादी के साथ होने वाला दुर्व्यवहार वास्तव में ज़मीन पर दार्शनिक मतों और धार्मिक सम्प्रदायों के बीच चलने वाले टकरावों और हिंसा से सुसंगत था? ग्रन्थों को निश्चित रूप से शब्दशः नहीं लिया जाना चाहिए, फिर भी वे सामंजस्य का नहीं, शत्रुता और प्रतिस्पर्धा का ही संकेत देते हैं।

धर्म पर राजकीय नीति : धार्मिक टकरावों को दबाना और उघाड़ना

प्राचीन भारत में कोई 'राजकीय धर्म' नहीं था। यह ठीक है कि इस उपमहाद्वीप के कुछ हिस्सों में कुछ अवधियों के लिए धर्म विशेषों का प्रभुत्व रहा, लेकिन कोई भी धर्म लम्बे समय के लिए किसी राज्य को कब्ज़ाने में कामयाब नहीं हो पाया। इसकी एक वजह यह थी कि राजकीय संरक्षण सभी धार्मिक समूहों के बीच वितरित होता था, न कि राजा की निजी धार्मिक आस्थाओं से बँधा हुआ था।

---

45. बदर, *कॉक्वेस्ट ऑफ़ द फोर क्वार्टर्स*, पृ. 64-66।

राजा की निजी धार्मिक आस्थाओं से इतर, राजकीय भू-अनुदान के सबसे बड़े प्राप्तकर्ता सदियों तक ब्राह्मण ही रहे। जैनियों और बौद्धों की तरह उनके पास कोई सांगठनिक ढाँचा नहीं था, लेकिन वे मोटे तौर से एक ऐसी संस्था के रूप में काम करते थे जिसमें लचीलेपन और अनुकूलन का स्तर काफ़ी ज़्यादा था तथा राजाओं और उनके राजदरबारों के साथ निकट सम्बन्ध क़ायम रखे जाते थे। वैदिक सरीखे अभिलेखों में ज़मीनों का राजकीय अनुदान प्राप्त करने वाले ब्राह्मण भले ही विज्ञापित हैं, लेकिन प्राचीन और प्रारम्भिक मध्यकालीन भारत के साम्राज्यों में सम्प्रदाय आधारित धार्मिक पन्थों का फलते-फूलते रहना यह दिखलाता है कि ग्रन्थों में वैदिक ब्राह्मणों और अन्य धार्मिक सम्प्रदायों के बीच जैसी शत्रुता दर्शायी गयी है वह ज़मीन पर उस रूप में उपस्थित नहीं थी। राजदरबारों में जैसी राजनीतिक संस्कृति उभरी वह पर्याप्त स्तर पर संकर थी, जिसने अकुलीन समूहों के लिए एक सशक्त प्रारूप निर्मित किया। भारत में राजत्व की विचारधारा समय के साथ बदलती रही जिसकी अलग-अलग क्षेत्रों में भिन्न अभिव्यक्तियाँ भी देखने को मिलती हैं, लेकिन राजदरबारों की सांस्कृतिक संकरता उसका एक स्थायी लक्षण बनी रही। कुछ उल्लेखनीय अपवाद अवश्य रहे (जिनकी चर्चा आगे की जायेगी)।

शासकों और धार्मिक समुदायों के बीच रिश्ते पर प्राचीनतम साक्ष्य-आधारित अकाट्य प्रमाण तीसरी सदी सा.सं.पू. के मौर्य शासक अशोक के अभिलेखों में मिलते हैं। वह समर्पित बौद्ध था, लेकिन अपने अभिलेखों में उसने जिस आसक्ति के साथ धम्म पर चर्चा की है उसमें श्रमणों और ब्राह्मणों दोनों के लिए आदर है। सभी सम्प्रदायों (पासण्डों) के लिए अपनी श्रद्धा व्यक्त करते हुए उसने सभी के कल्याण की देखरेख का आदेश अपने धम्म अधिकारियों को दिया था। अशोक ने बौद्धों को ही नहीं, आजीवकों को भी अपना संरक्षण दिया। सबसे महत्त्वपूर्ण यह है कि अपने बारहवें शिलालेख में वह सभी सम्प्रदायों के अहम तत्त्वों की वृद्धि की कामना करता है और चाहता है कि उनके बीच समवाय का वातावरण क़ायम रहे। ऐसी कामना निश्चित रूप से धार्मिक मनमुटाव और टकराव की स्थिति में ही अर्थ रखती है। इतना ही नहीं, अशोक के लघु शिलालेख बौद्ध संघों के भीतर आन्तरिक

मतभेद का पता देते हैं, जिसे उसने दृढ़ता के साथ शान्त करने की कोशिश की थी। परस्पर संवाद, सम्मान और समवाय का अशोक का आग्रह 'सहिष्णुता' की अर्थछवियों से कहीं ज़्यादा व्यापक मायने रखता है। कुछ मायनों में–ख़ासकर युद्ध-विरोधी नीति के सन्दर्भ में–अशोक को प्राचीन भारतीय राजनीति में एक विचलन की तरह देखा जा सकता है, लेकिन उसकी धर्म-नीति एक दीर्घकालिक चलन का हिस्सा थी जो विशाल, बहुधार्मिक और बहुसांस्कृतिक साम्राज्य के सन्दर्भ में उभरी थी।

पहली शताब्दी सा.सं. में कलिंग के राजा रहे खारवेल ने हाथीगुम्फा के अभिलेख में जैन धर्म में अपनी अनन्य आस्था की घोषणा की है, लेकिन ब्राह्मणों, जैनियों और अन्य सभी सम्प्रदायों के प्रति परोपकारी प्रवृत्ति का भी परिचय दिया है। इसी तरह, सातवाहन राजवंश ब्राह्मणों और बौद्ध भिक्षुओं दोनों को दान देता था। यह समावेशी नीति बाद की सदियों में भी जारी रही। बंगाल के पाल शासकों को उनके अभिलेखों में बुद्ध का अनुयायी बताया गया है, लेकिन उनके अधिकांश दान-पुण्य ब्राह्मणों के लिए थे (कुछ संरक्षण बौद्ध और शैव प्रतिष्ठानों को भी प्राप्त था)। इस सब को अशोक की विरासत अथवा 'सहिष्णुता' की अन्तनिर्हित प्रवृत्ति के रूप में देखने के बजाय एक अत्यधिक विविध धार्मिक परिदृश्य में शासकों की व्यावहारिक प्रतिक्रिया तथा विभिन्न धार्मिक समुदायों के साथ गठजोड़ क़ायम करने की कुलीन राजनीतिक आकांक्षा के तौर पर समझा जा सकता है।

इस बहुलतावादी परोपकारी आख्यान के बावजूद इसी के समानान्तर प्राचीन भारतीय इतिहास में धार्मिक हिंसा और उत्पीड़न के भी प्रसंग मौजूद हैं। इनमें युद्ध के विजय-प्रतीक के रूप में धार्मिक शिल्पों की लूट शामिल है।[46] हाथीगुम्फा के अभिलेख में बताया गया है कि राजा खारवेल ने जिन की एक मूर्ति वापस लाकर पुन:प्रतिष्ठापित की थी, जिसे मगध के राजा नन्द लेकर चले गये थे। चूलवंश में नौवीं सदी में (श्रीलंका के) अनुराधापुरा से बुद्ध की एक स्वर्ण-प्रतिमा आक्रमणकारी पांड्या सेना द्वारा लूट लिए जाने

---

46. व्यापक चर्चा के लिए देखें, रिचर्ड एच. डेविस, *लाइव्स ऑफ़ इंडियन इमेजेज़*, दिल्ली: मोतीलाल बनारसीदास, (1997), 1999, अध्याय 2।

का सन्दर्भ आता है, जिसे सिंहल शासक सेना द्वितीय ने बाद में वापस प्राप्त किया। तंजावुर के राजराजा संग्रहालय में रखे एक द्वारपाल स्तम्भ पर ग्यारहवीं सदी का उत्कीर्णित अभिलेख गौरवपूर्ण घोषणा करता है कि चोल शासक राजाधिराज ने चालुक्यों की राजधानी कल्याणपुरम को जलाकर उसे वहाँ से हासिल किया था। ऐसे कृत्यों को एक राजा द्वारा दूसरे के ऊपर अपनी राजनीतिक सर्वोच्चता स्थापित करने अथवा उसे अपने सत्तामण्डल में समाहित करने के प्रतीक रूप में देखा जा सकता है। लूटी गयी प्रतिमाओं को जगह बदलने के बावजूद सम्मान से बरता जाता था जिससे उस शिल्प के जीवन और महत्त्व में एक नया राजनीतिक संस्तर जुड़ जाता था।

लूटपाट के ऐसे कृत्यों को धार्मिक शिल्पों व ढाँचों का विनाश नहीं माना जा सकता। धार्मिक विनाश की घटनाएँ इनसे अलग हैं। जैसे, एक बौद्ध ग्रन्थ अशोकवदन (दूसरी शताब्दी सा.सं.) बताता है कि शुंग शासक पुष्यमित्र ने अशोक द्वारा निर्मित किये गये 84000 स्तूपों को नष्ट कर डाला था, पाटलीपुत्र के कुक्कुटराम बौद्ध विहार को तबाह कर दिया था और उसके सभी भिक्षुओं की हत्या कर दी थी। कहा जाता है कि पुष्यमित्र ने एक बौद्ध भिक्षु का सिर काटकर लाने वाले को सौ स्वर्ण मुद्राएँ इनाम में देने की मुनादी करवायी थी। पुरातत्त्वविद् जॉन मार्शल के अनुसार साँची के महान अशोक स्तूप की ईंटें उसे हुए भारी नुक़सान का पता देती हैं। वे इस नुक़सान को पुष्यमित्र शुंग के साथ जोड़ते हैं।[47] दूसरी तरफ़, यह स्पष्ट है कि मध्य भारत में साँची और अन्य बौद्ध विहार शुंगकाल में लगातार बने रहे और फलते-फूलते भी रहे, जिससे संकेत मिलता है कि पुष्यमित्र के उत्पीड़न और राजकीय संरक्षण के अभाव में भी बौद्ध धर्म लगातार फैलता रहा।

बौद्धों के उत्पीड़न के लिए बौद्ध ग्रन्थ हूण शासकों तोरमाण और मिहिरकुल (पाँचवीं/छठी शताब्दी सा.सं.) को भी ज़िम्मेदार ठहराते हैं। ह्वेनसंग लिखते हैं कि मिहिरकुल (जिसके सिक्कों और अभिलेखों से अन्दाज़ा लगता है कि उसका झुकाव शैव मत की ओर था) ने गन्धार में 1600 विहार

---

47. जॉन मार्शल, अल्फ्रेड फाउचर और एनजी मजूमदार, द *मॉन्युमेन्ट्स ऑफ़ सांची*, खण्ड 1, कलकत्ता: सुपरिंटेंडेंट गवर्नमेंट प्रिंटिंग, 1940, पृ. 23।

नष्ट किये तथा सिन्धु के तटों पर 9000 लोगों को मरवा दिया या ग़ुलामी में बेच दिया। तक्षशिला के धर्मराजिका स्तूप में पुरातत्त्ववेत्ताओं ने जलाये गये ढाँचों, भोजवृक्ष की छाल पर लिखी एक जली हुई पांडुलिपि, कई बाणाग्र, कटे हुए सिर, क्षत-विक्षत शरीर और चोट के निशान वाले कपाल (छह व्यक्तियों की) के साक्ष्य पाये हैं। मार्शल ने हूणों के हमले के साक्ष्य के रूप में इसकी व्याख्या की है।[48] दूसरी ओर, साल्ट रेंज में पाया गया खुरा शिलालेख हूण शासक तोरमाण के शासनकाल के दौरान रोट्टा सिद्धवृद्धि नामक एक व्यक्ति द्वारा एक बौद्ध मठ के निर्माण का उल्लेख करता है। इससे आने वाले धार्मिक दान-पुण्य का बँटवारा राजा और उसके परिवार के सदस्यों के साथ किया जाना लिखा है। इससे यह पता लगता है कि हूणों के राज में उत्पीड़न के दौरान गन्धार से बौद्ध धर्म का पूरी तरह सफाया नहीं हो गया था। दिलचस्प है कि नौवीं और दसवीं सदी के जैन ग्रन्थ मिहिरकुल को जैन-विरोधी दुष्ट और उत्पीड़क आततायी बताते हैं। प्रारम्भिक सातवीं शताब्दी में पूर्वी भारत पर राज करने वाला शासक शशांक भी बौद्धों के उत्पीड़न के लिए कुख्यात है। ह्वेनसंग लिखते हैं कि उसने बौद्ध विहारों को नष्ट किया, बोधि वृक्ष को कटवा दिया और बोध गया में बुद्ध की जगह शिव की प्रतिमा स्थापित करने का भी प्रयास किया जिसमें वह नाकाम रहा।

दक्षिण भारत में भी धार्मिक उत्पीड़न के प्रसंग मिलते हैं। पल्लव शासक महेन्द्रवर्मन प्रथम (610-630 शताब्दी) आरम्भ में जैन था, जो कहते हैं कि सन्त अप्पार द्वारा शैव बना दिया गया और जिसने बाद में जैनियों को प्रताड़ित किया। मदुरै का एक पांड्या शासक भी जैनी से शैव बना था। बताया जाता है कि उसने अपने शैव गुरु सम्बन्दर की हत्या का प्रयास करने के आरोप में 8000 जैनियों को ज़िन्दा सूली पर टाँग दिया था। यह वीभत्स दृश्य मदुरै के मीनाक्षी मन्दिर में न केवल एक नक़्क़ाशीदार शिल्परूप में प्रदर्शित है, बल्कि इस घटना का आज तक मन्दिर में उत्सव मनाया जाता है। श्रीवैष्णव

---

48. जॉन मार्शल, *तक्षशिला: एन इलस्ट्रेटेड अकाउंट ऑफ़ आर्कियोलॉजिकल एक्सकेवेशंस कैरीड आउट ऐट तक्षशिला अंडर द ऑर्डर्स ऑफ़ द गवर्नमेंट ऑफ़ इंडिया बिटवीन द इयर्स 1913 ऐंड 1934,* खण्ड 2, दिल्ली: मोतीलाल बनारसीदास, (1951), 1975, पृ. 284-85।

के सन्तचरित के अनुसार रामानुज को एक शैव चोल शासक के दण्ड के डर से भाग जाना पड़ा था। 'दिव्यासुरीचरित' के अनुसार एक चोल शासक ने चिदम्बरम स्थित शिव नटराज के देवालय के सामने रखी विष्णु की प्रतिमा को उठवाकर समुद्र में फेंकवा दिया था। चोल राज में किये गये धार्मिक उत्पीड़नों का सिलसिला श्रीलंका तक जाता है। चूलवंश कहता है कि ग्यारहवीं सदी में जब राजेन्द्र चोल की सेना ने श्रीलंका पर हमला किया, तो उसने भारी मात्रा में वहाँ का खज़ाना लूटा, वहाँ के राजा और महारानी को बन्धक बना लिया, वहाँ के पुण्यावशेषों और विहारों में रखी सोने और अन्य क़ीमती धातुओं की बनी प्रतिमाओं को लूट लिया। धार्मिक ढाँचों के विनाश और धार्मिक शिल्पों की लूट के ऐसे प्रसंग युद्धाख्यानों का अंग हुआ करते थे।

कल्हण की 'राजतरंगिणी' में कश्मीर के इतिहास में राजनीतिक उत्पीड़न के कई प्रसंग आये हैं। अशोक के एक उत्तराधिकारी जलौक (इसका अन्य कोई स्रोत नहीं है) को शैव बताया गया है जिसने बौद्ध विहार को इसलिए नष्ट कर डाला क्योंकि उसे वहाँ बजने वाला संगीत पसन्द नहीं था। बाद में उसने उसका पुनर्निर्माण करवाया। कल्हण आठवीं से ग्यारहवीं सदी के शासकों का सन्दर्भ देते हैं जो प्राय: अपने लोभ के चलते राजनीतिक उत्पीड़न में लिप्त रहे। ऐसा एक राजा कार्कोटा राजवंश का तारापीड़ था जिसने ब्राह्मणों का उत्पीड़न किया और उसकी बुरी गति हुई। इसी राजवंश के जयपीड़ ने अपनी प्रजा को सताया, जिसमें ब्राह्मण भी थे। इसके विरोध में निन्यानबे ब्राह्मणों ने तुलमुल्ला नदी में डूबकर अपनी जान दे दी। इस नाटकीय घटनाक्रम ने राजा की आँखें खोल दीं, लेकिन यह बदलाव अस्थायी ही रहा। ऐसे ही उत्पलवंशीय राजा शंकरवर्मन ने लोभ में चौंसठ मन्दिरों को लूटा, लगानरहित अनुदान को रद्द कर डाला और मन्दिरों पर लगान थोप दिया। राजा क्षेमगुप्त ने श्रीनगर के बौद्ध विहार जयेन्द्र विहार को नष्ट कर दिया और उसकी सामग्री से एक मन्दिर बनवाया। ब्राह्मणों के साथ यह टकराव महारानी दिद्दा के राज तक जारी रहा। कल्हण लिखते हैं कि लोहर राजवंश के राजा हर्ष ने (जिनके शासनकाल में राजतरंगिणी लिखी गयी) मन्दिरों की सम्पदा को लूटकर एक अधिकारी को नियुक्त किया जिसका काम देवी-देवताओं की प्रतिमाओं को फेंकना, दूषित करना और उन्हें गलाकर राजकोष में जमा करना था।

इतिहासकारों ने आमतौर से ऐसे आख्यानों को वास्तविक उत्पीड़न नहीं, बल्कि दुर्भावना और विद्वेष का लक्षण माना है। ये प्रसंग भले ही नाटकीय प्रभाव के लिए निस्सन्देह अतिरंजना का सहारा लेते हैं, पर यह मानने का कोई कारण नहीं कि वे वास्तव में उत्पीड़न के उन प्रसंगों का प्रतिनिधित्व नहीं करते, जो कभी-कभार आर्थिक और/या राजनीतिक मंशा से प्रेरित रहे होंगे। ये प्रसंग संकेत देते हैं कि प्राचीन भारत में शासकों द्वारा धर्म पर डाली गयी संरक्षण की व्यावहारिक और बहुआयामी चादर में भी कभी-कभार हिंसक उत्पीड़न के छिद्र उभर आते थे।

धर्म का उपहास

आजकल तो धर्म के बारे में मज़ाक़ का दुस्साहस कोई नहीं करता। प्राचीन काल में भी धर्म एक गम्भीर मसला था, लेकिन उसके उपहास की एक परम्परा भी थी। [चित्र 5.8] 'मत्तविलास-प्रहसन', 'आगमडम्बर', और क्षेमेन्द्र के प्रहसन ऐसे ग्रन्थों के कुछ उल्लेखनीय उदाहरण हैं।

संस्कृत में स्वाँग की विधा को प्रहसन कहते हैं जो विशेष रूप से धार्मिक विषयों से सम्बन्ध रखती है। ऐसी दो स्वाँग रचनाएँ 'मत्तविलास-प्रहसन' और 'भगवदज्जुकम-प्रहसन' का सम्बन्ध सातवीं शताब्दी के पल्लव शासक महेन्द्रवर्मन से है। मत्तविलास-प्रहसन का आरम्भ एक मत्त कापालिक भिक्षु सत्यसोम से होता है जिसके साथ उसकी स्त्री-मित्र देवसोम है। वह भी मत्त है और दोनों कांची नगर में घूम रहे हैं।[49] कापालिक एक शराबखाने में जिस कपाल से शराब पी रहा था वह कहीं गुम हो गया है। उसे इसका पता तब लगता है जब दूसरे शराबखाने में उसे और उसकी स्त्री-मित्र को भिक्षा में शराब प्रस्तुत की जाती है। सत्यसोम तब देवसोम से कहता है भिक्षा को ठुकराना नहीं चाहिए, इसलिए वह गाय के सींग के पात्र में शराब ग्रहण कर ले। फिर वे पिछले वाले शराबखाने लौट आते हैं। राह में उन्हें एक बौद्ध भिक्षु मिलता है जो एक धनी वणिक के यहाँ दिये गये भव्य भोज से लौट रहा होता है। उसने अपने चीवर के नीचे एक पात्र में कुछ मांस-मछली छुपा रखी है।

---

49. देखें एन. पी. उन्नी (सं. और अनू.), *मत्तविलास प्रहसन ऑफ़ महेंद्रविक्रमवर्मन*, त्रिवेंद्रम: कॉलेज बुक हाउस, 1974।

कापालिक और उसकी स्त्री भिक्षु को चुनौती देते हैं कि वह छुपाई हुई वस्तु उन्हें दिखाये। भिक्षु कनखी निगाह से देवसोम को देखता है और कापालिक की दी हुई शराब ग्रहण करने से इनकार कर देता है क्योंकि वह नहीं चाहता कि कोई उसे सार्वजनिक रूप से पीते हुए देखे। एक राहगीर पशुपत से इस मामले में हस्तक्षेप और मध्यस्थता के लिए कहा जाता है। उसका कापालिक से पुराना झगड़ा है, वह ऐसा उससे बदला चुकाने के लिए करता है (देवसोम पहले उसकी मित्र थी जिसे सत्यसोम ने कुछ कौड़ियों का लोभ देकर अपनी ओर कर लिया)। अन्ततः भिक्षु को अपना पात्र दिखाना पड़ता है, जो सत्यसोम के गुम हुए पात्र से अलग आकार और रंग का था। इसके बावजूद सत्यसोम का यह आग्रह था कि उक्त पात्र उसी का है। पशुपत कहता है कि इस प्रकरण को अदालत में ले जाना होगा। देवसोम सन्देह जताती है कि बौद्ध भिक्षु न्यायालय के अधिकारियों को रिश्वत दे सकता है, लेकिन पशुपत इस आशंका का खण्डन करता है। तभी दृश्य में एक पागल का प्रवेश होता है। उसके हाथ में एक कपाल है जो उसने एक कुत्ते से छीना था। वह सत्यसोम का ही पात्र निकलता है। थोड़े से संघर्ष के बाद सत्यसोम को उसका पात्र वापस मिल जाता है। सभी किरदार हँसी-ख़ुशी अपने रास्ते चल देते हैं। इस प्रहसन में बौद्धों, कापालिकों और पशुपतों का उपहास किया गया है। इन सभी को पतित पाखण्डी और बदमाश दिखाया गया है।[50]

'आगमडम्बर' संस्कृत का नाटक है जिसे नौवीं/दसवीं शताब्दी में शंकरवर्मन के राज में रचा गया, जिसकी आलोचना करते हुए कल्हण ने लिखा है कि इस राजा ने अपनी प्रजा का उत्पीड़न किया और मन्दिरों की धन-सम्पदा को लूटा था।[51] इस नाटक के लेखक जयन्त भट्ट एक सम्पन्न ब्राह्मण

---

50. यह दिलचस्प है कि एक समय में महेंद्रवर्मन के नाटक ने धार्मिक महत्त्व हासिल कर लिया था। इस नाटक का एक अत्यधिक संशोधित संस्करण केरल के शैव मन्दिरों में कुट्टीयटम परम्परा के एक अंश के रूप में खेला जाता है। शैव भक्ति को उजागर करने के लिए उसकी अन्तर्वस्तु को संशोधित किया गया है। इस प्रक्रिया में स्वाभाविक रूप से नाटक की व्यंग्यात्मक धार ख़त्म हो गयी है।

51. पाठ और अनुवाद के लिए देखें, काबा डेसो (सं और अनू.), *जयन्त भट्ट की मच अडू अबाउट रिलिजन* (द क्ले संस्कृत लाइब्रेरी), न्यू यॉर्क: जेसीसी फाउंडेशन, न्यू यॉर्क यूनिवर्सिटी प्रेस, 2005।

चित्र 5.8: महाबलीपुरम में 'गंगा के अवतरण' का वर्णन करता नक्काशीदार शिल्प; ध्यान दें कि शीर्ष पर तपस्वी और नीचे दाईं ओर बिल्ली दोनों तप कर रहे हैं; बिल्ली का सन्दर्भ शायद एक हास्य कथा से आशय रखता है।

परिवार से आते थे। वे एक प्रतिष्ठित न्याय दार्शनिक थे जिन्होंने 'न्यायमंजरी' सहित कई पुस्तकें लिखी थीं। वे राजा के सलाहकार भी थे। चार अंकों के इस नाटक में प्रहसन, गम्भीर दार्शनिक चर्चा, तथा एक बहुलतावादी धार्मिक परिवेश के राजनीतिक प्रबन्धन पर विचार हैं। नाटक में कई बार शंकरवर्मन और जयन्त का ज़िक्र आया है, हालाँकि वे मंच पर एक बार भी नहीं आते हैं।

इस नाटक का नायक संकर्षण मीमांसा दर्शन का अनुयायी है जिसने अभी-अभी अपनी वैदिक शिक्षा पूरी की है तथा तमाम वेद-विरोधियों के ख़िलाफ़ मोर्चा खोलने को तैयार खड़ा है। पहला अंक एक भव्य बौद्ध विहार के उद्यान में खुलता है जहाँ संकर्षण और उसका साथी भिक्षुओं के पाखण्डी रवैये पर टिप्पणी कर रहे हैं, जिसमें मांस, मदिरा और महिलाओं में उनकी रुचि मुद्दा है। संकर्षण महान बौद्ध भिक्षु धर्मोत्तर के साथ कुछ दार्शनिक विषयों पर सफलतापूर्वक विमर्श करता है। दूसरा अंक एक जैन भिक्षु और भिक्षुणी के बीच प्रेमक्रीड़ा से खुलता है। इसके बाद एक शास्त्रार्थ होता है जिसमें संकर्षण एक महान दिगम्बर भिक्षु जिनरक्षित को पराजित कर देता है। इसी बिन्दु पर 'झूठे तपस्वियों' का मुद्दा सामने आता है। इसका आशय नीलाम्बर नाम के एक पन्थ से है जिसके सदस्य पुरुष-स्त्री के जोड़ों में एक कम्बल में लिपटे हुए यहाँ-वहाँ घूमते स्वेच्छाचार करते हैं। संकर्षण राजा से इनकी शिकायत करने का संकल्प लेता है। तीसरे अंक में दिखाया गया है कि संकर्षण को धर्माचार्य के पद पर बैठा दिया गया है और उसकी सलाह पर राजा ने नीलाम्बरों को अपने राज्य से निष्कासित कर दिया है। इसके कारण अन्य सम्प्रदाय भी (शैव तपस्वी भी) अपनी नियति को लेकर चिन्तित हो गये हैं। संकर्षण और उसका साथी शैव तपस्वियों की आलोचना करते हैं—वे मांस, मदिरा और मैथुन के लती हैं तथा वर्णाश्रम व्यवस्था के लिए ख़तरा हैं, इसलिए उन्हें भी प्रतिबन्धित कर दिया जाना चाहिए। शैवों को घेरकर लाने के आदेश जारी किये जाते हैं, लेकिन वे तो पहले ही राज्य छोड़कर भाग चुके हैं। दुर्भाग्य से, उत्पीड़न का भय ऐसा है कि सारे सच्चे तपस्वी भाग रहे हैं। संकर्षण को अहसास होता है कि उसे कुछ सुधारात्मक उपाय करना होगा क्योंकि राजा तो अन्ततः शिव के उपासक हैं और सभी धर्मों के प्रति करुणा रखते हैं। वह

सामुदायिक नेताओं को नियुक्त करने का निर्णय लेता है ताकि सच्चे तपस्वियों को भागने से रोका जा सके। फिर वह ख़ुद शैव तपस्वी धर्मशिव (शैव सिद्धान्त के अनुयायी) के आश्रम में जाता है ताकि उन्हें आश्वस्त कर सके। यहाँ धर्मशिव और एक चार्वाक (भौतिकवादी) के बीच बहुत लम्बी बहस है जिसमें तपश्चर्या, यज्ञ, ईश्वर के अस्तित्व, कर्म और देहान्तरण आदि विषय शामिल हैं। इसमें धर्मशिव की जीत होती है। धर्मशिव और संकर्षण के बीच जो संवाद होता है उसमें वे कहते हैं कि उनके बीच जो परस्पर मतभेद हैं वह तो निजी मसला है, बल्कि वेदों से नफ़रत करने वाले नास्तिकों से निपटना इससे कहीं ज़्यादा अहम कार्य है। संकर्षण उनसे कहता है कि शिव महादेव हैं और शैवों, पशुपतों, कालमुखों और महाव्रतियों को राज्य में शान्तिपूर्ण ढंग से एक साथ मिलकर सौहार्द के साथ निर्भय होकर रहना चाहिए।

चौथे अंक के पूर्वरंग में दो वैदिक संवाद कर रहे हैं। वे इस बात से दुखी हैं कि सभी अवैदिकों को राज्य से हकालने की उनकी उम्मीदें मिट्टी में मिल चुकी हैं और सारे बाहरी धर्म (बाह्यागम) अब भी वहाँ मौजूद हैं। वे इसका दोष शिव के उपासक राजा और उसके सलाहकार संकर्षण पर मढ़ते हैं, जो सोचता है कि सारे धर्म प्रामाणिक हैं। संकर्षण और वैष्णवों के बीच एक शास्त्रार्थ होने वाला है (हमें बताया गया है कि महारानी और एक प्रभावशाली दरबारी वैष्णवों के प्रति सहानुभूति रखते हैं)। वह इसे लेकर तनाव में है। इसकी जगह हालाँकि एक दूसरा शास्त्रार्थ ले लेता है जो वैदिकों और अन्य धर्मों के गुरुओं के बीच होगा। यहाँ न्याय विशेषज्ञ धैर्यऋषि का प्रवेश होता है और उन्हें निर्णायक बना दिया जाता है। शास्त्रार्थ का विवरण नहीं है। उसके बजाय धैर्यऋषि का एक लम्बा एकालाप है जिसका अन्त इस वाक्य से होता है कि सारे भगवान और सारे रास्ते एक हैं तथा सभी ग्रन्थ प्रामाणिक हैं। वे विशेष रूप से शिव, पशुपति, कपिल, विष्णु, संकर्षण, जिन, बुद्ध और मनु के उपासकों/अनुयायियों का सन्दर्भ लेते हैं। संकर्षण भी इसी पक्ष की परिपुष्टि करता है। वह भी इसी बात पर बल देता है कि सारे धर्म वैध हैं और सभी धार्मिक समूहों को अपनी-अपनी स्थापित प्रथाओं के अनुसार अपने-अपने तरीक़ों का पालन करना चाहिए, लेकिन अपने बीच से बदमाशों को छाँट देना

चाहिए। पहले अंक में दिखी कट्टर छवि से उसका मत अब बदल चुका है। नाटक के अन्त में संकर्षण और धैर्यऋषि समूची घटना का ब्योरा देने के लिए राजा के पास जाते हैं।

आगमडम्बर नौवीं और दसवीं सदियों में कश्मीर के भीतर उपस्थित विभिन्न धार्मिक और दार्शनिक पक्षों को सामने लाता है तथा उनमें से कुछ की आलोचना करता है। इस नाटक में शास्त्रार्थ की एक अहम भूमिका है। नीलाम्बरों के उत्पीड़न का एक प्रसंग आने पर दूसरे समूहों के भीतर भी उत्पीड़न का भय समा जाता है, लेकिन इस नीति से पैदा होने वाली गम्भीर समस्या का अहसास करते ही संकर्षण रणनीतिक रूप से पहलू बदलता है। इसके बाद मीमांसकों, नैयायिकों, शैवों और वैष्णवों के बीच हुआ समझौता महत्त्वपूर्ण है। नाटक के अन्त में जब घोषणा की जाती है कि बौद्धों और जैनियों (चार्वाकों को छोड़कर) सहित सारे समूहों का राज्य में ख़ुशी-ख़ुशी रहने के लिए स्वागत है, तो यह राजनीतिक रूप से एक व्यावहारिक समाधान का प्रतिनिधित्व करता है। यहाँ उत्पीड़न और संघर्ष को समन्वय और सौहार्द से बदल दिया गया है।

क्षेमेन्द्र के प्रहसन

पहले अध्याय में हमने बताया था कि क्षेमेन्द्र संस्कृत के एक कवि और लेखक थे जो दसवीं सदी के उत्तरार्द्ध और ग्यारहवीं सदी के दौरान कश्मीर में हुए। उनकी रचनाओं में 'कलाविलास', 'नर्ममाला' और 'देशोपदेश' शामिल हैं।[52] क्षेमेन्द्र की कटु आलोचना राजा के अलावा तक़रीबन किसी को भी नहीं छोड़ती है। ब्राह्मण, तपस्वी और तमाम तरह के पवित्र लोग इन रचनाओं में पाखण्डियों की लम्बी सूची का हिस्सा हैं।

कलाविलास का नायक है मूलदेव, जो ठगकला का प्रामाणिक ज्ञाता है। वह दुनिया भर में घूम रहे तरह-तरह के जालसाजों को देख रहा है जो चमत्कार की आस लगाये तमाम लोगों को उम्मीद के नाम पर बरबाद कर रहे हैं। इनमें ऐसे योगी हैं जो प्रेमिका को वश में करने का दावा करते हैं तो सड़कछाप गुरु

52. देखें हक्सर, *क्षेमेन्द्र, द कोर्टेसन्स कीपर*; *क्षेमेन्द्र, थ्री सटायर्स*।

भी हैं जो नवयुवतियों की हथेलियाँ पढ़ते हैं। ऐसे ठगों में वेदोच्चार करने वाले चापलूस हैं जो मीठे ज़हर की तरह पहले आपके भीतर घुसते हैं फिर सब कुछ लूटपाट के चम्पत हो जाते हैं। धन-दौलत, मूर्खता, ज्ञान, सत्ता, कुल, शुद्धता के आग्रह और शराबखोरी जैसे नशों के साथ-साथ क्षेमेन्द्र तप और भक्ति के नशे पर भी चर्चा करते हैं। वे लिखते हैं कि तप का नशा ऐसा होता है कि आदमी आकाश में ताक़ते रहता है और नीचे क्या चल रहा है उसका उसे अहसास तक नहीं होता। भक्ति का नशा ऐसा है जो आपको चमत्कार में यक़ीन दिलवा देगा और ख़ुद को आपकी ही दृष्टि से भुलवा देगा।

उनके दूसरे नाटक नर्ममाला के तमाम रंगीन पात्रों में एक अधिकारी है जो आरम्भ में बौद्ध था, फिर वह विष्णु का उपासक होने का ढोंग करता है और अन्त में अपनी पत्नी के स्वास्थ्य की रक्षा के लिए कौल तान्त्रिक बन जाता है। अपने घर में वह एक उद्दण्ड और लोभी कौल गुरु को बुलाता है। वह गुरु इस भोले-भाले आदमी को अपने विधि-विधान से बहका देता है। वह गुरु मोटा, मूर्ख, निर्लज्ज, और लम्पट बदमाश है जिसे पीने की लत है और जो सबको ठगने में उस्ताद है, चाहे वह वेश्या हो, व्यभिचारी या कोई अधिकारी। वह जब प्रकट होता है, तो निर्दोष लोग उसे श्रद्धा बरसाने के लिए क़तारबद्ध हो जाते हैं और वह उन्हें मूर्ख बनाने के लिए एक फ़र्ज़ी अनुष्ठान करता है।

देशोपदेश तमाम धार्मिक गुरुओं के पाखण्ड का कृपण चित्रण करता है। क्षेमेन्द्र उन शैव तपस्वियों का उपहास करते हैं जिनके औषधियों से धोये, धूपबत्ती के धुएँ से सुवासित और मुट्ठी भर राख से मले गये लोंचे हुए बाल दरबारियों के लिए गद्दी का काम करते हैं; और जो ध्यान व तप के बाद मन्दिरों में मिलने वाला भोजन गले तक ठूँस लेते हैं। पुरोहितों पर वे लिखते हैं :

> दीक्षा तो पुरोहित ने भी ली है, लेकिन कौलों (शैवतन्त्र में दीक्षित) के सम्पर्क में आने से उसकी जातिगत वर्जनाएँ टूट गयी हैं। उसके दिमाग़ में पीने का ख़याल आता है तो वह अपने गुरु के पास एक थाली मछली लेकर पहुँच जाता है। भैरव का रस वह गलगला कर पीता है, उसे हलक तक भर लेता है, फिर पानी से भरे फूटे हुए मटके की तरह लुढ़कते हुए सब उगल देता है। सारी रात पीने और ओकने के बाद, कुत्ते से मुँह

चटवाने के बाद, अगली सुबह दूसरे पुरोहितों के अभिवादन से वह वापस शुद्ध हो जाता है।[53]

क्षेमेन्द्र लिखते हैं कि उन्होंने नर्ममाला की रचना भले लोगों के मनोरंजन के लिए की थी ताकि वे हँस सकें और उन्हें सलाह दी जा सके कि बदमाशों और जालसाजों के हाथों में पड़ने से कैसे ख़ुद को रोका जा सके। हम नहीं जानते कि उन्हें अपने इस तीखे हास्य की कोई क़ीमत चुकानी पड़ी थी या नहीं। क्षेमेन्द्र यदि ग्यारहवीं सदी के बजाय इक्कीसवीं सदी में ज़िन्दा होते, तो उनकी किताबें निश्चित रूप से प्रतिबन्धित कर दी गयी होतीं। उन्हें ज़बरन लिखना छुड़वा दिया गया होता और बाक़ी की ज़िन्दगी वे अदालत दर अदालत चक्कर काटकर वकीलों की फ़ीस अदा करने में ही कंगाल हो गये होते।

प्राचीन भारत में धर्म, यथार्थ की प्रकृति और अस्तित्व, आचार नीति और संसार से मुक्ति के रास्ते आदि पर दार्शनिक संवाद और शास्त्रार्थ की लम्बी और जीवन्त परम्परा रही है। आमतौर से ऐसे शास्त्रार्थ दूसरे विचारों या विचारधाराओं के ऊपर उस्तादी और श्रेष्ठता को जताने के खेल होते थे, फिर भी वे उस दौर के बौद्धिकों में प्रश्नांकन और सक्रिय चिन्तन की भावना को दर्शाते हैं। बिना ऐसे विचार और प्रश्नांकन के किसी भी प्रकार के ज्ञान में अभिवृद्धि असम्भव है।

धार्मिक पहचानों के ठोस होने, आकार लेने और अन्ततः उभरने की प्रक्रिया परस्पर लेन-देन, प्रतिस्पर्धा, आलोचना और बहस पर आधारित रही है। टकराव और हिंसा तो हिन्दू धर्म के भीतर जनजातीय धर्म के कुछ तत्त्वों के समावेश के ऐतिहासिक सन्दर्भ का अंग रहे हैं। समूचे भारत में कई बहुधार्मिक स्थलों का अस्तित्व धार्मिक बहुलता को प्रतिबिम्बित करता है, लेकिन अनिवार्यतः धार्मिक सौहार्द या शान्तिपूर्ण सह-अस्तित्व का संकेत नहीं है। ग्रन्थ, ख़ासकर सन्तचरित हमें विभाजनों और टकरावों की एक स्पष्ट तस्वीर देते हैं, लेकिन वास्तविक धार्मिक आचरण कई साझा तत्त्वों को उजागर

---

53. देशोपदेश, हक्सर, *क्षेमेन्द्र, थ्री सटायर्स*, पृ. 136-37।

करता है और एक ऐसी तस्वीर खींचता है जो कहीं ज़्यादा समन्वयात्मक, सम्मिश्रित और तरल रही है। राजनीतिक स्तर पर भले ही राजाओं द्वारा हिंसक धार्मिक उत्पीड़न के कुछ अध्याय रहे थे, लेकिन सामान्य नीति तो अधिकतम दिशाओं में धार्मिक संरक्षण का प्रसार करने की थी जिसमें ब्राह्मणों का संरक्षण एक स्थायी तत्त्व था। एक विविधीकृत धार्मिक परिवेश में ऐसी व्यावहारिक प्रतिक्रिया ने एक ख़ास स्तर पर सम्मिश्रण को जन्म दिया जो राजदरबारों की संस्कृति का हिस्सा बना, और निश्चित रूप से यह व्यापक सामाजिक वृत्त में भी रिसकर गया ही होगा।

हाल के दौर में धार्मिक पहचानों के सम्बन्ध में बढ़ती हुई एकाश्मक समझदारी और उन्हें एक-दूसरे का विरोधी मानने की प्रवृत्ति ने धार्मिक समुदायों के बीच तनाव को इस स्तर पर पहुँचा दिया है कि वह कभी भी फूट सकता है। साम्प्रदायिक दंगे अब अकसर ही देखने को मिलते हैं। ईमानदार संवादों की जगह तीखे आरोप-प्रत्यारोप ने ले ली है। ऐसा लगता है कि सच्चे संवाद अब बचे ही नहीं हैं। सबसे तीव्र टकराव प्राय: धार्मिक स्थलों के नियन्त्रण के सन्दर्भ में हुए हैं—जैसे बोध गया में शैव बनाम बौद्ध; सम्मेद शिखरजी पर दिगम्बर बनाम श्वेताम्बर; तथा दशकों पुराने अयोध्या के राम जन्मभूमि-बाबरी मस्जिद विवाद में हिन्दू बनाम मुस्लिम के संघर्ष। अयोध्या का विवाद तो दशकों की मुक़दमेबाज़ी और बहुत सारी त्रासद हिंसा के बाद अब जाकर एक क़ानूनी नतीजे पर पहुँचा। प्राचीन भारत में एकाधिक धार्मिक समुदाय थे, लेकिन राज्य का अपना कोई धर्म नहीं था। शायद इसी तथ्य में हमारे समय के लिए कोई सबक छुपा हो।

उपसंहार

मुझे आशा है कि इस पुस्तक ने आपको आश्वस्त किया होगा कि प्राचीन भारतीय संस्कृति की अद्भुत विविधता और जटिलता को पूरी तरह से वर्णित कर पाना या आत्मसात कर पाना नामुमकिन है। इसके कुछ आयामों में स्रोतों के सहारे बेचैन करने वाली एक झलक ज़रूर मिलती है, लेकिन बहुत कुछ अब भी धुँधला और अज्ञात है। वर्तमान की तरह अतीत भी हमेशा से ही जटिल और बिखरा हुआ रहा है। इतिहासकार सूक्ष्मतम विवरणों को चुन कर, उन्हें आपस में पिरोकर ऐतिहासिक आख्यान बुनते हैं। सारे आख्यान आंशिक होते हैं, अन्तरिम होते हैं और संशोधन के अधीन होते हैं, लेकिन सारे आख्यान समान रूप से विश्वसनीय या स्वीकार्य नहीं होते। उन्हें साक्ष्यों से समर्थित होना होता है ताकि जब कठोर विश्लेषण किया जाये तो जाँच की आँच में वे खड़े रह सकें।

अतीत की कई विकृत छवियाँ वर्तमानवाद के चक्कर में उभरती हैं–यानी वर्तमान के एजेंडे को सही ठहराने के उद्देश्य से अतीत पर न्याय-निर्णय करना और ख़ासकर राजनीतिक कारणों से इतिहास को तोड़-मरोड़ कर उसका इस्तेमाल करना। सामाजिक-धार्मिक सौहार्द और अहिंसा के एक युटोपिया के रूप में प्राचीन भारत की छवि झूठी है। उसी तरह केवल असमानता, टकराव और हिंसा से बनी एक दुःस्वप्न वाली उसकी छवि भी ग़लत है। ऐसे महिमामण्डन और कलंकीकरण से पार, एक सम्भावना यह बनती है कि इस बात को समझने की कोशिश की जाये कि अतीत के कई धागे आपस में कैसे एक-दूसरे के साथ गुत्थमगुत्था हैं–केवल तथ्यात्मकता के मामले में नहीं, बल्कि अस्पष्टता, विपर्यय, तनाव और विरोधाभास के सन्दर्भों में भी।

इसीलिए प्राचीन भारत की सांस्कृतिक प्रथाओं के विभिन्न आयामों पर चर्चा के दौरान सबसे उपयुक्त संयोजक 'या' नहीं, 'और' हो जाता है। जैसा कि इस पुस्तक में दिखाया गया है, यहाँ असमानता के साथ-साथ सार्वभौम मुक्ति के वादे भी हैं, काम और वैराग्य दोनों की प्रतिष्ठा है, देवीपूजा और स्त्री-द्वेष है, हिंसा और अहिंसा है, तो संवाद और टकराव भी है। विरोधाभासों का जितना असाधारण यह दायरा है, उतना ही असामान्य यह तथ्य भी है कि भारतीय पाठकों के लिए ये सब अपेक्षाकृत परिचित हैं। इसका कारण यह है कि सदियाँ बीत जाने के बाद भी, इतिहास की तमाम उथल-पुथल और भव्य परिवर्तनों के बावजूद, किसी न किसी तरह ये विरोधाभास आज भी क़ायम हैं।

उसी तरह इस पुस्तक में प्रयुक्त कई पाठ, विचार, और चिह्न भी किसी न किसी रूप में ज़िन्दा हैं–भले उन्हें हथिया लिया गया हो, उनके मायने बदल दिये गये हों या फिर पूरी तरह उलट ही दिया गया हो। जैसे, रामायण और महाभारत समूचे भारत और दक्षिण-पूर्वी एशिया में अपने विभिन्न लिखित, मौखिक और रंगमंचीय संस्करणों में बहुपरिचित, प्रिय और प्रभावशाली हैं। रामायण की परम्परा में राम को जहाँ मर्यादा पुरुषोत्तम की संज्ञा दी गयी है वहीं पेरियार के लेखन में वह उत्तर भारतीय आर्यों के अत्याचार का प्रतीक है। संस्कृत की महाभारत में दुर्योधन एक खलनायक है, लेकिन हिमाचल प्रदेश के जखोल गाँव और केरल के मालानाड़ गाँव में उसके मन्दिर हैं। कौटिल्य अपने अपेक्षाकृत लोकप्रिय नाम चाणक्य से 'अपनी मदद ख़ुद करें' नुमा कॉरपोरेट किताबों में ज़िन्दा है और हाल ही में भारत के आय कर विभाग ने अपने डेढ़ सौ वर्ष के उपलक्ष्य में जारी पाँच रुपये के सिक्के पर उन्हें याद किया है। दुर्गा महिषासुरमर्दिनी की पौराणिक कथाओं से बिल्कुल उलट, दलित प्रत्याख्यानों में दैत्य महिषासुर को नायक माना गया है जो उत्पीड़ित मूलवासियों और निचली जातियों का प्रतिनिधित्व करता है। पंचतन्त्र की चतुराई भरी कहानियों को अब बच्चों के लिए हास्यप्रद किताबों में ढाल दिया गया है। ऐसे विपर्यय उतना अचरज पैदा नहीं करेंगे यदि हम यह मानकर चलें कि यह सब कुछ व्याख्याओं, पुनर्व्याख्याओं और प्रत्याख्यानों की बहुत लम्बी और मज़बूत परम्पराओं का हिस्सा हैं।

दूसरी तरफ़, कुछ प्राचीन चिह्न अब बेहद सामान्य हो चुके हैं, यहाँ तक कि घिस-पिट गये हैं। स्वतन्त्रता के वक़्त भारतीय राष्ट्र के राष्ट्रीय चिह्न के रूप में सारनाथ वाले अशोक स्तम्भ को अपनाया जाना उस नेहरूवादी विवेक का द्योतक था जिसमें अशोक को शान्ति, सौहार्द और विश्वबन्धुत्व के सकारात्मक मूल्यों का प्रतिनिधि माना जाता था। [चित्र 6.1] उसका उपयोग हालाँकि अब दुहराव भरा, एकरस और किसी भी वास्तविक अर्थ से ख़ाली हो चुका है। सारनाथ में रखे अशोक के सिंह स्तम्भ की एक अनुकृति अब नयी दिल्ली के इंडिया गेट के पास बने युद्ध स्मारक का हिस्सा बन चुकी है। यहाँ युद्ध को त्यागने और उससे घृणा करने वाले एक शान्तिप्रिय राजा के प्रतीक को एक ऐसे स्मारक का केन्द्रीय तत्त्व बना दिया गया जो विभिन्न युद्धों में लड़ते हुए मारे गये सैनिकों की वीरता के उपलक्ष्य में खड़ा किया गया है (शायद कल्पनाहीनता या विवेकहीनता के चलते)।

प्राचीन अतीत और उसकी परम्पराओं ने असंख्य आधुनिक भारतीय लेखकों, नाटककारों, फ़िल्मकारों और कलाकारों को प्रेरित किया है। इन कलाकारों में हम नन्दलाल बोस, राजा रवि वर्मा, गणेश पाइन और एम.एफ. हुसैन का ज़िक्र कर सकते हैं। हुसैन न सिर्फ़ प्राचीन परम्पराओं से संलग्न हुए, बल्कि अपने जीवनकाल में दैनन्दिन और असाधारण से साक्षात्कार को भी उन्होंने शानदार ढंग से दर्ज किया। आइए, हम चार चित्रों को थोड़ा ग़ौर से देखें, एक चित्र बीसवीं शताब्दी के प्रारम्भ का है और बाक़ी भारत के महानतम समकालीन चित्रकारों के हैं।

चित्र 6.1 : सारनाथ का अशोक स्तम्भ, बलुआ पत्थर, सारनाथ संग्रहालय

चित्र 6.2 : अबनीन्द्रनाथ टैगोर, 'कालिदास के मेघदूत का निर्वासित यक्ष', काग़ज़ पर वाटरकलर, 1904; विक्टोरिया मेमोरियल हॉल में रबीन्द्र भारती सोसायटी का संग्रह (आरबीएस26/वीएमएच26)। विक्टोरिया मेमोरियल हॉल, कोलकाता के न्यासियों की उदार अनुमति से।

अबनीन्द्रनाथ टैगोर (1871-1951) चित्रकला में बंगाल स्कूल के एक अग्रणी कलाकार थे जिसका उभार कलकत्ता में स्वदेशी आन्दोलन की पृष्ठभूमि में हुआ था।[1] भारतीय कला के लिए एक नया राष्ट्रवादी मुहावरा गढ़ने के केन्द्र में भारत की समृद्ध सौन्दर्यशास्त्रीय परम्पराओं की पुनर्खोज थी। टैगोर की प्रेरणा के स्रोतों में मुग़ल लघु चित्रकला, जापानी भूदृश्य पेंटिंग, और यूरोप का नया कला आन्दोलन था। उनके कामों की व्यापक शृंखला में रामायण और कृष्णलीला के प्रसंग आते हैं तथा बुद्ध, अशोक और शाहजहां जैसे ऐतिहासिक व्यक्तित्व शामिल हैं। उनकी बनायी भारत माता की छवि राष्ट्र को एक देवी के रूप में प्रदर्शित करती है। इसने राष्ट्रवादी आकांक्षाओं को सशक्त दृश्यात्मक अभिव्यक्ति दी थी। वाटरकलर से बनाये उनके एक चित्र 'कालिदास के मेघदूत का निर्वासित यक्ष' (काग़ज़ पर वाटरकलर,1904) में हरे-भरे जंगलों और काले बादलों की पृष्ठभूमि में अपने बगल में वीणा रखे असहाय लेकिन उम्मीद में बैठा एक दुर्बल यक्ष है। [चित्र 6.2] टैगोर की यह पेंटिंग कालिदास के काव्य में व्यक्त विषादग्रस्त रूमानियत का भाव सटीक पकड़ती है।

नीलिमा शेख की चित्रकारी का विषय घर परिवार, स्त्री की देह और संसार, प्रेम और श्रम, नदियाँ और पहाड़, सफ़र और मुसाफ़िर हैं।[2] शेख के प्रेरणा के स्रोतों में लोकगीत, जातक और रामायण जैसे प्राचीन ग्रन्थ, मुग़ल और पहाड़ी पेंटिंग, दुनहुआंग गुफा के भित्तिचित्र तथा लाल देड, मीराबाई और आग़ा शाहिद अली का काव्य है। विभाजन, कश्मीर के संघर्ष क्षेत्र, साम्प्रदायिक दंगों पर केन्द्रित उनके चित्र ऐतिहासिक घटनाओं में ढहाई गयी त्रासद हिंसा और बेघरी व विस्थापन से उपजे तीव्र निजी दुखों को उभारते और अभिव्यक्त करते हैं। प्राचीन भक्ति सन्तों पर उनके बनाये चित्रों की शृंखला

---

1. देखें ताप्ती गुहा-ठाकुरता, *द मेकिंग ऑफ़ ए न्यू 'इंडियन' आर्ट: आर्टिस्ट्स, एस्थेटिक्स ऐंड नेशनलिज्म इन बंगाल, 1850-1920*, कैम्ब्रिज: कैम्ब्रिज यूनिवर्सिटी प्रेस, 1992, अध्याय 7।

2. चित्रों के लिए देखें, कुमकुम संगारी *(सं.)*, *ट्रेस रिट्रेस: पेंटिंग्स, नीलिमा शेख,* नयी दिल्ली: गैलरी एस्पेस और केमोल्ड प्रेस्कॉट रोड के साथ तूलिका बुक्स, 2013।

चित्र 6.3 : नीलिमा शेख, 'महादेवी अक्का 3', वसली पेपर पर मिश्रित टेम्पर, 78.5 सेमी x 56 सेमी, 1995; साभार : नीलिमा शेख।

में एक 'अक्का महादेवी 3' (वसली पेपर पर मिश्रित टेम्पर, 78.5 सेमी गुणा 56 सेमी, 1995) नाम से है। [चित्र 6.3] इस चित्र में नदियों और पर्वतों की पृष्ठभूमि में शेख ने उन्हें एकाकी और निर्वस्त्र दिखाया है, सिर एक ओर हलका सा झुका हुआ है और आँखें ध्यानमुद्रा में बन्द हैं। यह पेंटिंग हमें न केवल अक्का के जीवन, बल्कि सभी आध्यात्मिक स्त्रियों के अनुभव में शरीर की केन्द्रीयता की याद दिलाती है (भले ही उसका अतिक्रमण किया जाना हो)।

चित्र 6.4 : अर्पिता सिंह, 'वॉटेवर इज़ हियर...', कैनवस पर तेल, 84"×107.5", 2006; साभार : अर्पिता सिंह।

अर्पिता सिंह की आकृति-केन्द्रित चित्रकला स्वप्निल और खिलंदड़ेपन के गुणों से युक्त है।[3] उनमें से कुछ शरीर (ख़ासकर स्त्रियों के) और पारिवारिक रिश्तों पर केन्द्रित हैं, जिनमें फ़र्नीचर, कार और प्लेन जैसी मामूली वस्तुएँ

3. देखें एल्ला दत्ता, 'अर्पिता सिंह', अर्पिता सिंह की पेंटिंग्स के पोर्टफोलियो का आलेख, नयी दिल्ली: ललित कला अकादमी, अदिनांकित; दीपक अनन्त, *अर्पिता सिंह*, नयी दिल्ली: पेंग्विन बुक्स और वढेरा आर्ट गैलरी, 2015।

बिखरी हुई संख्याओं और शब्दों के साथ पिरो दी गयी हैं। प्रत्यक्षत: बालसुलभ बुनावट के नीचे शाश्वत हिंसा, क्षय, विस्थापन और मृत्यु की बेचैन करने वाली स्मृति है। उनमें कुछ तो विशिष्ट घटनाओं से सीधे सम्बन्धित हैं, जैसे भारत की साम्प्रदायिक हिंसा और ग्वांतानामो की खाड़ी में अमेरिकी जेलों में दी जाने वाली यातना। उनका एक चित्र 'वॉटेवर इज़ हियर...' (कैनवस पर तेल, 84'' गुणा 107.5'', 2006) बड़े से नक़्शे जैसा है जो वास्तव में पश्चिमी भारत के नक़्शे के ऊपर फैला हुआ है। [चित्र 6.4] इसके बीच में धृतराष्ट्र बैठे हुए हैं और संजय दूरबीन से देखकर उन्हें सजीव सूचनाएँ दे रहा है। इनके चारों ओर गतिविधियों का अम्बार लगा है—क़दमताल करते सैनिक, हवाई जहाज़, घोड़े, एक टैंक और बन्दूक़धारी लोग। शोकग्रस्त स्त्रियाँ महाभारत के स्त्री-पर्व की विलाप करती विधवाओं और माताओं की प्रतिनिधि हैं, तो उस दुख का प्रतीक भी हैं जो हर जंग अपने साथ लेकर आती है।

चित्र 6.5 : ए. रामचन्द्रन, 'विज़न ऑफ़ वॉर', बोर्ड पर तेल, 6' x 12', 1977; साभार : ए. रामचन्द्रन।

ए. रामचन्द्रन की चित्रकला का बड़ा हिस्सा सीधे इतिहास और मिथकों के साथ संलग्नता स्थापित करता है। हिंसा विषयक उनके चित्रों में दु:स्वप्न जैसा अन्धकार व्याप्त है जो आत्मविनाश की मानवीय प्रवृत्ति को उभारता

है।[4] रामचन्द्रन के बनाये अशोक और गांधी के शिल्प हिंसा के साथ उनकी तल्लीनता को ज़ाहिर करते हैं, लेकिन यहाँ पश्चात्ताप और क्षमादान के माध्यम से प्रायश्चित्त की सम्भावना की ओर भी संकेत है। उनके बनाये प्रभावशाली लघुचित्र 'विज़न ऑफ़ वॉर' (बोर्ड पर तेल, 6' गुणा 12', 1977) में दायीं ओर कुषाण सम्राट कनिष्क की प्राचीन सिरविहीन मूर्ति की तीन घटती हुई आकृतियाँ हैं जिनमें सबसे सामने वाली को कन्धों पर आधुनिक सैन्य कोट पहने हुए दिखाया गया है। [चित्र 6.5] इसके साथ कई अन्य रूपांकनों का सम्मिश्रण है–एक उछलते हुए घोड़े के ऊपर बैठा सवार, एक अख़बार का फड़फड़ाता हुआ टुकड़ा जिस पर वियतनाम युद्ध की एक तस्वीर है, एक गुब्बारे के ऊपर नाज़ी झंडे की तस्वीर और शिरस्त्राणों की एक फ़ौज। यह सब मिलकर युद्ध की निर्मम भयावहता और व्यर्थता के बारे में एक सशक्त और सार्वभौम टिप्पणी करते हैं। ऐसी कलाकृतियों में कलात्मक परिकल्पना अतिसघन होकर, पिघलकर कई सदियों के इतिहास और स्मृतियों की छाया बन जाती है तथा उन्हें वर्तमान के साथ एक सशक्त दृश्यात्मक स्वरूप में जोड़ देती है।

यदि हम प्राचीन अतीत से कोई प्रेरणा लेना चाहते हैं तो चुनने के लिए हमारे पास विकल्पों की भरमार है। ऐसे में यह विडम्बना है कि आधुनिक लोकतन्त्र के निवासी निरंकुश राजाओं द्वारा शासित पदानुक्रम और असमानता वाले समाजों में जड़ जमाई प्रथाओं के पक्ष में अपील करते हैं (वह भी परस्पर विरोधी क़िस्म की अपीलें)। ऐसी अपीलें सामान्यत: चयनित पाठ और साक्ष्यों को सन्दर्भ से काटकर देखने से पैदा होती हैं। जैसा कि इस पुस्तक के आरम्भ में बताया गया, प्राचीन समाजों ने सामाजिक समूहों की प्राकृतिक असमानता का सिद्धान्त स्वीकारा था। वह सिद्धान्त आधुनिक लोकतन्त्र की मूलभूत प्रस्थापना प्राकृतिक समानता के अधिकार का विरोधी है। यह सच है कि प्राचीन भारत में समय-समय पर असमानता को चुनौती दी जाती रही,

---

4. देखें आर. शिव कुमार, *ए. रामचन्द्रन: ए रेट्रोस्पेक्टिव*, 2 खण्ड, नयी दिल्ली: नेशनल गैलरी ऑफ़ मॉडर्न आर्ट और वढेरा आर्ट गैलरी, 2003; और https://www.artoframachandran.com।

वह भी धर्म और मोक्ष के स्तरों पर, और इसका सामाजिक प्रभाव भी हुआ, लेकिन एक राजनीतिक समुदाय के आधार के रूप में स्वतन्त्रता और समानता के सिद्धान्तों को सबसे पहले भारतीय गणतन्त्र के संविधान में ही घोषित किया गया। फिर निश्चित ही, एक बेहतर भविष्य की प्रेरणा सुदूर अतीत से नहीं, बल्कि आगत की आकांक्षा से पैदा होनी चाहिए। उम्मीद की जाती है कि ऐसा एक भविष्य हमारे अतीत या वर्तमान से बेहतर ही होगा।

मैं ऐसा इसलिए कह रही हूँ क्योंकि लगातार एकाधिकारी और असहिष्णु होते जा रहे राज्य के वर्तमान सन्दर्भ में संवाद और असहमति की प्राचीन भारतीय परम्परा पर बात करना और उसे भारतीय सभ्यता व संस्कृति के अन्तर्निहित तत्त्व के रूप में प्रस्तुत करना एक चलन बन चुका है। इस पुस्तक में हम देख चुके हैं कि प्राचीन भारत में तमाम अनुशीलनों तथा प्रथाओं के भीतर सक्रिय प्रश्नांकन, बहस और असहमति प्रचुर मात्रा में उपस्थित थी, लेकिन हमें यह नहीं भूलना चाहिए कि इनमें हिस्सेदारी ऊँच-नीच और असमानता से बने सामाजिक ढाँचे के हिसाब से परिभाषित होती थी। इसलिए यदि प्राचीन भारत से हमें अपने समय के लिए कोई राजनीतिक नुस्ख़ा लेना ही है, तो कहीं ज़्यादा उपयुक्त होगा कि हम एक आदर्श शासक के प्रारूप से कुछ तत्त्वों को चुन लें–कि ऐसे शासक को न्याय के अधिकरण में विशुद्ध निष्पक्ष होना चाहिए, निजी लाभ-लोभ के चक्कर से प्रेरित नहीं होना चाहिए, और सत्ता के मद में नहीं पड़ना चाहिए। यह आदर्श प्राचीन राजतन्त्रों पर चर्चाओं के लिए उतना ही प्रासंगिक है जितना आधुनिक लोकतन्त्रों के लिए है। साथ में यह विचार भी प्रासंगिक है कि एक शासक को आत्मसंयमी होना चाहिए और उसे अच्छी सलाह के प्रति कान खुले रखने चाहिए। उसे अनिवार्य बल और अवैध हिंसा के बीच की विभाजक रेखा को पहचानना चाहिए। उसे यह समझना चाहिए कि प्रजा के ख़िलाफ़ अत्यधिक या अन्यायपूर्ण बल का प्रयोग नैतिक रूप से ग़लत है और उसकी भीषण प्रतिक्रिया हो सकती है। वास्तव में, कौटिल्य ने क्रूर और अन्यायी राजाओं को जो चेतावनी दी थी कि उनकी अपरिहार्य नियति प्रकृति-कोप (लोगों के आक्रोश) में है, वह बात प्राचीन राजतन्त्रों के मुक़ाबले आधुनिक लोकतन्त्रों पर ज़्यादा उपयुक्त बैठती

है। सच्चा धार्मिक संवाद और समवाय प्रोत्साहित करने की इच्छा रखने वाला अशोक जैसा राजा तो अपवाद है, पर उससे कमतर राजाओं ने भी कभी एक धर्मतन्त्रात्मक राज्य बनाने की कोशिश नहीं की। धर्म को हमेशा ही किसी एक मज़हब (रिलिजन) से बड़ा माना गया। यह विचार एक आधुनिक बहुधार्मिक और बहुसांस्कृतिक राष्ट्र के लिए अत्यधिक प्रासंगिक है।

भारत कभी भी बाहरी प्रभावों से चाक-चौबन्द इकाई नहीं रहा है। सदियों से लगातार एशिया, अफ्रीका और यूरोप के विभिन्न हिस्सों की धरती और वहाँ के लोगों के साथ इसका निरन्तर सम्पर्क-संवाद चलता रहा है। आनुवंशिक विज्ञान यह साबित कर चुका है कि भारतीय उपमहाद्वीप के वर्तमान निवासी हज़ारों वर्षों तक चले प्रवासन और मेलजोल के परिणामों की उपज हैं, जिसकी जड़ें अन्ततः अफ्रीकी महाद्वीप तक जाती हैं। आशा है कि इस किताब में प्राचीन भारतीय इतिहास के विरोधाभासों और जटिलताओं पर की गयी चर्चा भारत के पाठकों को शायद इस सवाल के कुछ जवाब दे पायी होगी कि "हम कौन हैं?" बाक़ी, "मैं कौन हूँ?" वाला सवाल अस्तित्ववादी और अपेक्षाकृत ज़्यादा मुश्किल है। उसके जवाब इतिहास के बजाय बेहतर है कि दर्शन में खोजे जायें।

आभार

मैं निम्न को धन्यवाद देना चाहूँगी :

अशोक यूनिवर्सिटी के मेरे विद्यार्थी, जिनसे मैंने सबसे पहले ये विचार साझा किये थे;

विजय तन्खा, जिनके साथ इस पुस्तक के बारे में मेरी बहुत सी जीवन्त चर्चाएँ हुईं, ख़ासकर शाम की सैर के दौरान, और जो हमेशा से ही एक अच्छे श्रोता, पाठक और मध्यस्थ रहे हैं;

एल्ला दत्ता, जिन्होंने इन बीते वर्षों में आधुनिक भारतीय कला के सौन्दर्य और गहनता के प्रति मुझे जागरूक किया, जिसे मैं इस पुस्तक के पाठकों के साथ साझा करना चाहती हूँ;

माधव तन्खा, जिन्होंने दुनिया के कुछ महानतम संग्रहालयों द्वारा उपलब्ध कराई जाने वाली ओपेन ऐक्सेस (मुक्त पहुँच) छवियों के शानदार स्रोत से मेरा परिचय करवाया; मेट्रोपॉलिटन म्यूजियम ऑफ़ आर्ट, लॉस एंजेलेस काउंटी म्यूज़ियम ऑफ़ आर्ट, आर्ट इंस्टिट्यूट ऑफ़ शिकागो, क्लीवलैंड म्यूजियम ऑफ़ आर्ट तथा स्मिथसोनियन इंस्टिट्यूशन की फ्रीयर और सैक्लर कला दीर्घाएँ, जिनके ओपेन एक्सेस चित्रों का प्रयोग इस पुस्तक में किया गया है (काश! सारे संग्रहालय इतने ही उदार होते!);

चित्रों को खोजने में मदद करने के लिए पैट्रीशिया ओबेरॉय, कविता सिंह, एर्विन न्यूमेयर और जयन्त सेनगुप्ता; अपने चित्रों का प्रयोग करने की मुझे सहर्ष अनुमति देने के लिए ए. रामचन्द्रन, नीलिमा शेख और अर्पिता सिंह–सभी महान कलाकार जिनके काम की मैं प्रशंसक हूँ; और अलेफ बुक कम्पनी–विशेष तौर से एनला ओजुकुम–जिसने इस पुस्तक के निर्माण को एक सुखद अनुभव बना दिया और इतने सक्षम तरीक़े से इसे प्रकाशन तक पहुँचाने का काम किया।

चित्र/छायाचित्र के स्रोत और आभार

अध्याय 1

चित्र 1.1 : कृशकाय सन्त और छज्जे पर युगलों की छाप, टेराकोटा की टाइलें, हरवान, कश्मीर, पाँचवीं-छठी सदी; मेट्रोपोलिटन म्यूजियम ऑफ़ आर्ट (सिंथिया हेज़ेन पोलस्की से उपहार में प्राप्त, 1987; 1987.424.26); मुक्त पहुँच (ओपेन ऐक्सेस)।

चित्र 1.2 : जिन, बालू पत्थर, उत्तर प्रदेश, छठी सदी सा.सं.; लॉस एंजेलेस काउंटी म्यूज़ियम ऑफ़ आर्ट (ऐना बिंग आर्नाल्ड से उपहार में प्राप्त, एम.85.55); मुक्त पहुँच।

चित्र 1.3 : ध्यानमुद्रा में तीर्थंकर, संगमरमर, गुजरात या राजस्थान, ग्यारहवीं सदी; मेट्रोपोलिटन म्यूज़ियम ऑफ़ आर्ट (ख़रीद, फ्लोरेंस और हरबर्ट इरविंग से उपहार में प्राप्त, 1992; 1992.131); मुक्त पहुँच।

चित्र 1.4 : अभय मुद्रा में बुद्ध, बालू पत्थर, मथुरा, दूसरी सदी सा.सं.; छाया : लेखिका।

चित्र 1.5 : ध्यानमुद्रा में सिद्धार्थ, शिस्त पत्थर, गन्धार, तीसरी सदी सा.सं.; द नॉर्टन साइमन फ़ाउंडेशन (एफ. 1975.17.29.एस.); छाया : लेखिका।

अध्याय 2

चित्र 2.1 : 'दुष्यन्त को प्रेम पत्र लिखते हुए शकुन्तला', राजा रवि वर्मा द्वारा उन्नीसवीं शताब्दी के उत्तरार्ध में बनायी गयी मूल पेंटिंग से राजा रवि वर्मा प्रेस, लोनावला द्वारा मुद्रित ओलियोग्राफ, 1894 (वीएमएच आर 6689)। कोलकाता के विक्टोरिया मेमोरियल हॉल के न्यासियों की उदार अनुमति से।

चित्र 2.2 : पार्वती द्वारा अपने ध्यान में व्यवधान से क्रोधित शिव, गुलेर, हिमाचल प्रदेश, आरंभिक उन्नीसवीं शताब्दी, काग़ज़ पर स्वर्ण और अपारदर्शी पिगमेंट; मेट्रोपोलिटन म्यूज़ियम ऑफ़ आर्ट (ख़रीद, नैन्सी फेसेन्डर से उपहार में प्राप्त, 2019; 2019.146); मुक्त पहुँच।

चित्र 2.3 : मार का सिद्धार्थ पर हमला और गवाही के लिए सिद्धार्थ की पृथ्वी को पुकार, शिस्त, गन्धार, फ्रीयर ऐंड सैकलर गैलरी (एफ 1949,9सी; ख़रीद), स्मिथसोनियन म्यूज़ियम्स; छाया : लेखिका।

चित्र 2.4 : तीर्थंकर पार्श्वनाथ, बलुआ पत्थर, उत्तर प्रदेश, छठी शताब्दी सा.सं.; आर्ट इंस्टिट्यूट ऑफ़ शिकागो (मैरिलिन बी. आल्सडॉर्फ से उपहार में प्राप्त; 2012.687); मुक्त पहुँच।

चित्र 2.5 : नदी किनारे चलते जैन भिक्षु, काग़ज़ पर स्याही और रंग, बसवान, 1600 सा.सं.; क्लीवलैंड म्यूज़ियम ऑफ़ आर्ट (सीवियरेंस ऐंड ग्रेटा मिलिकिन संग्रह 1967.244); मुक्त पहुँच।

चित्र 2.6 : मिथुन युगल, टेराकोटा, उत्तर प्रदेश, पहली-दूसरी शताब्दी सा.सं.; मेट्रोपोलिटन म्यूज़ियम ऑफ़ आर्ट (सिंथिया हेज़ेन पोलस्की से उपहार में प्राप्त, 1986; 1986.506.11); मुक्त पहुँच।

चित्र 2.7 : चंदा यक्षी, बलुआ पत्थर, भरहुत; इंडियन म्यूज़ियम, कोलकाता; छाया : लेखिका।

चित्र 2.8 : प्रेमी युगल, चूना पत्थर धोअन के साथ बलुआ पत्थर, राजस्थान, दसवीं शताब्दी; क्लीवलैंड म्यूज़ियम ऑफ़ आर्ट (जे.एच. वेड फंड से ख़रीदा गया 1962.165); मुक्त पहुँच।

चित्र 2.9 : दिव्य नर्तकी, बलुआ पत्थर, मध्य प्रदेश, ग्यारहवीं शताब्दी; मेट्रोपोलिटन म्यूज़ियम ऑफ़ आर्ट (फ्लोरेंस और हरबर्ट इरविंग से उपहार में प्राप्त, 2015; 2015.5000.4.14); मुक्त पहुँच।

चित्र 2.10 : देवी गंगा, कैलाशनाथ मन्दिर, एलोरा, आठवीं शताब्दी; छाया : लेखिका।

चित्र 2.11 : रानी सेम्बियन महादेवी/पार्वती, कांस्य, तमिलनाडु, दसवीं शताब्दी; फ्रीयर गैलरी (ख़रीद, चार्ल्स लैंग फ्रीयर एंडाउमेंट, एफ 1929.84); मुक्त पहुँच।

चित्र 2.12 : शिव और पार्वती के साथ कैलाश पर्वत को उठाये रावण, कैलाशनाथ मन्दिर, एलोरा; छाया : लेखिका।

चित्र 2.13 : वर्षा में टहलते कृष्ण और राधा; काग़ज़ पर अपारदर्शी वाटर कलर, सोना और स्याही, जयपुर, 1775 सा.सं.; लॉस एंजेलेस काउंटी म्यूज़ियम ऑफ़ आर्ट (पॉल एफ. वॉल्टर से उपहार में प्राप्त; एम.87.278.15); मुक्त पहुँच।

चित्र 2.14 : कामदेव, पत्थर, कश्मीर, आठवीं शताब्दी; मेट्रोपोलिटन म्यूज़ियम ऑफ़ आर्ट (ख़रीद, लिटा ऐनेनबर्ग हेज़ेन चैरिटेबल ट्रस्ट से उपहार में प्राप्त, 1993; 1993.175); छाया : लेखिका।

चित्र 2.15 : आंडाल, ताँबा मिश्र धातु, तमिलनाडु, चौदहवीं शताब्दी; लॉस एंजेलेस काउंटी म्यूज़ियम ऑफ़ आर्ट (श्री एवं श्रीमती एडगर जी. रिचर्ड्स के अनुदान से ख़रीदा गया, एम. 86.94.2); मुक्त पहुँच।

चित्र 2.16 : काली और भैरव का मिलन, काग़ज़ पर वाटरकलर, नेपाल, अठारहवीं शताब्दी; लॉस एंजेलेस काउंटी म्यूज़ियम ऑफ़ आर्ट (डॉ. और श्रीमती रॉबर्ट एस.कोल्स से उपहार में प्राप्त; एम.81.206.7.); मुक्त पहुँच।

अध्याय 3

चित्र 3.1 : देवी, टेराकोटा, तीसरी/दूसरी शताब्दी सा.सं.पू.; मेट्रोपोलिटन म्यूज़ियम ऑफ़ आर्ट (अनाम का उपहार, 1978; 1978.539); मुक्त पहुँच।

चित्र 3.2 : अपने बालों में हथियारों के साथ देवी, चन्द्रकेतुगढ़ टेराकोटा, पहली शताब्दी सा.सं.पू.-पहली शताब्दी सा.सं.; मेट्रोपोलिटन म्यूज़ियम ऑफ़ आर्ट (ख़रीद, फ्लोरेंस और हरबर्ट इरविंग का उपहार, 1990; 1990.281); मुक्त पहुँच।

चित्र 3.3 : चुलाकोक यक्षी, भरहुत; इंडियन म्यूज़ियम, कोलकाता; छाया : लेखिका।

चित्र 3.4 : साँची की नागी; छाया : लेखिका।

चित्र 3.5 : लक्ष्मी, कैलाशनाथ मन्दिर, एलोरा; छाया : लेखिका।

चित्र 3.6 : गजलक्ष्मी, साँची; छाया : लेखिका।

चित्र 3.7 : राजा रवि वर्मा, 'लक्ष्मी', लिथोग्राफ प्रिंट, 1894; मेट्रोपोलिटन म्यूज़ियम ऑफ़ आर्ट (ख़रीदा गया, श्री विलियम जे. कल्हून और नीना बुनशाफ्ट की वसीयत का उपहार, विनिमय से, 2013; 2013.10); मुक्त पहुँच।

चित्र 3.8 : दुर्गा महिषासुरमर्दिनी, महाबलीपुरम; छाया : लेखिका।

चित्र 3.9 : दुर्गा महिषासुरमर्दिनी, पत्थर, बदरा, मध्य पूर्वोत्तर शैली, नौवीं शताब्दी; क्लीवलैंड म्यूज़ियम ऑफ़ आर्ट (डॉ. नॉर्मन जावोर्स्की से उपहार में प्राप्त, 2006.204); मुक्त पहुँच।

चित्र 3.10 : योगिनी, पत्थर, ग्विमे संग्रहालय; छाया : लेखिका।

चित्र 3.11 : योगिनी हयग्रीव, पत्थर, ग्यारहवीं शताब्दी; आर्ट इंस्टिट्यूट ऑफ़ शिकागो (मैरिलिन बी. आल्सडॉर्फ से उपहार में प्राप्त, 1997.708); मुक्त पहुँच।

चित्र 3.12 : योगिनी चामुंडा, संगमरमर, राजस्थान, नौवीं शताब्दी; नॉर्टन सिमोन म्यूज़ियम (एफ.1978.07.एस); छाया : लेखिका।

चित्र 3.13 : काली, कालीघाट, काग़ज़ पर वाटरकलर, ग्रेफाइट और स्याही, उन्नीसवीं शताब्दी; क्लीवलैंड म्यूज़ियम ऑफ़ आर्ट (अपनी पत्नी एवलिन स्वेक वार्ड की स्मृति में विलियम ई. वार्ड से उपहार में प्राप्त, 2003.116); मुक्त पहुँच।

चित्र 3.14 : कृष्ण के लिए राधा का विलाप, काग़ज़ पर अपारदर्शी वाटरकलर और स्वर्ण, *गीत गोविन्द* की जिल्द, 1775-80 सा.सं., पंजाब हिल्स में कांगड़ा या गुलेर की शैली; मेट्रोपोलिटन म्यूज़ियम ऑफ़ आर्ट (स्टीवन कोसाक का उपहार, क्रोनोस संग्रह से, 2020; 2020.383); मुक्त पहुँच।

चित्र 3.15 : श्वेत तारा, भूटान; छाया : राघव तन्खा।

चित्र 3.16 : दिगम्बर यक्षी कुष्मांडिनी, शिस्त, कर्नाटक, 900 सा.सं.; नॉर्टन सिमोन म्यूज़ियम (एफ.1975.17.08.एस); छाया : लेखिका।

चित्र 3.17 : अम्बिका, एलोरा; छाया : लेखिका।

चित्र 3.18 : अर्धनारीश्वर शिव, गार्नेट और पन्ना के साथ जड़ा हुआ ताँबा पेंट के निशान के साथ, नेपाल 1000 सा.सं.; लॉस एंजेलेस काउंटी म्यूज़ियम ऑफ़ आर्ट (नस्ली और एलिस हीरामानेक के संग्रह से, म्यूज़ियम असोसिएट्स की ख़रीद, एम 82.6.1); मुक्त पहुँच।

चित्र 3.19 : सती पत्थर, भोजपुर, मध्य प्रदेश; छाया : लेखिका।

चित्र 3.20 : सती पत्थर, राजकीय संग्रहालय, चेन्नै; छाया : लेखिका।

चित्र 3.21 : कराईक्कल अम्मैयार, तांबा मिश्र धातु, तेरहवीं शताब्दी का उत्तरार्द्ध; मेट्रोपोलिटन म्यूज़ियम ऑफ़ आर्ट (ख़रीद, एडवर्ड जे. गालाघर जूनियर की वसीयत से, उनके पिता एडवर्ड जोसफे गालाघर, माँ ऐन हे गालाघर और पुत्र एडवर्ड जोसफे गालाघर तृतीय की स्मृति में, 1982; 1982.220.11); मुक्त पहुँच।

चित्र 3.22 : भारत माता का पोस्टर; साभार : एर्विन न्यूमेयर और क्रिस्टीन शेलबर्गर।

अध्याय 4

चित्र 4.1 : विदिशा संग्रहालय, मध्य प्रदेश के बाहर नायक शिला; छाया : लेखिका।

चित्र 4.2 : एकसर नायक शिला, मुम्बई; छाया : लेखिका।

चित्र 4.3 : महाभारत के पैनल, कैलाशनाथ मन्दिर, एलोरा; छाया : लेखिका।

चित्र 4.4 : महाभारत का युद्ध, पैठन स्कूल, काग़ज़ पर स्याही और रंग; क्लीवलैंड म्यूज़ियम ऑफ़ आर्ट (प्रोफ़ेसर वॉल्टर और नेस्टा स्पिंक का स्तानिस्लॉ जूमा की स्मृति में उपहार, 2005.68); मुक्त पहुँच।

चित्र 4.5 : भीम की दुर्योधन पर विजय, *रज्मनामा* (अकबर द्वारा करवाया गया महाभारत का अनुवाद) से फोलियो; काग़ज़ पर स्याही, वाटरकलर, और स्वर्ण, सत्रहवीं शताब्दी का प्रारंभ; मेट्रोपोलिटन म्यूज़ियम ऑफ़ आर्ट (रोजर्स फंड, 55.121.32); मुक्त पहुँच।

चित्र 4.6 : इलाहाबाद का अशोक स्तम्भ; छाया : लेखिका।

चित्र 4.7 : जैमिनी रॉय, 'जटायु, सीता और रावण', काग़ज़ पर टेम्पेरा चित्र, 1940; विक्टोरिया मेमोरियल हॉल का संग्रह (वीएमएच आर 5081); विक्टोरिया मेमोरियल हॉल, कोलकाता के न्यासियों की उदार अनुमति से।

चित्र 4.8 : जैन सन्त बाहुबली पूर्ण शान्ति में तपस्या करते हुए; एलोरा; छाया : लेखिका।

चित्र 4.9 : जैन नायक शिला का पैनल, गुफा 32, एलोरा, दसवीं/ग्यारहवीं शताब्दी; छाया : लेखिका।

चित्र 4.10 : ध्यानमग्न बुद्ध, बलुआ पत्थर, सारनाथ संग्रहालय, चौथी/पाँचवीं शताब्दी सा.सं.; छाया : लेखिका।

चित्र 4.11 : अशोक और उसकी पत्नी, चूना पत्थर, कनगनहल्ली; छाया : लेखिका।

अध्याय 5

चित्र 5.1 : स्वामी विवेकानन्द का पोस्टर; साभार : एर्विन न्यूमेयर और क्रिस्टीन शेलबर्गर।

चित्र 5.2 : चर्चा में गहन रत ऋषि, कैलाशनाथ मन्दिर, कांचीपुरम; छाया : लेखिका।

चित्र 5.3 : तपस्वियों का संवाद, मुक्तेश्वर मन्दिर, भुवनेश्वर, 950–75 सा.सं.; साभार : जिनाह किम।

चित्र 5.4 : बुद्ध उपदेश सुनते भिक्षु और सामान्य जन, शिस्त, गन्धार, दूसरी-तीसरी शताब्दी का उत्तरार्द्ध; फ्रीयर ऐंड सैकलर गैलरी, स्मिथसोनियन म्यूज़ियम्स (एफ 1949.9बी); छाया : लेखिका।

चित्र 5.5 : उग्र बौद्ध देवता, भूटान का बौद्ध विहार, छाया : राघव तन्खा।

चित्र 5.6 : भैरव, नेपाल, बारहवीं शताब्दी; लॉस एंजेलेस काउंटी म्यूज़ियम ऑफ़ आर्ट (रमेश और उर्मिल कपूर का उपहार, एम.91.293.1); छाया : लेखिका।

चित्र 5.7 : गणेश को रौंदती अपराजिता, पत्थर, बिहार संग्रहालय; छाया : लेखिका।

चित्र 5.8 : महाबलीपुरम में 'गंगा के अवतरण' का वर्णन करता नक़्क़ाशीदार शिल्प; छाया : लेखिका।

उपसंहार

चित्र 6.1 : सारनाथ का अशोक स्तम्भ, बलुआ पत्थर, सारनाथ संग्रहालय; छाया : आदित्य आर्य।

चित्र 6.2 : अबनीन्द्रनाथ टैगोर, 'कालिदास के मेघदूत का निर्वासित यक्ष', काग़ज़ पर वाटरकलर, 1904; विक्टोरिया मेमोरियल हॉल में रबीन्द्र भारती सोसायटी का संग्रह (आरबीएस26/वीएमएच26); विक्टोरिया मेमोरियल हॉल, कोलकाता के न्यासियों की उदार अनुमति से।

चित्र 6.3 : नीलिमा शेख, 'महादेवी अक्का 3', वसली पेपर पर मिश्रित टेम्पर, 78.5 सेमी x 56 सेमी, 1995; साभार : नीलिमा शेख।

चित्र 6.4 : अर्पिता सिंह, 'वॉटेवर इज़ हियर...', कैनवस पर तेल, 84"×107.5", 2006; साभार : अर्पिता सिंह।

चित्र 6.5 : ए. रामचन्द्रन, 'विज़न ऑफ़ वॉर', बोर्ड पर तेल, 6' x 12', 1977; साभार : ए. रामचन्द्रन।